* GLOCKENTURM

Im Glockenturm hängt seit jeher das Geläute des Grossmünsters. Heute sind es vier im Jahr 1889 gegossene Glocken. Bis 1932 wurden sie von Hand geläutet.

* KARLSTURM

Am Karlsturm in der Höhe blickt seit Jahrhunderten Karl der Grosse über die Stadt. Er gilt als der legendäre Gründer des Chorherrenstifts am Grossmünster.

Geschichte der evangelisch-reformierten Kirchgemeinde zum Grossmünster Zürich 1833–2018

Matthias Senn

T V Z
Theologischer Verlag Zürich

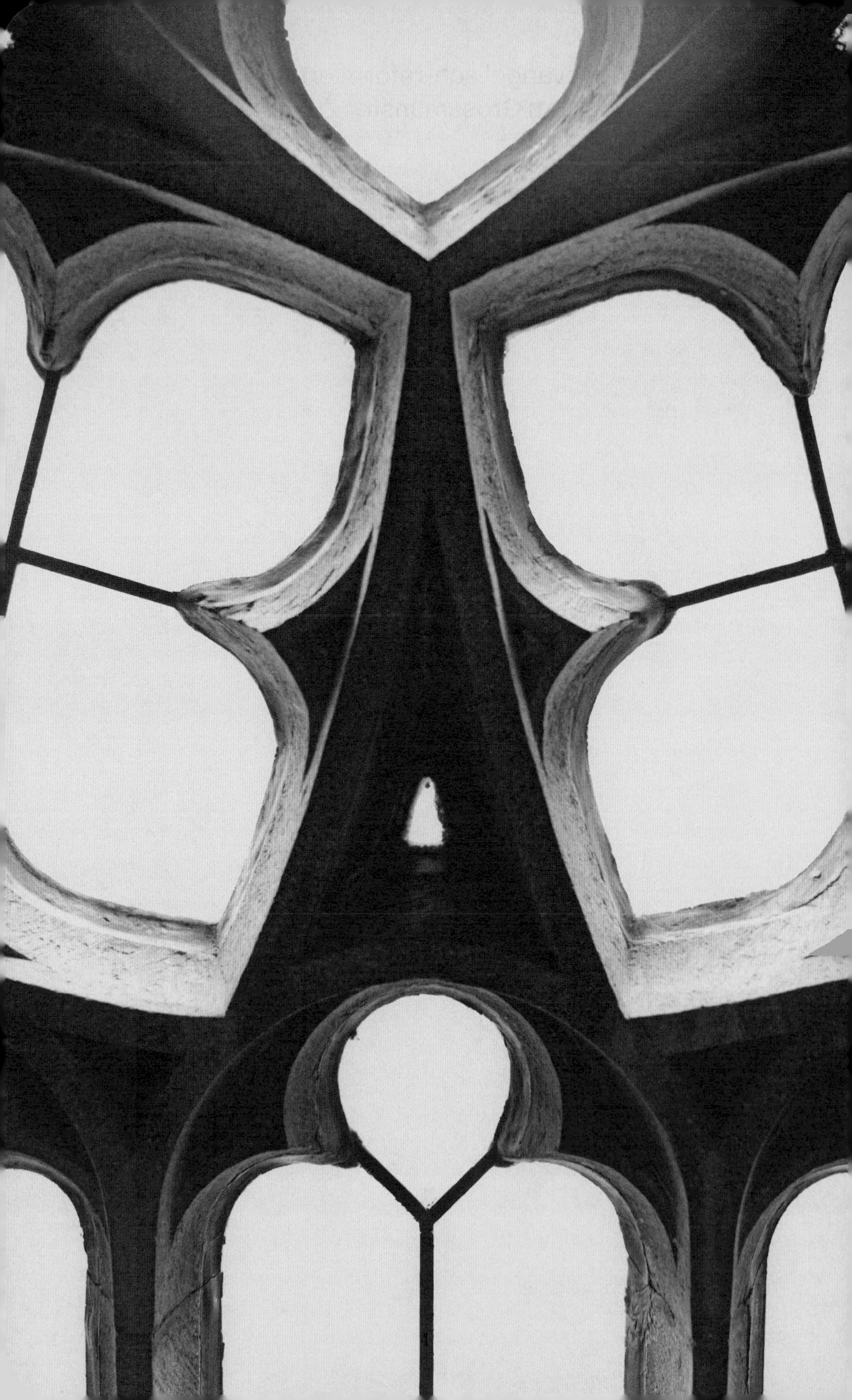

VORWORT

Ein Gespräch zwischen Pfarrer Christoph Sigrist und Matthias Senn

Christoph Sigrist Die Entscheidung von 32 evangelisch-reformierten Kirchgemeinden der Stadt Zürich, sich zur einen grossen Kirchgemeinde Zürich zusammenzuschliessen, führte zu Beginn des Jahres 2019 nicht nur zur Bildung der grössten Kirchgemeinde der Schweiz, sondern bedeutete für die beteiligten Gemeinden, zu denen auch das Grossmünster gehörte, den Verlust ihrer Stellung als selbstständige Körperschaften mit je eigenen Strukturen und Kompetenzen. Eineinhalb Jahre vor der absehbaren Auflösung der Kirchgemeinde Grossmünster kam mir der Gedanke, deren Geschichte festzuhalten. Gedächtnis, Wissen, Hoffnung sollen nicht in Vergessenheit geraten. Ich gelangte an den Historiker Matthias Senn und bat ihn, eine Schrift zu verfassen.

Matthias Senn Christoph Sigrists Anregung, die Geschichte der Zürcher Kirchgemeinde zum Grossmünster aufzuarbeiten, kam für mich überraschend. Der Anlass für dieses Vorhaben, für einmal kein Jubelruf zu einer runden Jahrhundertfeier, sondern der Abgesang auf eine zu Ende gehende Ära, schien auch mir sinnvoll und weckte meine Neugier. Die Aufgabe reizte umso mehr, als mir als langjährigem Bewohner des Quartiers und ehemaligem Präsidenten der Kirchenpflege manche Eigenheiten des Gemeindelebens vertraut sind und es mich lockte, deren Ursprüngen nachzuspüren.

Christoph Sigrist Wie weit sollte denn der Rückblick zurückreichen? Mir selber war eigentlich gar nicht klar, wann die Geschichte der Kirchgemeinde beginnt.

Matthias Senn Das war tatsächlich eine massgebliche Frage, und um sie zu beantworten, musste ich erst einen Grundsatzentscheid fällen. Natürlich gab es seit dem Mittelalter eine Gemeinde um das Chorherrenstift des Grossmünsters. Nach der Reformation umfasste die Kirchgemeinde die ganze «mehrere Stadt» rechts der Limmat mit Fluntern, Ober- und Unterstrass sowie, bis 1834, dem Gebiet der späteren Kreuzgemeinde, zu der Hottingen, Hirslanden und Riesbach gehörten. Die Predigergemeinde, Fluntern, Ober- und Unterstrass wurden 1614 vom Grossmünster abgetrennt. Seit der Reorganisation des Chorherrenstifts im Jahr 1523 betreuten fünf Geistliche die Grossmünstergemeinde. Diese nahmen aber nicht nur ihre Pflichten als Gemeindepfarrer wahr, sondern wirkten vor allem auch als Lehrer an den beiden Schulen, die in der Zeit der Reformation am Stift eingerichtet worden waren, der Schola Carolina zur Ausbildung der künftigen Theologen und der als «obere Schule» bezeichneten Lateinschule. Die endgültige Aufhebung des Chorherrenstifts und die Eingliederung der Schulen in die 1833 gegründete Universität führten zu einer starken Zäsur, die sich auch grundlegend auf die Kirchgemeinde auswirkte. Im selben Jahr 1833 trat die Kirchenvorsteherschaft, der sogenannte Stillstand, zum ersten Mal unter völlig neuen Bedingungen zusammen, weshalb jenes Jahr in struktureller und personeller Hinsicht als Neuanfang der städtischen Kirchgemeinde Grossmünster gelten kann.

Christoph Sigrist Welche Quellen standen dir für deine Nachforschungen zur Verfügung?

Matthias Senn Die Kirchenpflege ermöglichte mir auf grosszügige Weise den freien Zugang zum Archiv der Kirchgemeinde. Als äusserst ergiebiger Fundus erwiesen sich die sorgfältig geführten und vollständig vorhandenen Protokolle der Sitzungen des Stillstandes bzw. der Kirchenpflege und der Kirchgemeindeversammlungen. Dabei profitierte ich besonders von den ausführlich verfassten Wortprotokollen, dank denen die geführten Debatten auf lebendige Weise nachvollziehbar sind. Es war mir ein Anliegen, den originalen Wortlaut der Akten an manchen Stellen meiner Darstellung als wörtliche Zitate einfliessen zu lassen, um damit auch den

Geist und Stil der jeweiligen Zeit spürbar zu machen. Ergänzt werden die Protokollbände im Archiv mit reichhaltigen Dokumenten, Korrespondenzen, Planmaterialien, Drucksachen und Fotografien, die in Archivschachteln thematisch geordnet abgelegt sind. Wertvolle Hinweise auf das Gemeindeleben, die vielfältigen Angebote für die verschiedenen Ansprechgruppen unterschiedlichster Altersstufen finden sich auch auf den Gemeindeseiten der offiziellen Kirchenblätter.

Christoph Sigrist Ich kann mir vorstellen, dass die Bewältigung der Überfülle an Informationen aus diesen Quellen, die Auswahl der Themen und deren Darstellung eine grosse Herausforderung waren. Wie bist du vorgegangen?

Matthias Senn In der Tat hat mich die Vielfalt der Materie, der ich beim Durchsehen der Dokumente begegnet bin, überrascht. Allein die Masse der unterschiedlichsten Geschäfte, mit denen sich die Kirchenpflege im Laufe der Jahrzehnte zu befassen hatte, ist bemerkenswert. Schon zu Beginn meiner Arbeit war mir klar, dass ich die Entwicklung der Grossmünstergemeinde ab 1833 bis in die Gegenwart nicht in einem streng chronologischen Ablauf festhalten wollte. Vielversprechender schien es mir, einzelne Themen herauszugreifen und ausführlicher zu beschreiben in der Hoffnung, die zum Teil in Beziehung zueinander stehenden Kapitel würden sich schliesslich wie die Steinchen eines Mosaiks zu einem anschaulichen Bild fügen, obwohl die subjektive Auslese der behandelten Gegenstände zugegebenermassen zuweilen auf persönlichen Neigungen basiert und weitere, gewiss ebenso erwähnenswerte Dinge deshalb nicht zur Sprache kommen. Aber auch der Mut zur Lücke bedeutet eine Herausforderung.

Christoph Sigrist Bist du bei deinen Forschungen auf Unerwartetes, Neues gestossen, das über die vergangene Zeit hinausweist?

Matthias Senn Frappiert hat mich die Entdeckung, dass bereits vor hundert Jahren, 1919, über das Projekt einer Fusion der damals 13 selbständigen städtischen reformierten Kirchgemeinden zu einer einheitlichen Stadtgemeinde diskutiert wurde. Das Grossmünster schloss sich der starken, von der Neumünstergemeinde angeführten Opposition an und schrieb in einer ausführlichen Stellungnahme: «Wir wünschen Kirchgemeinde zu bleiben und kein blosser Kirchenkreis zu werden. Wir sind die Gemeinschaft der reformierten Einwohner unseres Gebiets – trachten danach, es noch mehr zu werden –, und das Wort, das dies Gemeinschaftsgefühl zum Ausdruck bringt, heisst Gemeinde und nicht Kreis. Kreis ist ein trockener, inhaltsleerer, verwaltungstechnischer Ausdruck.» Ein klares anno 1919 ausgesprochenes Wort, das von einem kräftigen Selbstbewusstsein der damaligen Grossmünsterkirchgemeinde zeugt, das auch heute, 100 Jahre später, noch wünschbar ist.

Christoph Sigrist Gibt es weitere Themen, die immer wieder im Zentrum von Diskussionen und Auseinandersetzungen standen?

Matthias Senn Die Vorschläge und Ideen, auf welche Weise ein lebendiges Gemeindeleben gefördert werden könnte, durchziehen die Protokollbücher aller Zeiten wie ein roter Faden. Dabei ist die Vielfalt der Ansätze bemerkenswert. Sie reichen von Veranstaltungsangeboten für Frauen, Männer und Kinder über Gedanken zu einer nachhaltigen Jugendarbeit im Sinne der Nachwuchsförderung bis hin zu aufwendigen Bauprojekten. Diese wurden ebenfalls mit der Absicht ausgeführt, für die Aktivitäten der Gemeinde möglichst geeignete Räume zur Verfügung zu stellen, ihr eine gemütliche und heimelige Unterkunft zu bieten als Erweiterung zum identitätsstiftenden Kirchenraum des monumentalen Grossmünsters. Die grossen sozialen Unterschiede bei den Einwohnern der Gemeinde zwischen den Extremen des Gässchenelends in gewissen Altstadtquartieren und dem

Wohlstand des gehobenen Bürgertums gaben immer wieder zu reden. Die Pfarrhelferin Rosa Gutknecht arbeitete in diesem Bereich als Seelsorgerin und vermittelnde Persönlichkeit besonders segensreich. Neue Impulse für das kirchliche Leben brachte das 1964 eingeführte kirchliche Frauenstimmrecht, dank dem auch die weiblichen Gemeindeglieder in der Kirchenpflege Einzug hielten. Die hier zusammengetragenen Geschichten der Grossmünstergemeinde widerspiegeln auch die sozialen und politischen Entwicklungen der besprochenen Epochen, die Veränderungen hin zu einer immer weltlicheren Gesellschaft, deren Verbindungen zu Religion und Kirche sich spürbar auflösen.

Christoph Sigrist Gewiss hat das Grossmünster als Mutterkirche der Reformation Zwinglis und als repräsentative Hauptkirche der Stadt Zürich auch den Charakter der Kirchgemeinde geprägt. Welche Hinweise auf das typisch reformierte Erbe hast du gefunden?

Matthias Senn Zwei unterschiedliche Strömungen sind zu erkennen: Wenn es um Neuerungen der Liturgie und um Veränderungen im Ablauf des Gottesdienstes, ganz besonders beim Abendmahl, ging, setzte sich oft ein traditionsbewusstes Beharren auf den althergebrachten Werten und Formen durch. Eine puritanische Abneigung gegen unnötige Prachtentfaltung kam zur Geltung bei der Diskussion um die Anschaffung von silbernem Abendmahlsgerät, und mit spürbarer Zurückhaltung stand man der Kirchenmusik gegenüber, weshalb ihr im ausgeprägten Predigtgottesdienst während langer Zeit wenig Raum zugestanden wurde. Die im Grossmünster tätigen Pfarrer und Pfarrerinnen waren sich stets bewusst, hier in der Nachfolge Zwinglis zu wirken. Diese Verantwortung konnte als Belastung wahrgenommen werden, spornte aber gleichzeitig auch dazu an, Neues zu wagen ganz im Sinne der nicht vergessenen Formel «ecclesia semper reformanda»; und es gab durchaus Gelegenheiten, bei denen das Grossmünster bewusst als Schrittmacher vorausging: Die vom Kirchenrat 1965 entworfene neue Gottesdienstordnung wurde mit dem Argument eingeführt, es würde auf die übrigen Gemeinden keinen guten Eindruck machen, wenn ausgerechnet das Grossmünster diese ablehnen würde. Bemerkenswert ist auch, welche Rolle die Grossmünstergemeinde in Sachen Ökumene spielte. Nach lange währenden starken antikatholischen Reflexen, die zeitweise in der Angst mündeten, das Grossmünster werde demnächst von den Katholiken zurückerobert, setzte sich dank dem Einfluss einzelner Pfarrer und unterstützt von der Kirchenpflege eine tolerantere Haltung durch. Ökumenische Gottesdienste und interreligiöse Feiern sind seither im Grossmünster keine Seltenheit.

Christoph Sigrist Seit der Anfang 2019 in Kraft getretenen Fusion der städtischen Kirchgemeinden zur einen Kirchgemeinde Zürich existiert die Grossmünsterkirchgemeinde nicht mehr als autonome Körperschaft. Gibt uns der Rückblick auf ihre über 180-jährige Geschichte einen Hinweis darauf, wie das Grossmünster für viele Menschen seine Identität als von dieser Geschichte stark geprägter Zufluchtsort und als gemeinschaftsbildendes Zentrum auch in Zukunft bewahren kann?

Matthias Senn Zweifellos wird das historische Münster seine Anziehungskraft als Wahrzeichen der Stadt und sein Raum die symbolische und spirituelle Kraft behalten und weiterhin zahlreiche Menschen anziehen. Das gezielte, persönliche Ansprechen der Besucher im Gottesdienst und auch ausserhalb von kirchlichen Feiern liegt wie bisher in der Verantwortung der hier wirkenden Pfarrerinnen und Pfarrer. Die kirchlich engagierten Bewohner innerhalb der Grenzen der ehemaligen Kirchgemeinde, aber auch Menschen aus dem weiteren Umfeld der Stadt, werden dem Grossmünster nach wie vor verbunden bleiben. Der unlängst gegründete Freundeskreis Grossmünster wird darüber hinaus mit seinen Angeboten das Seine dazu beitragen, dass man sich im Schatten der Grossmünstertürme weiterhin als Gemeinschaft heimisch fühlt. Mag auch die Lektüre des vorliegenden Buches das Interesse am Grossmünster und seiner Umgebung wecken und zum Verständnis der gegenwärtigen Situation beitragen.

Die Kirchgemeinde Grossmünster 1.

Anfänge 1832/33 1.1.

Die Anfänge der in neuen Strukturen sich bildenden Kirchgemeinde Grossmünster hängen direkt mit der Aufhebung des Grossmünsterstifts durch den Grossen Rat des Kantons Zürich im Jahr 1833 zusammen. Diese war ihrerseits eine Folge der tiefgreifenden Neuordnung des ganzen Gemeinwesens und der völligen Neubestellung der Behörden, die auf der Grundlage der Kantonsverfassung vom 10. März 1831 im liberalen Geist der Regeneration vollzogen wurden. Aufgaben und Kompetenzen der einzelnen Körperschaften auf den Stufen des Kantons, der Bezirke und der Gemeinden wurden im Rahmen der Verfassung ganz neu verteilt. Die Aufsicht über das Kirchenwesen übernahm ein Kirchenrat, dessen Präsident, der Antistes, auf Vorschlag der Synode vom Grossen Rat gewählt wurde (Art. 69 der Verfassung). In Bezug auf die Kirchgemeinden wurde festgelegt:

«Jede Kirchgemeinde hat einen Stillstand[1], bestehend aus dem Pfarrer, als Präsidenten, den übrigen an der Gemeinde angestellten Geistlichen, den Präsidenten der übrigen Gemeindsbehörden, dem Gemeindeammann und wenigstens vier Stillständern, welche die Kirchgemeinde auf eine Dauer von vier Jahren erwählt und von zwei zu zwei Jahren zur Hälfte erneuert.» (Art. 85 der Verfassung)

Für das Grossmünsterstift hatte insbesondere die Reorganisation des Schulwesens einschneidende Konsequenzen: Mit Art. 70 der Verfassung wurde einem Erziehungsrat die Aufsicht über sämtliche Schulanstalten des Kantons sowie die Förderung der Volks- und auch der wissenschaftlichen Bildung aufgetragen. Damit waren die Tage der vom Stift unterhaltenen höheren Lehranstalt, des Carolinums, gezählt: Rasch kam es nämlich auf der Basis dieses Verfassungsartikels 1833 zur Gründung der Zürcher Universität, für deren Finanzierung man nach einem Beschluss des Grossen Rates das Vermögen des Stifts, das nun endgültig aufgehoben wurde, in Anspruch nahm. Zudem sollte auch die bis anhin geltende Ausdehnung der Grossmünsterkirchgemeinde geändert werden. Im Vorfeld der umfassenden Umgestaltung bemühte sich der Stillstand des Grossmünsters in Zuschriften an Stadt, Kanton und Kirchenrat noch darum, dass am bisherigen Zustand möglichst wenig verändert werde. Mit Blick auf den drohenden Verlust des Stiftsvermögens erklärte der Stillstand in einem Schreiben an den Grossen Rat vom 9. Februar 1832:

«Auf den Fall nähmlich, dass die Stift zum Grossmünster von dem Grossen Rathe als aufgelöst erklärt werden sollte, glaubt der Stillstand, dass benannte Gemeinde, mit welcher die Stift von jeher in der unzertrennlichsten Verbindung gestanden, die ersten und unmittelbarsten Ansprüche auf das vorhandene Stiftsgut in soweit habe, als in ihm seiner frühesten Entstehung zu Folge der Kirchensatz enthalten ist, aus welchem ganz allein alle und jede kirchlichen Bedürfnisse dieser ersten und ältesten Pfarrkirche des Landes, deren Daseÿn noch weit über die des Staates hinausreicht, bestritten worden sind.» [2]

Und demzufolge stellte er die Forderung, dass das Hauptgut aus dem Stiftsfonds in erster Linie der Kirchgemeinde zur selbständigen Verwaltung zu übergeben sei, um aus dessen Zinsen den Unterhalt der Kirche, die Besoldungen der Geistlichen und des übrigen Personals sowie Wohnungsmieten und weitere kirchliche Bedürfnisse zu begleichen. Gleichzeitig richtete der Präsident des Stillstandes, Antistes Georg Gessner, die Bitte an den Stadtrat, dieser möge die verbrieften Rechte der Gemeinde und deren an den Kanton gestellte Ansprüche nach besten Kräften unterstützen.[3] Schliesslich beantwortete der Stillstand am selben 9. Februar eine Anfrage des Kirchenrates und gab diesem die Anliegen der Kirchgemeinde in Bezug auf die geplanten Neuerungen bekannt: In einem ersten Punkt wurde gewünscht,

«dass die bisherigen Verhältnisse ganz und durchaus unverändert beÿbehalten werden möchten; dass die Grossmünster Stadtgemeinde wie bis anhin in dieser besondern Hinsicht ausser Verbindung mit den Landgemeinden zum Kreuz verbleibe – und dass ihre bisherige Eintheilung in Quartiere und Bezirke unverändert bleibe».

Sodann sollte die bisherige Anzahl der geistlichen und der 15 frei gewählten weltlichen Mitglieder des Stillstandes beibehalten werden. Ebenso wünschte man die seit der Reformation zum Stift gehörenden fünf Pfarrstellen – den als Antistes der Zürcher Kirche amtierenden Pfarrer, zwei Prädikanten oder Archidiakone und zwei Diakone – weiterhin besetzen zu können.[4] Auf diesen Versuch der Kirchgemeinde, der neuen Ordnung zu begegnen und etwas vom Status quo zu retten, gingen die kantonalen Behörden nur teilweise ein. Die ab 1556 bestehende, flächenmässig bedeutende «Filiale zum Kreuz», welche die Landgemeinden Hottingen, Hirslanden und Riesbach umfasste, wurde 1834 ganz vom Grossmünster abgelöst; als Aussenstellen verblieben damals noch Witikon und Wipkingen, bis diese 1864 bzw. 1865 ebenfalls zu eigenständigen Pfarreien erhoben wurden. Die erhoffte Weiterführung der fünf Pfarrstellen liess sich nicht durchsetzen, und die Kirchgemeinde musste sich fortan mit zwei Geistlichen, dem zunächst weiterhin Antistes genannten obersten Pfarrer und einem Diakon, begnügen. Einzig dem Wunsch nach Weiterbestand des Stillstandes im bisherigen Umfang wurde stattgegeben.

Der am 2. Mai 1833 gewählte Stillstand trat am 13. Mai zu seiner ersten konstituierenden Sitzung zusammen. Wie es die Verfassung vorschrieb, nahmen von Amtes wegen die beiden Pfarrherren des Grossmünsters, Antistes Hans Georg Gessner und Archidiakon Johann Jakob Cramer, dann der Stadtpräsident Hans Jakob Escher und der Stadtammann Johann Jakob Nüscheler sowie 12 der 15 frei gewählten Stillstandsmitglieder daran teil. Nach dem anstelle des früheren Eides geleisteten Verpflichtungsgelübde wurden den Anwesenden die Verrichtungen und Pflichten des Stillstandes auseinandergesetzt, die verschiedenen Chargen und Zuständigkeitsbereiche verteilt, die Armenpflege gewählt und weitere Kommissionen bestellt.[5] (Abb. 1, 2) Der Amtsantritt der neu formierten Behörde und das erste Zusammentreten der Kirchgemeindeversammlung am 16. März 1834[6] unter den nun geltenden verfassungsmässig und gesetzlich geregelten Bedingungen können in institutioneller und personeller Hinsicht als eigentlicher Neuanfang der städtischen Kirchgemeinde Grossmünster in der Nachfolge des aufgehobenen Grossmünsterstifts und der alten, mit diesem eng verbundenen Stadtgemeinde gelten.

Ausdehnung und Bevölkerungsstruktur 1.2.

Der ursprüngliche Gemeindebann des Grossmünsters erstreckte sich, wie schon zur Zeit des Stifts, bis in die späten 1930er Jahre vom Stadelhofer Vorstadtquartier entlang dem See und der Limmat bis zum Rathaus. Von dort bergauf bildeten immer schon die Markt-, Elsässer- und Spiegelgasse bis zu den Unteren Zäunen die Begrenzung zur Predigergemeinde. Am Obergericht vorbei zum Krautgartenquartier (dem Areal des heutigen Kunsthauses), wo sich bis 1878 der Friedhof der Gemeinde befand, verlief die Grenze weiter zur Rämistrasse und über die Hohe Promenade wieder hinunter nach Stadelhofen. In ihren Anfängen zählte die Kirchgemeinde innerhalb dieser Grenzen knapp 5000 Bewohner. Die sozialen Unterschiede in den verschiedenen Quartieren waren gross. Im jenseits der Rämistrasse gelegenen Stadelhofen-Viertel mit seinen herrschaftlichen Häusern aus dem 17. und 18. Jahrhundert, im Oberdorf, der Neustadt mit Trittligasse und Winkelwiese, an der Kirchgasse und in der unmittelbaren Nachbarschaft des Grossmünsters wohnten seit jeher die Familien einer wohlhabenden Oberschicht, meist altzürcherischer Abstammung. (Abb. 3, 4) Im Vergleich dazu bot das Gässchengewirr der dicht überbauten Altstadt hinunter zur Limmat und hinüber zur Markt- und Spiegelgasse einen markanten Gegensatz. In den engen, kaum besonnten und primitiv ausgestatteten Häusern lebten meist kinderreiche Familien unter unhygienischen Zuständen. Armut, Krankheiten und verbreiteter Alkoholismus waren hier die mit dem Begriff «Gässchenelend» bezeichneten Probleme, mit denen die kirchlichen Instanzen zu kämpfen hatten.[7] (Abb. 5, 6)

In den Jahrzehnten um die Wende zum 20. Jahrhundert machten sich tiefgreifende Veränderungen hinsichtlich der Bevölkerungsstrukturen in der Altstadt bemerkbar, die auch der Grossmünstergemeinde zunehmend zu schaffen machten. Im Oktober 1926 beschrieb der damalige Grossmünsterpfarrer Paul Eppler die besorgniserregende Entwicklung mit folgenden Worten:

«Wir beobachten mit wachsender Beklemmung, wie unsere Altstadt ihre Physiognomie verändert. Sie wird immer mehr City, Geschäftsviertel. Die alten stattlichen Bürgerhäuser verschwinden oder verlieren ihre angestammten Bewohner. Neues Volk zieht ein, das keinerlei Überlieferung an unsere Kirche bindet. [...] Unsere Gemeinden werden kleiner. Die Zahl unserer Unterrichtskinder nimmt ab. Einzelne Gemeinden haben Mühe, ihre Kirchenpflegen zu rekrutieren.»[8]

Zählte man in der Grossmünstergemeinde im Jahr 1880 4760 Seelen, waren es 50 Jahre später noch 3468.[9] Die markante Abnahme der reformierten Altstadtbewohner hatte verschiedene Gründe; dazu gehörten die erwähnte Citybildung, die zur Verdrängung von Wohnflächen führte, die Abwanderung vieler Familien aus den engen, unhygienischen Behausungen, aus dem Schmutz und Lärm der Innenstadt, und nicht zuletzt der starke Zuzug von Ausländern und Katholiken sowie die Ausbreitung religiöser Gemeinschaften ohne Beziehung zur Landeskirche. Da das Kirchengesetz die Anstellung von zwei Pfarrern nur Gemeinden mit über 4000 Einwohnern erlaubte, musste die Grossmünstergemeinde angesichts ihrer schwindenden Bevölkerungszahlen während über 25 Jahren immer wieder dafür kämpfen, dass sie ihre beiden Pfarrer behalten konnte. Und das gelang nur dank dem wohlwollenden Entgegenkommen der kantonalen Behörden. Bereits Ende November 1921 sah sich die Kirchenpflege veranlasst, bei den Vorbereitungen der Ersatzwahl für den verstorbenen Pfarrer Rudolf Finsler in einer Eingabe an den Kirchenrat die Notwendigkeit einer zweiten Pfarrstelle am Grossmünster ausführlich zu begründen und beim Regierungsrat in dieser Sache persönlich vorstellig zu werden; beide Instanzen waren rasch und ohne weitere Nachfrage mit dem Anliegen einverstanden.[10] Beim nächsten Pfarrerwechsel stellte sich das Problem erneut; darüber berichtet der «Kirchenbote» im August 1933:

«Dem Regierungsrat wurde beantragt, die Wiederbesetzung der durch den Rücktritt von Pfarrer Högger frei gewordenen 2. Pfarrstelle am Grossmünster zu bewilligen, trotzdem die Zahl der reformierten Einwohner der Kirchgemeinde nicht mehr 4000 erreicht. Ausser der durch Predigt und Seelsorge noch hinreichend starken Belastung für zwei Pfarrer sprechen für die Beibehaltung der zweiten Pfarrstelle ehrwürdige geschichtliche Traditionen, die in Zwinglis Zeit zurückgehen. Der Regierungsrat hat in Würdigung dieser Gründe die Wiederbesetzung genehmigt.»[11]

Erweiterung des Gemeindebanns

Zwei Jahre später, nach dem Rücktritt von Pfarrer Paul Eppler, verfing eine solche Argumentation nicht mehr. Im Wissen um diese Schwierigkeit hatte man schon im Vorfeld dieses Pfarrerwechsels nach Massnahmen gegen den weiteren Zerfall der Gemeinde und nach Lösungen für den Erhalt des zweiten Pfarrers gesucht. Bereits im Oktober 1930 hatte die Kirchgemeindeversammlung der Zentralkirchenpflege einen Antrag um Verschiebung der Gemeindegrenzen gestellt.[12] Auch ein Zusammenschluss der Altstadtgemeinden wurde erwogen, kam aber wegen des Widerstandes der Predigergemeinde nicht zustande. Dagegen bot die dem Grossmünster benachbarte Gemeinde Neumünster nach einigem Zögern Hilfe an. Im Gegensatz zur abnehmenden Bevölkerung in der Altstadt hatte diese innerhalb von 50 Jahren eine gute Verdoppelung ihrer Einwohner verzeichnet und zählte 1930 31 828 Seelen. Im Protokoll der Kirchenpflegesitzung vom 12. Dezember 1933 wurde festgehalten:

«Durch Abwanderung der Gässchenbewohner in die sonnigeren Aussenquartiere, sodann wegen der Durchsetzung der Quartiere mit Familien anderer Confessionen und endlich der Umbau von Wohnhäusern in Geschäftshäuser im I. Kreis hat die protestantische Bevölkerung in den Altstadtgemeinden in Aufsehen erregender Weise abgenommen. Um unser kirchliches Gemeindeleben nicht gänzlich verebben zu lassen, müssen Wege gesucht werden, die genannten Vorgänge zu paralisieren. Der einzig gangbare Weg hierzu ist für unsere Kirchgemeinde die Zuteilung neuer Strassenzüge der übergrossen Kirchgemeinde Neumünster.»

Die Pflege fasste den Beschluss, zuhanden der ausserordentlichen Synode, die sich im Frühjahr 1934 grundsätzlich mit der Frage neuer Gemeindegrenzen befasste, diese Argumente in einem Exposé zusammenzufassen.[13] In der Folge beauftragte die Synode den Kirchenrat, die Verhandlungen über wünschbare Grenzänderungen aufzunehmen, die schliesslich zum Erfolg führten.[14] Am 8. November 1936 stimmte die Kirchgemeindeversammlung der Gemeinde Neumünster der Abtretung des Gebiets zwischen der bisherigen Gemeindegrenze und der Kreuz- und Merkurstrasse an die Grossmünstergemeinde zu. Diese beschloss ihrerseits in der wenig später abgehaltenen Versammlung einstimmig, die Grenzverlegung ebenfalls anzunehmen,[15] mit dem Dank an die Neumünster-Kirchgemeinde für deren aufsehenerregenden Entscheid, der als Beweis freundnachbarlicher Solidarität entsprechend gewürdigt wurde. Die auch vom Regierungsrat gutgeheissene Übernahme des Quartiers kam den Bedürfnissen der sich entvölkernden Altstadtgemeinde entgegen und hatte für deren langfristiges Weiterbestehen entscheidende Bedeutung. Mit dem Zuwachs um die dort ansässigen rund 2500 Bewohner erreichte das Grossmünster nun einen Bestand von knapp 6000 Gemeindegliedern. Das war nicht nur eine willkommene Blutauffrischung, sondern sicherte auch die erwünschte Fortführung der zweiten Pfarrstelle. Zudem bestand zwischen den Kirchgemeinden die Abmachung, dass die bisherigen Mitglieder der Neumünster-Kirchenpflege, die in den abgetretenen Quartierteilen wohnhaft waren, ohne Weiteres in die Behörde des Grossmünsters übertreten konnten. In einem gedruckten dreiseitigen

«Gruss der Grossmünstergemeinde an die neuen Gemeindeglieder»

hiessen Pfarramt und Kirchenpflege am 29. Dezember 1936 die Bewohnerinnen und Bewohner des neu hinzugekommenen Gemeindeteils willkommen. Nach einem kurzen Hinweis auf die Gründe, die das Grossmünster veranlasst hatten, eine Gebietserweiterung anzustreben, wurden auch die damit verbundenen Hoffnungen formuliert:

«Wir bedürfen Ihrer Hilfe so dringend. [...] Gerade im alten Teil unserer Gemeinde sind so viele Alte und Vereinsamte, die dafür dankbar sind, wenn ihnen Gemeinschaft angeboten wird, und die sich vor allem freuen, wenn das frohe Lachen der Jugend in ihren stillen Feierabend hineinklingt. Wir freuen uns deshalb ganz besonders, wenn uns die Gebietserweiterung einen kräftigen Stamm von Jugendlichen zuführt, die gewillt sind, mit uns zu arbeiten und zu kämpfen.»

Und dann folgten die Informationen über die ganze Palette an Angeboten des kirchlichen Lebens: von den Gottesdiensten im Grossmünster über die Kinderlehre und die Aussprachеabende in der Grossmünsterkapelle bis hin zu den Bibelstunden, den Versammlungen der Jugendgruppe, den Nähabenden und den regelmässig stattfindenden Kichgemeindeabenden im Kirchgemeindehaus am Hirschengraben. Mit der weiteren Ausdehnung des Gemeindegebiets wurden die Zuständigkeiten der beiden Pfarrer für den bisherigen inneren und den hinzugekommenen äusseren Gemeindeteil neu geregelt.

Sinkende Einwohnerzahlen

Trotz der nun verbesserten Situation gab die Verminderung der Mitgliederzahl wegen Verlust von Wohnflächen, Wegzug oder Austritt aus der Landeskirche für die Grossmünstergemeinde auch in späteren Jahren immer wieder Anlass zur Besorgnis. Pfarrhelferin Rosa Gutknecht stellte in ihrem Rückblick auf das Jahr 1950 kritisch fest:

«Mehr als je machte auch der Kampf mit der Wohnungsnot zu schaffen, weil in unserer Gemeinde alte Häuser mit billigen Wohnungen abgebrochen werden und an deren Stelle Appartementhäuser erstellt werden mit bedeutend höheren Mietzinsen. Diese Häuser werden von fremden Menschen – meist Alleinstehenden – bezogen, die nichts wissen wollen von Kirche und Gemeinschaftsgeist; ihre Parole lautet, wir verkehren mit niemandem, wir wollen ganz für uns sein. Nach Jahren, wenn sie krank sind und alt geworden, dann erst spüren sie die Folgen ihres Egoismus, ihre Vereinsamung.»[16]

Und wenige Jahre später griff der Kirchenpflegepräsident in seinem Jahresbericht zum Jahr 1954 die Problematik nochmals auf:

«Der seit langem anhaltende Rückgang der Seelenzahl hält bei uns wie bei allen anderen Altstadtgemeinden immer noch an. Zählte die erweiterte Grossmünstergemeinde anno 1941 noch 6602 Glieder, so ging diese Zahl bis 1950 auf 5798 zurück. Seither ist nochmals eine Verminderung auf 5326 Seelen zu verzeichnen. In 13 Jahren hat unsere Gemeinde also fast 1300 Kirchgenossen eingebüsst. Die Tendenz vieler Hausbesitzer, ihre alten Gebäude durch lukrativere Geschäfts- und Apartement-Häuser zu ersetzen, ist einer der Hauptgründe dieser beklagenswerten Erscheinung. Sehr bemühend war für uns, dass in dieser Zeit der Wohnungsnot die alten Häuser am Hirschengraben und an der Krautgartengasse abgerissen und damit wieder etwa 100 Einwohner aus der Altstadt vertrieben wurden.»[17]

Der beklagte Abbruch des Krautgartenquartiers am oberen Hirschengraben erfolgte im Zusammenhang mit dem an seiner Stelle errichteten Erweiterungsbau des Kunsthauses, dem sogenannten Bührle-Bau. Die Kirchenpflege hatte noch die Bemühungen eines Aktionskomitees unterstützt, mit einer Motion die Planung des Neubaus so zu beeinflussen, dass die alte Häusergruppe hätte stehen bleiben können. Der Vorstoss war freilich erfolglos, da die Motion vom Bezirksrat als ungesetzlich erklärt wurde,[18] womit das Schicksal dieses

Wohnquartiers besiegelt war.[19] Der weiterhin anhaltende Bevölkerungsschwund führte schliesslich zur Entscheidung des Kirchenrates, die zweite Pfarrstelle am Grossmünster im Frühjahr 1976 endgültig aufzuheben.[20] Mit Gesuchen und persönlichen Vorstössen an den Kirchenrat, die Zentralkirchenpflege und den Regierungsrat konnte die Kirchenpflege erreichen, dass hinfort eine auf jeweils drei Jahre beschränkte Pfarrhelferstelle eingerichtet wurde, die immer wieder neu beantragt werden musste und deren Inhaber jeweils gemäss Vorschlag der Kirchenpflege vom Kirchenrat gewählt wurden.[21] Mit dem wiederholten Hinweis auf die besondere Stellung der Grossmünstergemeinde, ihrer Zentrumsfunktion mit vielen speziellen Aufgaben, die auch für die gesamte zürcherische Kirche erbracht wurden, liess sich das doppelt besetzte Pfarramt über die Jahre aufrechterhalten, auch wenn die zweite Stelle später nur noch mit halbem Pensum bewilligt wurde. Ebenso wie die übrigen Kirchgemeinden der Altstadt war die Grossmünstergemeinde nicht nur mit der abnehmenden Seelenzahl, sondern auch mit der sich immer weiter ändernden Zusammensetzung ihrer Einwohner konfrontiert. Im Jahresbericht 1978/79 benannte Pfarrer Hugo Sonderegger die Probleme, die zu bewältigen waren: den offensichtlich weiteren Abbau einer sesshaften Bevölkerung und den fortschreitenden Schwund kirchlich interessierter Familien und einzelner Personen.

«Unsere Veranstaltungen, ob wir an den Gottesdienst oder an Kirchgemeindeanlässe denken, werden immer mehr von ‹Freunden der Grossmünstergemeinde› besucht. Wir sind diesen Zuzügern herzlich dankbar für ihre spürbare Präsenz. Aber wir sind uns bewusst, dass auch wir uns wie die andern Altstadtgemeinden immer mehr vom Bild der traditionellen Parochie, der kirchlichen Wohngemeinde, entfernen.» – Eine Entwicklung, die sich je länger desto stärker akzentuierte und die Bemühungen um einen Gemeindeaufbau vor neue Herausforderungen stellte.

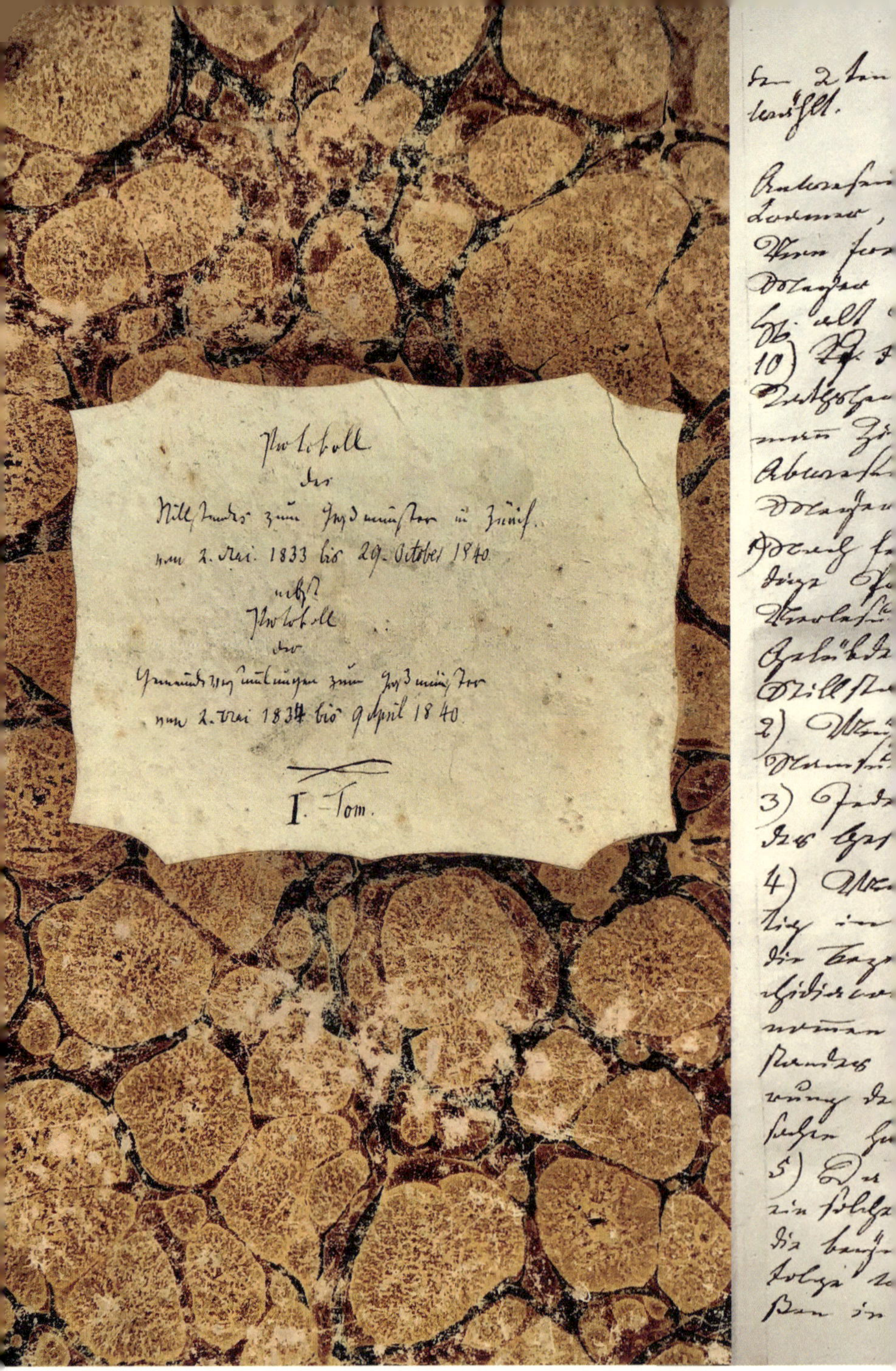

Abb. 1 Erstes Protokollbuch des Stillstands der Grossmünstergemeinde.

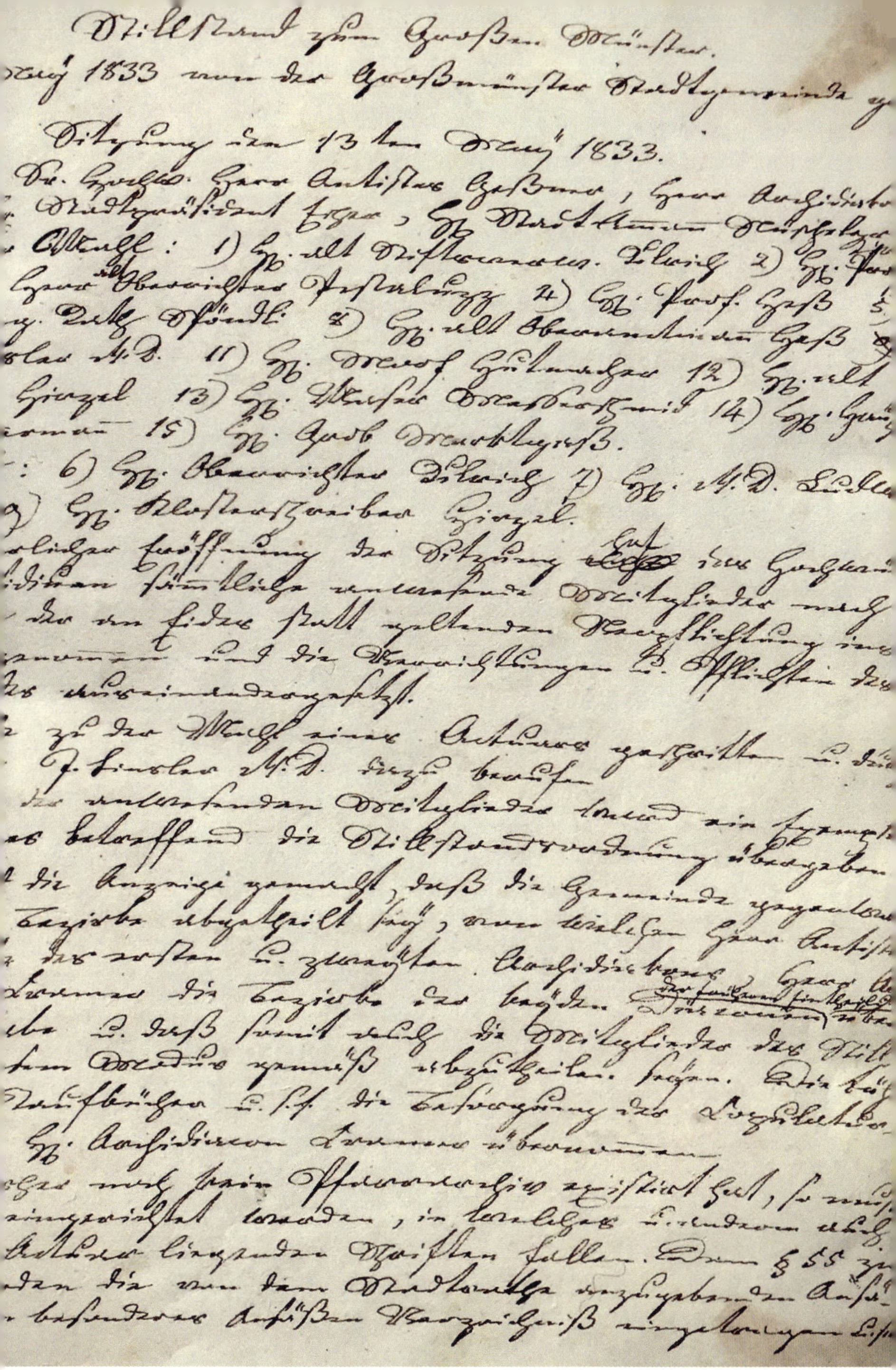
Stillstand zum Grossen Münster.
Mai 1833 von der Grossmünster Stadtgemeinde g
Sitzung den 13ten May 1833.

Abb. 2 Protokoll der ersten Sitzung des Stillstands vom 13. Mai 1833.

Abb. 3, 4 Wohnen im Wohlstand. Haus zur Engelburg, Kirchgasse 27, Foto 1913.

Abb. 5, 6 Gässchenelend. Graue Gasse 9, Foto um 1940.

1 Bereits im 16. Jh. wurde das von Zwingli geschaffene Presbyterium, das Gemeindegericht, als Stillstand bezeichnet. Der Begriff kommt daher, dass die Mitglieder dieser Behörde zwecks Beratung anstehender Geschäfte jeweils nach Beendigung des Gottesdienstes noch beisammen blieben bzw. stillstanden. Siehe Schweizerisches Wörterbuch, Bd. XI, Sp. 1027–1029.

2 Stillstand der Grossmünstergemeinde an den Grossen Rat und an die Stiftskommission des Grossen Rates, 9. Februar 1832, IV. B. 2.2, S. 141 f.

3 Schreiben an den Lobl. Stadtrat, 9. Februar 1832, IV. B. 2.2, S. 143 f.

4 Antwort auf eine Zuschrift des Kirchenrates vom 7. Dezember 1831, dat. 9. Februar 1832, IV. B. 2.2, S. 145 f.

5 Erste Sitzung des am 2. Mai 1833 gewählten Stillstands vom 13. Mai 1833, IV. B. 2.3, S. 1–3.

6 IV. B. 2.3, S. 15.

7 Im Zusammenhang mit der im März 1919 angeregten Anstellung einer Hilfskraft fasste Pfarrer Högger die spezielle Situation der Gemeinde folgendermassen zusammen: «Durch die eigentümlichen Zustände in unserer Grossmünster Gemeinde, in der in so kleinem Kreise die Unterschiede zwischen Reich und Arm, geistig hervorragend und niedrig stehend, sittliche und unsittliche Personen in den Extremen bei einander wohnen, ist die Arbeit der Geistlichen eine so grosse, dass es ihnen fast unmöglich ist, ihren Pflichten, die sie sich gesetzt haben, voll und ganz nach zu kommen.» (Sitzung der Kirchenpflege vom 28. März 1919, IV. B. 2.7, S. 287). – Unter dem Titel *Unser Gässchenelend* brachte das Gemeinde-Blatt auf Anregung des Pfarrkonvents der Altstadt in mehreren Folgen Berichte verschiedener Autoren über die Aspekte der problematischen sozialen Verhältnisse und die Möglichkeiten, diese zu verbessern. Einleitung: *Der Plan,* in: Gemeinde-Blatt, IX. Jg., Nr. 1, 22. Februar 1919, S. 2–4; *Gässchenelend und Unsittlichkeit,* in: Gemeinde-Blatt, IX. Jg., Nr. 2, 10. Mai 1919, S. 2 f.; *Gässchen- und Alkoholelend,* in: Gemeinde-Blatt, IX. Jg., Nr. 3, 19. Juli 1919, S. 3 f.; *Armut und Gässchenelend,* in: Gemeinde-Blatt, IX. Jg., Nr. 4, 20. September 1919, S. 3; *Gässchenelend und Familie,* in: Gemeinde-Blatt, S. 3 f.; *Gässchenelend und Hygiene,* in: Gemeinde-Blatt, IX. Jg., Nr. 5, 20. Dezember 1919, S. 3 f.; *Staatliche Massnahmen zur Bekämpfung des Gässchenelends,* in: Gemeinde-Blatt, X. Jg., Nr. 1, 25. Februar 1920, S. 3 f., und Nr. 2, 18. März 1920, S. 3 f.; *Was sollen wir denn tun?,* in: Gemeinde-Blatt , X. Jg., Nr. 4, 20. August 1920, S. 2 f. – Die öffentliche und politische Debatte dieses Themas setzte erst Jahre später, 1928, ein mit Interpellationen im Stadt- und Kantonsrat und einem Artikel im sozialdemokratischen Tagblatt «Volksrecht» vom 28. März 1928, siehe MELCHIOR FISCHLI, *Geplante Altstadt – Zürich, 1920–1960,* S. 50–56.

8 Gemeinde-Blatt, XVI. Jg., Nr. 8, Oktober 1926, S. 3.

9 Kirchenbote, April 1934, S. 27.

10 Kirchenpflegesitzungen vom 10. und 28. November 1921, IV. B. 2.7, S. 358 f. und 360.

11 Kirchenbote, August 1933, S. 61.

12 Kirchgemeindeversammlung vom 12. Oktober 1930, IV. B. 1.2, S. 213 f.; Kirchenbote, November 1930, S. 88.

13 Kirchenpflegesitzung vom 12 Dezember 1933, IV. B. 2.9, S. 340 f.

14 Der Verlauf der Verhandlungen und der Diskussionen über das Thema wurde in mehreren Nummern des Kirchenboten aufmerksam verfolgt: April 1931, S. 36; November 1932, S. 88; April 1934, S. 27 f.

15 Kirchgemeindeversammlung vom 22. November 1936, IV. B. 1.2, S. 301–307.

16 Kirchenpflegesitzung vom 17. April 1951, IV. B. 2.12, S. 73.

17 Kirchenbote, August 1955, S. 88. – Zur Sanierung der Altstadthäuser, die im Gebiet der Grossmünstergemeinde etwa Gassenzüge wie Untere und Obere Zäune, Münstergasse, Leuen- und Spiegelgasse betraf, siehe ausführlich MELCHIOR FISCHLI, *Geplante Altstadt – Zürich, 1920–1960,* S. 119–155 und passim.

18 Kirchenbote, August 1954, S. 76, und Dezember 1954, S. 120.

19 Zum 1959 eröffneten Bührle-Bau der Architekten Gebrüder Pfister siehe BENEDIKT LODERER, *Die Baugeschichte des Kunsthaus Zürich 1910–2020,* Zürich, 2020, S. 31–37.

20 Kirchenpflegesitzung vom 21. Januar 1975, IV. B. 2.16, S. 23.

21 Kirchenpflegesitzung vom 3. Juni

1975, IV. B. 2.16, S. 33; Kirchgemeindeversammlung vom 29. Juni 1975, IV. B. 1.6, S. 5; Kirchenpflegesitzung vom 1. Juli 1975, IV. B. 2.16, S. 36; siehe auch Kirchenbote, Juli 1975. Kirchenpflegesitzungen vom 20. Januar und 3. März 1976, IV. B. 2.17, S. 51 und 56.

Die Ausübung der Befugnisse der Kirchgemeinde gründete auf den Bestimmungen der jeweils geltenden übergeordneten Gesetze und Verordnungen: Dazu zählten das Gemeindegesetz, das Wahlgesetz, das Kirchengesetz, die Kirchenordnung und das Statut der stadtzürcherischen evangelisch-reformierten Kirchgemeinden.

Die Kirchgemeindeversammlung 2. 1.

Zu den Kichgemeindeversammlungen wurden jeweils alle Stimmberechtigten der Gemeinde eingeladen; bis Ende 1963 betraf das nur die Männer. Die Einladung zur Versammlung vom 18. November 1948, der ein Grundsatzreferat von Pfarrer Oskar Farner zum Thema

«Eine neue Reformation ist fällig»

sowie eine anschliessende Aussprache folgten, enthielt erstmals den Hinweis, dass auch Frauen und Töchter als Zuhörerinnen an der Versammlung und am Vortrag willkommen seien. Dieser Aufruf an die interessierten weiblichen Glieder der Gemeinde wurde fortan zum festen Bestandteil der Versammlungseinladungen, bis dann mit dem ab 1. Januar 1964 geltenden neu formulierten zürcherischen Kirchengesetz das aktive und passive Frauenstimm- und -wahlrecht auf kirchlicher Ebene eingeführt wurde. Noch vor dieser gesetzlichen Änderung erhielten Frauen die Möglichkeit, in den erweiterten Pfarrwahlkommissionen Einsitz zu nehmen und sich an der Auswahl der Pfarrkandidaten zu beteiligen; anlässlich der Suche nach einem Nachfolger von Oskar Farner kam dieses Verfahren im Mai 1950 zum ersten Mal zur Anwendung.[1]

In der Anfangszeit der Kirchgemeinde fanden die ordentlichen Versammlungen nur einmal im Jahr statt und galten in erster Linie der Genehmigung und Abnahme der vorgelegten Jahresrechnung. Später wurde die Durchführung von zwei ordentlichen Kirchgemeindeversammlungen pro Jahr die Regel: Die wiederkehrenden Traktanden der meistens in den Monaten April oder Mai abgehaltenen Frühlingsversammlungen waren die Abnahme des Jahresberichts und der Rechnung des Vorjahres und, jeweils nach Ablauf einer Amtsperiode, die Erneuerungswahlen der Behörden;[2] die Herbstversammlungen im Oktober oder November befassten sich hauptsächlich mit dem Voranschlag des nächsten Jahres. Unaufschiebbare Geschäfte, die in die Kompetenz der Kirchgemeinde fielen und von ihr genehmigt werden mussten – Pfarrwahlen, Ersatzwahlen in die Kirchenpflege, Grundsatzentscheide zu Bauprojekten oder umfangreichere Kreditvorlagen beispielsweise –, machten hin und wieder zusätzliche Kirchgemeindeversammlungen unter dem Jahr erforderlich.

Die Versammlungen zeichneten sich selten durch eine rege Beteiligung der Gemeindeglieder aus, oft zählte man nur zwischen 25 und 30 Anwesende. Anlässlich der von 24 Gemeindegliedern besuchten Kirchgemeindeversammlung vom 6. November 1939, an der die Ersatzwahl zweier Mitglieder der Kirchenpflege, u.a. jene des späteren langjährigen Präsidenten Walter Pfister, traktandiert war, wurde in der abschliessend von den Anwesenden gewünschten freien Aussprache

«der ganz schlechte Besuch der Kirchgemeinde-Versammlung kritisiert und über abhülfliche Massnahmen gesprochen».

Einer der Redner versprach sich viel von der Einführung des Frauenstimmrechts, wenigstens in kirchlichen Angelegenheiten. Da dies aber nicht Sache einer einzelnen Gemeinde ist, konnte darauf nicht weiter eingetreten werden.[3] Auch bedeutendere Geschäfte vermochten es nicht, eine wesentlich grössere Anzahl von Stimmberechtigten zu mobilisieren: So fand der Kauf des für die Erstellung des Kirchgemeindehauses am Hirschengraben ausgewählten Grundstücks im Januar 1927 die einhellige Zustimmung von gerade mal 28 Versammlungsteilnehmern,[4] und zwei Jahre später wurden alle Anträge betreffend den Bau des Hauses samt dem Baukredit von 320 000 Franken von den 33 Anwesenden oppositionslos genehmigt.[5] Dass an vielen Kirchgemeindeversammlungen nur ein verschwindend kleiner Teil der Kirchgenossen Entscheidungen von erheblicher Tragweite fällte, wurde kaum je bestritten. Als prominente Ausnahme sei der Fall des umkämpften Orgelneubaus in den 1950er Jahren erwähnt. Eine kleine, aber lautstarke Gegnerschaft dieses Projekts wollte damals nicht akzeptieren, dass in der Kirchgemeindeversammlung vom 8. November 1955 eine Gruppe von lediglich 28 Stimmberechtigten dem Vorschlag der Pflege auf Abbruch der alten Orgel folgte und die Summe von 190 000 Franken für ein neues Instrument einstimmig guthiess. In den Reaktionen der Opposition wurde diese geringe Beteiligung der Gemeinde wiederholt mit kritischem Spott bedacht. Der Versuch, diesen Entscheid mithilfe einer Motion ein Jahr später rückgängig zu machen, scheiterte dann allerdings kläglich; allein der rekordverdächtige Aufmarsch von 99 Personen zur Versammlung am 29. November 1956 überraschte und zeigte das Interesse der Gemeinde an der brisanten Frage; 85 lehnten die Motion ab, keine einzige Stimme war dafür.[6]

Mit der Einführung des kirchlichen Frauenstimmrechts am 1. Januar 1964 verbesserten sich erwartungsgemäss die Zahlen der Teilnehmerinnen und Teilnehmer an den Kirchgemeindeversammlungen. Die Frühjahresversammlung im April 1964, an der die Frauen zum ersten Mal als wahlberechtigte Mitglieder begrüsst und Marty Fischer und Helene Pestalozzi als erste Vertreterinnen ihres Geschlechts in die Kirchenpflege gewählt wurden, war von 150 Stimmberechtigten besucht,[7] und auch zur wenig später stattfindenden Wahl von Pfarrer Hugo Sonderegger fanden sich 157 Personen ein.[8] Dieser erfreuliche Trend hielt aber nicht lange an, langsam gingen die Zahlen wieder zurück und pendelten sich zunächst zwischen 30 und 40 und in den letzten 30 Jahren wieder um die 25 bis 30 Anwesenden ein. Viele Versuche wurden gemacht, um die Kirchgemeindeversammlungen attraktiver zu gestalten. Ob sie jeweils unmittelbar nach dem Sonntagsgottesdienst oder, wie später üblich, an einem Abend unter der Woche stattfanden, machte letztlich keinen grossen Unterschied. Auch hin und wieder angebotene Kurzvorträge zu kirchlichen Fragen oder sonstigen aktuellen Themen nach der Erledigung des geschäftlichen Teils lockten kaum mehr Leute in die Versammlungen. Zwar erhielten die Gemeindeglieder mit den regelmässig erstatteten Jahresberichten und den detailliert vorgelegten Jahresrechnungen jeweils einen guten Einblick in die Aktivitäten der Kirchgemeinde, zudem bestand die Gelegenheit zur persönlichen Begegnung mit den Pfarrern, den Vertretern der Kirchenpflege und den Mitarbeitern der verschiedenen Gemeindedienste. Trotzdem wurde das Angebot zu grundsätzlichen Aussprachen oder Anregungen zuhanden der Behörde im Ablauf der Versammlungstraktanden von der Gemeinde eher selten genutzt. Geschätzt wurde in den letzten Jahren dagegen der spontane Austausch bei dem im Anschluss an die Versammlung offerierten Umtrunk. Da die Kirchgemeindeversammlungen mal abgesehen von den kirchlichen Amtsträgern meistens nur vom selben kleinen Kreis besonders zugewandter Personen mit näherem Bezug zum Grossmünster besucht wurden, eigneten sie sich kaum als effizientes Instrument für den Gemeindeaufbau mit einer erhofften Breitenwirkung.

Die Kirchenpflege – ihre Zusammensetzung 2.2.

Die Zusammensetzung der Grossmünster-Kirchenpflege bzw. des Stillstandes, wie die Behörde bis Ende März 1864 genannt wurde, stand in der Anfangszeit der neu formierten Kirchgemeinde unter dem Zeichen der Kontinuität. Mehr als die Hälfte der 1833 gewählten Behördenmitglieder hatten schon in den Jahren zuvor dem Stillstand des Stifts angehört und waren teilweise auch Mitglieder von dessen inzwischen aufgehobenem Ministerium. Das Gremium setzte sich in der ersten Zeit hauptsächlich aus staatlichen Amtsträgern, Juristen und Theologen zusammen: dazu gehörten u.a. ehemalige Ratsherren und Oberrichter, der frühere Stiftsverwalter, der Klosterschreiber, ein Altspitalarzt, Altoberamtmann, Angehörige des Kirchenrates sowie Professoren der vormaligen Stiftsschule. Unter den Laienmitgliedern des

Stillstandes figurierten Berufsleute aus Handwerk, Gewerbe, Handel und Militär – ein Hutmacher, Messerschmied, Glaser, Posamenter, Bäcker, ein Bankkassier und zwei Offiziere im Rang von Hauptleuten. In beruflicher Hinsicht repräsentierten die Mitglieder des Stillstandes zunächst in etwa einen mittelständischen Durchschnitt der Einwohner der Grossmünstergemeinde. Beachtet man hingegen die Familiennamen der Kirchenpfleger, fällt auf, dass diese überwiegend den alten Zürcher Ratsgeschlechtern entstammten: Abkömmlinge der Familien Escher, Heidegger, Hess, Lavater, Meyer, von Muralt, Ott, Pestalozzi, Schulthess, Ulrich, Werdmüller, von Wyss u.a. wechselten sich in den frühen Stillstandsgremien ab. Mit dieser Zusammensetzung aus Vertretern der traditionsbewussten Familien der Oberschicht erhielt der Stillstand der Grossmünstergemeinde das Ansehen einer prestigeträchtigen Behörde von eher konservativem Charakter.

Das gemäss altüberlieferter Auffassung lebenslange Verbleiben in einem Amt war damals keine Seltenheit und führte immer wieder zu jahre- und jahrzehntelanger Mitwirkung in der Behörde. Bei einer Vakanz wegen Rücktritt oder Tod wurden die Ämter nicht selten an Nachkommen oder Verwandte übertragen. So erscheint etwa der Name des Archidiakons Rudolf Ulrich bereits 1796 in der Stillstandsliste;[9] er behielt als alt Stiftsverwalter das Amt auch nach dem Systemwechsel von 1833 bis zu seinem Tod im Jahr 1844, worauf sein Sohn Melchior als Nachfolger gewählt wurde.[10] Nach 52 Jahren Mitarbeit in der Kirchenpflege trat dieser im Alter von 90 Jahren zurück. Im Amt verstarb 1849 auch der fast 80-jährige alt Oberrichter Caspar Pestalozzi, der schon 1805 in der Liste der Stillständer der Grossmünstergemeinde genannt wurde[11] und der während langer Jahre als Verwalter des Kirchenguts tätig war.[12] Johann Ludwig Meyer, der mit der Aufhebung des Stifts seine Stelle als Diakon in der Leutpriesterei verloren hatte, wurde mit der Stelle eines Prorektors der neu geschaffenen, im ehemaligen Stiftsgebäude eingerichteten Industrieschule entschädigt. Er blieb als Kirchenrat weiterhin

Mitglied des Stillstandes und übte das Amt bis zu seinem Ableben 1852 aus. Meyer war es, der 1834 nach einem Schüleraufruhr den unrühmlichen Antrag stellte, einen seiner Schüler, den 15-jährigen Gottfried Keller, aus der Schule wegzuweisen, ein Entscheid der den Lebenslauf des nachmaligen Dichters und Staatsschreibers massgebend prägen sollte.

Über 30 Jahre, von 1834 und ebenfalls bis zu seinem Tod 1868, gehörte alt Criminalrichter und Statthalter Junker von Wyss, Mitglied eines der ältesten bis ins 14. Jahrhundert zurückreichenden Zürcher Bürgergeschlechter, der Kirchenpflege an, die er auch während über 25 Jahren präsidierte.

Von Anfang an präsentierte sich der Stillstand des Grossmünsters mit zwischen 15 und 17 Mitgliedern als ziemlich grosses Gremium. Wie es die Kantonsverfassung von 1833 vorsah, wurde die Behörde von der Kirchgemeindeversammlung jeweils für eine Amtsdauer von vier Jahren gewählt, wobei alle zwei Jahre im Turnus Bestätigungs- bzw. Erneuerungswahlen jeweils für eine Hälfte der Amtsinhaber durchgeführt wurden. Dieses Wahlprozedere galt bis Anfang der 1870er Jahre. Die 1869 angenommene total revidierte Kantonsverfassung, Resultat eines grundlegenden demokratischen Umschwungs, erweiterte die Volksrechte, hatte eine Neuverteilung der Aufgaben zwischen Gemeinden und Kanton zur Folge und brachte auch für die kirchlichen Instanzen neue Regelungen mit sich. Die Kirchenpflege, so nannte sich der Stillstand ab 1864 auch in der Grossmünstergemeinde, wurde 1870 zum ersten Mal in ihrer Gesamtheit gewählt und ein Jahr später noch um sieben weitere Mitglieder ergänzt. Ab jenem Jahr 1871 galt die neue Amtsdauer von drei Jahren, und mit der Bestätigungswahl von 1874 wurde die Zahl der Kirchenpfleger auf 17 Mitglieder festgesetzt.

Für die Gemeinde wie für die Pflege waren die im Dezember 1936 getroffenen Entscheidungen von besonderer Wichtigkeit: Mit der bereits erwähnten Verschiebung der Gemeindegrenzen und der sich daraus ergebenden Erweiterung des Gemeindegebiets und dem Zuwachs der Seelenzahl [13] tat man einen bedeutsamen Schritt in die Zukunft. Die im Jahr 1937 eigentlich fälligen Erneuerungswahlen wurden ausgesetzt und aufs darauffolgende Jahr verschoben. 1938 nahmen nun auch Kirchenpfleger aus dem neu gebildeten äusseren Gemeindeteil Einsitz in die Behörde, für die nun wieder wie 60 Jahre zuvor eine vierjährige Amtsperiode galt. An der 1874 eingeführten Anzahl der Mitglieder hielt man dagegen weiterhin fest; während der folgenden 40 Jahre konnten die 17 Sitze der Kirchenpflege meistens ohne allzu grosse Schwierigkeiten besetzt werden. Dazu half schliesslich auch das neue zürcherische Kirchengesetz, das am 1. Januar 1964 in Kraft trat und endlich allen Schweizer Bürgerinnen das Stimm- und Wahlrecht wenigstens in kirchlichen Angelegenheiten brachte. Bereits bei den folgenden Gesamterneuerungswahlen in jenem Jahr 1964 wurden drei Frauen in die Kirchenpflege gewählt, und seither fehlten die weiblichen Mitglieder in keiner Amtsperiode. Zu allen Zeiten war man bestrebt, dass die einzelnen Quartiere der Kirchgemeinde möglichst gleichmässig in der Kirchenpflege vertreten waren, sodass diese gleichsam ein Spiegelbild der Gemeinde abgaben. Das liess sich aber nicht immer realisieren. Gut präsent waren stets die Bewohner aus dem Umkreis Kirchgasse/Oberdorf, im Gegensatz zum äusseren Gemeindeteil im Seefeld, dessen schwache Vertretung sich hin und wieder bemerkbar machte. [14] Die während annähernd 100 Jahren geltende Besetzung der Kirchenpflege mit 17 Mitgliedern wurde im Hinblick auf die Erneuerungswahlen im Frühjahr 1970 erstmals infrage gestellt. In der ausführlichen Diskussion wurde angeführt, dass eine Reduktion der Mitgliederzahl angesichts der vielen Aufgaben und der verschiedenen Dienste, welche die Pflege zu bewältigen habe, nicht opportun sei und zudem die Möglichkeit, junge Kräfte in der Behörde nachzuziehen, erschweren würde. Damit blieb man vorläufig bei der bisherigen Sitzzahl. [15] Allerdings führte die zunehmende Schwierigkeit, Kandidatinnen und Kandidaten für die freiwillige Mitarbeit in der Pflege zu finden, schon bald dazu, dass die Geschäfte zwischen 1978 und 1989 nur noch mit einem wechselhaften, reduzierten Bestand von 10 bis 12 Personen erledigt werden konnten. 1990 stimmte die Kirchgemeindeversammlung einem Antrag der Kirchenpflege zu, eine Mindestzahl von 13 Sitzen festzulegen, ohne Verpflichtung freilich, diese auch ständig zu besetzen. Obwohl der erwünschte Vollbestand in den vorangegangenen zehn Jahren nicht mehr erreicht worden war, blieb dieser bei jeder Erneuerungswahl bestätigte Grundsatzentscheid bis zur Aufhebung der Gemeinde in Kraft.

Traditionellerweise kamen die Vorschläge der Behördenmitglieder, die zu bestätigen oder neu zu wählen waren, stets aus den Reihen der Kirchenpflege, auch wenn es der Kirchgemeinde selbstverständlich jederzeit erlaubt war, weitere Namen zu nennen. In der Regel akzeptierten die Teilnehmer der Kirchgemeindeversammlungen die sich zur Wahl stellenden Kandidatinnen und Kandidaten aber ohne grosse Diskussion. Prägten in den ersten Jahren vor allem die Vertreter der patrizischen Oberschicht das Bild des Grossmünster-Stillstandes, so veränderte sich der Charakter der Kirchenpflege über die Jahrzehnte entsprechend den sich wandelnden Strukturen der Bevölkerung. Das Spektrum hinsichtlich der Herkunft der Mitglieder öffnete sich im Laufe der Zeit immer mehr, auch wenn später in den Listen der Behörde noch immer die Namen altzürcherischer Familien wie Escher, Grebel, Keller, Locher, Schindler, Tobler, von Orelli oder Wehrli auftauchten und eine Mehrheit nach wie vor eher wohlhabenden Kreisen entstammte. Neben Vertretern akademischer Berufe – Juristen, Mediziner, Apotheker, Ingenieure, Lehrer, Historiker und Kunsthistoriker – setzten sich in der Gemeinde ansässige Kaufleute und Gewerbetreibende, Maler- und Schneidermeister, Bäcker, Architekten und Baufachleute sowie Angestellte in privaten und öffentlichen Verwaltungs- und Dienstleistungsbetrieben weiterhin für die Belange der Kirche ein. Auch vielbeschäftigte Persönlichkeiten aus der Wirtschaft und Politik waren bereit, sich ehrenamtlich und zuweilen auch während längerer Zeit in der

Grossmünsterkirchenpflege zu engagieren; das zeigen etwa die Beispiele von John Syz, Kantons- und Nationalrat, Vorsitzender, Vertreter und Delegierter mehrerer schweizerischer und internationaler Wirtschaftsgremien, von Hans Schindler, Generaldirektor der Maschinenfabrik Oerlikon MFO, der, international vernetzt, mehrere Verwaltungsratsmandate innehatte, ebenso wie der Jurist Hugo von der Crone, Mitglied der Geschäftsleitung der Fides Treuhand AG und später Generaldirektor der Schweizerischen Kreditanstalt. Einige Kirchenpfleger waren eng mit der Evangelischen Gesellschaft verbunden und engagierten sich in deren Zentralkomitee und den von ihr gegründeten Institutionen, dem Evangelischen Lehrerseminar Unterstrass, der Freien Schule an der Waldmannstrasse oder der Herberge zur Heimat an der Geigergasse.[16] Zusammen mit den ihnen nahestehenden aktiven Mitgliedern des Christlichen Vereins Junger Männer (CVJM)[17] und den Mitarbeitern vom Blauen Kreuz trugen sie mitunter nicht unerheblich zur geistigen Ausrichtung der Pflege im Sinne der kirchlich-bibeltreuen positiven Theologie bei. Vielfältig erscheinen auch die beruflichen Umfelder der ab 1964 in der Behörde tätigen Kirchenpflegerinnen, von der Lehrerin und Polizeibeamtin über die Damenschneiderin und Hebamme bis zur Hochschuldozentin und anderen Tätigkeiten.

In der Grossmünstergemeinde war es eine althergebrachte Tradition, dass auch die Pfarrer als gewählte Mitglieder mit vollem Stimmrecht der Kirchenpflege angehörten. Diese Regel wurde erstmals zur Diskussion gestellt, nachdem die neu gewählte Pfarrerin Käthi La Roche im Mai 1999 erklärt hatte, sie werde nicht Mitglied der Pflege sein.[18] An den Sitzungen nahm sie fortan nur noch mit Antragsrecht teil. Hans Stickelberger war der letzte Pfarrer, der bis zum Ende seiner Amtszeit gewähltes Mitglied der Behörde blieb. Alle nachfolgenden Pfarrer verzichteten auf eine Wahl in die Kirchenpflege, nahmen aber regelmässig mit dem Recht Vorschläge zu machen und beratend an deren Sitzungen teil.

Wie schon in der Anfangszeit des Grossmünsterstillstandes, hielten sich die personellen Wechsel in der Kirchenpflege auch weiterhin während langer Jahre zahlenmässig in engen Grenzen. Vorzeitige Austritte bei währender Amtsperiode aus Gründen eines Wegzugs aus der Gemeinde oder vorgerückten Alters und plötzliche Todesfälle kamen selten vor. Bei den meisten Mitgliedern war ein Verbleiben in der Behörde über acht, zehn oder zwölf Jahre üblich. Nach 1900 sind schliesslich 22-mal Amtszeiten von 20 bis etwas über 30 Jahre zu verzeichnen.[19] Als Ausnahmepersönlichkeiten, die jeweils eine ganze Ära prägten, seien hier speziell erwähnt: Hermann Escher, Direktor der Stadtbibliothek (34 Jahre, von 1889 bis 1923, davon 12 Jahre Präsident), der Verwalter des Diakonenhauses an der Trittligasse Hermann Keller, der lange Jahre als Schreiber amtete (36 Jahre, von 1934 bis 1970), Eduard Hess-Götz, Kirchengutsverwalter (37 Jahre, von 1877 bis 1914), der Baumeister Max Guyer (39 Jahre, von 1903 bis 1942, davon 12 Jahre Präsident), Jakob Bremi–Uhlmann, Kaufmann und Kirchengutsverwalter (40 Jahre, von 1888 bis 1928) und der Bahnpostbeamte Hans Müller (42 Jahre, von 1922 bis 1964, davon 37 Jahre Kirchengutsverwalter). Die Kontinuität, welche diese teilweise sehr langen Amtszeiten mit sich brachten, war vor allem für die anspruchsvolle Aufgabe der Kirchengutsverwaltung von Vorteil, der sich im Laufe der Zeit einige besonders treue Kirchenpfleger zum Teil während mehrererer Jahrzehnte annahmen.

Wie in früheren Zeiten kam es auch später hin und wieder vor, dass bei Erneuerungswahlen Familienangehörige von Generation zu Generation oder im Wechsel der Ehepartner in den Pflegeämtern aufeinanderfolgten.[20] Zudem konnten wiederholt Ehemalige aus den Reihen der Konfirmanden und des Jugendtreffs, die innerhalb der Kirchgemeinde wohnhaft blieben, als Kirchenpflegerinnen und -pfleger gewonnen werden.[21] Getragen vom Bemühen um eine grundsätzlich positive Zusammenarbeit, war die Kirchenpflege Grossmünster über die Jahrzehnte hinweg im Stande, ihre mannigfachen Aufgaben zu bewältigen dank den vielseitigen beruflichen Fachkenntnissen, den reichen persönlichen Erfahrungen und dem engagierten Interesse aller ihrer

Mitglieder am Gedeihen der Gemeinde, auch wenn es immer schwieriger wurde, geeignete Persönlichkeiten für die verschiedenen Posten der Behörde zu finden. Die zunehmende Kirchenferne der säkularisierten Bevölkerung und die steigende Mobilität, die häufigere Wohnungswechsel zur Folge hatte, erschwerten den Aufbau dauerhafter Beziehungen zur Gemeinde. Das wirkte sich aus auf die Auswahl möglicher Kandidatinnen und Kandidaten für die Kirchenpflege und machte sich auch darin bemerkbar, dass die gewählten Behördemitglieder immer weniger lang im Amt verblieben.

Aufgaben der Kirchenpflege 2. 3.

Die Kirchenpflege trat je nach Bedarf acht- bis zehnmal im Jahr zusammen, um die laufenden administrativen Obliegenheiten zu behandeln. Dringliche Beschlüsse oder weniger wichtige Geschäfte konnten in früherer Zeit recht häufig auch in kurzfristig anberaumten Stillstands-Zusammenkünften jeweils nach dem Sonntagsgottesdienst behandelt werden, ein Brauch, der dank neuen, effizienteren Kommunikationsmöglichkeiten seit Längerem kaum mehr ausgeübt wurde.

Den regelmässig zusammengestellten Jahresberichten und den Protokollbänden der Kirchenpflegesitzungen ist zu entnehmen, mit welch unterschiedlichen Materien sich die Behörde zu befassen hatte. Die Protokolle wurden bis 1962 handschriftlich, anschliessend als Schreibmaschinenmanuskripte geführt. Die Verhandlungen der Kirchenpflege lassen sich bis 1990 dank den ausführlichen Aufzeichnungen im Detail verfolgen, ab 1990 wurden knappe, weniger aussagekräftige Beschlussprotokolle erstellt. Die meisten Protokollbände sind paginiert und durch mehr oder weniger ausführliche Schlagwortregister erschlossen, was das Auffinden der einzelnen Geschäfte bzw. Traktanden erleichtert.

Vielfältig waren die Pflichten der Behörde von Beginn weg. Das Protokoll der ersten konstituierenden Sitzung des neu formierten Stillstandes vermittelt einen Einblick in die zu behandelnden Geschäfte und in die Art und Weise, wie diese organisatorisch durchgeführt wurden: Die Gemeinde wurde in zwei Bezirke aufgeteilt, die von den vom Stift übriggebliebenen beiden Geistlichen, dem Antistes und dem Archidiakon, betreut wurden. Das Führen der Taufbücher und die Eheangelegenheiten übernahm der Archidiakon. Ein Pfarrarchiv musste neu eingerichtet und Einwohnerlisten zuhanden des Stadtrates erstellt werden. Der Religionsunterricht, den auch die abgetretenen Herren Geistlichen des aufgelösten Stifts weiterhin zu geben bereit waren, beschäftigte den Stillstand und die Pflege immer wieder. Die Armenpflege, bestehend aus den beiden Pfarrern und sechs weiteren Mitgliedern der Pflege, wurde gewählt. Die Geistlichen und vier Pfleger bildeten zudem eine Kommission für die Besorgung kleinerer Geschäfte. Dazu zählte u.a. etwa die Erteilung der Wirtshauspatente zum Führen einer Gastwirtschaft, die nur in zweifelhaften Fällen der ganzen Pflege vorgelegt werden sollten, ein Traktandum, das bis 1876 sehr häufig in den Pflegeprotokollen erscheint und zu dem am Schluss routinemässig nur noch der Präsident Beschluss fasste, sofern keine Einwände vorlagen. In Bezug auf die Empfehlung von Kranken in das Spital erteilte der Stillstand den Pfarrern gänzliche Vollmacht. Obschon das Ehegericht mit der Kantonsverfassung von 1831 abgeschafft worden war, verloren die Pfarrer ihren Einfluss auf Scheidungssachen und sittliche Verfehlungen zunächst nicht ganz, hatten sie doch solche Vorkommnisse weiterhin als Vorinstanz zur Weiterleitung an die Bezirksgerichte zu beurteilen. Viele dieser Aufgaben, wie auch die Armenpflege und die Sorge für die Kranken, wurden dann in der zweiten Hälfte des 19. Jahrhunderts mehr und mehr vom Staat übernommen.

Kirchengutsverwaltung – Spendgut – Fonds 2. 3. 1.

Ständig wiederkehrende Traktanden der Pflege waren die finanziellen Angelegenheiten: die Verwaltung des Kirchengutes, die Betreuung einer wachsenden Zahl von verschiedenen, zum Teil zweckbestimmten Fonds sowie das

Erstellen der Jahresrechnung und des Voranschlages zuhanden der Kirchgemeindeversammlung. Diese Geschäfte wurden ab 1909 in steter Zusammenarbeit mit dem in jenem Jahr gegründeten reformierten Stadtverband Zürich abgewickelt, der für die Regelung der Finanzen der städtischen Kirchgemeinden und den damit verbundenen Finanzausgleich zuständig war. Der Stadtverband bestimmte fortan auch die formalen Kriterien der Rechnungsablage. Änderungen des Rechnungsmodells mit neu konzipierten Kontenplänen, vor allem auch in jüngster Zeit mit der Umstellung auf die elektronische Datenverarbeitung, bedeuteten für die jeweils betroffenen Kirchengutsverwalter ein grosses Mass an Mehrarbeit. Ein erfreuliches, die Finanzen betreffendes Traktandum der Kirchenpflege war jeweils die alljährliche Verteilung der Gelder aus dem Spendgut und aus den beträchtlichen Zuwendungen der Stephan à Porta-Stiftung. Bei den Vergabungen hielt man sich einerseits an den Grundsatz der Kontinuität, sodass gewisse caritative und diakonische Werke, soziale Einrichtungen, Heim- und Heilstätten, nicht vom Staat unterstützte kirchliche Organisationen oder pädagogische Bildungsinstitute mit evangelischem Hintergrund über Jahre hinweg mit Beiträgen in etwa gleichbleibender Höhe rechnen konnten. Andererseits blieb man flexibel genug, um auch kurzfristig Veranstaltungen, in Not geratene Menschen oder neu geschaffene Institutionen unterstützen zu können. Aus den Listen der Begünstigten lassen sich gesellschaftliche Veränderungen herauslesen: Zur allgemein geübten Armenpflege kamen die gezielte Unterstützung von Hilfswerken zur Bekämpfung des Alkoholmissbrauchs, später die Flüchtlings- und Obdachlosenhilfe und ab den 1970er Jahren vermehrt die Berücksichtigung von Stellen, die sich den Problemen von Drogensucht und Aidshilfe annahmen, hinzu.

Hin und wieder durfte die Kirchgemeinde Geldspenden und Legate in unterschiedlicher Höhe entgegennehmen, deren sinnvolle Verwendung zu beraten war, sofern sie nicht von vornherein einem bestimmten Zweck dienen sollten. Grössere Beträge wurden teilweise in zweckgebundene Fonds umgewandelt, welche die Kirchenpflege in eigener Regie verwalten konnte.[22] Zwei Vergabungen seien hier als Beispiele erwähnt: 1891 wurden der Kirchgemeinde testamentarisch 10 000 Franken vermacht, die, dem ausdrücklichen Wunsch der Legatärin entsprechend, zur Anschaffung von silbernem Abendmahlsgerät eingesetzt wurden.[23] Das grosszügige Vermächtnis einer weiteren Bewohnerin der Kirchgemeinde im Betrag von von mehreren hunderttausend Franken war nicht zweckgebunden, sodass die Kirchenpflege frei darüber verfügen konnte. Sie beschloss 2004/05, mit dem Betrag den seit langem gehegten Wunsch nach Glasgemälden in den Kirchenfenstern der Seitenschiffe zu realisieren.[24]

Weitere von der Pflege bearbeitete finanzielle Anliegen betrafen die Unterhaltskosten der Liegenschaften, die Erhebung von Gebühren für die Vermietung der Kirche, der Lokalitäten der Helferei und der Wohnungen sowie die Gehälter des Personals. Dabei hatte sich die Kirchgemeinde an die von der Zentralkirchenpflege erlassenen diesbezüglichen Vorschriften und Reglemente zu halten.

Bauvorhaben 2.3.2.

Als arbeits- und kostenintensiv erwiesen sich zu gewissen Zeiten die anspruchsvollen Bauvorhaben im Zusammenhang mit dem Unterhalt der Kirche und der gemeindeeigenen Liegenschaften. In einem gesonderten Kapitel ausführlicher geschildert, seien sie hier nur stichwortartig erwähnt. Planung und Ausführung der zum Teil aufwendigen Innen- und Aussenrenovationen des Grossmünsters übernahm und bezahlte der Kanton als Eigentümer der Kirche. Seine Interventionen zur Erhaltung des mittelalterlichen Bauwerks wurden stets begleitet von der Kirchenpflege, die sich ihrerseits für die Durchsetzung ihrer Anliegen als Benützerin des Raumes einsetzte. Mit den Bemühungen um die Verbesserung der Beheizung, der Beleuchtung und der Akustik der Kirche – lauter Themen, die sich, ständig wiederkehrend, wie ein roter Faden durch die Protokollbücher ziehen – war man bestrebt, den Bedürfnissen der Gottesdienstgemeinde entgegenzukommen.

Auch die Bauprojekte, welche die Kirchgemeinde auf eigene Rechnung unternahm, hatten zum Ziel, einen Rahmen zu schaffen, in dem sich ein aktives kirchliches Gemeindeleben entwickeln konnte. Der 1860 vollendete Um- und Neubau der Helferei durch Johann Jakob Breitinger mit seiner neugotischen Kapelle ermöglichte neue Formen des Gottesdienstes im kleineren Rahmen und bot Räumlichkeiten für den Unterricht der Jugendlichen und für Zusammenkünfte kleinerer Gruppen. Nach mehr als 60 Jahren baufällig geworden, genügte die Helferei den gestiegenen Ansprüchen nicht mehr. Der Traum eines grosszügigen Kirchgemeindehauses liess sich gemeinsam mit der Predigergemeinde am Hirschengraben 50 realisieren, wo ab 1931 die meisten Veranstaltungen der Grossmünstergemeinde stattfanden. Eine neue Situation ergab sich mit der notwendig gewordenen tiefgreifenden Renovation der Helferei. Ein erstes Neubauprojekt, das den Rückbau der Kapelle vorsah, scheiterte 1964 in der Volksabstimmung, worauf der Umbau unter Beibehaltung der Kapelle geplant und ausgeführt wurde. 1974 vollendet, bot sich die Helferei wieder als Zentrum der Gemeinde an, und diese kehrte mit ihren Aktivitäten vom Hirschengraben an die Kirchgasse zurück. Weitere Bautätigkeiten betrafen die zweimalige Erneuerung des Pfarrhauses am Zwingliplatz 1975/76 und 1999/2000, diesmal mit Umbauten zur Neunutzung des Erdgeschosses, sowie die nochmalige Renovation der in die Jahre gekommenen und zum Teil den geänderten Bauvorschriften nicht mehr genügenden Helferei von 2013/14.[25]

Personalfragen 2.3.3.

Neben den finanziellen und baulichen Traktanden nahmen die personellen Belange die Pflege stark in Anspruch. Die Vorbereitung der Wahlgeschäfte vor dem Beginn einer neuen Amtsperiode lag ganz in der Hand der Kirchenpflege. Die Vorschläge von Kandidatinnen und Kandidaten für die Bestätigungs- und Ergänzungswahlen in die Behörde kamen, wie bereits erwähnt, in der Regel aus den Reihen der Pflege. Nachdem die Kirchgemeindeversammlung die Wahlen der Kirchenpflegemitglieder, des Präsidenten, des Wahlbüros, der Rechnungsprüfungskommission und der Vertreter in die Zentralkirchenpflege für die nachfolgende Amtsperiode vorgenommen hatte, verteilte die Kirchenpflege jeweils intern in ihrer konstituierenden Sitzung die einzelnen Ämter des Vizepräsidiums, der Verwaltung des Kirchen- und Spendguts und der Liegenschaften sowie des Aktuars bzw. Schreibers und bestimmte die Besetzung der verschiedenen Fachkommissionen und Arbeitsgruppen.

Besonders viel Zeit beanspruchten zuweilen die aufwendigen, sorgfältig durchgeführten Auswahlverfahren bei der Neuanstellung der Pfarrer, die durch die Kirchgemeinde gewählt wurden.[26]

Die Wahl und Führung des übrigen Personals der Gemeinde – der Sigristen und Hauswarte, des Organisten und Kantors, der Gemeindehelferin und der Angestellten beim Sekretariats- und Gemeindedienst – sowie der Stellen in der Helferei – Betriebsleiter, Hauswart und Programmbeauftragte – lagen in der Kompetenz der Kirchenpflege und bedurften nicht der Genehmigung durch die Gemeindeversammlung.

Gesuche um Benützung des Kirchenraumes 2. 3. 4.

Das Grossmünster, Wahrzeichen der Stadt und eine der wichtigsten Altstadtkirchen, war und ist auch für nicht zur Kirchgemeinde gehörende Kreise seit jeher als Ort der verschiedensten Veranstaltungen begehrt. Die Bearbeitung, Zustimmung oder Ablehnung zahlreicher Gesuche um Benützung des Kirchenraumes zählten zu den häufig wiederkehrenden Tagesgeschäften der Kirchenpflege. Vielen Anfragen, besonders wenn es sich um Gottesdienste oder von kirchlichen oder kirchennahen Institutionen geplante Anlässe handelte, konnte diskussionslos zugestimmt werden. Abgelehnt hingegen wurden Gottesdienstbegehren, die direkt mit politischen Zwecken verbunden waren. Das Gesuch vom März 1981 im Vorfeld der Abstimmung über die Mitenand-Initiative – die eine neue, offenere Ausländerpolitik verlangte – einen ökumenischen Gottesdienst im Grossmünster abzuhalten, wurde zurückgewiesen, da eine Beeinflussung der Kirchgänger durch Abstimmungspropaganda unerwünscht war.[27]

Wiederholt wandte sich der Kirchenrat mit den verschiedensten Begehren an die Kirchenpflege: Der Durchführung von Ordinationsfeiern für die in den Kirchendienst aufgenommenen Pfarrerinnen und Pfarrer wurde gerne entsprochen, im Frühjahr 1981 allerdings nur unter der strikten Bedingung, dass bei dem anschliessend in der Helferei von der Kirchgemeinde angebotenen Umtrunk, entgegen dem Wunsch des Kirchenratspräsidenten, kein Alkohol ausgeschenkt werde.[28] Traditionellerweise fanden auch die Gottesdienste anlässlich der Eröffnung einer neuen Legislaturperiode der Synode, des Kantons- und des Regierungsrates im Grossmünster statt.

Während in der ersten Hälfte des 20. Jahrhunderts den Katholiken generell noch eine kritische, ja ablehnende Haltung entgegengebracht wurde, machte sich in den späteren Jahren im Geiste ökumenischer Bestrebungen eine deutliche Veränderung der gegenseitigen Beziehungen bemerkbar, sodass immer mehr Anlässe von und gemeinsam mit Vertretern anderer Konfessionen und Religionen möglich wurden.[29]

Das Grossmünster stand auch regelmässig für Gottesdienste anderer Gemeinden zur Verfügung, wie etwa jenen der reformierten Ungaren, der Waldenser oder der Herrnhuter Brüdergemeine.

Dass sich die Kirchenpflege auch den aktuellen gesellschaftlichen Strömungen nicht verschloss, beweist ihre Bereitschaft, die Kirche wiederholt dem Ökumenischen Aidspfarramt Zürich für Meditationen und Gottesdienste zu überlassen; so gab es etwa im Mai 1993 anlässlich des 7. Europäischen Schwul-Lesbischen Chorfestivals eine musikalische Meditation,[30] und Mitte Dezember 2000 lud das Aidspfarramt zu einem abendlichen Aids-Gottesdienst ins Grossmünster ein. (Abb. 1)

Auch am Welt-Aids-Tag, der seit 1988 jeweils am 1. Dezember begangen wird, fanden hin und wieder Gottesdienste im Grossmünster statt, und der Gruppe «Homosexuelle und Kirche» gestattete die Kirchenpflege, einen solchen im August 2002 durchzuführen.[31]

Schon immer war das Grossmünster auch als Ort für kirchliche Trauerfeiern von Persönlichkeiten ohne Bezug zur Gemeinde begehrt. Eine Gedächtnisfeier für den am 9. März 1888 verstorbenen deutschen Kaiser Wilhelm I. fand an dessen Geburtstag, am 22. März 1888, im Grossmünster statt. Sie war auf Anfrage des deutschen Konsuls vom Präsidium im Einverständnis mit einigen Mitgliedern der Kirchenpflege bewilligt worden.[32] Über die pompöse Feier in der bis auf den letzten Platz voll besetzten, mit schwarzen Tüchern ausgeschlagenen und mit deutschen Fahnen geschmückten Kirche berichtete die «Neue Zürcher Zeitung» ausführlich. Die Ansprachen zweier deutscher Professoren der Zürcher Universität waren begleitet von Musikbeiträgen des Tonhalleorchesters. Zum Abschluss erklang Siegfrieds Trauermarsch aus Richard Wagners «Götterdämmerung»,

«und von ernster Stimmung getragen, flutete die Menschenmenge aus dem Grossmünster, das wohl selten eine so wirkungsvolle Trauerfeierlichkeit in seinen Räumen gesehen hat».[33]

Zehn Jahre später ersuchte der deutsche Verein erneut um Überlassung der Kirche, diesmal für eine Bismarcktrauerfeier am 30. August 1898. Die Anfrage wurde telegrafisch an den während längerer Zeit abwesenden Antistes Georg Finsler weitergeleitet. Dieser stimmte dem Gesuch zu

«hauptsächlich aus dem Grunde, weil die Kirche seiner Zeit auch für eine Gedächtnisfeier Kaiser Wilhelms eingeräumt wurde, und unter der Voraussetzung, dass in der Kirche keine Büste von Bismarck aufgestellt, nicht geläutet und das Programm Herrn Pfarrer Pestalozzi vorgelegt werde».[34]

Dieser etwas bescheidener durchgeführte Anlass wurde ebenfalls in der «Neuen Zürcher Zeitung» besprochen. Wie zehn Jahre zuvor würdigte auch in dieser Feier der deutsche Altphilologe und Archäologe Professor Hugo Blümner von der Zürcher Universität die Persönlichkeit des Verstorbenen, und ebenso wie damals intonierte das Tonhalleorchester wieder Wagners Trauermarsch aus der «Götterdämmerung».[35] Die beiden Grossveranstaltungen illustrieren nicht nur die starke Präsenz der deutschen Zuwanderer am Ende des 19. Jahrhunderts und die überaus deutschfreundliche Stimmung in der damaligen Zürcher Bevölkerung, sondern geben einen Hinweis auf die Bedeutung, die dem Grossmünster in Zürichs gesellschaftlichem Leben auch in jener Zeit zukam.

Ein Ereignis in neuester Zeit, das eine riesige Menschenmenge anzog, war die wie ein Staatsbegräbnis begangene, von einem beispiellosen Medienrummel begleitete Abdankungsfeier für den in Japan populär gewordenen Kickboxer Andy Hug, zu der das Grossmünster am 1. September 2000 nolens volens die passende Kulisse abzugeben hatte. Wohl aus einem Missgeschick heraus war die Information über den Ort des Anlasses schon in die Medien gelangt, bevor die Kirchgemeinde überhaupt angefragt worden war. Gezwungenermassen kam unter diesen Umständen eine Ablehnung des nachgereichten Gesuches nicht infrage, und den Verantwortlichen der Gemeinde blieb in letzter Minute nur noch übrig, sich dafür einzusetzen, dass die Feier nicht zu einem boulevardesken Spektakel zum Zweck der kommerziellen Vermarktung des Verstorbenen verkam. Vielmehr sollte dem Anlass eine Form gegeben werden, die nicht aus dem Rahmen eines christlichen Gottesdienstes fiel. So konnte das aufgebotene Heer der Journalisten aus Tageszeitungen, Boulevardblättern und Illustrierten über eine vor laufender Fernsehkamera aufwendig inszenierte kirchliche Abdankung berichten, an der neben den Geistlichen des Grossmünsters, der Pfarrerin Käthi La Roche und dem Pfarrer Hans Stickelberger, sowie einem katholischen Priester aus der Innerschweiz u.a. auch der TV-Sportreporter Beni Thurnheer und der Zürcher Stadtpräsident Josef Estermann das Wort ergriffen. Der Andy-Hug-Personenkult mit einem übergrossen Foto des Kickboxers, umgeben von einem Meer von Blumen, Kerzen und Votivgaben fand derweil ausserhalb der Kirche auf dem Zwingliplatz statt. Einige Zeitungsartikel hielten mit der Kritik am Medienrummel nicht zurück. Urs Meier befasste sich in einem differenzierten Kommentar mit dem Phänomen der «boulevardisierten Trauer» und stellte die Frage, ob bzw. in welcher Form die Kirche an solchen «Trauershows» mitwirken solle. Unterschiedlich fielen die Einschätzungen der direkt Beteiligten der Grossmünstergemeinde aus: Während für Hans Stickelberger das heisslaufende Medienereignis ein Grenzfall war, meinte Käthi La Roche:

«Das Grossmünster gehört nicht uns»,

es solle für besondere Anlässe wie diesen offenstehen, allerdings stets bei rücksichtsvollem Umgang mit den besonderen Gegebenheiten des kirchlichen Raumes. Und im Bewusstsein, dass die Kirchgemeinde in Zukunft vermehrt mit ähnlichen Bedürfnissen konfrontiert sein könnte, regte Georg Weber, Präsident der Pflege, an, das Thema in der Kirchenpflege zu diskutieren und Beurteilungskriterien zu finden, um gegen dergleichen Situationen gewappnet zu sein.[36]

Als ein Beispiel von vielen dafür, wie grundlegend sich die Einstellung gegenüber solchen medienwirksamen Anlässen in jüngster Zeit verändert hat, sei nur die Trauerfeier für den Fussballspieler und Nationaltrainer Jakob «Köbi» Kuhn erwähnt, die am 13. Dezember 2019 im voll besetzten Grossmünster stattfand, selbstverständlich begleitet und kommentiert von allen einschlägigen Medien. Dabei nahm niemand Anstoss daran, dass der Kirchenraum neben Blumen und vielen Kränzen auch mit einem überlebensgrossen Porträt des Verstorbenen geschmückt war und am Schluss der Feier die Nationalhymne, immerhin eine vaterländische Psalmmelodie mit geistlicher Note, gesungen wurde. Für Pfarrer Christoph Sigrist, den bekennenden Fussball- und FCZ-Fan, stellte sich die Frage, ob dieser Abschiedsgottesdienst im Grossmünster werde stattfinden können, nicht, vielmehr war er sofort bereit, daran mitzuwirken. Wie Jahre zuvor Käthi La Roche war auch er der Meinung, der besonders symbolträchtige

Kirchenraum des Grossmünsters solle allen offenstehen.[37]

Gegenüber Konzertveranstaltern zeigte sich die Pflege in der Regel grosszügig, sofern die Kirche nicht zeitlich oder raummässig über Gebühr beansprucht wurde. Regelmässige Gäste waren die grossen Zürcher Chöre – der Gemischte Chor, die Sängervereinigung Harmonie, der Männerchor Zürich oder der Kobelt-Chor, um nur einige wenige zu nennen –, die gerne mit umfangreicheren Oratorien-Aufführungen im Grossmünster auftraten. Abgelehnt wurden in der Regel Konzerte ohne geistlichen Bezug, die dem kirchlichen Raum nicht angemessen zu sein schienen; das betraf etwa Anfragen für Auftritte des Don-Kosaken-Chors, des All-Ohio State Fair Youth Choir aus Amerika, für ein Konzert des Sängers Ivan Rebroff oder für Tonaufnahmen des Jazzmusikers Bob Wallis mit seinen Storyville Jazzmen. In späteren Jahren wurde man diesbezüglich toleranter: Auf ausdrücklichen Wunsch des Präsidenten Ernst Erny, wenn auch nach reiflicher Diskussion, gestattete die Kirchenpflege dem Jazz-Klarinettisten Sammy Rimington und seiner Band im Herbst 1984 und nochmals ein Jahr später zwei Auftritte im Rahmen der von der Schweizerischen Bankgesellschaft gesponserten Feierabendkonzerte. Hinterher richtete sich die Kritik weniger gegen die gespielte Musik im Stil des klassischen New-Orleans-Jazz als gegen die aufdringlich im Kirchenraum platzierten Plakate des Sponsors.[38]

Wenige Wochen nach dem Terroranschlag vom 11. September 2001 und unmittelbar nach dem amerikanischen Angriff auf Afghanistan fand unter dem Patronat von Bundesrat Joseph Deiss im Grossmünster ein interreligiöses Friedenskonzert statt, das «Concert for Peace – Frieden – Schalom – Salam», zu dem die reformierte und katholische Kirche, die orthodoxen Kirchen, die Israelitische Cultusgemeinde Zürich (ICZ), die Jüdische Liberale Gemeinde Or Chadasch und die Vereinigung der islamischen Organisationen Zürich einluden. Mit Musik und Texten aus der jüdischen, christlichen und islamischen Tradition und den von drei Derwischen dargebotenen Tänzen leisteten die Ausführenden gemeinsam einen Beitrag zu mehr Respekt und Solidarität zwischen den Religionen. Der Andrang zum Konzert war so gross, dass es für einen Teil des Publikums auf eine Leinwand im Fraumünster übertragen werden musste.[39]

Im Frühjahr 2003 beim Ausbruch des Irak-Krieges ermutigte der Kirchenratspräsident Ruedi Reich alle Pfarrämter der Landeskirche dazu, in den Gottesdiensten und Fürbitten den Krieg zu thematisieren und auch in geeigneter Form zu Friedensgebeten und anderen Anlässen einzuladen. Angespornt vom Erfolg des interreligiösen Friedenskonzerts zwei Jahre zuvor, organisierten dieselben Akteure, diesmal unter dem Patronat des Stadtrates, ein weiteres «Concert for Peace – Frieden – Schalom – Salam» am 6. März 2003 im Grossmünster. Auf besinnliche Texte aus den drei Weltreligionen über den Frieden, gelesen von der Schauspielerin Maria Becker, und meditative orientalische Klänge im ersten Teil der Veranstaltung folgte die gospelartige, rockige Musik einer Gruppe mit jüdischen und arabischen Musikern, von der sich das erneut zahlreich erschienene, begeisterte Publikum zum Mittanzen hinreissen liess. Dieser Ausdruck spontaner Lebensfreude in den heiligen Gemäuern der Zwinglikirche mag nicht allen Teilnehmern der Veranstaltung gefallen haben, dennoch zog Philippe Dätwyler von der Landeskirche, der Initiant des Friedenskonzertes, eine positive Bilanz und meinte zur Musik der israelischen Rockgruppe:

«Sheva vergleicht sich mit der Gospeltradition. Diese beruft sich auf eine lange spirituelle, religiöse und kirchliche Überlieferung. Innigkeit und Tanz widersprechen sich nicht.»[40]

Auch Theateraufführungen fanden wiederholt im Grossmünster statt, waren aber nicht immer nach jedermanns Geschmack. Das durch Marburger Studenten im Sommer 1922 in der Kirche dargebotene «Paradeisspiel» provozierte offenbar so heftige Diskussionen, dass sich die Pflege mit einem Hinweis auf die Theatertradition der Reformationszeit rechtfertigen musste, um dann doch zu erklären, dass derlei Aufführungen Ausnahmen bleiben sollten.[41]
Der zwinglianisch-reformierte Standpunkt zeigte sich ganz klar bei der Behandlung einer Anfrage des Berner Schau-

spielers Hans Skotzky, der im Juni 1923 um die Bewilligung ersuchte, auf dem Zwingliplatz während mehrerer Wochen Hugo von Hofmannsthals «Jedermann» aufführen zu dürfen. Dabei wären die Benützung der Orgel und des Portals für die Zu- und Abgänge der Schauspieler nötig gewesen, und bei schlechtem Wetter hätten die Aufführungen in die Kirche verlegt werden müssen. Die Kirchenpflege lehnte das Gesuch einhellig ab mit der Begründung, die Aufführung eines im Grunde katholisch gedachten Schauspiels sei weder vor noch in der Kirche erwünscht.[42] Dagegen erlaubte man 1934 und 1936 den Theologiestudenten der Zürcher Universität, die Kirche für die Darbietung biblischer Spiele zu benützen;[43] drei Jahre später reagierte die Kirchenpflege indessen negativ auf ein Begehren der konfirmierten Jugend, ein Laientheater aufführen zu dürfen, und war mehrheitlich der Meinung, die Kirchen sollten hinfort mit solchen Anlässen nicht mehr profaniert werden, besonders im Hinblick darauf, dass kirchgemeindliche Räume mit allen Einrichtungen, die Theaterzwecken dienen, vorhanden seien. Ja, man ging bei dieser Gelegenheit sogar so weit, kategorisch zu beschliessen, das Grossmünster zu solchen Zwecken nie mehr zur Verfügung zu stellen.[44] Diese Entscheidung wurde in späteren Jahren nicht immer konsequent respektiert; so stimmte die Kirchenpflege im Herbst 1955 etwa der Anfrage der Christlichen Schauspielgemeinschaft zu, dieser das Grossmünster für die Aufführung eines Passionsspiels zu überlassen, freilich nur,

> «wenn die nötigen Vorbedingungen in Bezug auf Ernsthaftigkeit des Spieles erfüllt seien, und keinesfalls dürfte die Person Christi in einer Rolle dargestellt werden».[45]

Auch brauchte es manchmal wenig, dass Gottesdienstbesucher Anstoss an solchen Fremdnutzungen der Kirche nahmen: In der Adventszeit im Jahr 1953 klagte ein Unbekannter in einer Zuschrift an das Pfarramt, dass sein

> «erhebendes Gefühl, der Grossmünstergemeinde anzugehören, einen tüchtigen Stoss erhalten habe»,

sodass er an den Festtagen das Grossmünster nicht betreten möge. Auslöser für diese emotionale Kritik war die Aufführung eines Krippenspiels von Kindern der Sonntagsschule, ein Anlass, den der Schreiber eine Entweihung des Grossmünsters nannte. Pfarrer Frick verteidigte die Aufführung und erklärte, dass die Kirchenpflege dem Kindertheater die Aufführung erlaubt habe, weil sie darin ein Stück Verkündigung sehe. Zudem wies er auf die Worte von Jesus hin:

«Lasset die Kinder zu mir kommen, wehret es ihnen nicht; denn solchen gehört das Reich Gottes.»,[46]

und als das Opernhaus in den 1980er Jahren, wegen Renovation und Umbau geschlossen, auf der Suche nach alternativen Spielstätten war, überliess ihm die Pflege den Kirchenraum für die Realisierung einer Inszenierung von Benjamin Brittens Oper «Die Jünglinge im Feuerofen».[47] Zum bisher letzten Mal war das Grossmünster Bühne für die Aufführungen von Christoph Sigrists gross angelegtem Mysterienspiel «Akte Zwingli», das im Rahmen des Jubiläums 500 Jahre Reformation unter der Regie von Volker Hesse im Sommer 2017 realisiert wurde. (Abb. 2)[48]

Radio und Fernsehen meldeten zunehmend ihre Wünsche nach Übertragungen von Anlässen aus dem Grossmünster an. Aus der Anfangszeit des schweizerischen Fernsehens stammt die allererste Anfrage an die Kirchenpflege,

«ob das Fernsehstudio in Zürich einen mehrsprachigen Gottesdienst mit Taufe im Grossmünster durch Television über die Bildsender Westeuropas und Englands ausstrahlen dürfe».

Das Gesuch löste in der Sitzung der Pflege von Anfang Oktober 1954 eine ausführliche Grundsatzdiskussion über das Thema Kirche und Fernsehen aus.[49] Einleitend bemerkte Präsident Walter Pfister dazu,

«dass damit für uns eine Frage zur Entscheidung stehe, die wahrscheinlich bis heute noch keine andere Kirchenpflege der Schweiz beschäftigt habe. ‹Es gibt doch noch Neues unter der Sonne›.»

Man war sich also der Tragweite des Anliegens bewusst, über das nicht nur in Bezug auf die Grossmünstergemeinde, sondern auch mit Blick auf die Gesamtkirche zu befinden war, und dementsprechend differenziert und unterschiedlich fielen auch die Voten der einzelnen Mitglieder der Pflege aus: Kritisch beurteilt wurde das theatralisch anmutende «Drum und Dran» des Ganzen, das dem Wesen des protestantischen Wortgottesdienstes nicht entspreche, die katholische Messe habe dem Auge vergleichsweise doch mehr zu bieten. Einmütig war man gegen die Übertragung der Taufe, und ein Kirchenpfleger witterte hinter der Anfrage ein Geschäft. Für eine Zustimmung sprachen die Ansichten, dass die nun einmal vorhandenen technischen Mittel als Möglichkeit für eine «evangelistische Mission» genutzt werden sollten, dass mit dem Fernsehdienst ein breites Publikum erreicht werden könne und

> «dass bei einem ablehnenden Entscheid Türen zugeschlagen werden, die sich – im Hinblick auf die Gesamtkirche – vielleicht nicht so bald wieder öffnen werden».

Auch die Haltung der Pfarrer war nicht einheitlich. Max Frick meinte einerseits,

> «dass jedes neue Mittel für eine Proklamation des Evangeliums geprüft werden müsse»,

gleichzeitig hätte er aber Hemmungen, selbst an einer solchen Sendung teilzunehmen; auch gab er zu bedenken,

> «dass die dazu nötige Apparatur auf die Gottesdienstbesucher störend wirke».

Hans Rudolf von Grebel kam nach anfänglicher Abneigung zur Auffassung,

> «dass wir die Anfrage als Auftrag an die Welt entgegennehmen, dass diese hineinsehe in die Kirche eines reformatorischen Gottesdienstes, jedoch ohne Taufhandlung».

Oskar Farner hatte die Meinung einiger medienerfahrener Kollegen eingeholt; für ihn war nicht klar, wer die Initianten der Anfrage seien; offenbar stehe kein kirchlicher Auftrag dahinter, und die Angelegenheit sei noch ganz unabgeklärt. Angesichts der überwiegenden Skepsis gegenüber dem noch jungen Medium lehnte die Kirchenpflege in ihrem Antwortschreiben schliesslich die Übertragung eines eigentlichen Gemeindegottesdienstes mit Taufe, dazu noch in mehreren Sprachen, ab.

Als Alternative wurde die Sendung einer ökumenischen Feier als Gruss der Schweizer Kirche an die Schwesterkirchen im Ausland oder aber eine kirchengeschichtliche Sendung über die Bedeutung des Grossmünsters vorgeschlagen. Einen Monat später musste der Präsident feststellen, dass er auf seinen ausführlichen Brief an den Fernsehdienst bisher keine Antwort erhalten hatte, ja nicht einmal der Empfang des Schreibens bestätigt worden war.[50]

Interessanterweise ist dem «Kirchenboten» später zu entnehmen, dass das Fernsehen nach der Absage des Grossmünsters in der Gemeinde Kilchberg offenbar auf offenere Ohren gestossen war, wurde ihm doch erlaubt, den dortigen Gottesdienst am 28. November 1954 zu übertragen. Das nahm die Redaktion des «Kirchenboten» im Jahr darauf zum Anlass, der damals als brisanten Frage wahrgenommenen Problematik einen ausführlichen kontradiktorischen Artikel unter dem Titel «Fernsehen und Kirche. Dafür – dagegen» zu widmen.[51]

In späteren Jahren erhielt das Fernsehen wiederholt Zugang ins Grossmünster: Erwähnt seien nur einige wenige Beispiele, die sich in jüngerer Zeit beliebig vermehren liessen.

Ende August 1961 fand in Zürich die Europäische Gebietstagung des Reformierten Weltbundes statt. Beim Festgottesdient am 27. August im Grossmünster kamen Vertreter der reformierten Kirchen von England, Deutschland, Frankreich, aus der Slowakei und aus Holland zu Wort, und der Grossmünsterpfarrer Robert Kurtz hielt die Predigt. Zur Tatsache, dass der vom Weltbund bzw. von der Landeskirche organisierte Anlass von «Radio Zürich» und vom Fernsehen für die Eurovision übertragen werden sollte, hatte die Kirchenpflege offenbar nichts zu sagen.[52]

Im September 1979 erreichte die Kirchenpflege die Anfrage, ob der Grossmünster-Gottesdienst vom Weihnachtsmorgen, 25. Dezember, vom schweizerischen-deutschen-österreichischen Fernsehen über die Kanäle der Eurovision übertragen werden könne. Während Pfarrer Gysel sich nicht begeistert zeigte und vor allem darauf hinwies, dass die vorgängige Christnachtfeier nicht durch die erfor-

derlichen technischen Vorbereitungen gestört werden dürfe, war Kantor Jakob Kobelt mit Beteiligung von Chor und Kinderchor bereit, mitzumachen. Die Kirchenpflege stimmte dem Vorhaben zu, freilich ohne die Übertragung des anschliessenden Abendmahls. Werner Gysel erinnerte dann nochmals daran, dass man als «singende Gemeinde» vor dem Fernsehen einen guten Eindruck machen wolle, und hoffte auf eine zahlreiche Beteiligung.[53]
Mehrmals war das Grossmünster Schauplatz der vom Schweizer Fernsehen organisierten und übertragenen Sendereihe der «Musikalischen Meditationen»; in deren Rahmen sprach Günter Wallraff gegen Haydns «Schöpfung» an (1987) – eine Veranstaltung, die neben viel Zustimmung auch geharnischte Kritik hervorrief –, der brasilianische Befreiungstheologe Leonardo Boff trat im Kolumbusjahr 1992 zu Bachs h-Moll-Messe auf, der Dalai Lama meditierte über Händels «Messias» (1995) und Franz Hohler wurde von Mozarts c-Moll-Messe begleitet (2000).[54]

Auch unterstützte die Kirchenpflege das Gesuch des Fernsehens, den Dialoggottesdienst am Reformationssonntag, 3. November 1996, mit Ausnahme des anschliessenden Abendmahls zu übertragen. Die Publizistin Klara Obermüller diskutierte an diesem Anlass mit dem katholischen Geistlichen der Liebfrauenkirche, Reto Müller, über das Thema «Frage an die reformierte Kirche».[55]

Kritische Reaktionen weckte im Sommer 1992 die von der Präsidialabteilung der Stadt angeregte Idee einer Kunstausstellung unter dem Titel «Zwiesprache mit dem Raum». Anlässlich der Veranstaltung «Kunstszene Zürich» wurden Kunstschaffende eingeladen, im Zusammenhang mit Kirchenräumen Werke zu schaffen, die von der Auseinandersetzung mit diesen Räumen inspiriert sein sollten. Eine Reihe von Künstlerinnen und Künstlern bespielte den Kreuzgang, die Krypta und das Kirchenschiff des Grossmünsters mit ihren Plastiken und Malereien. Schon im Vorfeld der Aktion wurden Befürchtungen laut, das Grossmünster werde als Ausstellungsraum missbraucht, was die Kirchenpflege zu einer erklärenden Stellungnahme im «Kirchenboten» veranlasste. Das Resultat war dann allerdings fragwürdig, die erhoffte Auseinandersetzung mit den kirchlichen Räumen glückte kaum und stiess bei vielen Gemeindegliedern auf Ablehnung.[56]

In späteren Jahren wurden erneut Aktionen und Installationen von zeitgenössischen Künstlerinnen und Künstlern vor allem in der Krypta eingerichtet; als Beispiel sei hier die magisch beleuchtete Grasinstallation des Zürcher Licht- und Videokünstlers Peter Diem genannt, die von Allerheiligen bis zum Totensonntag 2003 in der Krypta zu sehen war und auch in der Tagespresse lobende Erwähnung fand.[57] (Abb. 3) In enger Zusammenarbeit mit dem Hochbauamt und der Denkmalpflege des Kantons begleitete die Kunstkommission der Kirchenpflege schliesslich die Vorbereitung und Ausführung des vom Zürcher Sprayer Harald Nägeli konzipierten «Totentanzes» an den Innenwänden der Grossmünstertürme, eines lange gehegten Wunschtraumes des Künstlers. (Abb. 4) Da das Projekt von Anfang an als reversible Aktion gedacht war, bedurfte es detaillierter Abklärungen zur Behandlung der zu besprühenden Wandoberflächen mit einem geeigneten Schutzlack. Die Verhandlungen mit dem Kanton begannen 2014 und zogen sich in die Länge, bis Nägeli im Herbst 2018 mit seiner Arbeit beginnen konnte. Da der eigenwillige Künstler sich nicht überall an die vereinbarten Vorgaben hielt, wurde ihm vom Kanton nach kurzer Zeit die Weiterarbeit untersagt, weshalb das Werk bisher unvollendet blieb.[58]

Kirchenaustritte 2. 3. 5.

Zu den unbefriedigenden, mit der Zeit fast routinemässig erledigten Geschäften der Kirchenpflege zählten die Kenntnisnahme und der Vollzug von Kirchenaustritten, die in fast allen Sitzungsprotokollen verzeichnet sind. Vereinzelt und mehr oder weniger ausführlich begründet, führten die Gesuche einst noch zu klärenden Gesprächen mit den Geistlichen oder Mitgliedern der Pflege. Bei der im Laufe der Jahre exponentiell zunehmenden Zahl der Austritte, meist wegen Kirchenferne oder der Weigerung, die Kirchensteuer zu bezahlen, war das später kaum mehr möglich und wenig sinnvoll. Immerhin konnten doch dann und wann mit Freude auch vereinzelte Eintritte erwähnt werden.

Die Kirchenpflege – Ordnungshüterin über die Umgebung der Kirche 2. 3. 6.

In der althergebrachten Rolle des Kirchenstillstandes als Sittenwächter und moralische Instanz befasste sich die Kirchenpflege auch mit Themen, die sich nicht direkt auf das kirchliche Leben, den Gemeindeaufbau oder verwaltungstechnische Fragen bezogen, sondern das alltägliche Umfeld betrafen.

In den Jahren 1913/14 war es die Überhandnahme der «Berüchtigten Häuser» und «Cigarrenläden» an der Scheiter- und Kruggasse, welche die Gemüter der Pfleger erhitzten. Dabei handelte es sich um jene Etablissements, in denen die Verkäuferin nicht nur Tabakwaren anbot, sondern wo in Nebenzimmern auch käufliche Dirnen auf ihre Kundschaft warteten. Nachdem der langjährige Kirchenpfleger Max Guyer als von der Unsitte direkt betroffener Nachbar in seinem und im Namen der Anwohner bereits Beschwerde bei der Polizei eingereicht hatte, richtete die Kirchenpflege in dieser Sache ihrerseits eine Eingabe an den Stadtrat. Die verschiedenen Schreiben bewirkten, dass die polizeiliche Schliessung dieser als Unzuchtsstätten bezeichneten Häuser angeordnet wurde.[59] Im Februar 1940 verzeichnet das Kirchenpflegeprotokoll unter dem Traktandum «Unanständige Kinoreklamen» das Votum des Pflegers Hermann Keller, des Vorstehers des Diakonenhauses an der Trittligasse, der die Kirchenpflege aufmerksam machte auf Anfang Januar in den Tageszeitungen erschienene Kinoreklamen und namentlich auf darin enthaltene unanständige Bildclichés. (Abb. 5) Keller meinte, es wäre die Aufgabe der Kirchenpflege, gegen diesen Unfug einzuschreiten. Dieser sei zum Beispiel geeignet, auf Kinder, denen ja Tageszeitungen überall zugänglich seien, einen schlechten Einfluss auszuüben. Wenn auch einig mit der Verurteilung der illustrierten Inserate, zweifelte die Pflege allerdings doch,

«ob eine Gemeinde-Kirchenpflege den nötigen Einfluss auf die meistens unter hoch kapitalistischer Flagge segelnden Zeitungs Verlage auszuüben im Stande ist».

Ein Nachtrag des Protokollschreibers lautet:

«Tagblatt und N.Z.Z. wurden seit jener Kritik genau kontrolliert, es scheint jedoch, dass sich Inserenten oder Verleger unterdessen von selbst, oder von anderer einflussreicherer Seite beeindruckt, eines Besseren besonnen haben, wenigstens konnten keine von den erwähnten Reklamen wenigstens in den beiden angeführten Zeitungen mehr gefunden werden.» [60]

Zu Beginn des Jahres 1953 gab das Überhandnehmen von Spielsalons zu reden, besonders als die Einrichtung eines solchen auf dem Gebiet der Grossmünstergemeinde an der Münstergasse geplant war, was die Kirchenpflege veranlasste,

«gegen diesen offenkundigen Volksschaden Stellung zu nehmen».

Ein Zeitungsartikel wies «die Öffentlichkeit auf die Schädlichkeit dieser geisttötenden und geldverschlingenden Unterhaltungsstätten»

hin, löste eine Reihe von Aktionen aus und hatte die Verschärfung der Bewilligungspraxis und die Erhöhung des Mindestalters für den Besuch der Spielsalons von 16 auf 18 Jahre zur Folge. Im Hinblick auf die Beratungen eines neuen Gerwerbe-Patent-Gesetzes beschloss die Pflege, zur Unterstützung der Aktion eine entsprechende Eingabe an die Polizeidirektion zu machen:

«Wenn wir die Eröffnung oben genannter Lokale auch nicht verhindern können, so haben wir doch unser Möglichstes getan, und unsere Eingabe wird ihre moralische Wirkung nicht verfehlen.» [61]

Eifersüchtig achtete die Kirchenpflege immer wieder darauf, dass die markante Silhouette des Grossmünsters nicht zu unerwünschten Propagandazwecken irgendwelcher Art missbraucht wurde: Im Frühjahr 1946 fiel einem Mitglied der Kirchenpflege auf, dass in einer Wahlkampfbroschüre der Freisinnigen Partei die Türme des Grossmünsters mit Sowjetfahnen «geziert» abgebildet waren, in der Absicht zu zeigen, «wie es in Zürich aussehen würde, wenn diese Wimpeln auf dem Wahrzeichen unserer schönen Stadt Zürich wehen sollten». In einem höflichen Schreiben ersuchte die Pflege den Präsidenten der Freisinnigen Partei des Kreises 1, in Zukunft das Grossmünster nicht mehr für Wahlinteressen zu gebrauchen.[62]

Im März 1958 musste die Kirchenpflege in derselben Sache bei der Parteileitung des Landesrings und bei Stadtrat Sigmund Widmer Protest einlegen. Gleichzeitig wurde beschlossen:

«Nach den Wahlen werden wir an alle Parteileitungen ein Schreiben richten mit dem Wunsche, dass alle es unterlassen sollten, für Propagandazwecke das Grossmünster in den Blickfang der Öffentlichkeit zu bringen.» [63] (Abb. 6)

Und in der nachfolgenden Sitzung der Kirchenpflege teilte Pfarrer von Grebel mit, er habe mit Erfolg bei der Firma Jelmoli gegen Reklameinserate mit dem Bild des Grossmünsters auf Aschenbechern, Likörflaschen und anderem mehr protestiert.[64]

Als taktlos und stossend empfand es die Kirchenpflege auch, dass eine pfingstliche Gruppe mit dem Namen «Evangeliumszentrum» in unmittelbarer Nachbarschaft des Grossmünsters in ihrem Inserat das Bild des Grossmünsters als Lockmittel verwendete. (Abb.7) Die Leiter der Gruppe wurden aufgefordert, auf das Bild zu verzichten und ihre Versammlungszeit möglichst ausserhalb der Gottesdienstzeit des Münsters anzusetzen. Das Evangeliumszentrum teilte dem Kirchenpflegspräsidenten allerdings mit, sie könnten in ihren Inseraten nicht auf den Hinweis des Grossmünsters verzichten.[65]

Die unmittelbare Umgebung des Grossmünsters, der limmatseitige Grossmünsterplatz und der an den Haupteingang der Kirche angrenzende Zwingliplatz, sind städtischer Boden, über dessen Belegung die Grossmünstergemeinde nicht entscheiden konnte. Trotzdem war diese immer daran interessiert zu wissen, was rund um die Kirche passierte, und in der Regel wurde sie über grössere Vorhaben informiert, oft auch um ihre Meinung gebeten.

Mit einem städtebaulichen «Strassenbauprojekt», das die Situation rund um die Helfereikapelle und das Antistitium empfindlich betroffen hätte, war die Kirchenpflege um die Jahrhundertwende 1899/1900 konfrontiert: Im Mai 1899 präsentierte der Präsident der Pflege, Hermann Escher, die von der Stadt in Kraft gesetzten Pläne mit den Bau- und Niveaulinien der Fortsetzung der Waldmannstrasse, die als repräsentativer Boulevard das alte Oberdorfquartier von der Rämistrasse bis zum Grossmünster durchbrechen sollte. Die Baulinie sah vor, dass die neue Strasse hautnah an der Ostecke der Helfereikapelle vorbeiführen würde, sodass deren Aussentreppe ins Innere der Kapelle verlegt werden müsste und der Brunnen vor der Helferei sowie das Pfarrhaus am Zwingliplatz der Verbreiterung der Strasse sogar vollständig zum Opfer fallen würden. (Abb. 8) Ein erster Rekurs zur Wahrung der Interessen der Kirchgemeinde wurde vom Bezirksrat abgelehnt, worauf die Kirchenpflege die Einsprache an den Regierungsrat weiterzog. Auch dieser wies den Rekurs mit der Begründung ab, die darin vorgeschlagene Verschiebung der Strasse limmatwärts komme nicht infrage, und

«die Durchführung des städtischen Projektes bringe für die Kirchgemeinde keineswegs unannehmbare Zustände; die Kapelle könne unverändert stehen bleiben [...], das Pfarrhaus müsste allerdings fallen, aber natürlich nur gegen vollen Ersatz».[66]

Glücklicherweise scheiterte das Projekt auch am Widerstand der Hausbesitzer im Oberdorf, sodass heute nur noch die kurze als Sackgasse endende Querstrasse zur Rämistrasse an die einst grossspurig angedachte Waldmannstrasse erinnert.

Fünfzig Jahre später befasste sich die Pflege mit den unzumutbaren Verkehrs- und Lärmproblemen rund um das Grossmünster. Dem Jahresbericht von 1951 ist etwa zu entnehmen:

«Immer mehr werden Grossmünsterplatz und Zwingliplatz zu Parkplätzen für Automobile, wobei vielfach nicht einmal die Parkierungsgrenzen eingehalten, sondern die Wagen irgendwo der Kirche entlang aufgestellt werden. Es scheint uns, dass die Würde unseres schönen Gotteshauses darunter leidet, wenn der Kirchplatz rücksichtslos als Garage und Abstellraum benützt wird. Wir haben in diesem Sinne eine Eingabe an den Polizeivorstand gemacht mit der Bitte um Abstellung der schlimmsten Übelstände. Bis jetzt ohne sichtbaren Erfolg. Bei dieser Gelegenheit machten wir die Behörde auch auf den immer unerträglicher werdenden Verkehrs- und Nachtlärm in unserer Altstadt aufmerksam.»[67]

Und drei Jahre später zitiert der «Kirchenbote» aus dem Jahresbericht von 1954:

«Ungelöst bleibt ja weiterhin das Problem der Ruhestörung durch angeheiterte Besucher der Wirtschaften im Niederdorf. Es wird verschärft durch die unglückliche Einführung der Nachtcafés, von denen wir auch eines auf Gemeindegebiet haben. Die Sache wächst sich ja nachgerade zum Skandal aus, an dem die Behörden nicht mehr lange werden vorbei gehen können.»

Die Diskussion des Problems in der Kirchenpflege führte zur Bildung einer fünfköpfigen Kommission, die das Vorgehen in dieser Sache planen sollte; konkrete weitere Schritte sind den Protokollen aber nicht zu entnehmen.[68]

Eine völlig anders geartete «Beeinträchtigung» der nächsten Umgebung des Grossmünsters, das auf dem Zwingliplatz geplante Labyrinth, beschäftigte die Kirchenpflege Anfang 1991: Im Hinblick auf die 700-Jahr-Feier der Eidgenossenschaft hatte die Stadt Zürich im Jahr zuvor einen Projektwettbewerb zum Thema «Zürich morgen» ausgeschrieben. Daran beteiligte sich auch eine Gruppe von künstlerisch und spirituell engagierten Frauen, die sich der symbolischen Bedeutung des Labyrinths widmeten. Ihr Wettbewerbsbeitrag, der die Installierung eines Labyrinths an einem öffentlichen Ort vorsah, wurde prämiert, und die Gruppe erhielt bereits im März

1990 die Erlaubnis der städtischen Behörden, das Projekt auszuführen. Die von ihr dafür gewünschte Örtlichkeit auf dem Lindenhof lehnte der Stadtrat damals allerdings ab, stimmte dagegen dem Vorschlag zu, das Labyrinth in die Pflästerung des Zwingliplatzes vor dem Hauptportal des Grossmünsters einzufügen – ohne die Kirchenpflege aber darüber zu informieren; erst im Oktober 1990 erhielt diese einen ersten, noch unverbindlichen Hinweis auf das Vorhaben durch die Information des Stadtpräsidenten Josef Estermann, wonach der Stadtrat als mögliche Standorte für das Labyrinth den Zwingliplatz und den Botanischen Garten akzeptiert habe.[69] Genaueres erfuhr die Kirchenpflege dann in der Sitzung von Ende Januar 1991, nachdem ein Gespräch mit zwei Vertreterinnen der Labyrinthgruppe stattgefunden hatte. Der Pflege lagen zwei Prospekte vor, in denen die Frauen das geplante Vorgehen auf dem Zwingliplatz detailliert und bereits mit festgelegten Terminen vorstellten: Im März würde die Pflästerung vorgenommen werden, das erste Vollmondritual würde am 28. April und weitere Veranstaltungen alle 14 Tage bei Neu- und bei Vollmond stattfinden. Das von den Initiantinnen ziemlich hartnäckig vertretene Anliegen löste in der Kirchenpflege eine ausgiebige Grundsatzdiskussion aus, bei der erhebliche Bedenken geäussert wurden; einerseits wegen der ungünstigen Platzverhältnisse, andererseits wegen der Befürchtung, die häufigen abendlichen Anlässe könnten zu Störungen in der Nachbarschaft führen. Auch wurde deren ritueller Charakter infrage gestellt. Der Vorschlag, das Labyrinth auf der Hohen Promenade einzurichten, wurde abgelehnt, da dieser Ort abgelegen und zu einsam sei. In einem Kompromiss einigte man sich, nicht zur Freude der Frauengruppe, mit der Stadt darauf, das Labyrinth nur als Provisorium für ein Jahr auf das Pflaster des Zwingliplatzes aufzumalen.[70] Wie erwartet, fühlten sich die Nachbarn in den umliegenden Wohnungen durch die wiederholten Aktivitäten auf dem Labyrinth belästigt. Sie wehrten sich und veranstalteten eine gegen das Projekt gerichtete Unterschriftensammlung. Werner Gysel veröffentlichte seinerseits im «Kirchenboten» eine persönliche Stellungnahme. Schliesslich verzichtete die Stadt auf eine Verlängerung des Experiments.[71] Die Frauengruppe fand einen passenderen Ort im Areal der alten Zeughäuser, wo sie ihre Idee optimal verwirklichen konnte und mit grossem Erfolg ein farbenfrohes Blumenlabyrinth gestaltete, das sich zum lebendigen Quartiertreff entwickelte und dort bis heute besteht.

Der Kirchenraum des Grossmünsters, der Zwingli- und der Grossmünsterplatz waren immer wieder beliebte Orte für spontane politische Manifestationen und Strassentheater. In den unruhigen Jahren nach 1968 und 1980 wurden die Gottesdienste des Grossmünsters hin und wieder von Störaktionen durch jugendliche Aktivistengruppen heimgesucht: Am Sonntag, 28. Februar 1982, waren es rund zwei Dutzend Jugendliche der «Knast Gruppe», die den Gottesdienst während einer Viertelstunde unterbrachen, indem sie sich, alle maskiert und mit entblösstem Oberkörper, nach der Taufe mit einem Transparent um den Taufstein versammelten, sich des Kanzelmikrofons bemächtigten, um lautstark ihre Anliegen vorzubringen, und dann vor der Predigt wieder abzogen.[72] Im Jahr darauf, am 21. August 1983, wurde erneut ein Taufgottesdienst ohne Vorwarnung durch Angehörige des Nicaragua-El-Salvador-Komitees unterbrochen, was Pfarrer Gysel zu einer Kontaktnahme mit den Exponenten der Demonstration veranlasste, um ihnen die Strafbarkeit ihres Vorgehens klarzumachen. Eine weitere Aktion vierzehn Tage später konnte durch rechtzeitiges Abschliessen der Türen verhindert werden. Die Ereignisse hatten eine Grundsatzdebatte in der Kirchenpflege zur Folge, wie in Zukunft mit solchen Ausschreitungen umzugehen sei; ein scharfes Votum, wonach die Kirchgemeinde ihren Standpunkt in der Tagespresse und im «Kirchenboten» klar zum Ausdruck bringen sollte, dass weitere Störungen nicht geduldet würden und deren Verursacher eine Strafanzeige zu gewärtigen hätten, wurde mehrheitlich abgelehnt, um eine unnötige Publizität zu vermeiden. Polizeihilfe in der Kirche sei ganz unerwünscht und würde auch von der Polizei nicht mitgemacht, mit einiger

Aufmerksamkeit vor dem Gottesdienst liessen sich solche Aktionen in Grenzen halten.[73] In der November-Sitzung wurde das Thema nochmals aufgegriffen. Dabei waren sich erneut alle einig, dass eine präventive Verhinderung allfälliger Störungen das Beste sei; dazu wurde ein taktisches Vorgehen in mehreren Schritten festgelegt, wobei ein Polizeieinsatz nur im äussersten Notfall ins Auge gefasst werden sollte. Da die letzte Störaktion zu weit zurückliege, sei die früher gewünschte Publikation eines Communiqués nun erst nach einem allfällig neuen Vorfall sinnvoll. Damit man dafür gewappnet sei, solle ein entsprechender Text vorbereitet werden, der dann, dem jeweiligen Anlass angepasst, sofort veröffentlicht werden könne. Anfang Februar 1984 hiess die Kirchenpflege einen solchen von Pfarrer Gysel entworfenen Pressetext gut, der in der Folge aber gar nicht zur Anwendung kam.[74]

Eine dreitägige Werbekampagne von Greenpeace Schweiz mit einem abendlichen Strassentheater auf dem Zwingliplatz im Juni 1993 wurde von der Kirchenpflege ebenso befürwortet[75] wie das vom Zürcher Aktionskünstler Peter Ott errichtete Sandsack-Mahnmal «Zürich ist nicht Sarajevo» rund um das Hauptportal des Grossmünsters, das im Frühjahr 1995 auf den Krieg in Bosnien aufmerksam machte.[76] (Abb. 9)

Im Anschluss an das zweite interreligiöse Friedenskonzert «Concert for Peace – Frieden – Schalom – Salam» vom 6. März 2003 im Grossmünster[77] wurde auf dem Zwingliplatz in einer riesigen Metallplastik des Künstlers Vincenzo Baviera ein Friedensfeuer entzündet, eine friedliche Kundgebung gegen den Krieg im Irak und gleichzeitig ein Zeichen der Trauer um die Kriegsopfer. Im 24-stündigen Turnus wechselten sich Mitglieder der Zürcher Kirchgemeinden und viele Privatpersonen bei der Feuerwache ab und unterhielten das Feuer während 33 Tagen und Nächten.[78] (Abb. 10)

Die überraschende Besetzung des Kirchenraumes durch eine Gruppe von Sans Papiers in der Vorweihnachtszeit 2007 stellte für alle Verantwortlichen des Sigristenteams, der Pfarrerschaft und der Kirchenpflege eine besondere Herausforderung dar; rund 120 grösstenteils aus dem Nordirak, dem Iran und dem Sudan (Darfur) stammende Flüchtlinge und Sympathisanten wollten mit dieser Aktion gegen das neue Asylgesetz protestieren, das Anfang 2008 in Kraft treten sollte.

Wiederholt mussten sich der Sigrist und die Kirchenpflege gegen Gruppen wehren, die an oder zwischen den Türmen der Kirche Propagandatransparente aufhängen wollten. Und im Vorfeld der Abstimmung über die Minarettinitiative der SVP liess sich ein Mitglied der Künstlergruppe «Agent Provocateur» etwas Besonderes einfallen: Über einen mit einer Zeituhr geschalteten Lautsprecher, der heimlich ganz zuoberst im Karlsturm montiert worden war, erschallte am 11. Juli 2007 pünktlich zur Mittagszeit zum Erstaunen und zur Belustigung der Passanten der Ruf eines Muezzins. Damit wollte der Provokateur die Absurdität der Minarettdebatte aufzeigen. Die Polizei verstand keinen Spass und verzeigte den Lärmverursacher.[79]

Abb. 1 Einladung zum Aids-Gottesdienst im Grossmünster, 15. Dezember 2000.

Abb. 2 Mysterienspiel «Akte Zwingli» im Grossmünster.
Zwinglis Abendmahl, Juni 2017

Das Leuchten der unterirdischen Gräser

Dunkel ist sie, die 1107 geweihte Unterkirche. Und kühl. Nicht in einer Galerie, sondern in der Krypta des Grossmünsters zeigt der Zürcher Künstler Peter Diem derzeit eine faszinierende Installation. Diem hat sich ganz den Kontrasten verschrieben, was schon «Dunkles Licht», der Titel seiner Arbeit, verrät.

Über einem grossen Trog mit trockenem, hohen Gras, das noch an die Hitze des Sommers erinnert, lässt er mittels eines Datenprojektors Laser-ähnliche, bunte Lichtstrahlen fliessen. In vier verschiedenen Sequenzen, mal sparsam, messerscharf und monochrom, dann werden ganze Felder in Farbe getränkt: Blutrot, Blau, Grün, Gelb oder Pink.

Am Rande der Gräserlandschaft entsteht ein orientalischer Lichtteppich, auf dem der Trog steht. Und als Krönung stülpt der Projektor üppige Blumenbilder über Gräser und Boden. Der Effekt ist erstaunlich: Jedes Gras hat seinen Auftritt, und je nach Licht scheinen sich die Pflanzen in einen Dschungel zu verwandeln. Man steht vor einem Kaleidoskop aus gebündeltem Licht und ist gebannt.

Pfarrerin Käthi La Roche sieht in Diems Arbeit das Thema der Vergänglichkeit: Verwelktes Gras werde durch das strukturierte Licht wieder lebendig. Auf jeden Fall ist die Licht- und Grasinstallation einen Besuch wert. Überirdischer wäre zu hoch gegriffen, aber irdischer Schönheit begegnen wir hier. Unterirdisch. *(ela)*

«Dunkles Licht», Krypta des Grossmünsters, 10–17 Uhr, bis 23. November. Vernissage: Heute Samstag, 17 Uhr.

BILD DOMINIQUE MEIENBERG

In der Krypta des Grossmünsters strahlt Peter Diems Licht- und Gräserinstallation «Dunkles Licht».

Abb. 3 «Dunkles Licht», Kunstinstallation von Peter Diem in der Krypta des Grossmünsters. Bericht im Tages-Anzeiger, 1. November 2003.

Abb. 4 Totentanz von Harald Nägeli im Karlsturm des Grossmünsters, November 2018.

Nr. 8 Tagblatt der Stadt Zürich 16. Januar 1940

BELLEVUE

Telephon 22545

Erinnern Sie sich noch an den Spitzenfilm „Der blaue Engel"? Damals sang Marlene:

„Nimm Dich in Acht vor blonden Frau'n
Sie haben so etwas Gewisses,
's ist Ihnen nicht leicht anzuschau'n –
Aber irgend Etwas, das ist es!"

Männer, hütet Euch vor solchen Frauen!

Ab heute Mittwoch

zeigen wir den französischen Meisterfilm:

So machte ich es mit den Männern!

(J'étais une aventurière)

mit

Edwige Feuillière

Frankreichs schönste und sinnlichste Filmschauspielerin

Jean Murat

Regie: Raymond Bernard

Ein Spitzenfilm im Verleih der Columbus-Film, Zürich

Französische Originalfassung **Deutsche Untertitel**

Wie die Motten zum Licht - so fliegen die Männerherzen ihr zu! Ein holder Blick aus ihren Augen und schon zappelt die Beute im Netz und fällt der schönen, gefährlichen Frau zum Opfer! - Sehen wir uns ihre Opfer etwas näher an!

Da ist zunächst:

Opfer Nr. 1

Die gefährliche Frau ist überall und nirgends zu Hause. — Heute in London — morgen in Paris — übermorgen in Wien.
Hier sieht man den englischen Grossindustriellen Rutherford, — im Geschäft eisenhart — dieser Frau gegenüber butterweich! Das kostet ihn 5000 Pfund! So teuer ist der Denkzettel, den er von der vermeintlichen russischen Prinzessin erhält...

Opfer Nr. 2

Man sollte es nicht für möglich halten, dass dieser wirkliche Aristokrat nicht in der Lage ist, eine Standesgenossin zu erkennen. Auch er glaubt das Märchen von der heimatlos gewordenen russischen Prinzessin, und seine schlechte Menschenkenntnis und sein Vertrauen zu den schönen Augen einer noch schöneren Frau machen ihn blind und — das kostet ihn ein kleines Vermögen!

Opfer Nr. 3

Nicht nur in den Bars und Nachtlokalen, sondern auch auf dem Sportplatz begegnet man der «gefährlichen Frau». Ueberall, wo reiche Männer sind, trifft man sie an. Schon scheint das dritte Opfer ihr sicher! Monsieur Glorin, ein reicher junger Mann, ist nun an der Reihe. Aber — «wer andern eine Grube gräbt, einmal fällt er selbst hinein»! Denn nicht alle Männer sind blind. Wie das geschieht, das müssen Sie sich selbst ansehen!

81200

087) 1 Gasherd, 3löchrig, m. Backofen, 1 gr. Wäschekorb, 1 weisslackierte, eis. Bettstelle, 1 Vergröss'app. 6×9, autom. scharf, Kleinbildkamera ¾ cm für 4/6-Film mit der enormen Lichtstärke 1:2, billig zu verkaufen. M. Marrel, Güetliweg 6, Abzw. der Oberwiesenstr., Oerlikon.

Occasion!
Nur wenige Tage im
Helmhaus
Zu Liquidations-Preisen:
Ladeneinrichtung
Beleuchtungskörper
Zentralheizungsofen
Kühlanlage 20952
Tische, Stühle etc.
Verkaufszeit 10-12, 14-17U.

Stubenwagen
Tragkissen, Kastenwagen, 1 grosser älterer Teppich, 2löchr. Gas-Rechaud, bill. b. Dietiker, Wagnerg. 11, beim Kreuzplatz. (569

41290) Sehr schöner
Orient-Teppich
2×3 m, aus Privathaus zu verk. Telephon 7.66.42.

Plüschteppich
ca. 2×3 m gr., nur 55.—
240×340 cm 90.—
feine Bettumrandg. 45.—
Chaiselonguedecke 12.—
feine Plüschtischdecke 12.—
blauseidener gesteppter Bettüberwurf 65.—
Bouclé-Teppich, 2×3 wen. gebr. Ia Qual. 70.—
Ofenstrasse 4, ob Kornhausbrücke. (20645

40340) Sehr schöner
Teppich
billig, Schulhausstr. 5, I.

S237) Sehr schöne
Wäsche-Aussteuer
zu nur Fr. 250.—
Kornhausbrücke 4, im Laden, beim Limmatplatz.

Elektr. Heizöfen
neue, spottbillig ab 10 Fr. aus Liquidation, Stromverbrauch nur 10 Cts. p. Std. Solange Vorrat. 60633) Rennweg 18, I.

Occasion!
Wegen Räumung billig abzugeben: Schreibtisch 75×150 cm mit Sessel, Teppich, Persor, imit. 240×340 cm, Vervielfältigungsapparat mit zwei Trommeln Mk. „Greif", div. Büromaterial. 60846 Bahnhofstr. 69, Entresol.

Wir erstellen alle Arten von
Reklame
Druckarbeiten in allen Formaten für Gewerbe Handel und Industrie!
Moderne Aufmachung
Coulante Bedingungen
Buchdruckerei Berichthaus

Für Dienst und Sport:
Schlafsäcke
Ia daunengefüllt, diverse Muster, billig: Gartenstr. Nr. 32, P. (Enge). (52559

81127) 1 w. Kinderbettli m. Maträtzli 20 Fr., 1 D.-Wintermantel 15 Fr. Kanzleistr. 88, I. lks.

A186) Zu verkaufen:
Elektr. Therma-Ofen, 1,5 kw
Petrolofen, rund
Peddigrohrmöbel, 3teilig
Eisernes Bett mit Matratze
Elektr. Kochkiste
Gart'möbel, 3 Stühle, 1 Tisch aus gutem Privathause.
Letzigrabenstrasse 158, 2. Stock, links.

Briefmarken
f. Sammler, billig. (R168 Kyburgstr. 20, 1. St. lks.

Bäckerei-Inventar
billig zu verk., auch stückweise abzugeben. (555 Neumarkt 12.

1 zweirädr. Handwagen
1 Billard, russ. (A192
1 Dreiräder-Kindervelo.
Heinrichstr. 256, Part.

Teppiche
durchgewoben, u. schwere gleiche Bettumrandung, billig. (R 176

Billig
zu verkaufen: Waschtröge 55 Fr., elektr. Waschmaschine, Waschherd Zentrifuge, Gasherde neu u. gebr., Schüttstein, Tropfbretter, Klosette, Badewannen, Badeöfen, Wandbecken, Armaturen etc. Höfl. Empfehlung für Installations- u. Spenglerarbeiten. Alte Appar. nehme an Zahlung. E. Hoffmann, Zürich 8, Kreuzstrasse 41, Telephon 28.303. (20447

Achtung!
Spottbilliger 26175
TEPPICH-VERKAUF
nur Ötenbachgasse 26
K. KUNZ, Laden beim Rennweg vis-à-vis Schuhhaus Dosenbach

80704) Noch ohne Preisaufschlag staunend billig neue
Teppiche
J. Ulrich, Limmatplatz 4.

Schreibmaschine
Fr. 8.- p. Mon.
Weinbergstr. 24, Tel. 23.773

81180 Handgew. gr. Decke u. Blocher, billig.

41126) Doppelglastüre, billig zu verkaufen, Gr. 1.45 m breit, Höhe 2.07 m, Fr. 19.—.
M. Benz, Kuttelgasse 11.

Fr. 8.- p. Mon.
Schreibmaschine
Spitalgasse 8, Tel. 46.453.

Bettumrandungen
Läufer, Vorlagen
Teppiche 355
noch zu alten Preisen

Plüsch	220×300	55.-
Tournay	200×300	90.-
Tournay	170×240	65.-
Tournay	240×340	140.-
Tournay	260×370	170.-
Bettvorlagen		10.-
Bettumrandung		85.-

Woll- u. Steppdecken
Fassbind - Rämistr. 50

Wegen Geschäftsaufgabe
sind noch abzugeben: Zuglampen à 5 Fr., Tabourettes à 1.50, Schemel, Teppich 3×2 15 Fr., Büfett vergl. 40 Fr., Bügelbrett, Tische. (60830 Lindenhofstr. 15, Laden.

81182 Petrolofen, bill. Maler-

Abb. 5 Anstössiges Kinoinserat im «Tagblatt der Stadt Zürich», 16. Januar 1940.

Freitag, 4. März 1994. Nr. 45 DAZ 3. Jahrgang /Volksrecht 98. Jahrgang Fr. 1.–

TAGESZEITUNG ■ UNABHÄNGIG ■ SOZIAL ■ ÖKOLOGISCH

DAZ

Redaktion: Engelstrasse 64, Postfach 926, 8021 Zürich. Telefon 01/242 66 22. Telefax 291 22 24.

esst das
DAZ.

BILDER KLAUS ROZSA / MONTAGE DAZ

Letzte Entscheidungshilfe

st soweit: Am Wochenende geht es um die Wurst oder mehr um Zürich. Und weil Umfragen immer auch um- zettel aufstöbern. Ausfüllen. Für den Stadtrat die Namen Stocker, Koch, Hubmann, Estermann und Neukomm, und

Abb. 6 Das Grossmünster, Blickfang für Wahlpropaganda.
Stadt- und Gemeinderatswahlen im März 1994.

Abb. 7 Inserat des Evangeliumszentrums mit Grossmünster als Lockmittel, November 1959.

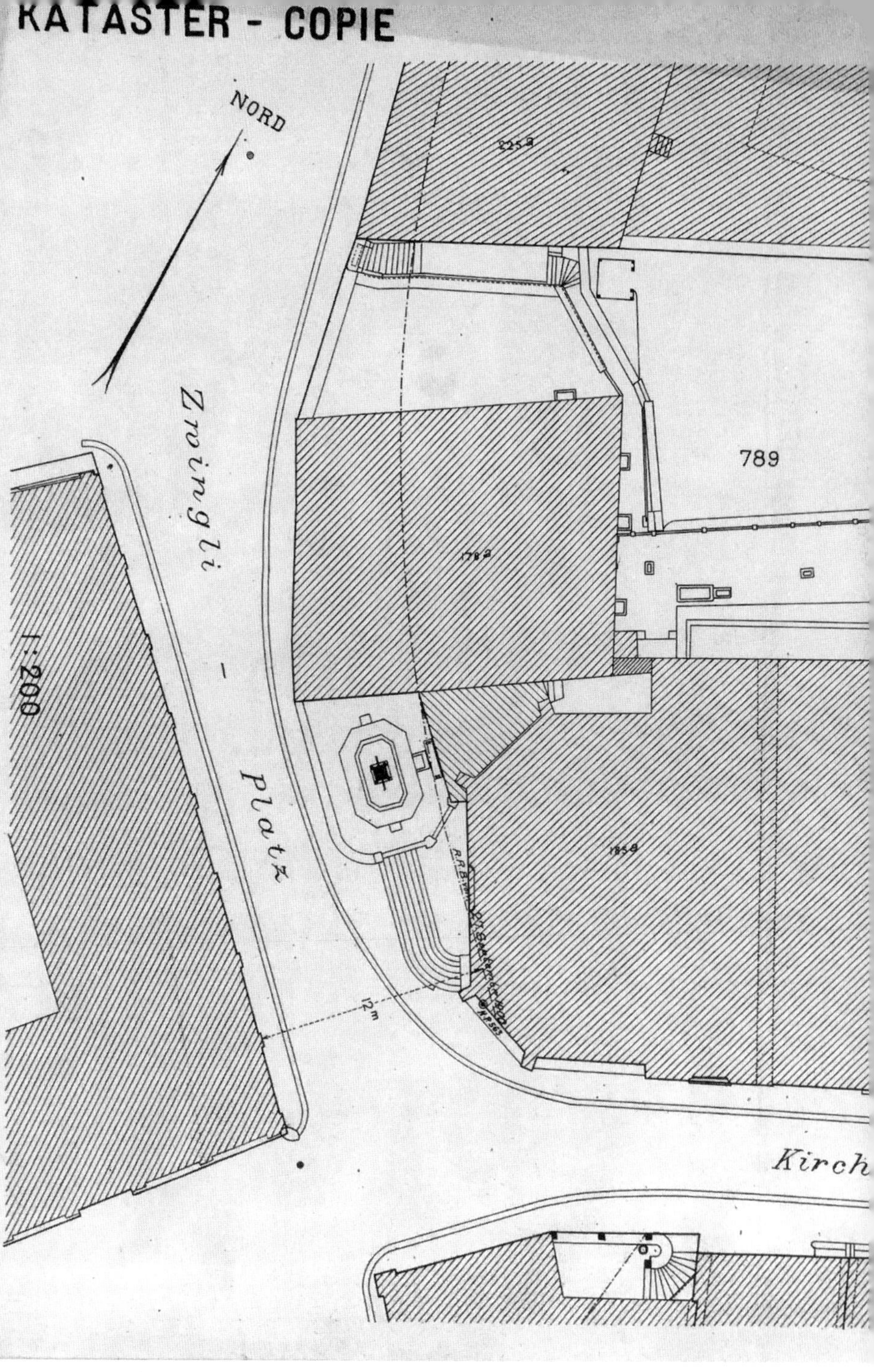

Abb. 8 Katasterplan mit eingezeichneter Baulinie für die geplante 12 Meter breite Waldmannstrasse, gemäss Regierungsratsbeschluss vom 27. September 1900.

Tages-Anzeiger · Montag, 20. Februar 1995

STADT ZÜRICH 15

Ein Mahnmal wider die Gleichgültigkeit

Sandsäcke vor dem Grossmünsterportal sollen zum Nachdenken anregen

Bosnien im dritten Kriegswinter, Sarajevo seit über 1000 Tagen belagert, Grosny dem Erdboden gleichgemacht – wieso sind wir nicht erschüttert, Tag für Tag? Diese Frage stellt der Zürcher Bildhauer Peter Ott mit seiner Installation vor dem Grossmünster.

Vom Strom der Bilder aus den Kriegsgebieten ist ihm vor allem dasjenige geblieben, welches das mit Sandsäcken geschützte Portal der Kathedrale von Zadar zeigt. Die Sandsäcke vor dem Grossmünster sollen zum Nachdenken anregen über diesen Krieg, der so nah ist, und sollen ein Zeichen der Solidarität mit den leidenden Menschen sein. Ott versteht die Installation auch als ein Mahnmal wider die Gleichgültigkeit angesichts der Absurdität jeden Krieges.

Die Sandsäcke sind am Samstag von Freiwilligen aufgeschichtet worden, darunter Bosnier aus dem Durchgangsheim Wädenswil und Jugendliche aus einem städtischen Arbeitsintegrationsprogramm. Das Projekt wurde unterstützt von der Kirchenpflege Grossmünster, der kantonalen Baudirektion, der städtischen Präsidialabteilung und mehreren Firmen. Das Mahnmal wird bis zum 12. März stehen bleiben. *(jr)*

BILD TOBIAS LANDAU

Auf der Seite «Hintergrund» des «Tages-Anzeigers» vom 29. März 1992 sah der Zürcher Bildhauer Peter Ott das Foto des mit Sandsäcken geschützten Portals der Kathedrale von Zadar (links); das Bild regte ihn zur Installation vor dem Zürcher

BILD DORIS FANCONI

Abb. 9 Mahnmal «Zürich ist nicht Sarajevo». Bericht im Tages-Anzeiger, 20. Februar 1995.

Abb. 10 Friedensfeuer gegen den Krieg im Irak. Installation von Vincenzo Baviera auf dem Zwingliplatz, März 2003.

1 Siehe unten, Kapitel 3. 6. *Die Wahlen von 1933 bis 1966*, S. 101–108.

2 Die Behördenwahlen umfassten die Wahl der Kirchenpflege, des Präsidenten der Kirchenpflege, der Rechnungsprüfungskommission (RPK), der Abgeordneten in die Zentralkirchenpflege (ZKP), der Abgeordneten in die RPK der ZKP und des Wahlbüros für kirchliche Angelegenheiten.

3 Kirchgemeindeversammlung vom 6. November 1939, IV. B. 1.2, S. 344.

4 Kirchgemeindeversammlung vom 9. Januar 1927, IV. B. 1.2, S. 128–133.

5 Kirchgemeindeversammlung vom 27. Januar 1929, IV. B. 1.2, S. 170–133.

6 Zur Realisierung der neuen Orgel siehe das Kapitel 6. 5. *Die neue Orgel und der Orgelstreit 1956–1960*, unten S. 186–194.

7 Kirchgemeindeversammlung vom 30. April 1964, IV. B. 1.4 (ohne Seitenzahl).

8 Kirchgemeindeversammlung vom 18. Dezember 1966, IV. B. 1.4 (ohne Seitenzahl).

9 Stillstandsprotokolle vom 19. Dezember 1811 bis 2. April 1833, IV. B. 2.2, S. 3.

10 Kirchgemeindeversammlung vom 24. November 1844, IV. B. 2.4, S. 74.

11 Stillstandsprotokolle vom 19. Dezember 1811 bis 2. April 1833, IV. B. 2.2, S. 3.

12 Stillstandssitzung vom 11. Dezember 1849: «Das Präsidium erwähnt auf eine rühmliche Weise des vor wenigen Tagen verstorbenen Mitgliedes, Herrn a. Oberrichter Pestalozzi, welcher eine lange Reihe von Jahren hindurch Mitglied des Stillstandes gewesen und seiner Zeit der Gemeinde als Verwalter des Kirchengutes grosse Dienste geleistet hat.», IV. B. 2.5, S. 4.

13 Siehe oben, S. 22–24.

14 Dieser Umstand kommt etwa in der Diskussion um die Ergänzung der Pflege im Hinblick auf die Wahlen zur Amtsperiode 1982–1986 zur Sprache; Kirchenpflegesitzung vom 9. November 1981, IV. B. 2.17, S. 203.

15 Kirchenpflegesitzung vom 6. Februar 1970, IV. B. 2.14 (ohne Seitenzahl).

16 Siehe HELMUT MEYER und BERNHARD SCHNEIDER, *Mission und Diakonie*, passim.

17 *50 Jahre Christlicher Verein Junger Männer*, Zürich 1. Jubiläumsbericht 1887–1937, Zürich 1937.

18 Kirchenpflegesitzungen vom 27. Mai und 23. September 1999, IV. B. 2.22, S. 32 und 42.

19 Unter anderen: Heinrich Höhn-Buchter (32 Jahre, 1959–1991, ab 1962 Kirchengutsverwalter); Hedwig Lienemann (32 Jahre, 1974–2006, ab 1982 Almosen- und Spendgutverwalterin); Paul Jäger, Kaufmann (30 Jahre, 1931–1961, davon 12 Jahre Vizepräsident); der Arzt Otto Reinhardt (29 Jahre, 1946–1975); John Syz-Schindler (28 Jahre, 1889–1892 und 1906–1931, Präsident 1913–1919); Ernst Buchter, Geschäftsführer des Schuhhauses Gräb (28 Jahre, 1931–1959, Präsident 1937–1946);

20 Zum Beispiel Friedrich Schulthess Vater (1855–†1869) und Sohn (1876–1888); Heinrich Appenzeller Vater (1866–†1873) und Sohn (1890–1907); Morf-Oschwald (1859–†1881), Vater von Morf-Kölliker (1884–1886); Johannes Syz-Landis (1870–†1883), Vater von John Syz (1889–1892/1906–1931); Hans Caspar Escher-Züblin (1880–1889), Vater von Hermann Escher (1889–1923); Gottlieb Brutschin (1894–†1915), Vater von Hermann Brutschin (1915–1943); Reinhold Bosch (1898–†1924), Vater von Hans Bosch (1924–1926); Heinrich Höhn (1919–†1937), Vater von Heinrich Höhn-Buchter (1959–1991), Schwiegersohn von Ernst Buchter (1931–†1958); Hans Schindler-Baumann (1943–1952), Vater von Walter Schindler (1954–1970); Paul Elsener (1985–1989), Ehemann von Helen Elsener (1990–1994); Matthias Senn (1985–1994), Ehemann von Prisca Senn (1994–2014); Hanno Helbling (1985–1995), Vater von Regine Helbling Gerster (1997–2014), der Ehefrau von Ulrich Gerster (2014–2018); Karin Eidenbenz (2008–2014), Ehefrau von Michael Eidenbenz (2014–2018).

21 Claude Lambert (1994–2014), Regine Helbling (1997–2014), Philipp Glatt (2010–2018), Sascha Weisshaupt (2011–2018), Emanuel Hofacker (2013–2018).

22 Orgelfonds, geäufnet 1962 durch den Grossmünsterorganisten Viktor Schlatter, dient v.a. als «Ausgleichskasse» für die Orgelkonzerte; Fürsorgefonds, entstanden 1986 durch Zusammenlegung zweier älterer Legate zwecks «Unterstützung von unverschuldet in Not geratenen Gliedern der Grossmünstergemeinde», auch von durch die Gemeinde betreuten Flüchtlingen und Asylbewerbern; Eugen Hug Fonds (1973) und Felix Emil Huber Fonds (1980), ebenfalls 1986 zusammen-

gelegt, v.a. für die Jugendarbeit, für ausserordentliche Anschaffungen und in Beziehung zum Grossmünster geleistete Arbeiten; Oskar Abegg Fonds (1978), Erlös aus dem Karten- und Kunstführerverkauf zur Finanzierung neuer Karten und Kunstführer, Tonbildschauen usw.; Kulturfonds (1999), Schenkung von Margrit Roelli zur Unterstützung kultureller Aktivitäten, Musikaufführungen bei Gemeindeanlässen oder Gottesdiensten, Theaterproduktionen, Lesungen usw; Jugendfonds (2000) zur Finanzierung des Jugendtreffs und anderer Aktivitäten der Jugendarbeit; Turmfonds, Erlös aus den Eintritten zum Turm, ohne Zweckbestimmung. Detaillierte Aufstellung der Fonds, Stand 1. Juni 2003, genehmigt in der Kirchenpflegesitzung vom 12. Juni 2003, IV. B. 2.23, zwischen S. 29 und 30, aktualisiert im April 2017 und abgenommen an der Kirchenpflegesitzung vom 9. Mai 2017, PDF der Protokolle 2014–2018, S. 107–112.

23 Zur Anschaffung der silbernen Abendmahlsgeräte siehe das Kapitel 4. 4. 2. *Silbernes Abendmahlsgerät,* unten S. 136–139.

24 Zu den Fenstern von Sigmar Polke siehe das Kapitel 7. *Bauvorhaben,* 7. 1. *Grossmünster,* unten S. 209.

25 Zu den einzelnen Bauvorhaben siehe das Kapitel 7. *Bauvorhaben,* unten S. 203–224.

26 Zur Wahl der Pfarrer siehe das Kapitel 3. *Pfarrer*innen und Pfarrwahlen,* unten S. 89–119.

27 Kirchenpflegesitzung vom 3. März 1981, IV. B. 2.17, S. 173.

28 Kirchenpflegesitzung vom 4. Februar 1981, IV. B. 2.17 S. 168. Zum strikten Verbot des Alkoholausschanks in der Helferei siehe das Kapitel 9. *Kulturhaus Helferei,* unten S. 323–325, 328, Anm. 4.

29 Siehe dazu das Kapitel 10. *Konfessionalismus und Ökumene,* unten S. 329–336.

30 Kirchenpflegesitzungen vom 25. Juni 1992 und 1. April 1993, IV. B. 2.20, S. 77, 97.

31 Kirchenpflegesitzung vom 13. November 2001, IV. B. 2.22, S. 89.

32 Die Kirchenpflege wurde in der Sitzung vom 27. April 1888 nachträglich darüber informiert, IV. B. 2.6, S. 84 f.: «Mit Schreiben vom 5. April verdankt der Vorstand des Deutschen Reichs-Vereins die Überlassung der Kirche und übermacht eine Gabe von Fr. 50.– für die Armen unserer Gemeinde, deren Verteilung die Herren Geistlichen besorgen werden.»

33 Neue Zürcher Zeitung, 68. Jg., No 82, Zweites Blatt, Donnerstag 22. März 1888.

34 Nachträglich so protokolliert in der Sitzung vom 20. Oktober 1898, IV. B. 2.6, S. 214 f.

35 Neue Zürcher Zeitung, 119. Jg., No 240, Morgenblatt, Dienstag 30. August 1898, und No 241, Erstes Abendblatt, Mittwoch 31. August 1898.

36 URS MEIER, *Trauer als Event,* in: Medienheft, 7. September 2000; URS MEIER, *Kirche am Boulevard. Die Trauershow für Andy Hug im Zürcher Grossmünster,* in: Reformierte Presse, Nr. 36, 8. September 2000, S. 7–9; mehrere Zeitungsausschnitte in der Archivschachtel II. B. 4 Kirchliches, Kulturelles, Unterricht, Mappe 4.06.1 Hug Andy, Abdankungsfeier 1.9.2000.

37 SANDRA HOHENDAHL-TESCH, *Und dann der Wink in Richtung Kirche*, in: reformiert., Nr. 1 / Januar 2020, S. 2.

38 Kirchenpflegesitzungen vom 3. Juli, 6. November, 4. Dezember 1984, 19. März 1985, IV. B. 2.28, S. 146, 158, 160, 184.

39 Dokumentation des Konzerts vom 14. Oktober 2001 mit Schlussbericht, Abrechnung und Berichterstattung in verschiedenen Tageszeitungen in der Archivschachtel Abteilung II. B. 4. Kirchliches, Kulturelles, Unterricht, 4.06.0, Wiederkehrende Anlässe, Mappe 4.06.0 Concert for peace – frieden – schalom – salam.

40 Dokumentation des Konzerts vom 6. März 2003 mit vorgängiger Korrespondenz, Projektskizze samt Budget vom 5. Dezember 2002 in der Archivschachtel Abteilung II. B. 4. Kirchliches, Kulturelles, Unterricht, 4.06.0; PHILIPP DREYER, *Ausgelassene Stimmung in heiligen Gemäuern,* in: Reformierte Presse, Nr. 11, 14. März 2003, S. 11.

41 Gemeinde-Blatt, XII. Jg., Nr. 7, 15. September 1922, S. 3 f.

42 Kirchenpflegesitzung vom 27. Juni 1923, IV. B. 2.8, S. 66. Der Protokollant nennt irrtümlich Hauptmann als Autor des Stücks.

43 Kirchenbote, Februar 1934, Nr. 2, S. 16, und September 1936, Nr. 9, S. 84.

44 Kirchenpflegesitzung vom 19. September 1939, IV. B. 2.11, S. 32 f.

45 Kirchenpflegesitzung vom 25. Oktober 1955, IV. B. 2.12, S. 183.

46 Kirchenbote, März 1954, Jg. 40, Nr. 3, S. 28.

47 Kirchenpflegesitzung vom 13. Januar 1983, IV. B. 2.18, S. 28.

48 Die Kirchenpflege beschloss, das Projekt mit einem namhaften Betrag finanziell zu unterstützen; Kirchenpflegesitzungen vom 14. März, 9. Mai, 20. Juni und 7. November 2017, PDF der Protokolle 2014–2018, S. 101, 103 f., 114, 136 f.

49 Kirchenpflegesitzung vom 1. Oktober 1954, IV. B. 2.12, S. 157–159.

50 Kirchenpflegesitzung vom 2. November 1954, IV. B. 2.12, S. 160.

51 Kirchenbote, Oktober 1955, 41. Jg., Nr. 10, S. 99 f.

52 Hinweis auf den Festgottesdienst in der Kirchenpflegesitzung vom 28. April 1961, IV. B. 2.12, S. 318 f.

53 Kirchenpflegesitzungen vom 11. September und 6. November 1979, IV. B. 2.17, S. 78, 91; Kirchenbote, Dezember 1979, S. 12.

54 Kirchenpflegesitzungen vom 9. Juni 1987, 6. Februar 1992, 1. September 1994, 28. September 1994, 19. Januar 1995 und 9. Dezember 1999, IV. B. 2.19, S. 73; IV. B. 2.20, S. 64; IV. B. 2.21 S. 10, 14, 21; IV. B. 2.22, S. 47.

55 Kirchenpflegesitzung vom 28. August 1996, IV. B. 2.21, S. 68.

56 Kirchenpflegesitzungen vom 10. Dezember 1991, 6. Februar, 14. Mai und 25. Juni 1992, IV. B. 2.20, S. 58, 64, 73, 77; Kirchenbote, Nr. 12, 5. Juni 1992.

57 Kirchenpflegesitzungen vom 27. März, 12. Juni und 18. November 2003, IV. B. 2.23, S. 21, 28, 38. Berichterstattung im Tages-Anzeiger vom 1. November 2003 und in der Neuen Zürcher Zeitung vom 18. November 2003.

58 Kirchenpflegesitzungen vom 3. März 2015, 7. Juni 2016, 22. August und 25. September 2017, PDF der Protokolle 2014–2018, S. 29, 73, 126, 131.

59 Sitzungen vom 14. November 1913 und 13. Januar 1914, IV. B. 2.7, S. 170 und 174. «Der Baumeister Max Guyer beklagte sich in mehreren Briefen beim Polizeiinspektorat über die Zigarrenläden an der Scheitergasse. Wenig später schrieb er schliesslich dem Steuervorstand, er werde, da sich der Wert seiner Liegenschaften durch die Zigarreusen im Quartier mehr und mehr vermindere, weniger Steuern zahlen.» Siehe dazu SARAH LÜSSI, *Die Zigarreusen. Ein Stück Zürcher Prostitutionsgeschichte*, S. 65–71, insbesondere S. 67.

60 Kirchenpflegesitzung vom 6. Februar 1940, IV. B. 2.11, S. 47 f.

61 Stillstandsprotokoll vom 1. Februar 1953, IV. B. 2.12, S. 116; *Aus dem Jahresbericht unseres Kirchenpflegepräsidenten,* in: Kirchenbote, August 1953, Nr. 8, S. 80.

62 Stillstand vom 24. März 1946, IV. B. 2.11, S. 221.

63 Stillstand vom 2. März 1958, IV. B. 2.12, S. 250.

64 Kirchenpflegesitzung vom 25. März 1958, IV. B. 2.12, S. 252.

65 Stillstand vom 15. November 1959 und Kirchenpflegesitzung vom 26. Februar 1960, IV. B. 2.12, S. 286 und 292.

66 Kirchenpflegesitzungen vom 4. Mai und 12. September 1899 sowie vom 22. November 1900, IV. B. 2.6, S. 238 f., 246, 258; Regierungsratsbeschluss vom 27. September 1900 und Rekurse der Kirchenpflege in Archiv-Schachtel II. B. 5.03 Liegenschaften Grossmünster, Mappe 5.03 Grossmünster Umgelände; Kataster-Pläne mit eingezeichneter Baulinie von 1900 in grosser Planmappe V. 2 Kapelle / V. 3 Pfarrhäuser, V. 3.1 Beide Pfarrhäuser zus.

67 Kirchenbote, August 1952, Nr. 8, S. 76.

68 Kirchenbote, August 1955, Nr. 8, S. 88. Zur Behandlung des Problems der Nachtcafés in der Kirchenpflege siehe die Kirchenpflegesitzung vom 10. Dezember 1954, IV. B. 2.12, S. 165. Am 1. April 1954 hatte die Stadt drei Lokalen, dem auf Grossmünster-Gemeindegebiet liegenden Café-Restaurant «Noé» beim Bahnhof Stadelhofen, dem «St. Annahof» an der Bahnhofstrasse und der «Börse» am Bleicherweg, gestattet, ihre Öffnungszeiten über die allgemein geltende Polizeistunde um Mitternacht hinaus bis 02.00 Uhr zu verlängern, um damit den Bedürfnissen des Fremdenverkehrs entgegenzukommen. PHILIPPE FAVRE, *Die Entwicklung der Polizeistunde in der Stadt Zürich 1946–1971.*

69 Kirchenpflegesitzung vom 3. Oktober 1990, IV. B. 2.20, S. 15.

70 Kirchenpflegesitzungen vom 29. Januar, 28. Februar, 21. März und 16. Mai 1991, IV. B. 2.20, S. 23–25, 28 f., 31, 34, 39.

71 Kirchenpflegesitzung vom 26. September 1991, IV. B. 2.20, S. 52 f.; Kirchgemeindeversammlung vom 24. Oktober 1991, IV. B. 1.10, S. 21 f.; WERNER GYSEL, *Ein Labyrinth auf dem Zwingliplatz,* in: Kirchenbote Nr. 20, 25. Oktober 1991.

72 Kirchenpflegesitzung vom 16. März 1982, IV. B. 2.17, S. 228.

73 Kirchenpflegesitzungen vom 23. August und 27. September 1983, IV. B. 2.18, S. 80, 87 f.

74 Kirchenpflegesitzungen vom 8. November 1983 und 2. Februar 1984, IV. B. 2.18, S. 91 f., 112. Der Text lautet: «Die Kirchenpflege Grossmünster teilt mit: Neuerlich hat eine uns unbekannte Gruppe ohne jede Absprache versucht, sich in unserm Gottesdienst Gehör zu verschaffen. Wir distanzieren uns in aller Form von diesem Vorgehen. Es bringt keine Begegnung mit den im Gottesdienste versammelten Menschen. Gesucht wird offensichtlich nur die Publizität des Ortes. Die Anonymität der Gruppenimmt uns die Möglichkeit des weiterführenden Gesprächs. So sehen wir uns genötigt, für den Fall einer Wiederholung auf die rechtlichen Mittel hinzuweisen.»

75 Kirchenpflegesitzung vom 13. Mai 1993, IV. B. 2.20, S. 101.

76 Kirchenpflegesitzung vom 19. Januar 1995, IV. B. 2.21, S. 21; siehe auch die Reportagen im Tagblatt der Stadt Zürich und im Tages-Anzeiger vom 20. Februar 1995. Peter Ott, Bildhauer, Aktionskünstler, Bauingenieur (1944–2017).

77 Siehe das Kapitel 2. 2. 4. *Gesuche um Benützung des Kirchenraumes,* oben S. 57 f.

78 Kirchenpflegesitzung vom 25. Februar 2003, IV. B. 2.23, S. 20; Jahresbericht 2003 der Evangelisch-reformierten Landeskirche des Kantons Zürich, S. 9 f.; im Internet: News.ch, 13. April 2003. Vincenzo Baviera (* 1945), Architekt und Bildhauer; Informationen im Internet auf www.baviera.info

79 Reportage in «20minuten» vom 12. Juli 2007. Die Aktion ist im Internet auf Youtube anzusehen.

Die aufwendigen, sorgfältig durchgeführten Auswahlverfahren bei der Neuanstellung der Pfarrer durch die Kirchgemeinde beanspruchten zuweilen besonders viel Zeit. Dafür war es üblich, erweiterte Pfarrwahlkommissionen zu bilden, in denen auch Gemeindeglieder Einsitz nehmen konnten, die nicht der Pflege angehörten. In begründeten Fällen kam es hin und wieder vor, dass es sich die Kirchenpflege vorbehielt, eine Pfarrwahl ohne erweitertes Gremium in die Wege zu leiten, was dann in der Gemeindeversammlung gelegentlich zu Debatten wegen Beschneidung der demokratischen Rechte führte. Der Wahlvorgang bei den Besetzungen der Grossmünster-Pfarrstellen, die übrigens selten ausgeschrieben, sondern mit wenigen Ausnahmen im Berufungsverfahren abgewickelt wurden, fand im Wesentlichen stets auf dieselbe Art und Weise statt. Die in einem ersten Schritt aufgestellten, teilweise umfangreichen Namenlisten von möglichen, erwünschten Kandidaten wurden geprüft und auf einige wenige infrage kommende Personen zusammengestrichen. Mit Gottesdienstbesuchen und in persönlichen Vorstellungsgesprächen machten sich die Kommissionsmitglieder daraufhin jeweils ein Bild von deren Qualitäten als Seelsorger und Prediger; dabei umfasste die Beurteilung nicht nur den Aufbau, Inhalt und geistlichen Gehalt der Kanzelreden, sondern auch die Aussprache und Sprechtechnik der Vortragenden, Kriterien, auf die in Bezug auf den Kirchenraum des Grossmünsters besonderes Gewicht gelegt wurde, vor allem zu Zeiten, als es noch keine Verstärkungsanlage gab. In einem weiteren Ausscheidungsverfahren wurden dann zwei oder drei Bewerber ermittelt, aus denen die Kirchenpflege nach nochmaliger Diskussion den Wunschkandidaten bestimmte, der schliesslich der Kirchgemeindeversammlung zur Wahl vorgeschlagen wurde. Diese folgte im Vertrauen auf die Kompetenz und das Verantwortungsbewusstsein der Kirchenpflege und deren erweiterte

Pfarrwahlkommissionen den jeweiligen Empfehlungen in der Regel willig und ohne weitere Diskussion. (Abb.1)

Die Wahlen von 1843 bis 1871 3. 2.

Bei der Wahl eines Nachfolgers des 1843 im Amt verstorbenen Antistes Hans Georg Gessner waren die Nachwirkungen des Straussenhandels und Zürichputschs von 1839 noch immer spürbar. Gessner hatte damals dem konservativen Lager angehört und sich entschieden gegen die Berufung des umstrittenen David Friedrich Strauss als Professor an die Zürcher Universität ausgesprochen. Der Frage nach seiner Nachfolge kam deshalb die Bedeutung einer Richtungswahl zu, an der ein grosser Teil der Kirchgemeinde regen Anteil nahm. Nachdem der zweite Grossmünster-Pfarrer, der 72-jährige Diakon Johann Jakob Cramer, erklärt hatte, angesichts seines Alters auf einen Stellenwechsel zu verzichten, richteten mehrere Gemeindeglieder verschiedener kirchlicher Richtungen Petitionen an den Stillstand, in denen die Namen wünschbarer Kandidaten genannt wurden. Gleichzeitig wurde vorgeschlagen, eine konsultative Kirchgemeindeversammlung einzuberufen, um die Stimmung in der Gemeinde zu erkunden. Das hielt der Stillstand nicht für opportun, da dem Vorschlagsrecht des Kirchenrates nicht vorgegriffen werden sollte und die Petitionen seiner Ansicht nach die Meinungen der Kirchgenossen genügend klar wiedergeben würden. Zur Diskussion standen vor allem zwei angesehene Zürcher Persönlichkeiten; zum einen Johann Jakob Füssli, Pfarrer am Neumünster, Erziehungsrat und, wie Gessner, ebenso klarer Gegner von Strauss, den eine konservative Gruppierung der Gemeinde favorisierte, überzeugt davon, dass er als Prediger, Seelsorger und angesichts seiner Einwirkung auf die Jugend der richtige Mann fürs Grossmünster sei; zum anderen der prominente Theologe Alexander Schweizer, der anstelle von Strauss 1840 als Professor an die Zürcher Uni gewählt worden war und ebenfalls Anhänger hatte. Für ihn sprachen sein liberalerer Standpunkt und ein vermittelnder Charakter, zudem hoffte man mit einer Berufung Schweizers ans Grossmünster verhindern zu können, dass der über die Grenzen hinaus angesehene Wissenschaftler durch die Ernennung an eine ausländische Universität Zürich verloren gehen könnte; allerdings war man sich bewusst, dass er sich in der Gemeinde wohl vor allem der Predigttätigkeit widmen würde.[1] Füssli lehnte den Wahlvorschlag ab, worauf der Kirchgemeindeversammlung am 5. November 1843 schliesslich die beiden Kandidaten Alexander Schweizer und Heinrich Fries, Pfarrer am Waisenhaus, zur Wahl präsentiert wurden. Mit überwältigender Mehrheit entschied sich die Gemeinde für Schweizer. Dass dieser seine wissenschaftlichen Forschungen und die Lehrtätigkeit an der Universität nicht einschränken würde, stand von vornherein fest. Sein Aufgabenbereich am Grossmünster konzentrierte sich, wie erwartet, im Wesentlichen auf die Sonntagspredigt, während die Diakone auf der zweiten Pfarrstelle – bis 1855 Johann Jakob Cramer und von 1855 bis 1871 Johann Jakob Hess – ausser den Gottesdiensten auch die administrativen und seelsorgerlichen Pflichten übernahmen.

Nach dem Hinschied des Diakons Johann Jakob Cramer im Februar 1855 schritt die Anfang März eingesetzte erweiterte Pfarrwahlkommission sehr rasch zur Auswahl eines Nachfolgers. Schon am 21. März konnte der Beschluss gefasst werden, der Kirchgemeindeversammlung im Berufungsverfahren einen einzigen Kandidaten in der Person des Kirchenrates Johann Jakob Hess, Pfarrer in Herrliberg, vorzuschlagen.[2] Mit grossem Mehr folgte die Kirchgemeinde am 25. März 1855 dem Antrag des Stillstandes.[3]

Im Januar und Februar 1871 musste die Kirchenpflege kurz hintereinander von den eingereichten Entlassungsbegehren des Pfarrers und Professors Alexander Schweizer auf den 31. Mai und des Diakons Johann Jakob Hess auf den 30. September Kenntnis nehmen. Noch wurde versucht, den Rücktritt Schweizers abzuwenden, doch dieser blieb bei seinem Entschluss. Nun galt es, die entstandene Doppelvakanz unverzüglich wieder zu besetzen. Das Prozedere, das vielleicht schon von langer Hand vorbereitet war, ging denn auch in rasantem Tempo über die Bühne: Am 23. Februar erfolgte die Bestätigung der beiden Demissionen durch den Kirchenrat, und die Kirchenpflege entschied, der Kirchgemeinde zu beantragen, die beiden freiwerdenden Stellen durch Berufung zu besetzen und dafür eine erweiterte Wahlkommission zu bestimmen. An der Gemeindeversammlung vom 5. März wurden die Anträge gutgeheissen. Nur zwei Tage später einigte sich die Kommission darauf, der Kirchgemeinde zwei ihr bestens bekannte Kandidaten vorzuschlagen: für die Pfarrstelle den Kirchenrat, Antistes und Pfarrer in Wipkingen Diethelm Georg Finsler, und als Helfer (Diakon) den jungen Ludwig Heinrich Pestalozzi, der 1867 mit damals 25 Jahren als Vikar ans Grossmünster gekommen war. Während sich Finslers Wahl durch die Kirchgemeindeversammlung am 19. März 1871 diskussionslos vollzog, verzögerte sich Pestalozzis Berufung. Diese wurde mit einem Rückweisungsantrag aus der Mitte der Versammlung und dem Wunsch nach weiteren Vorschlägen infrage gestellt; angeblich wurde kritisch bemerkt, Pestalozzi

«möchte wohl zu feurig sein und könnte sich bald auspredigen.»

Nach der Ablehnung des Antrages kam aber auch die Wahl Pestalozzis ohne weiteres zustande.[4] Trotz ihres beträchtlichen Altersunterschieds von mehr als 20 Jahren und ihrer unterschiedlichen Temperamente bildeten Finsler und Pestalozzi ein harmonisch und kollegial zusammenarbeitendes Gespann, was beim gemeinsam gefeierten Jubiläum ihres 25-jährigen Wirkens im Oktober 1896 in mehreren Ansprachen lobend hervorgehoben wurde.[5] In ihre Amtszeit fielen der Bau der ersten Orgel von 1876, die Weihe des neuen Geläutes aus der Glockengiesserei Keller 1889 sowie die Stiftung der silbervergoldeten Abendmahlsgeräte durch Emilie Rohrdorf als Ersatz für die althergebrachten hölzernen Becher und Teller 1892.

Nicht immer gingen die Pfarrwahlen so reibungslos vonstatten wie die soeben erwähnten. Als Beispiel dafür, wie gewissenhaft und mit welchen Ansprüchen ein solches Verfahren durchgeführt wurde und welche Schwierigkeiten sich dabei ergeben konnten, sei die Wahl des Nachfolgers von Diethelm Georg Finsler hervorgehoben, des letzten Pfarrers der Zürcher Kirche, der den Titel eines Antistes getragen hatte. Nachdem dieser im Alter von 79 Jahren gegen Ende des Jahres 1898 zurückgetreten war, schritt die Pflege zur Wiederbesetzung der Stelle. Man war sich wohl bewusst, dass der neue künftige Pfarrer an der Seite der starken Persönlichkeit von Ludwig Heinrich Pestalozzi tätig sein würde. Dieser amtete bereits über 30 Jahre lang zunächst als Vikar, dann als Diakon und ab 1881 als Pfarrer am Grossmünster, war Vorstandspräsident des Lehrerseminars Unterstrass und gehörte als sehr aktives Mitglied dem Vorstand der Evangelischen Gesellschaft an. Nach aussen unnahbar, ja schroff wirkend, machte er in kirchlichen und politischen Fragen kein Hehl aus seiner konservativen Überzeugung, die er unmissverständlich in dem von ihm redigierten «Evangelischen Wochenblatt» vertrat. Conrad Ferdinand Meyer sagte über ihn:

«Il a le courage de son opinion.»[6]

Dies bedenkend, war man sich in der Kirchenpflege von vornherein einig,

«dass auf die Kanzel Zwinglis ein Mann von grosser Begabung und imponierendem Wesen berufen werde und dass der Gemeinde ein Geistlicher der positiven Richtung zur Wahl vorgeschlagen werde, der es verstehe durch seine Predigten die Leute anzuziehen».[7]

Ein Teil der Pflege hätte am liebsten Rudolf Finsler, den Sohn des Antistes, Dekan und Pfarrer in Hausen am Albis, sofort ans Grossmünster berufen, ohne noch weitere Kandidaturen zu prüfen. Eine Mehrheit lehnte diesen Antrag aber ab und bestand darauf, noch zwei andere Pfarrer zu berücksichtigen. Da einer der beiden Kandidaten doch nicht geeignet schien und der als ernsthafter Konkurrent zu Finsler in Aussicht genommene Johann Karl Pestalozzi, Pfarrer an der Kirche St. Mangen in St. Gallen, sich Bedenkzeit erbat, zog sich das Wahlprozedere in die Länge. Unterdessen musste man zur Kenntnis nehmen, dass auch die Kirchgemeinde Enge geneigt war, den Dekan Finsler zu ihrem Pfarrer zu wählen, was die Grossmünsterpflege in Zugzwang versetzte. Noch bevor man vom zögernden St. Galler Pfarrer eine Antwort erhalten hatte, beschloss man, sofort zu entscheiden, welchen der beiden Geistlichen man berufen wolle. Pestalozzi erhielt 16, Finsler 5 Stimmen. Eine Abordnung der Pflege nach St. Gallen informierte Pfarrer Pestalozzi über die Bereitschaft, ihn zu berufen, konnte von ihm aber noch immer keinen definitiven Entscheid erwirken, und auch ein Gespräch mit ihm in Zürich, an dem ihm ein erheblich erhöhtes Gehalt in Aussicht gestellt und die Amtswohnung im Antistitium angeboten wurde, hatte nur die Bitte um Verlängerung der Bedenkzeit zur Folge. Dekan Finsler in Hausen war in der Zwischenzeit über alle diese Vorgänge in Kenntnis gesetzt worden.[8] Endlich, am 11. Dezember, teilte Pestalozzi seine Entscheidung mit, die Berufung nach Zürich abzulehnen und in St. Gallen bleiben zu wollen, das ihm zu einer zweiten Heimat geworden sei. Mit Bedauern nahm man die Absage entgegen und verschob die Beratungen über das weitere Vorgehen angesichts der bevorstehenden Festtage ins neue Jahr.[9] Am 4. Januar trat die erweiterte Kirchenpflege erneut zur Behandlung der Pfarrwahl zusammen. Auf den Antrag, dass nach der Absage von Herrn Pestalozzi der Kirchgemeinde nun Pfarrer Finsler aus Hausen zur Wahl vorgeschlagen werden solle, gab das Präsidium bekannt,

> «dass Herr Finsler eine Kandidatur ablehne, da er das Gefühl habe, dass eine Anfrage an ihn nicht unter Umständen erfolgen könne, die ihm seine Persönlichkeit als allseitig erwünscht erscheinen lassen würden».

Trotz dieser Mitteilung wurde über den Antrag abgestimmt. Von den 20 Stimmen fielen 10 auf Finsler, 2 gegen ihn, und 8 Mitglieder enthielten sich der Stimme. Das unbefriedigende

Resultat verleitete den Präsidenten Hermann Escher, welcher der Kandidatur von Pfarrer Finsler persönlich gewogen war, doch zur (nach heutigem Demokratieverständnis fragwürdigen) Erklärung,

«dass, da die Enthaltungen zum mindesten nicht zu Gunsten des Herrn Finsler gedeutet werden dürfen, ihm Abgabe des Stichentscheides erforderlich scheine, den er dahin abgibt, dass eine Anfrage an Herrn Finsler nicht erfolgen solle».[10]

Damit begann die Suche nach einem Nachfolger von Antistes Finsler aufs Neue. Aus einer grösseren Auswahl von Pfarrern vor allem in verschiedenen Zürcher Landgemeinden, über die Erkundigungen eingezogen worden waren, erwies sich der Davoser Pfarrer Johannes Hauri als am besten qualifiziert. Die Anfrage, ob er einen Ruf ans Grossmünster annehmen würde, lehnte er jedoch ab, überzeugt davon, dass die Stelle für ihn, der sich an die kleinen Verhältnisse seiner Gemeinde gewöhnt hatte, zu anspruchsvoll sei. Die Kirchenpflege erweiterte daraufhin ihre Suche ohne grosse Hoffnung auf Erfolg noch über die Kantonsgrenzen hinaus nach Basel, Sissach, Elm, Merishausen (Kanton SH). Die Aussichtslosigkeit einer befriedigenden Stellenbesetzung erkennend, tat Pfarrer Ludwig Heinrich Pestalozzi, bis zu diesem Zeitpunkt offensichtlich die treibende Kraft bei der Opposition gegen die Kandidatur Finslers, schliesslich den entscheidenden Schritt zur Lösung der verfahrenen Situation. In der Sitzung vom 20. Januar 1899 präsentierte er der Kirchenpflege einen versöhnlichen Brief an Dekan Rudolf Finsler mit der Bitte an diesen, eine Anfrage betreffend die Pfarrstelle am Grossmünster nicht weiter abzulehnen. Seine anfänglichen Bedenken gegen die Kandidatur Finslers begründete Pestalozzi damit, dass ihm, dem Redaktor des konservativen «Evangelischen Wochenblattes», in dem von Finsler redigierten liberaleren «Kirchenblatt für die reformierte Schweiz» eine

«von der seinigen vielfach verschiedene Auffassung der Zeitlage entgegengetreten sei und es ihm peinlich wäre, mit einem neuen Amtsgenossen bloss auf dem Höflichkeits- und Achtungs- statt auf dem Freundschaftsfusse zu stehen».

Überzeugt davon, dass andere Kandidaten aus verschiedenen Gründen nicht befriedigten, wolle er kein Hindernis für einen einstimmigen Wahlvorschlag sein,

«sondern es offen aussprechen, dass ihm Herr Finsler unter den aus der [liberal geprägten] Mittelpartei Genannten weitaus der liebste sei, dass er doch in wesentlichen Fragen gleich denke».

Er, Pestalozzi, werde auch auf ein herzliches Einvernehmen bedacht sein. Der Präsident und die Mitglieder der Pflege sprachen Pestalozzi ihren Dank aus,

«da er uns durch sein Entgegenkommen aus einer Situation ziehe, die peinlich zu werden begann».

Damit war der Weg zu einer Berufung Finslers frei.[11] Auf die Anfrage, ob dieser die Kandidatur annehme, erklärte er

«mit Schreiben vom 29. Januar, dass er sich nach reiflicher Erwägung, wenn auch nicht ohne ernste Bedenken, entschlossen habe, einen Ruf an den Grossmünster anzunehmen».[12]

Die nachfolgende Kirchgemeindeversammlung vom 12. Februar 1899 entsprach dem Wahlvorschlag der Pflege, sodass Pfarrer Rudolf Finsler nach einem ihm von der Pflege gewährten Urlaub zur Herstellung seiner Gesundheit am 25. Juni 1899 in einem Festgottesdienst in sein Amt eingesetzt werden konnte.

Die Wahl von 1909 3. 4.

Einen weiteren Hinweis auf die von der Kirchenpflege gestützte theologische Ausrichtung der Pfarrerschaft zu Beginn des 20. Jahrhunderts vermitteln die Diskussionen anlässlich der Suche eines Nachfolgers des oben genannten Pfarrers Pestalozzi, der Ende September 1909 nach 38-jährigem Dienst am Grossmünster im Amt verstorben war. Um den mit Geschäften überhäuften Pfarrer Rudolf Finsler möglichst rasch zu entlasten, wurde der Pfarrwahl unter Hintansetzung aller übrigen Traktanden absolute Priorität eingeräumt. Die erweiterte Pfarrwahlkommission bereinigte zunächst eine umfangreiche erste Kandidatenliste, unter deren 22 Namen nochmals der früher angefragte Pfarrer Karl Pestalozzi in St. Gallen sowie der 13 Jahre später ans Grossmünster gewählte Paul Eppler figurierten.[13] Nach wiederholten Besuchen der Gottesdienste von sechs infrage kommenden Pfarrern[14] verblieben schliesslich in der engsten Auswahl die beiden Anwärter Viktor Juzi, Pfarrer in Sirnach, und der gebürtige Zürcher Pfarrer Adolf Mousson in Herisau. In den abschliessenden Besprechungen wurden die gewonnenen Eindrücke zusammengefasst: Viktor Juzi überzeugte mit einer gedankenreichen, auf die aktuellen Zeitfragen eingehenden Predigt und mit einer feinfühligen Natur und jugendlichen Kraft, die aus dem Vollen schöpfte;

«für diesen Mann ist es schade, dass er auf dem Lande ist. In einer Stadt könnte er mit seinen Mitteln sehr viel leisten».[15]

Gerühmt wurde zudem Juzis mustergültige seelsorgerische Tätigkeit. Aus geistlichen Kreisen seien allerdings kritische Stimmen zu hören, es wäre möglich, dass Juzi im städtischen Umfeld vom sozialreligiösen Neumünster-Pfarrer Hermann Kutter beeinflusst werden könnte.

«Wenn das richtig wäre», so der Kirchenpfleger John Syz, «was man da über Juzi sagt, so würde es ihm sehr leid sein; denn einen Geistlichen im Fahrwasser Kutters wäre für die Kanzel im Grossmünster sehr fatal.»[16]

Diesen Gerüchten wurde aber von mehreren Seiten heftig widersprochen. Für den Herisauer Pfarrer Mousson sprach der Eindruck einer gefestigten Persönlichkeit, die mit den Leuten gut umzugehen wisse; über den starken Kirchenbesuch, bei dem fast gleich viele Männer wie Frauen gezählt wurden, war man sehr erfreut:

«Ein Mann, der so grossen Zulauf hat, muss der Gemeinde etwas bieten können. Der Text war mit warmer Überzeugung durchgeführt, der zürcherische Dialekt hat nicht unangenehm berührt.»

Was Kirchenpfleger Bosch mit diplomatischen Worten andeutete, klang bei der Mehrheit seiner Kollegen kritischer:

Moussons offenbar stark vom Zürichdeutschen geprägte Aussprache wurde von den meisten als allzu laut, breit und rau bemängelt, und Hermann Escher war der Meinung, Mousson sei zwar ein aktiver, besorgter Pfarrer und tüchtiger Katechet, stehe aber in der Predigt nicht ganz auf der Höhe, sodass er sich frage, ob er im Stande sei, die städtische Bevölkerung auf die Länge zu fesseln. Allerdings räumte man ihm als Zürcher eine Vorzugsstellung ein, zumal er mit Pfarrer Finsler befreundet war, der ihn gerne als Kollegen sehen würde. Bei gleicher Qualifikation hätten ihm einige Kirchenpfleger gerne die Stimme gegeben. Letztlich gaben aber Juzis sprachlich überzeugende, gehaltvolle Kanzelrede und sein mit Lob erwähntes Buch «Fester Grund»[17] in der Pfarrwahlkommission den Ausschlag, ihn der Kirchgemeindeversammlung als einzigen Kandidaten vorzuschlagen.[18] Die nach Sirnach entsandte Delegation der Kirchenpflege orientierte Pfarrer Juzi über die Umstände, die zu seiner Wahl geführt hatten, und informierte ihn über die Aufgaben und Rahmenbedingungen der Pfarrstelle, nicht ohne darauf hinzuweisen, dass in der Grossmünstergemeinde gesinnungsmässig die Richtung der positiven Theologie gelte und diesbezüglich eine Änderung nicht erwünscht sei. Juzi, der schon früher an das Wirken in einer grösseren Stadt gedacht hatte, war mit allem einverstanden und stimmte dem Ruf ans Grossmünster sofort zu.[19] Noch im Dezember 1909 wurde die Wahl durch die Kirchgemeindeversammlung bestätigt. In den zum Zeitpunkt seiner Wahl 38-jährigen Pfarrer setzte man grosse Hoffnungen vor allem in Bezug auf die Jugendarbeit. Mit seiner ausgleichenden Art erlangte er rasch die Zuneigung der Gemeinde, doch war seinem Wirken nur eine kurze Zeit beschieden. Mehrere Schicksalsschläge hatten Juzis Gesundheit derart angegriffen, dass er bereits gut drei Jahre nach seiner Amtseinsetzung infolge einer kurzen, schweren Krankheit plötzlich verstarb.

So detailliert wie bis anhin lassen sich die Kriterien und Beurteilungen in Bezug auf die einzelnen Kandidaten bei den späteren Pfarrwahlen nicht immer verfolgen, da im Vorfeld der Verhandlungen um den Nachfolger Juzis beschlossen wurde,

«es sollen die Protokolle über die Sitzungen der Angelegenheiten der Pfarrwahl nur summarisch abgefasst werden».[20]

Immerhin lässt sich den umfangreichen Namenlisten der infrage kommenden Geistlichen und den vielen Sitzungen des Wahlgremiums entnehmen, wie langwierig auch dieses Ausschlussverfahren aufgrund zahlreicher, zum Teil mehrfach wiederholter Gottesdienstbesuche zwischen Mitte April und Anfang Juli 1913 ablief,[21] bis der Kirchgemeinde schliesslich Paul Högger aus dem thurgauischen Mühlheim als neuer Pfarrer vorgeschlagen werden konnte; seine Wahl erfolgte dann am 27. Juli 1913 durch die Urne.[22] Vor der Wahl war Högger der Kirchgemeinde als durchaus selbständiger Charakter vorgestellt worden, der keiner theologisch dogmatischen Richtung fest zugeordnet werden konnte, auch wenn er seinerzeit in Basel beim religiös-sozial eingestellten Paul Wernle[23] studiert hatte. Unter die Freisinnigen wolle er nicht gezählt werden, aber auch mit den Positiven stimme er in verschiedenen Fragen nicht überein. So könne er beispielsweise die Anschauung des Apostolischen Glaubensbekenntnisses nicht teilen und werde es beim Abendmahl auch nicht lesen.[24] Beim Fest nach der Einsetzungsfeier bat Högger seinerseits in aller Bescheidenheit,

«ihn zu nehmen, wie er sei, als keinen Freund von Ceremonien, dem sogar das Tragen des Talars als eine solche vorkomme».[25]

Der Verzicht auf den Chorrock war ein weiteres Zeichen von Höggers Abneigung gegen jede Äusserlichkeit und jede in seinen Augen unnötige Formalität. Das gab in der Kirchenpflege und auch bei den Gemeindegliedern zu reden, die den Pfarrer gerne in der Amtstracht gesehen hätten. Mit seiner unkomplizierten Aufgeschlossenheit ergriff Högger manche Initiative zu unkonventionellen Neuerungen, von der die Gemeinde profitierte; so unterstützte er etwa 1919 die Anstellung der Pfarrhelferin Rosa Gutknecht besonders engagiert. Während seiner Amtszeit erlebte er die eingreifenden Renovationen im Inneren des Grossmünsters und an dessen Türmen, er wirkte mit bei der Realisierung der Chorfenster von Augusto Giacometti und begleitete als Kommissionsmitglied die Planung und den Bau des Kirchgemeindehauses am Hirschengraben 50. Neben seinem Pfarramt unterrichtete er eine Zeit lang an der Sozialen Frauenschule und war Mitredaktor beim Zürcher «Kirchenboten». Ein chronisches Herzleiden zwang Högger zu wiederholten Kuraufenthalten, während derer ihn Rosa Gutknecht als Vikarin vertrat, die damit mehrmals, auch in späteren Jahren, die von ihr sehnlich erwünschte Gelegenheit zum Predigen erhielt.[26] Nach 20-jähriger Tätigkeit musste sich Högger aus gesundheitlichen Gründen zum vorzeitigen Rücktritt entscheiden.[27]

Ihm zur Seite amtete der als Nachfolger von Rudolf Finsler am 26. Februar 1922 gewählte Pfarrer Paul Eppler. Die Beratungen des von Ende November 1921 bis Mitte Februar 1922 in acht Sitzungen durchgeführten Berufungsverfahrens wurden wieder ausführlich protokolliert.[28] Eppler, bereits bei der Pfarrwahl von 1909 als möglicher Kandidat aufgeführt, hatte sich in Zürich als Leiter des Lehrerseminars Unterstrass einen Namen gemacht. Mit seiner liberalen theologischen Haltung geriet er dort allerdings in die Kritik einiger Kollegen der strikteren Glaubensrichtung, was ihn zum Rücktritt von dieser Stelle bewog.[29] Die Erkundigungen über ihn fielen bei der Pfarrwahlkommission günstig aus: Seine Predigt galt als hervorragend, seine Art zu unterrichten als originell; kritisch wurde allerdings das fortgeschrittene Alter des knapp 57-Jährigen beurteilt.[30] Hermann Escher setzte sich für Eppler ein, die Bedenken wegen dessen Alter teilte er nicht, die Umstände, die zum Rücktritt als Schulleiter führten, waren für ihn nachvollziehbar:

«Im Religionsunterricht lässt er die wesentlichen Erkenntnisse der modernen Bibelkritik zur Geltung kommen.»

Im Übrigen habe er seinerzeit ein ausgezeichnetes Examen bestanden.[31] Wie die Kirchenpflege, so sprach sich auch die Gemeindeversammlung einstimmig für Epplers Wahl aus. Obwohl ihm die Kirchenpflege von vornherein das Tragen des Talars im Gottesdienst nahelegte, nahm Eppler Rücksicht auf seinen Amtsbruder, von dem er sich nicht allzu sehr unterscheiden wollte. Im Rückblick auf die 14 Jahre seiner Tätigkeit am Grossmünster nannte Eppler selbst die sonntägliche Predigt als des Pfarrers erste Pflicht, die er mit ganzer Hingebung gepflegt habe. Dazu suchte er auch in der Arbeit mit den Jugendlichen sein Bestes zu geben;[32] bleibendes Zeugnis davon ist die von ihm bearbeitete Zürcher Schulbibel. Für die Gemeinde war der mit 71 Jahren in den Ruhestand tretende Paul Eppler

«im wahrsten Sinne des Wortes ein geistlicher Vater»,

dessen Reife und Sicherheit des Urteils ein Gefühl der Geborgenheit gab.[33]

Die Wahlen von 1933 bis 1966 3. 6.

Im Juli 1933 wurde die Nachfolge des zurücktretenden Pfarrers Paul Högger aufgegleist. Im Gegensatz zu früheren Wahlen gelangte man dabei sehr rasch zu einem Ergebnis. In einer ersten grundsätzlichen Stellungnahme einigte sich die Pflege über die Anforderungen an die Kandidaten: Gewünscht war ein Geistlicher der positiven Richtung – dabei aber kein Vertreter des Antimilitarismus! –, ein tüchtiger Kanzelredner, der sich auch der Gemeindearbeit annimmt und sich für die Lehrtätigkeit an den Mittelschulen interessiert, dies mit Blick auf die Entwicklung der Jugendarbeit; verhältnismässig jung, gesund und Zürcher sollte der zu berufende Pfarrer sein. Das solcherart formulierte Wunschbild wirft ein Licht auf die damalige Zusammensetzung der Kirchenpflege, in der einige altgediente, dem eher konservativen Geist der Positiven nahestehende Mitglieder den Ton angaben. Den meisten von ihnen schien Max Frick, Pfarrer in Oberwinterthur, den angesprochenen Kriterien am besten zu entsprechen. Von Anfang an stand deshalb sein Name in der kurzen Kandidatenliste zuoberst, sodass man sich auf den Besuch seiner Gottesdienste beschränken konnte.[34] Für Frick sprachen seine vorzügliche Predigt, vorgetragen mit einer Stimme, die nichts zu wünschen übrigliess, seine klaren, in mehreren Publikationen belegten Glaubensgrundsätze, sein freies, offenes Auftreten und nicht zuletzt seine Sangesfreudigkeit, von der man sich einen guten Einfluss auf den Gemeindegesang versprach. Auch seine Tätigkeit als Feldprediger fand Anklang. Obwohl zu Fricks Buch «Der reformierte Glaube» kritisch geäussert wurde,

«der Verfasser fühle sich als so etwas wie ein Religionsinspektor»,

und trotz der Einwände, Frick sei ein Calvinist und die Gemeinde habe einen Vorsänger nicht nötig, verzichtete man auf die Prüfung weiterer Nominationen und kam bereits in der zweiten Sitzung zur eindeutigen Entscheidung, bei der Kirchgemeindeversammlung die Berufung Fricks zu beantragen.[35] Nach dessen freudiger Zustimmung war seine endgültige Wahl am 10. September 1933 eine Formsache. Kurz nach der Amtseinsetzung gab der neu gewählte Pfarrer ein deutliches Zeichen, in welcher Richtung er seinen Beitrag zur Glaubensvermittlung zu leisten gedachte: Im Konfirmandenunterricht begann er den Heidelberger Katechismus von 1536 zu behandeln mit dem Ziel, die Jugend darauf hinzuweisen, auf welchem Glaubensgrund die Gemeinde steht, in die sie aufgenommen wird. Später bot er das Studium des Katechismus zur Vertiefung der Frömmigkeit und zur Stärkung der Gemeinschaft auch den erwachsenen Gemeindegliedern an.[36] Bei aller aufrechten Glaubenstreue galt Frick in der Gemeinde als «Weltgeistlicher», der aufgeschlossen und freundlich auf seine Mitmenschen zuging. Sein Humor und seine künstlerischen Fähigkeiten äusserten sich bei musikalischen Darbietungen oder in gereimten Versen, die er zuweilen an Gemeindeanlässen zum Besten gab.[37] Ausführliche Diskussionen in der Kirchgemeindeversammlung und in der Kirchenpflege erregten Fricks Verstrickung im Vorstand der «Christlichen Nothilfe», eines Hilfswerks, das, unmittelbar nach dem Zweiten Weltkrieg gegründet, in Deutschland und Österreich über die konfessionellen Grenzen hinweg auf unkonventionelle Weise karitativ tätig war und durch undurchsichtige finanzielle Aktionen auffiel. Infolge einer kritischen Intervention im Zürcher Kantonsrat und heftiger Angriffe in der Tagespresse sah sich Frick gezwungen, auf eine weitere Mitarbeit zu verzichten, auch wenn ihm keine Verfehlungen nachgewiesen werden konnten.[38] Bei der Auseinandersetzung um die neue Orgel setzte sich Frick als Mitglied der Orgelbaukommission von Anfang an entschieden für das fortschrittliche Projekt des Organisten Viktor Schlatter ein, und den Umbau der Helferei begleitete er in der Baukommission über seine Pensionierung hinaus noch eine gewisse Zeit lang weiter.

Die nächste Pfarrwahl war schon drei Jahre später fällig, als Paul Eppler im Oktober 1936 in den Ruhestand trat. Da schon seit geraumer Zeit vor diesem Pfarrerwechsel absehbar war, dass die zweite Pfarrstelle des Grossmünsters wegen der zu geringen Seelenzahl nicht mehr aufrechterhalten werden konnte, hatten frühzeitig Verhandlungen mit den benachbarten Gemeinden begonnen, um den Gemeindebann des Grossmünsters zu erweitern und damit auch wieder zu mehr Bewohnern zu kommen. Zum Zeitpunkt von Epplers Rücktritt liess der Abschluss der Vereinbarung mit der Neumünstergemeinde noch einige Wochen auf sich warten, weshalb sich die Suche nach einem Nachfolger verzögerte. Ende Dezember war es so weit: Der Regierungsrat hiess die neue Grenzziehung zwischen den beiden Gemeinden gut und bewilligte gleichzeitig die Fortführung der zweiten Pfarrstelle, worauf das Wahlprozedere gleich in Angriff genommen wurde. Den richtigen Mann zu finden, war nicht schwierig: Oskar Farner war bereits beim vorherigen Wahlgang im Jahr 1933 vorgeschlagen worden. Da er damals aber erst seit knapp zwei Jahren in Zollikon im Amt war, wollte man ihn nach so kurzer Zeit nicht von dort abwerben, überdies waren damals Zweifel an seiner gesundheitlichen Verfassung laut geworden, und ein Geistlicher mit Ambitionen auf eine Hochschulstelle war zu jenem Zeitpunkt ausdrücklich nicht gewünscht. Auf diese Bedenken kam die Kirchenpflege Anfang 1937 nicht zurück. Vielmehr freute sie sich, mit Farner, dem Kirchenrat und ausgewiesenen Erforscher der Zürcher Reformation, eine profilierte Persönlichkeit auf die Kanzel Zwinglis berufen zu haben. Die neue Struktur der Gemeinde brachte eine Änderung der Aufgabenbereiche der beiden Pfarrer mit sich. Max Frick war nun für den äusseren Gemeindeteil jenseits der Rämistrasse, Oskar Farner für den inneren Bezirk, die Altstadt, zuständig. Als Gemeindepfarrer am Grossmünster nahm Farner die Predigttätigkeit und seelsorgerlichen Pflichten gewissenhaft wahr. Mit grosser Freude widmete er sich auch der Jugendarbeit in den regelmässigen Zusammenkünften der Jugendgruppen von Jung-Grossmünster und Junger Kirche.[39] Daneben setzte er seine wissenschaftlichen und kirchenpolitischen Aktivitäten fort, war ab 1938 Dozent an der Universität Zürich und bis 1948 einer der Hauptredaktoren des «Kirchenboten», dem er als Mitglied der Redaktionskommission bis zu seinem Tod treu blieb. Die 1947 im Einverständnis mit der Kirchenpflege erfolgte Wahl Farners zum Kirchenratspräsidenten brachte weitere Aufgaben mit sich. Zur Entlastung wurde Farner vom kirchlichen Unterricht befreit, dennoch konnte er die Arbeit in der Kirchgemeinde auf die Länge nicht fortführen. Im April 1950 reichte er nach einigen Herzattacken auf Anraten der Ärzte sein Rücktrittsgesuch ein und legte im Oktober jenes Jahres sein Amt nieder.[40] Oskar Farner hatte u.a. wesentlichen Anteil an der Entstehung der beiden Bronzetüren von Otto Münch, an Otto Bänningers Bullinger-Denkmal am Glockenturm, und er war lebhaft an der Übernahme der Sammlung alter Bibeldrucke interessiert, alles bleibende, sichtbare Zeichen, die an sein Wirken erinnern.

Zur Ermittlung von Oskar Farners Nachfolger benötigte die Pfarrwahlkommission, der zum ersten Mal auch vier Damen angehörten,[41] sieben Sitzungen. Aus einer grossen Zahl von Nominationen kamen acht Kandidaten, deren Gottesdienste besucht wurden und die man einer genaueren Prüfung unterzog, in die engere Auswahl. Fündig wurde man schliesslich in Weinfelden, wo der aus altem Zürcher Geschlecht stammende Hans Rudolf von Grebel seit 1945 Pfarrer war. Am 26. April 1951 folgte die Kirchgemeindeversammlung einmütig dem Wahlvorschlag der Kirchenpflege. Seinem versöhnlichen Charakter entsprechend, erwarb sich Pfarrer von Grebel besondere Verdienste um die Entwicklung der Kontakte zur katholischen Kirche, und das in einer Zeit, als der Gedanke an die Ökumene im Grossmünster noch in den Anfängen steckte. Der charismatische Seelsorger widmete sich mit Herzlichkeit und Güte den Kranken, Einsamen und Randständigen. Zu den Institutionen, die er tatkräftig unterstützte, gehörten der Zürcherisch-Aargauische Stipendienverein und der Zwingliverein. Bereits im Ruhestand übernahm von Grebel das Präsidium des Zwinglivereins und begleitete das von diesem Verein mitgetragene Projekt der wissenschaftlichen Edition von Heinrich Bullingers Werken, das ihm besonders am Herzen lag, durch eine kritische Phase.

Nach 27-jähriger Amtszeit reichte Pfarrer Max Frick sein Rücktrittsgesuch auf den 30. April 1960 ein. Er habe – mit knapp 70 Jahren – das pensionsberechtigte Alter wesentlich überschritten und spüre, dass seine Kräfte etwas abnehmen. Sogleich wurde eine Kirchgemeindeversammlung anberaumt zur Wiederbesetzung der Stelle durch Berufung und zur Bestellung der erweiterten Pfarrwahlkommission, in die erneut vier Frauen gewählt wurden.[42] Bereits in der darauf folgenden ausserordentlichen Kirchgemeindeversammlung vom 24. September 1959[43] konnte der neue zur Wahl vorgeschlagene Pfarrer präsentiert werden: Robert Kurtz hatte nicht nur Erfahrungen als Pfarrer in verschiedenen ländlichen Gemeinden gesammelt, zuletzt in Ossingen im Zürcher Weinland, sondern war während zehn Jahren als Heimat- und

Chinainspektor der Basler Mission unterwegs gewesen, was ihm Einblicke in ganz unterschiedliche kirchliche Verhältnisse verschafft hatte. Die Berufung von Kurtz wurde einstimmig bestätigt, und am 8. Mai 1960 fand der Einsetzungsgottesdienst statt. Bereits 1962 wurde er Mitglied des Kirchenrates und nur zwei Jahre später dessen Präsident. Damit wiederholte sich eine Situation, wie sie die Grossmünstergemeinde schon früher mit Oskar Farner erlebt hatte. Es war vorauszusehen, dass auch Kurtz wegen der Doppelbelastung durch die beiden Ämter seine Pflichten am Grossmünster nicht mehr befriedigend würde erfüllen können. Zur Entlastung bot man dem noch nicht pensionsreifen Kirchenratspräsidenten das neu geschaffene teilzeitliche Spezialpfarramt für Ökumene und Mission an. Das kam seinen Neigungen entgegen und führte im Juli 1966 zum etwas überstürzten Rücktritt. Das Wirken von Pfarrer Kurtz in der Grossmünstergemeinde war zwar nicht von langer Dauer, aber in gewissen Bereichen hinterliess er deutliche Spuren. Er war massgeblich an der Ausarbeitung der neuen Zürcher Gottesdienstordnung, deren Entwurf 1965 veröffentlicht wurde, beteiligt gewesen, und er freute sich, diese im Grossmünster einführen zu dürfen.[44]

Ganz neue Akzente setzte Pfarrer Hugo Sonderegger, der Ende 1966 als Nachfolger von Robert Kurtz gewählt[45] und am 2. Juli 1967 in sein Amt eingesetzt wurde. Bei seinen vorherigen Stellen, in der Bauerngemeinde Knonau, der wohlhabenden Vorortsgemeinde Zollikon und der Diaspora-Fabrikarbeiter-Gemeinde Emmenbrücke (LU), hatte er Kontakte zu den verschiedensten sozialen Schichten gehabt, was seine offene und kritische Gesinnung prägte. Bereits bei der Begrüssung durch die Gemeinde kündigte Sonderegger an:

«Es geht ja nicht darum, interessante Predigten zu halten, ein beliebter Kanzelredner zu werden, sondern Gottes Wort zu verkünden. Gottes Wort aber scheidet, es schafft Freunde und Feinde; und oft verläuft die Grenzlinie dem Erhofften und Gewohnten zuwider.»[46]

In seinen Gottesdiensten überraschte er Kirchenpflege und

Gemeinde dann tatsächlich mit bisher im Grossmünster nicht gebräuchlichen Formen und Inhalten und bildete so einen starken Gegensatz zum behutsameren Amtskollegen Rudolf von Grebel. Im Einverständnis mit den Konfirmanden, aber ohne Rücksprache mit der Pflege, setze er sich etwa über die alte Tradition des Tragens eines Schals anlässlich der Konfirmationsfeier hinweg, was mit Bedauern zur Kenntnis genommen wurde.[47] In den Predigten übte er wiederholt unüberhörbare Kritik an aktuellen Zuständen und Ereignissen. So gehörte er zur Zeit des Sechstagekrieges von 1967 zu den wenigen, die um Verständnis für die Araber warben, und im gemeinsam mit dem Komponisten Paul Burkhard gestalteten Bettagsgottesdienst von 1969 hielt er eine Predigt über Militär und Waffengewalt, die in der Gemeinde mit gemischten Gefühlen aufgenommen wurde.[48] Selbstkritisch äusserte sich Sonderegger in einem Abschiedswort beim Rücktritt über seine Stellungnahmen zu den Jugendunruhen, den «Globuskrawallen» von 1968, zu Mitbestimmung und Fristenlösung, womit er, wie er selbst sagte,

«in den Verruf eines politisierenden Pfarrers kam, und das heisst heutzutage fast stets, eines ‹Linken›».

Frustriert musste er feststellen:

«Es ist kaum zu Auseinandersetzungen gekommen. Man ist höflich und weg geblieben. Man hat mich gewähren lassen in der Hoffnung, nicht Stellung nehmen zu müssen.»[49]

In der mehrheitlich bürgerlich ausgerichteten Grossmünstergemeinde scharte Hugo Sonderegger lediglich einen kleinen Kreis Gleichgesinnter um sich, der aber umso treuer zu ihm hielt und beim Abschied, angetan von seinem «gewaltigen», mutigen Predigen, bekannte:

«Hier ist etwas vom Engagement der Propheten zu spüren.»

Viel Energie steckte Hugo Sonderegger als Präsident der Betriebskommission in die Entwicklung der Helferei als Ort der Begegnung. Dankbar erinnerte sich Hans-Rudolf Rüfenacht, der erste Zentrumsleiter, an die Unterstützung durch das Pfarrer-Ehepaar, das bei vielen Anlässen tatkräftig mithalf –

ohne die beiden wäre seines Erachtens die Helferei nicht das geworden, was sie damals war.[50]

Die Wahlen von 1976 bis 2011 – Errichtung der zeitlich begrenzten Pfarrhelferstelle 3. 7.

Pfarrer Rudolf von Grebels Rücktritt erfolgte in einem heiklen Moment, als die Gemeinde um die Fortführung der seit der Aufhebung des Stifts 1833 ihr zugestandenen zwei Pfarrstellen bangte: Bereits im Januar 1975 hatte die Kirchenpflege den Bescheid des Kirchenrates entgegennehmen müssen, dass die zweite Stelle auf das Frühjahr 1976 endgültig aufgehoben werde, da die dafür notwendige Einwohnerzahl unter das gesetzlich vorgeschriebene Minimum gesunken sei.[51] Zum selben Zeitpunkt, Ende April 1976, war die Pensionierung von Grebels geplant. Unterstützt von der Kirchgemeinde, ging man unverzüglich daran, sich mit Gesuchen und persönlichen Interventionen bei Kirchenrat und Regierungsrat um die Schaffung eines Ersatzes in Form einer Pfarrhelferstelle zu bemühen.[52] Angesichts der schwierigen Situation setzte sich der in der Grossmünstergemeinde wohnhafte alt Stadtpräsident (Stapi) Emil Landolt Mitte Januar 1976 in einem Brief an die Zentralkirchenpflege spontan für die Beibehaltung der beiden Pfarrer ein. Gleichzeitig wurde die Pflege vom Kirchenrat darüber informiert, dass, basierend auf einem Beschluss des Regierungsrates, die Errichtung einer zeitlich beschränkten Pfarrhelferstelle ab 1. Mai 1976 vorläufig für drei Jahre bewilligt worden sei.[53] Auf die Ausschreibung der Stelle im kirchlichen Amtsblatt hatte sich zunächst niemand gemeldet, weshalb die Kirchenpflege den Beschluss fasste, mithilfe einer Pfarrwahlkommission eigenhändig auf die Suche nach einer geeigneten Person zu gehen. Eine erste Kandidatenliste enthielt neben Werner Gysel, Pfarrer in Oberrieden, u.a. auch die Namen von Ernst Meili, Ulrich Knellwolf und Klaus Guggisberg.[54] Die Kandidatur von Ernst Meili, Pfarrer in Thalwil und Mitglied des Kirchenrates, erachtete man als problematisch in der Erkenntnis, dass sich die Stelle eines Grossmünsterpfarrers mit dem Amt eines Kirchenrates nicht vereinen lasse, wie das die früheren Erfahrungen mit Oskar Farner und Robert Kurtz gezeigt hatten. Gysel zog man Knellwolf (Zollikon) und Guggisberg (Horw LU), die dann später als Pfarrkollegen in den benachbarten Altstadtgemeinden der Predigerkirche bzw. des Fraumünsters wirkten, vor. Der Kirchenrat, der fortan für die Wahl des Pfarrhelfers am Grossmünster zuständig war, stimmte dem Vorschlag der Kirchenpflege zu, sodass Werner Gysel das Pfarramt am 1. Mai 1977 übernehmen konnte. Die Überbrückung der einjährigen Vakanz zwischen der Demission Pfarrer von Grebels und dem Stellenantritt von Pfarrer Gysel war gewährleistet dank der Bereitschaft von Grebels, seine Tätigkeit zunächst bis Ende September 1976 zu verlängern. In den restlichen Monaten bis Ende April 1977 kam Pfarrer Hans Stickelberger, der damals als kantonaler Hilfsprediger, Kirchenratsvikar und «Wanderprediger» in verschiedenen Gemeinden unterwegs war, zum ersten Mal in der Funktion eines Verwesers mit der Grossmünstergemeinde in Kontakt.[55]

Die Pensionierung von Hugo Sonderegger auf den 30. April 1979 fiel zusammen mit dem Ablauf der von Pfarrer Gysel besetzten, auf drei Jahre bewilligten Pfarrhelferstelle. Die Wahl Gysels als Gemeindepfarrer und Nachfolger von Pfarrer Sonderegger lag auf der Hand und wurde am 24. Oktober 1978 durch die Kirchgemeinde einhellig und mit Applaus vollzogen.[56] Schwieriger gestaltete sich das Vorgehen in Bezug auf die damit frei gewordene zweite Stelle. Aus der Ungewissheit, ob diese wieder wie im bisherigen Umfang bewilligt würde, diskutierte man zunächst verschiedene Möglichkeiten eines Zusammengehens mit der Predigergemeinde, deren Pfarrstellen ebenfalls infrage gestellt wurden. Die vorgeschlagenen Modelle in dieser Richtung wurden aber alle als zu umständlich befunden und verworfen. Die Kirchenpflege stellte deshalb im eigenen Namen den Antrag an den Kirchenrat auf Verlängerung der Pfarrhelferstelle um weitere drei Jahre von 1979 bis 1982.[57] Die Antwort auf das Gesuch liess lange auf sich warten. Erst Mitte Januar 1979 erhielt die Pflege Kenntnis von der Zustimmung des Regierungsrates zur Fortführung der Stelle bis Ende 1982. Es stellte sich nun die Frage, wer wohl bereit sei, eine auf die Dauer von nur drei Jahren bewilligte Pfarrstelle anzunehmen. Wunschkandidat war Hans Stickelberger, der wenige Jahre zuvor das Amt des Verwesers versehen und einen positiven Eindruck hinterlassen hatte. Auf die öffentliche Ausschreibung der Stelle hatte sich neben Stickelberger ein weiterer Kandidat gemeldet. Die Entscheidung darüber, welcher der beiden Anwärter dem Kirchenrat zur Wahl vorgestellt werden sollte, wurde einer erweiterten Pfarrwahlkommission anheimgestellt. Diese sprach sich einstimmig für Hans Stickelberger aus. Nach dessen Zustimmung und der Bestätigung der Wahl durch den Kirchenrat wurde für den Pfarreinsatz der 30. September 1979 festgesetzt. Hugo Sonderegger hatte sich schon früher bereit erklärt, über seine Demission hinaus bis zu diesem Datum als Verweser zu wirken.[58]

Bereits vor Hans Stickelbergers Stellenantritt war vereinbart worden, dass der Inhaber der zeitlich beschränkten Pfarrhelferstelle am Grossmünster dereinst einen Teil seiner Arbeitszeit für die benachbarte Predigergemeinde werde einsetzen müssen, da die Stelle des dortigen zweiten Pfarrers Felix Hunger nach dessen Rücktritt nicht wieder besetzt würde. Ende 1980 trat Pfarrer Hunger in den Ruhestand, und die Predigergemeinde verfügte fortan nur noch über ein einziges volles Pfarramt. Als hauptverantwortlicher Gemeindepfarrer blieb dort weiterhin Peter Cabalzar tätig. In Absprache mit diesem und mit der Kirchenpflege der Predigergemeinde übernahm es Hans Stickelberger nun vom 1. Januar 1981 an, entsprechend der genannten Auflage, eine bestimmte Anzahl von Gottesdiensten und Kasualien pro Monat abzuhalten. Bei der Seelsorge beschränkte er sich auf die Betreuung einiger weniger ihm bekannten, in der Predigergemeinde wohnhaften Personen.[59] Die Arbeitsteilung mit der Predigergemeinde galt bis 1988 als Voraussetzung für die Weiterführung der jeweils nach Ablauf von drei Jahren neu zu beantragenden Pfarrhelferstelle. Bei der Diskussion um die Verlängerung der Stelle von 1988 bis 1991 stellte man fest, dass eine pfarramtliche Unterstützung für die Predigergemeinde nicht mehr notwendig war, weshalb die Zusammenarbeit beendet wurde. Als Ersatz dafür sah das Pflichtenheft der Pfarrhelferstelle neu eine Funktion in den gesamtkirchlichen Diensten vor: Neben der Tätigkeit am Grossmünster mit einem Pensum von 70 Prozent übernahm Hans Stickelberger nun ab dem 1. Mai 1988 im Auftrag des Kirchenrates die Mitarbeit in der Aus- und Weiterbildung der Pfarrer, eine Aufgabe, die ihm entsprach, hatte er doch immer wieder Theologiestudenten und -studentinnen betreut, die ihr obligatorisches Praktikum als Vikariat im Grossmünster absolvierten.

Der erneute routinemässige Antrag der Kirchenpflege auf Weiterführung der befristeten Stelle um weitere drei Jahre von 1994 bis 1997 wurde vom Kirchenrat ohne Vorwarnung mit dem überraschenden Hinweis beantwortet, aus Spargründen werde nur noch eine Halbtagesstelle bewilligt. In Gesprächen und mit einem Rekurs versuchte die Kirchenpflege dem Kirchenrat klarzumachen, dass die Halbierung der Stelle für die Kirchgemeinde schwerwiegende Folgen haben würde. Trotz dieser Bemühungen wurde der Rekurs abgewiesen, sodass sich für die beiden Pfarrer ab 1. Juli 1994 eine neue Aufteilung der Arbeit aufdrängte: Die Organisation der Betreuung der Gemeindekreise und die gottesdienstlichen Aufgaben blieben im bisherigen Rahmen bestehen, Pfarrer Stickelberger beschränkte seinen Dienst in der Gemeinde auf die zweite Wochenhälfte, überliess den Konfirmandenunterricht und den Jugendgottesdienst ganz seinem Kollegen Werner Gysel und verzichtete auf die bisherigen gesamtkirchlichen Verpflichtungen.[60]

Die 20 Jahre gemeinsamer Amtstätigkeit der beiden Pfarrer waren eine bewegte Zeit des Um- und Aufbruchs, geprägt von den Auseinandersetzungen um Atomkraftwerke, von den Jugendunruhen der 1980er Jahre – die sich hin und wieder auch mit Störungen des Gottesdienstes bemerkbar machten –, von den Auswirkungen des Drogenkonsums und den Folgen der Ausbreitung von Aids und HIV-Infektionen. Die theologische Diskussion um Glaube und Auslegung der Bibel erhielt kräftige Impulse durch die neuen Strömungen der Befreiungs- und feministischen Theologie. Gleichzeitig musste man dem Problem der zunehmenden Kirchenferne auch bei den Einwohnern der Grossmünstergemeinde beikommen. Neben den Bestrebungen, die Gottesdienste in Inhalt und Form zeitgemäss zu gestalten, suchten die beiden Pfarrer je auf ihre Art, Antworten auf die bedrängenden aktuellen Fragen zu finden und ihren Beitrag zur Aktivierung des Gemeindelebens zu leisten. Mit Erfolg widmete sich Werner Gysel der Arbeit mit den Jugendlichen; sein anregender Religionsunterricht an der Kantonsschule veranlasste viele, auch auswärtige Schüler, sich von ihm im Grossmünster konfirmieren zu lassen.

«Der Konfirmandenunterricht gehört heute zu den schönsten und fruchtbarsten Aufgaben des Pfarramtes», bekannte Werner Gysel,[61] und es gelang ihm sogar, die Jungen zu motivieren, auch nach der Konfirmation jeweils am Freitagabend im lockeren Kreis des Jugendtreffs zusammenzukommen.[62] Als Mitglied der Kirchensynode und engagierter Mitinitiant des Projekts «Zürcher Disputation 84» nahm er regen Anteil an den Debatten um die Zukunft der Kirche, was sich ganz konkret auf die praktische Arbeit in der Gemeinde auswirkte. In der Funktion als Präsident des Protestantisch-kirchlichen Hilfsvereins Zürich sowie später der Vereinigung der Protestantisch-kirchlichen Hilfsvereine der Schweiz nahm er sich der Bedürfnisse der finanziell schwachen Kirchen in der Diaspora und der Minderheitengemeinden im In- und Ausland an, mit denen er viele persönliche Kontakte anknüpfte.

Hans Stickelberger war, ähnlich wie sein Vorgänger Hugo Sonderegger, stets der Meinung, die reformierte Kirche habe den politischen Auftrag, in der Gesellschaft tätig zu sein. In diesem Sinn hatten seine Bibelauslegungen immer wieder einen starken Gegenwartsbezug. Stickelbergers theologisch-wissenschaftliche Interessen galten u.a. den Werken

Zwinglis und Bullingers, deren Werkausgaben er als Präsident des Zwinglivereins förderte. Auch wenn er es nicht nötig fand, in einer Partei, einer Zunft oder einem Verein im Quartier besonders aktiv zu werden, hielt er die Tür der Pfarrwohnung für persönliche Begegnungen mit seinen Mitmenschen weit offen. Dank der von ihm und seiner Frau Margrit gepflegten grosszügigen Gastfreundschaft war die gemütliche Stube an der Kirchgasse ein beliebter Ort spontaner Zusammenkünfte zu geistigem und kulurellem Austausch. Das Anliegen des Gemeindeaufbaus ging für Hans Stickelberger weit über den kirchlichen Rahmen und die Gemeindegrenzen hinaus. Dazu gehörten etwa die von ihm angeregte Gründung des Helfereiensembles, das seit seinen Anfängen 1983 nicht nur aus Gemeindegliedern bestand,[63] sowie die Initiative, in einem Kreis literarisch interessierter Altstadtbewohner mit verteilten Rollen Theaterstücke zu lesen, woraus sich später das Laienensemble des Helfereitheaters entwickelte.[64]

Anfang 1998 reichte Werner Gysel seinen Rücktritt ein und ging Ende Dezember nach 21 Amtsjahren am Grossmünster in den Ruhestand. Für die Neubesetzung der frei werdenden Pfarrstelle schlug die Kirchenpflege der Kirchgemeinde vor, den ihr bestens bekannten und geschätzten Hans Stickelberger in einem einfachen Wahlverfahren als Nachfolger Gysels zu berufen. In der Kirchgemeindeversammlung vom 27. April wurde diesem Antrag einhellig zugestimmt.[65] Mit der Annahme der Wahl durch Stickelberger wurde auch dessen bisherige bis Mitte des Jahres 2000 befristete 50-Prozent-Pfarrhelferstelle vakant, deren Weiterführung durch den Kirchenrat bewilligt werden musste. Diese Teilzeitstelle wurde im September 1998 ausgeschrieben, und die Kirchenpflege, in ihrer Funktion als Pfarrwahlkommission, begann im Oktober mit dem Auswahlverfahren. Eine Kandidatin, deren Bewerbung dabei nicht berücksichtigt wurde, versuchte mit einem Wiedererwägungsgesuch an die Kirchenpflege und einem Rekurs an den Bezirksrat den Entscheid rückgängig zu machen, blieb dabei aber erfolglos.

Auch von einem Teil der Kirchgemeinde, der die unterlegene Kandidatin schätzte, wurde das Vorgehen der Pfarrwahlkommission mittels einer Unterschriftenkampagne nicht gutgeheissen. So war das weitere Wahlprozedere überschattet von gehässigen Auseinandersetzungen in der Kirchenpflege und unangenehmen Spannungen in der Kirchgemeinde, die, begleitet von einem beispiellosen, zuweilen polemischen Medienrummel, weit über Zürich hinaus zur Kenntnis genommen wurden. Dem berechtigten Anliegen, es sei an der Zeit, am Grossmünster eine Pfarrerin anzustellen, kam man entgegen, indem man Käthi La Roche zur Wahl durch den Kirchenrat nominierte.[66] Dieser stimmte am 10. Januar 1999 dem Antrag zu, der Stellenantritt erfolgte am 1. August, und am darauffolgenden Bettag, am 19. September, fand die Einsetzung von Käthi La Roche als der ersten Pfarrerin am Grossmünster statt. Die Vertretung von Januar bis August übernahm Pfarrer Christian Zangger.

Der spätere Stellenwechsel von Käthi La Roche 2003, von der Teilzeitstelle in die Nachfolge von Hans Stickelbeger, und die Pfarrwahl von Christoph Sigrist durch den Kirchenrat für die 50-Prozent-Pfarrstelle verliefen ohne Schwierigkeiten. Auch nach dem Rücktritt von Käthi La Roche 2011 konnte erreicht werden, dass weiterhin zwei Pfarrpersonen am Grossmünster tätig waren. Allerdings wurde das Pensum der Teilzeitstelle nochmals gekürzt, sodass Martin Rüsch, der Nachfolger von Käthi La Roche, hinfort 80 Prozent und Christoph Sigrist 60 Prozent der Gesamtarbeitszeit übernahmen.

Die Pfarrfrauen 3.8.

War bisher stets von den Inhabern der Pfarrstellen die Rede, so darf die Unterstützung, welche diese von ihren Ehefrauen erfuhren, nicht unerwähnt bleiben. Es ist noch nicht lange her, dass vielerorts noch die stillschweigende Erwartung vorherrschte, ein protestantischer Pfarrer habe normalerweise Frau und Kinder und es sei erwünscht, dass die Pfarrfrau nicht nur für ein offenes, gastliches Pfarrhaus sorge, sondern wenn möglich zudem gewisse Aufgaben in der Gemeinde übernehmen könne. Solche Mitarbeit wurde auch gebührend gewürdigt, etwa im Nachruf auf die im April 1922 verstorbene Julie Pestalozzi-Wolfensberger, die sich

«in besonderer Weise an des Gatten Arbeit bei den Bestrebungen für christliche Erziehung und Lehrerbildung und in der mit Seelsorge verbundenen Pflege von Armen und Kranken in der Gemeinde beteiligte».[67]

Und über die 1956 im hohen Alter von 88 Jahren verstorbene Frau Pfarrer Fanny Finsler-Ulrich heisst es anerkennend:

«Während der ganzen Zeit seiner [Pfarrer Finslers] Amtstätigkeit war Frau Pfr. Finsler ihrem Gatten eine treue Helferin und der Grossmünstergemeinde eine wahre Mutter, der besonders die Armen, Einsamen und Benachteiligten am Herzen lagen und die durch ihr sonniges und frohes Wesen manchen Lichtblick in schwere und trübe Verhältnisse bringen durfte.»[68]

Bei solcher Erwartungshaltung verwundert es auch nicht, dass bei der Auswahl von geeigneten Pfarrkandidaten hin und wieder auch die Frage nach der Pfarrfrau zur Sprache kam.

Anlässlich der Ersatzwahl für den Anfang November 1921 verstorbenen Pfarrer Rudolf Finsler erwies sich der Seminardirektor Paul Eppler als aussichtsreichster Kandidat, weshalb man seine Person besonders genau unter die Lupe nahm. Dabei standen nicht nur seine liberale theologische Haltung und sein Alter zur Debatte; man wollte auch den kritischen Äusserungen, wonach Frau Direktor Eppler ein gewisser Mangel an Takt gegenüber der Jugend vorgeworfen wurde, noch genauer nachgehen. Die von mehreren Mitgliedern der Pflege eingezogenen Erkundigungen über Frau Eppler ergaben,

«dass sie eine tüchtige Frau sei, die in allem Bescheid wisse. Das Verhältnis von Eltern und Kindern sei sehr gut.»

In ihrem Charakter würden sich zwar «gewisse Absonderlichkeiten» zeigen. Da die übrigen Berichte über Eppler aber sehr günstig ausfielen, befand die Kirchenpflege, die erwähnten Umstände würden nicht stark ins Gewicht fallen und man könne seine Kandidatur ohne Bedenken vor der Kirchgemeinde vertreten.[69]

Beim Rücktritt von Oskar Farner 1950 würdigte dessen Amtskollege Pfarrer Max Frick auch die Ehefrau Mary Farner-Wieser:

«Herzlicher Dank sei aber auch Frau Pfr. Farner ausgesprochen für ihre emsige Wirksamkeit in unserer Gemeinde. Es ruhte viel auf ihren Schultern – schon von jeher, aber in noch erhöhtem Masse seit der Erkrankung ihres Gatten. Auch ihr Wirken wird bei uns unvergessen sein.»[70]

Im Nachruf auf die am 12. Oktober 1963 Verstorbene erinnerte sich Robert Kurtz zudem:

«Sie stand so aktiv im Gemeindedienst, dass es heute noch Leute gibt, die dachten, sie sei selber Pfarrerin gewesen, so wie seinerzeit Fräulein Pfarrer Rosa Gutknecht. In der Gemeinde widmete sie sich besonders der Arbeit für Mütter und Frauen. Sie liess sich darum gerne in das Komitee des Zürcher Evangelischen Frauenbundes berufen, den sie während 20 Jahren präsidierte.»

Auch nach dem Rücktritt von Oskar Farner 1950 blieb sie der Gemeinde verbunden und half weiterhin in der Besuchergruppe mit bei der Begrüssung von Neuzugezogenen.[71]

Im März 1951 dankte Hans Rudolf von Grebel der Pfarrwahlkommission für die Berufung an die Grossmünstergemeinde und teilte ihr mit, dass er sich gerne für eine Wahl zur Verfügung stelle. Gleichzeitig liess Frau Pfarrer von Grebel wissen,

«dass es ihr auch hier ein Bedürfnis sei, in der Gemeinde und in der Sonntagsschule mitzuarbeiten»,[72]

was die Kirchenpflege zusätzlich bestärkt haben dürfte, von Grebel der Kirchgemeindeversammlung zur Wahl vorzuschlagen. Frau von Grebel organisierte als wahre «Gemeindemutter»[73] die Frauen- und Mütterabende, leitete den Missionsverein und die Frauenarbeitsgruppe, die unabhängig voneinander einen regelmässig duchgeführten Wohltätigkeitsbazar vorbereiteten, und beteiligte sich an der Gestaltung ökumenischer Gottesdienste im Rahmen der jährlich stattfindenden Weltgebetstage der Frauen.

Den 1967 neu gewählten Pfarrer Hugo Sonderegger begrüsste der Kirchenpflegepräsident Walter Pfister bei der Einsatzfeier am 2. Juli mit einer gehaltvollen Ansprache, in der er nicht nur die Probleme der überalterten Kirchgemeinde erwähnte und die Hoffnung auf eine starke Bewegung ausdrückte, die den «kirchlichen Betrieb» zeitnaher gestalten wolle. Ausdrücklich nannte er auch die neue Pfarrfrau:

«Wir alle wissen, wie wichtig ihr Dienst in der Gemeinde ist, und in wie grossem Masse sie dem Pfarrer seine Aufgaben mitzutragen helfen kann.»[74]

Der Einzug von Pfarrer Werner Gysel mit Frau und Kindern ins Antistitium im April 1977 wurde als willkommene Belebung des frisch renovierten Pfarrhauses begrüsst. Zur raschen Integrierung der Pfarrfamilie in der Gemeinde trug Irene Gysel das ihre bei; die beiden bisher eigenständigen Frauengruppen des Missionsvereins und der Frauenarbeitsgruppe schlossen sich unter ihrer Leitung zur «Missionsarbeitsgruppe» zusammen und widmeten sich fortan gemeinsam der Vorbereitung des Missionsbazars. Schon bald übernahm sie die Organisation der Sonntagsschule, deren weihnächtliche Krippenspiele sie hin und wieder als Regisseurin begleitete, beim Kinderhütedienst während der Gottesdienste machte sie ebenso mit wie bei der Gestaltung des «Frauezmorge» in der Helferei. Manche Veranstaltungen der Zürcher Disputation 84 und der ökumenischen Frauenbewegung, an deren Gründung Irene Gysel beteiligt war, fanden in den Räumen der Helferei statt. Diese wurden ihr mit den Jahren so vertraut, dass sie sich 1989 zusammen mit Ines Buhofer mit Erfolg um die frei gewordene Stelle der Leitung des Kulturhauses bewarb. Bis 1995 kümmerten sich die beiden Frauen um Betrieb und Programmgestaltung der Helferei, die Irene Gysel als «lebendige Oase» in Erinnerung blieb.[75]

Auch bei der Vorbereitung der Wahl von Hans Stickelberger, den die Gemeinde bereits als Verweser kennengelernt hatte, beschäftigte die Kirchenpflege im Januar 1979 u.a. das Anliegen, ob seine Frau Margrit denn bereit wäre, in der Gemeinde mitzuwirken. Das Thema wurde in der anschliessenden Diskussion nicht näher erörtert, vielmehr konzentrierte sich die Debatte vor allem auf die Konfession von Margrit Stickelberger. Es stellte sich die Grundsatzfrage,

«ob eine römisch-katholische Pfarrfrau für die Grossmünstergemeinde, die Zwingli-Kirche, trotz aller möglicher menschlicher und persönlicher Qualitäten überhaupt tragbar sei».

Die Mehrheit der Pflege bejahte dies mit dem Hinweis, es komme in erster Linie auf die christliche Gesinnung an. Eine kleine Minderheit äusserte dennoch Zweifel,

«ob eine Berufung von Pfarrer Stickelberger, wegen der Konfession seiner Frau, dem ‹Grossmünster im weitesten Sinne› nicht doch abträglich werden könnte».

Es wurde eine Delegation der Kirchenpflege bestimmt, welche die Angelegenheit in einer offenen Aussprache mit dem Ehepaar Stickelberger klären sollte.[76] Der Besuch bei Stickelbergers in Witikon hinterliess einen durchwegs positiven Eindruck:

«Imponiert hat die Tatsache, dass Frau Pfr. Stickelberger zu ihrer Konfession steht (ohne praktizierend zu sein), dass sie zu sozialer Mitarbeit positive Bereitschaft zeigt und dass sie charakterlich als wertvolle Persönlichkeit erscheint.»

Von beiden Seiten wurde die Mischehe, anders als in früheren Zeiten, nicht als Hindernis für die Ausübung des Pfarramtes am Grossmünster angesehen.[77] Mit ihrer kontaktfreudigen, offenen Art fand Margrit Stickelberger leicht den Zugang zu den Gemeindegliedern. Sie unterstützte die Gemeindehelferinnen bei manchen Arbeiten und war beliebt bei den Kindern der Sonntagsschule, deren Unterricht sie mit originellen Beiträgen bereicherte. Besondere Freude machte ihr die Vorbereitung des qualitativ immer hochstehenden, ertragreichen Flohmarkts beim alle zwei Jahre stattfindenden Bazar.

Heute hat sich das traditionelle Bild des Pfarrhauses auch in der Grossmünstergemeinde gewandelt. Käthi La Roche bezog das Pfarrhaus am Zwingliplatz als alleinerziehende Mutter. Christoph Sigrists Frau Ursula bleibt zusammen mit den beiden Söhnen aus familientechnischen und beruflichen Gründen in Rafz wohnhaft, wo sie auch als Primarlehrerin tätig ist. Ihre Präsenz in der Grossmünstergemeinde ist damit begrenzt. Auch Martin Rüschs Frau Angelika ist berufstätig als teilzeitlich angestellte Oberärztin am Spital in Winterthur. Mit der Betreuung der vier Kinder bleibt auch ihr nicht viel Spielraum für eine Betätigung in der Gemeinde.

Abb. 1 Fotogalerie der Pfarrpersonen 1833–2011. In der Sakristei des Grossmünsters.

1 Stillstandssitzungen vom 12. und 22. September sowie vom 2. Oktober 1843, IV. B. 2.4, S. 49–51, 52 f., 53 f.

2 Stillstandssitzungen vom 9. und 21. März 1855, IV. B. 2.5, S. 72 und 74.

3 Kirchgemeindeversammlung vom 25. März 1855, IV. B. 1.1, S. 20 f.

4 Kirchenpflegesitzungen vom 24. Januar, 10. und 23. Februar sowie vom 7. März 1871, IV. B. 2.5, S. 269–271; Kirchgemeindeversammlungen vom 5. und 19. März 1871, IV. B. 1.1, S. 95–98.

5 Berichte über den Jubiläumsanlass im Protokoll der Kirchenpflege, IV. B. 2.6, S. 178–181; *Das Jubiläum der Grossmünsterpfarrer, Sonntag, den 11. Oktober 1896,* in: Beilage zu No 42 der Zürcherischen Freitagszeitung vom 16. Oktober 1896; P[AUL] E[PPLER], *Aus vergangenen Tagen,* in: Kirchenbote, September 1933, Nr. 9, S. 76. – Zu diesem Anlass wurden den beiden Pfarrern zwei von der Kirchgemeinde gestiftete, im Goldschmiedeatelier von Carl Silvan Bossard in Luzern gefertigte Trinkschalen überreicht. Die Schale von Ludwig Heinrich Pestalozzi wird im Archiv der Familie Pestalozzi aufbewahrt. Die Entwurfszeichnung für die Finsler-Schale befindet sich im Schweizerischen Nationalmuseum in Zürich.

6 Zu Ludwig Heinrich Pestalozzi (1842–1909) siehe H[ANS] BACHOFNER, *Pfarrer L. Pestalozzi,* in: Kirchenbote, Dezember 1942, Nr. 12, S. 104; HELMUT MEYER und BERNHARD SCHNEIDER, *Mission und Diakonie. Die Geschichte der Evangelischen Gesellschaft des Kantons Zürich,* passim.

7 Kirchenpflegesitzung vom 3. November 1898, IV. B. 2.6, S. 220.

8 Kirchenpflegesitzungen vom 28. und 29. November sowie vom 7. Dezember 1898, IV. B. 2.6, S. 221–224.

9 Kirchenpflegesitzung vom 13. Dezember 1898, IV. B. 2.6, S. 224.

10 Kirchenpflegesitzung vom 4. Januar 1899, IV. B. 2.6, S. 225.

11 Kirchenpflegesitzung vom 20. Januar 1899, IV. B. 2.6, S. 228 f.

12 Kirchenpflegesitzung vom 30. Januar 1899, IV. B. 2.6, S. 229.

13 Kirchenpflegesitzung vom 21. Oktober 1909, IV. B. 2.7, S. 35.

14 Kirchenpflegesitzungen vom 3., 10. und 24. November 1909, IV. B. 2.7, S. 39–50.

15 IV. B. 2.7, S. 47.

16 IV. B. 2.7, S. 51.

17 VIKTOR JUZI, *Fester Grund: religiöse Betrachtungen über Denken und Glauben,* Basel ohne Jahr [1908].

18 Kirchenpflegesitzung vom 8. Dezember 1909, IV. B. 2.7, S. 53.

19 Kirchenpflegesitzung vom 12. Dezember 1909, IV. B. 2.7, S. 55 f.

20 Kirchenpflegesitzung vom 4. April 1913, IV. B. 2.7, S. 135.

21 IV. B. 2.7a, S. 136 f., 138, 142, 145 f., 147 f., 149 f., 151, 152–154, 156.

22 IV. B. 2.7, S. 158.

23 Paul Wernle (1872–1939), Professor an der Universität Basel für neuere Kirchen- und Dogmengeschichte, Vertreter des theologischen Liberalismus des frühen 20. Jahrhunderts.

24 Kirchgemeindeversammlung vom 13. Juli 1913, IV. B. 1.1, S. 334–337.

25 Einsetzungsfeier von Pfarrer Paul Högger, 19. Oktober 1913, IV. B. 2.7, S. 165.

26 Bereits im Dezember 1921 hatte Rosa Gutknecht ein schriftliches Gesuch an die Kirchenpflege gestellt, «ihr nach beendigter Vikariatszeit Gelegenheit zu regelmässiger Predigt zu geben». In «wohlwollendem Sinn» wurde ihr damals geantwortet, man könne vorläufig auf ihr Gesuch nicht eintreten (Kirchenpflegesitzung vom 5. Dezember 1921, IV. B. 2.8, S. 3 f.). Ihre später in Vertretung der erkrankten oder abwesenden Pfarrer gehaltenen Predigten wurden von der Gemeinde immer wieder geschätzt. So kommentierte etwa der Kirchenpfleger Hans Schindler Rosa Gutknechts Sonntagspredigt vom 17. März 1946 mit folgenden Worten: «Frl. Gutknecht predigt sehr gut über das Thema Joh. 17,15: ich bitte nicht, dass Du sie (die Apostel) aus der Welt nehmest, sondern dass Du sie vor dem Bösen bewahrest. Sie findet die Verbindung mit einer positiven Einstellung zum Leben eigentlich besser als ihre beiden Pfarrkollegen [Oskar Farner und Max Frick], die weniger gut aus ihrer frommen Sphäre herauskommen.» (HANS SCHINDLER, *Tagebuch 4, 18.12.1945–5.5.1946*).

27 PAUL HÖGGER, *Eine Erklärung und ein Abschiedswort,* in: Kirchenbote, Juli 1933, Nr. 7, S. 56, und August 1933, Nr. 8, S. 64; M[AX] G[UYER], *Ein Wort aus der Gemeinde zum Abschied von Herrn Pfarrer Paul Högger,* in: Kirchenbote, Oktober

1933, Nr. 10, S. 84; R[OSA] G[UTKNECHT], *Pfarrer Paul Högger,* Nachruf mit Bild, in: Kirchenbote, September 1942, Nr. 9, S. 76.

28 Kirchenpflegesitzungen vom 28. November, 5. und 14. Dezember 1921, 18., 25. und 30. Januar, 7. und 14. Februar 1922, IV. B. 2.7, S. 360, IV. B. 2.8, S. 1, 4, 6–14.

29 Die Gründe für seinen Rücktritt nennt Eppler im Jahresbericht des Evangelischen Lehrerseminars Zürich: 45. Bericht – 1920/21, Zürich, 1921, S. 10–13

30 Kirchenpflegesitzung vom 18. Januar 1922, IV. B. 2.8, S. 7.

31 Kirchenpflegesitzung vom 7. Februar 1922, IV. B. 2.8, S. 13.

32 PAUL EPPLER, *Ein Wort zum Abschied,* in: Kirchenbote, Oktober 1936, Nr. 10, S. 92.

33 So der um fast 30 Jahre jüngere Pfarrkollege MAX FRICK im Abschiedswort *Auf Wiedersehen!,* in: Kirchenbote, November 1936, Nr. 11, S. 100.

34 Sitzung der erweiterten Pfarrwahlkommission vom 8. August 1933, IV. B. 2.9, S. 308–310.

35 Sitzung vom 22. August 1933, IV. B. 2.9, S. 311–315.

36 Siehe die Kirchenboten, November 1934, Nr. 11, S. 88, und Januar 1935, Nr. 1, S. 8.

37 Kostproben seines Talents finden sich in Versen zum Abschied von Pfarrer Eppler, vorgetragen von Fricks Tochter nach dem Abschiedsgottesdienst am 4. Oktober 1936 (aufgezeichnet im Protokollbuch der Kirchenpflege, IV. B. 2.10, S. 167 f.) sowie in der gereimten Grussbotschaft zum 70. Geburtstag des Amtskollegen Oskar Farner, gedruckt in OSKAR FARNER, *Erinnerungen,* S. 117 f.

38 Erste Erwähnung von Fricks Tätigkeit: Kirchenpflegesitzung vom 27. Januar 1948, IV. B. 2.11, S. 301 f.; Kirchgemeindeversammlung vom 30. April 1950, IV. B. 1.3, S. 116–120; Kirchenpflegesitzung vom 9. Mai 1950, Stillstand vom 14. Mai 1950, Kirchenpflegesitzung vom 2. Juni 1950, IV. B. 2.12, S. 32–36, 37, 39–42. – MAX FRICK, *In eigener Sache (Zu den Angriffen auf die christliche Nothilfe.),* in: Kirchenbote, Juli 1948, Nr. 7, S. 56; MAX FRICK, *Tatsachen,* in: Kirchenbote, 36. Jg., Nr. 5, Mai 1950, S. 48; Fricks Rehabilitierung durch Urteil des Bezirksgerichts Zürich vom 26. Februar 1952, Kirchenpflegesitzung vom 1. April 1952, IV. B. 2.12, S. 92.

39 Siehe OSKAR FARNER, *Erinnerungen,* S. 82 f.

40 Kirchenpflegesitzung vom 18. April 1950, IV. B. 2.12, S. 24 f.

41 Frau Dr. Bodmer-Simon, Freiestrasse 36, Fräulein Dr. Vera Gross, Winkelwiese 10, Frau Herma Denninger-Schmid, Obere Zäune 13, Frau Hedwig Bruppacher-Bodmer, Limmatquai 56; Kirchgemeindeversammlung vom 23. Mai 1950, IV. B. 1.3, S. 125.

42 Kirchenpflegesitzung vom 12. Mai 1959, IV. B. 2.12, S. 277 f., und Kirchgemeindeversammlung vom 28. Mai 1959, IV. B. 1.3, S. 206 f.

43 IV. B. 1.3, S. 209–211; zu dieser Versammlung wurden erstmals auch Frauen und Töchter aus der Gemeinde als Zuhörerinnen eingeladen.

44 Über die ersten Erfahrungen mit der neuen Gottesdienstordnung diskutierte die Kirchenpflege an der Sitzung vom 25. Oktober 1963, Traktandum 7, und am 9. April 1965 beschloss sie, damit im bisherigen Rahmen fortzufahren, Traktandum 2, IV. B. 2.13 (ohne Seitenzahl).

45 Ausserordentliche Kirchgemeindeversammlung vom 18. Dezember 1966, IV. B. 1.4 (ohne Seitenzahl).

46 *Begrüssungswort unseres neuen Pfarrers,* in: Kirchenbote, Juli 1967, Nr. 7, S. 11.

47 «Die Pflege spricht sich aus durchaus achtenswerten Gründen für Beibehaltung dieser Tradition aus.» Sie konnte aber nach dem Votum von Pfarrer Sonderegger nicht in gegenteiligem Sinn beschliessen; Kirchenpflegesitzung vom 12. März 1969, Traktandum 7b, IV. B. 1.14 (ohne Seitenzahl).

48 Der geplanten Form des Bettagsgottesdienstes stimmte die Pflege nach gründlicher Diskussion zu; Kirchenpflegesitzung vom 20. Juni 1969, Traktandum 3, IV. B. 1.14 (ohne Seitenzahl). – Die Kirchenpfleger erhielten den Text für den Gottesdienst Ende August zur Lektüre. Es wurde festgestellt, «dass uns aus jeder Textseite etwas Neues, Ungewohntes und im Raume der Kirche nie Ausgesprochenes vor Augen tritt. Wir haben Mühe, zu dem Text freudig Ja zu sagen…»; Kirchenpflegesitzung vom 26. August 1969, Traktandum 4, IV. B. 1.14 (ohne Seitenzahl). – In der «ernsthaften, von allem guten Willen beseelten» Aussprache der Kirchenpflege nach dem Gottesdienst wurden mehrheitlich positive Meinungen geäussert: «Wir glauben,

das Eine erfasst zu haben, dass neue Formen der Verkündigung gesucht werden müssen.»; Kirchenpflegesitzung vom 18. November 1969, Traktandum 3, IV. B. 1.14 (ohne Seitenzahl). – Im Gemeindebrief Nr. 13, im Kirchenboten vom 1. November 1969, stellte Hugo Sonderegger einige positive und kritische Reaktionen zum Gottesdienst zusammen.

49 *Ein Abschiedswort von Pfarrer Sonderegger,* in: Kirchenbote, Oktober 1979

50 w. a., HANS-RUDOLF RÜFENACHT und SAMUEL MARTHALER, *Abschied,* in: Kirchenbote, 16. September 1979, S. 12.

51 Kirchenpflegesitzung vom 21. Januar 1975, IV. B. 2.16, S. 23.

52 Kirchenpflegesitzung vom 3. Juni 1975, IV. B. 2.16, S. 33; Kirchgemeindeversammlung vom 29. Juni 1975, IV. B. 1.6, S. 5; Kirchenpflegesitzung vom 1. Juli 1975, IV. B. 2.16, S. 36; siehe auch Kirchenbote, Juli 1975.

53 Kirchenpflegesitzung vom 20. Januar 1976, IV. B. 2.16, S. 51; Kenntnisnahme des Regierungsratsbeschlusses in der Kirchenpflegesitzung vom 3. März 1976, IV. B. 2.16, S. 56 (Kopie des Auszugs aus dem Protokoll der Regierungsratssitzung vom 14. Januar 1976, RRB 126. Pfarrhelferstellen, IV. B. 2.16, nach S. 57 eingebunden).

54 Kirchenpflegesitzung vom 5. Mai 1976, IV. B. 2.16, S. 61 f.

55 Kirchenpflegesitzungen vom 16. Juni, 18. August und 21. September 1976, IV. B. 2.16, S. 67, 72, 74.

56 Kirchgemeindeversammlung vom 24. Oktober 1978, Traktandum 3, IV. B. 1.7, S. 2.

57 Kirchenpflegesitzungen vom 29. November 1977 und 17. Januar sowie vom 14. März und 19. April 1978, IV. B. 2.16, S. 121 f., 126 f., 138 f., 145 f.

58 Kirchenpflegesitzungen vom 15, Januar, 5. Februar, 5. März, 2. April, 15. Mai, 13. Juni 1979, IV. B. 2.17, S. 35–37, 42 f., 48, 53 f., 64 f.

59 Siehe die *Mitteilung der Kirchenpflege,* in: Kirchenbote, Februar 1981, S. 12.

60 Kirchenpflegesitzungen vom 14. Juli, 3. November, 9. Dezember 1993 und 12. Januar 1994, IV. B. 2.20, S. 107, 116, 118, 122; Kirchgemeindeversammlung vom 21. April 1994, Traktandum 4.1, IV. B. 1.10, S. 65; Kirchenbote lokal, Nr. 14, 1. Juli 1994.

61 *Jahresbericht Ostern 1991 bis 1992,* in: Kirchenbote lokal, Nr. 9, 24. April 1992, IV. B. 1.10, S. 37.

62 Zum Jugendtreff siehe das Kapitel 8. 2. 7. *Sunneschy, Jung-Grossmünster, Jugendtreffpunkt,* unten S. 297–300.

63 Siehe die Broschüre *HelfereiEnsemble Kirchgemeinde Grossmünster – 25 Jahre gemeinsames Musizieren,* Zürich, 2008, und weitere Infos auf www.altstadtorchester.ch. – Siehe auch das Kapitel 8. 1. 7. *Helfereiensemble und Helfereitheater,* unten S. 269 f.

64 Zu den alle zwei Jahre realisierten Produktionen des Helfereitheaters siehe www.helfereitheater.ch.

65 Kirchgemeindeversammlung vom 27. April 1998, IV. B. 1.11, S. 21 f.

66 Eine Zusammenfassung der Vorgänge im Zusammenhang mit der Besetzung der befristeten 50-Prozent-Pfarrstelle erhielten die Gemeindeglieder in einem Brief vom 9. Januar 1999, der im Kirchenboten lokal, Nr. 3 vom 29. Januar 1999, veröffentlicht wurde.

67 F[RIEDRICH] O[TTO] P[ESTALOZZI], *Frau Pfarrer Julie Pestalozzi-Wolfensberger. Gestorben den 4. April 1922,* Nachruf im Gemeinde-Blatt, XII. Jg., Nr. 4, 15. April 1922, S. 3 f.

68 W[ALTER] PF[ISTER], *Aus dem Jahresbericht unseres Kirchenpflegepräsidenten,* in: Kirchenbote, April 1956, Nr. 4, S. 40.

69 Sitzungen der erweiterten Kirchenpflege vom 7. und 14. Februar 1922, IV. B. 2.8, S. 13 f.

70 M[AX] F[RICK], *Rücktritt von Herrn Pfarrer Oskar Farner,* in: Kirchenbote, Juni 1950, Nr. 6, S. 56.

71 R[OBERT] K[URTZ], *Abschied von Frau Pfarrer Mary Farner-Wieser,* in: Kirchenbote, November 1963, Nr. 11, S. 12.

72 Kirchenpflegesitzung vom 12. März 1951, IV. B. 2.12, S. 67.

73 So wird sie beim Abschied durch die Kirchenpflege im Kirchenboten, September 1976, bezeichnet.

74 Die Ansprache ist abgedruckt auf der Gemeindeseite des Kirchenboten, August 1967, Nr. 8.

75 Zu Irene Gysel siehe HELMUT MEYER und BERNHARD SCHNEIDER, *Mission und Diakonie. Die Geschichte der Evangelischen Gesellschaft des Kantons Zürich,* S. 187, und IRENE GYSEL, *Die Helferei, eine lebendige Oase,* in: HelfereiZeit, S. 12 f.

76 Kirchenpflegesitzung vom 15. Januar 1979, IV. B. 2.17, S. 36.

77 Kirchenpflegesitzung vom 5. Februar 1979, IV. B. 2.17, S. 42 f.

Der Gottesdienst 4.

Der ursprünglich sehr nüchterne, ganz auf das Wort konzentrierte Gottesdienst der reformierten Kirche hat sich in seinem Ablauf grundlegend eigentlich wenig verändert. Wenn er in den letzten hundert Jahren schrittweise immer wieder gewisse Neuerungen erfuhr, so hatten diese jeweils zum Ziel, die festgefahrenen Formen der Liturgie aufzuweichen, zu bereichern und zu variieren. Alle Änderungen wurden vorgenommen im Bestreben, den Ablauf der Liturgie für die Gottesdienstbesucher möglichst klar zu gestalten, die Gemeinde aktiv am Geschehen teilnehmen zu lassen und, wo es möglich war, den Wünschen der Kirchgänger entgegenzukommen. Bis heute zählen zu den hauptsächlichen Bestandteilen, die das Gerüst der Liturgie bilden, der Kanzelgruss und das Eingangsgebet am Anfang des Gottesdienstes; Bibellektion und Predigt im Zentrum gehören eng zusammen und nehmen in der Regel textlich aufeinander Bezug; das «Unser Vater» fehlt in keinem Gottesdienst, das Fürbittegebet und der Segen beschliessen ihn.

Neuerungen im liturgischen Ablauf der Gottesdienste 4. 1.

Der Entwurf zu einer neuen Liturgie im Jahr 1915 sah vor, die althergebrachten, ständig sich wiederholenden Gebetsformeln mit neuen Gebetstexten zu ergänzen. Auch der Brauch der Schriftlesung geht auf diese Zeit zurück. Deren Absicht war, die Kirchengänger wieder vermehrt mit den Texten der Bibel vertraut zu machen. Der damals neu eingeführten Bibellesung durch den Pfarrer sollte ein weiteres Lied folgen, um die Lektion vom darauffolgenden Verlesen des Predigttextes klar abzuheben. Zudem ging man damals dazu über, den Segen am Ende des Gottesdienstes im Stehen zu empfangen.[1]

Im Februar 1959 orientierten Kirchenpflege und Pfarramt Grossmünster über Neuerungen im Gottesdienst:

«Die Kirchenpflege hat beschlossen, künftig die Bibellektion durch einen Kirchenpfleger lesen zu lassen, um damit darzutun, dass der Gottesdienst nicht bloss eine ‹Pfarrersache›, sondern eine Handlung der ganzen Gemeinde ist. Das Wort Gottes gehört allen Christen, und wenn auch für die Auslegung desselben nur der dazu geschulte Theologe im Gottesdienst das Wort erhalten soll, so ist doch nicht einzusehen, warum nicht auch die verantwortlichen Vorsteher der Gemeinde das Wort der Heiligen Schrift vorlesen sollen, um damit zu bezeugen, dass sie nicht bloss für die äussere Verwaltung der Gemeinde, sondern auch für ihre geistliche Betreuung verantwortlich sind. Ferner soll künftig vor dem Segen ein Schlussvers, ausgewählt aus etwa vier Liedern, von der Gemeinde stehend gesungen werden.»[2]

Der Kreis der Lektoren wurde später um eine Gruppe von Gemeindegliedern erweitert, die nicht notwendigerweise der Kirchenpflege angehörten, auch dies eine Massnahme zur stärkeren Einbindung der Gemeinde in den Gottesdienst.

1965 veröffentlichte der Zürcher Kirchenrat den Entwurf einer neuen Gottesdienstordnung. Gefördert und unterstützt vom Grossmünsterpfarrer und späteren Kirchenratspräsidenten Robert Kurtz, der massgeblich an ihrer Ausarbeitung beteiligt war, wurde sie auch im Grossmünster probeweise eingeführt.[3] Die darin vorgeschlagenen Neuerungen – u.a. die Lektion des Bibeltextes durch Kirchenpfleger, wie sie bereits seit einigen Jahren üblich war, das erweiterte Fürbittegebet und das gemeinsam gesprochene «Unser Vater»[4] – fanden bei den Pflegern nicht nur Zustimmung. Eine eher konservativ eingestellte Gruppe kritisierte die zu langen Gebete und zu häufigen Gesänge und störte sich an dem von allen gebeteten «Unser Vater». Die Befürworter der neuen Ordnung lobten dagegen gerade diese Teile als ausgesprochen gemeindebildende Elemente. Die Mehrheit war doch der Meinung, es solle an der neuen Ordnung festgehalten werden, umso mehr als es auf die übrigen Gemeinden keinen guten Eindruck machen würde, wenn ausgerechnet die Grossmünstergemeinde sie wieder fallen liesse. Die Weiterführung der neuen Ordnung war beschlossene Sache.[5] Nicht alles daraus scheint aber umgesetzt worden zu sein oder Bestand gehabt zu haben. Der Brauch etwa, das «Unser Vater» von der ganzen Gemeinde laut beten zu lassen, kam erst 1980 auf Anregung von Pfarrer Hans Stickelberger wieder zur Sprache und wurde als Versuch vorerst nur in den Abendmahlsgottesdiensten eingeführt.[6] Einige Jahre danach gab es erneut mehrere Versuche, das Gebet auch in den «normalen» Sonntagsgottesdiensten gemeinsam zu sprechen. Da aber auch die Pfarrer diesen Wünschen aus der Gemeinde mit Zurückhaltung begegneten,[7] setzte sich die Form des gemeinsam gesprochenen «Unser Vater»-Gebets als fester Teil der Liturgie nach den Fürbitten erst später durch und wird seit dem Sommer 2013 vom Läuten der von Hand in Bewegung gesetzten Betglocke im Dachreiter begleitet.[8]

Im Dezember 1993 wurde der bis heute geübte Brauch eingeführt, zur Begrüssung der Kirchengänger am Sonntagmorgen jeweils neben den Gesangbüchern auch Handzettel mit Informationen zum bevorstehenden Gottesdienst zu verteilen.[9] Die darin enthaltenen Hinweise auf die Texte der Predigt und der Lektion, die Angaben zu den gesungenen Liedern, zum Zweck der erhobenen Kollekte und zu den vom Organisten gespielten Musikstücke erleichtern es der Gemeinde, dem Gang der Feier zu folgen, und ermöglichen ihr, deren inhaltliche Zusammenhänge und den liturgischen Ablauf bewusster nachzuvollziehen – ein Angebot, das von Beginn weg gut aufgenommen wurde.

Gottesdienstzeiten und Spezialgottesdienste 4. 2.

Nicht nur mit der Belebung der Liturgie, sondern auch mit rein praktischen Massnahmen, etwa bezüglich der Gottesdienstzeiten, versuchte man den Wünschen der Gemeinde entgegenzukommen. In der Hoffnung, den Besuch der regulären Sonntagsgottesdienste zu verbessern, kam man schrittweise weg vom frühen Gottesdienstbeginn um neun Uhr. In Absprache mit den übrigen Altstadtkirchen verlegte man Anfang Oktober 1955 den Beginn des Gottesdienstes auf den bis heute geltenden Termin um zehn Uhr. Dieser Schritt wurde im «Kirchenboten» mit folgender knappen Begründung bekannt gegeben:

«Es geschieht dies, weil immer wieder Klagen laut wurden, unsere Gottesdienste beginnen zu früh – und weil unsere bisherigen Spätgottesdienste stets besser besucht waren als die Gottesdienste zur normalen Zeit. So hoffen wir, mit diesem Versuch unseren Kirchgenossen einen Dienst zu erweisen.»[10]

Zusätzlich zu den regulären Sonntagsgottesdiensten wurden auch weitere Gottesdienstangebote geschaffen, welche die Bedürfnisse der Bevölkerung berücksichtigten: So gab es die Möglichkeit, unter der Woche vollständige Abendgottesdienste mit Geläute und Orgelspiel zu besuchen, vorerst donnerstags in jeder vierten Woche des Monats reihum in je einer der Altstadtkirchen anstelle der sonst zu diesem Zeitpunkt abgehaltenen Bibelstunde.[11] Und im Sommerhalbjahr 1937 fanden jeden Sonntag um viertel nach sieben Frühgottesdienste in der Helfereikapelle statt, die sich vor allem an Familien oder Gruppen richteten, die den Sonntag im Freien verbringen wollten.[12] Diese ausserhalb der üblichen Zeit angesetzten Gottesdienste waren so gut besucht, dass beschlossen wurde, im darauf folgenden Winter einen Versuch mit Sonntagabendgottesdiensten im Grossmünster zu machen, die

«hauptsächlich Hausmüttern, Dienstboten, Hilfspersonal und Spätaufstehern dienen sollten».[13]

Ein grosser Erfolg war von Anfang an der Christnachtfeier am Heiligen Abend beschieden. Zum ersten Mal wurde sie am 24. Dezember 1931 im Grossmünster durchgeführt, bestritten vom Frauen- und Töchterchor, dem Pfarrer und der Organistin aus der benachbarten Kirchgemeinde Fluntern.[14] Das Grossmünster füllte sich bis auf den letzten Platz, sodass sich die Kirchenpflege entschied, diese Feier zur ständigen Einrichtung zu machen, und zwar zunächst so, dass jedes Jahr der Pfarrer einer anderen städtischen Kirchgemeinde mit seinem Kirchenchor gebeten wurde, im Grossmünster die «Christmette» durchzuführen. Jahr für Jahr wiederholte sich der Erfolg, und die später mit den eigenen Kantoreien gestalteten Christnachtfeiern sind beliebte traditionelle Grossanlässe geblieben, bei welchen im voll besetzten Grossmünster oft Teile des Bachschen Weihnachtsoratoriums oder ähnlich festliche Chormusiken zur Aufführung kommen.[15]

Auf eine lange Tradition zurückblicken können auch die seit vielen Jahren und bis heute durchgeführten Andachten, die in der Passionswoche vor dem Karfreitag jeweils im Turnus in allen vier Altstadtkirchen stattfinden.

Der Morgen des österlichen Abendmahlsgottesdienstes begann während zehn Jahren, von 1986 bis 1995, mit einem besinnlichen Auftakt: An einer Feier bei Tagesanbruch im Chor des Grossmünsters vernahm die Gemeinde noch im Dunkeln die Osterbotschaft und erlebte dann in der Stille das Aufgehen des Morgenlichts. Später begingen die Altstadtkirchen den Übergang vom Karsamstag zum Ostermorgen gemeinsam in einem Osternachtgottesdienst in der Predigerkirche, zu dem auf dem Predigerplatz ein Osterfeuer angezündet wurde. Mit diesen Angeboten wurde nach Möglichlichkeiten gesucht, dem zunehmenden Bedürfnis nach vertiefter Spiritualität entgegenzukommen.

Der Bettag gehört seit jeher zu den besonders festlich begangenen, musikalisch bereicherten Abendmahlsgottesdiensten im Ablauf des Kirchenjahres. In letzter Zeit wurden bei diesem Anlass hin und wieder Persönlichkeiten aus den Bereichen Politik, Bildung und Kultur dazu eingeladen, die Laienpredigt zu halten.

Immer wieder wurden neue Formen gottesdienstlicher Zusammenkünfte mit stärkerem Einbezug der Gemeinde ausprobiert: Eine unter dem Namen «Suntig Abig i de Chile» im Januar 1983 eingeführte Gottesdienstreihe fand jeweils im Winterhalbjahr, in der Regel an den ersten Sonntagen der Monate Oktober bis März, in der Helferei statt. Gemeinschaftlich gestaltet und begleitet von einem anschliessenden einfachen Nachtessen, waren diese Abendgottesdienste ganz speziell auf die Förderung der Gemeinschaft im kleinen Rahmen ausgerichtet. Ihr Besuch blieb zwar bescheiden, doch reagierten die Anwesenden sehr positiv auf das Angebot. Trotzdem liess es sich wegen mangelnder Beteiligung nur wenige Jahre aufrechterhalten.

Erfreulich beständig entwickelten sich dagegen durch die Jahre hindurch die regelmässig gefeierten Familiengottesdienste, zu deren Inhalt und formalem Ablauf die Kinder und Jugendlichen mit ihren eigenen kreativen Ideen wesentlich beitrugen. Die abwechslungsreichen, stimmungsvollen Anlässe in der Helfereikapelle oder in der Krypta des Grossmünsters berührten die in grosser Zahl anwesenden Eltern und Angehörigen der Kinder und weitere Gemeindeglieder. Seit 2003 treffen sich jeweils am Samstagmorgen Familien aus der ganzen Altstadt zu den von Christoph Sigrist und Renate von Ballmoos von der Predigerkirche ins Leben gerufenen «Chrabbelgottesdiensten» für die ganz Kleinen im Vorschulalter. Das Format «Fiire mit de Chliine», später «Fiire mit de Chind» genannt, erwies sich von Anfang als grosser Erfolg, der bis heute anhält.[16]

Regen Zuspruch fanden schliesslich die ökumenischen Gottesdienste, welche die Gemeinden von Grossmünster und Predigerkirche zusammen mit der katholischen Pfarrei Liebfrauen und unterstützt vom Quartierverein der Altstadt rechts der Limmat jeweils im Juli oder August unter freiem Himmel durchführten. Man versammelte sich bei gutem Wetter im Garten der Villa Tobler an der Winkelwiese, auf dem Neumarkt oder auch mal auf der Polyterrasse zur Predigt, zum gemeinsamen Beten und Singen und freute sich über die Gelegenheit des Kontaktes über die konfessionellen Grenzen hinaus.

Das gemeinsame, zwischen die Wortteile des Gottesdienstes eingepasste Singen der Kirchenlieder, verstanden als Gebet in musikalischer Form, war während langer Zeit der einzige Moment, in dem die Gemeinde aktiv in den Gottesdienst einbezogen wurde. Gerade das Gemeindelied führte aber auch immer wieder zu Diskussionen. Da das Singen ohnehin nicht jedermanns Sache ist und viele Gottesdienstgänger, die nicht Noten lesen können, den unbekannteren Melodien nur mit Mühe folgen können, gab die Anzahl und die Auswahl der Lieder in der Kirchenpflege oft zu reden. Wie häufig soll gesungen werden? Klingt der einstimmig gesungene Choral überzeugender als ein etwas anspruchsvollerer vierstimmiger Satz? Soll man sich auf die wenigen allgemein bekannten Kirchenlieder à la «Grosser Gott wir loben Dich» oder «Lobe den Herren» beschränken oder in erzieherischer Absicht mit der Gemeinde auch weniger häufig gesungene, neue Lieder einüben? Auch die dem aktuellen Lebensgefühl kaum mehr entsprechenden Textinhalte vieler «Klassiker» aus der Reformationszeit oder späterer glaubensstarker Epochen stiessen auf Kritik. Wie wichtig für die Pfarrer und die Kirchenpflege der Gemeindegesang als das gemeinschaftsbildende, aktivierende Element im Gottesdienst war, zeigen die ernsthafte Auseinandersetzung mit den jeweils neu erschienenen Gesangbüchern und das tatkräftige Bemühen, die Gemeinde jedes Mal wieder in deren Inhalt einzuführen, um mit den Liedern vertraut zu werden.

Es bedurfte mehrerer Anläufe, bis ein Gesangbuch zustande kam, das mit einer Vielfalt von Liedern und Texten den unterschiedlichen Ansprüchen eines gemischten Publikums gerecht wurde. Ein allererster, 1936 vorgelegter Entwurf für ein gemeinsames Gesangbuch, das die verschiedenen kantonalen Kirchenliedersammlungen aus dem 19. Jahrhundert ersetzen sollte, wurde von der Kirchenpflege in Bausch und Bogen verworfen. Es wurde beklagt, dass rund zwei Drittel des bisher gepflegten Liedgutes, und darunter die wertvollsten, unersetzlichen Lieder, verschwinden würden. Bemängelt wurde eine Betonung des Altertümlichen, man vermisste gegenwartsnahe Lieder und lehnte zudem den im Entwurf zu stark vertretenen dürftigen einstimmigen Gesang ab. Der Zeitpunkt für ein neues Gesangbuch wurde grundsätzlich infrage gestellt.

«Auch scheint uns, unsere Kirche müsse sich erst viel gründlicher auf den Inhalt ihrer Verkündigung besinnen, ehe sie ein neues Gesangbuch schaffen will; sonst könnte es sein, dass das neue Buch nur allzu bald ein veraltetes Buch würde.»[17] Gnädiger wurde der nächste Versuch von 1941 aufgenommen, der bewusst mit dem Titel «Probeband» versehen worden war. Auch dieser wurde den Gemeinden und Kirchgängern mit der Aufforderung übergeben, sie sollten sich bei regelmässigem Gebrauch mit seinem Inhalt vertraut machen und sich kritisch zu dessen Schwächen und Vorzügen äussern, eine Aufgabe, der sich auch die Grossmünstergemeinde nochmals mit grossem Ernst unterzog. Zum Kennenlernen der Lieder schlug Pfarrer Frick vor, die Bibelstunden so auszubauen, dass sie als Einführung ins neue Gesangbuch dienten. Statt biblischer Texte wurden die Verse der Kirchenlieder besprochen, und gleichzeitig übte man die Melodien.[18]

Das Resultat aus den zum Probeband eingegangenen Kritiken und Verbesserungsvorschlägen lag knapp 25 Jahre später vor in der Form des «Gesangbuchs der evangelisch-reformierten Kirchen der deutschsprachigen Schweiz» von 1952. In der Auffassung, dass zu einem aktiven Kirchgenossen auch ein Kirchengesangbuch gehöre, das ihm nicht nur im Gottesdienst, sondern auch zum häuslichen Gebrauch zur Verfügung stehe, ermunterte die Grossmünstergemeinde ihre Mitglieder mit der Abgabe von Gutscheinen zum verbilligten Kauf desselben.[19] Im Anhang enthielt dieses Gesangbuch erstmals eine Anzahl von Gebetstexten für den kirchlichen und den privaten Gebrauch.

«Vom Neujahr an wird in der Grossmünstergemeinde ausschliesslich aus dem neuen Kirchengesangbuch gesungen!»

Das kündigten Pfarrer und Kirchenpflege in der Januar-Nummer 1954 des «Kirchenboten» an. Gleichzeitig wurde auf die Anlässe zur Einführung des Gesangbuchs hingewiesen. Dem Thema widmete sich ein Kirchgemeindeabend, an dem einer der beteiligten Verfasser «Aus der Welt des neuen Kirchengesangbuches» berichtete. Auch in den Wochengottesdiensten am Donnerstagabend in der Grossmünsterkapelle rückte das Gesangbuch ins Zentrum, wobei Pfarrer von Grebel betonte, dass es sich dabei nicht um eigentliche Singabende handeln solle. Vielmehr vertiefe man sich an jenen Abenden in den biblischen Gehalt der Choräle. Zudem wurde an jedem ersten Sonntag im Monat vor dem Gottesdienst auf der Orgelempore ein halbstündiges Choralsingen unter der Leitung des Organisten Viktor Schlatter angeboten.[20] Knapp 50 Jahre lang bewährte sich diese Ausgabe des Gesangbuchs im reformierten Gottesdienst.

Im Laufe der zweiten Hälfte des letzten Jahrhunderts wurden neue liturgische Formen ausprobiert, die den Ablauf des Gottesdienstes sukzessive veränderten und 1965 zum Entwurf der neuen Zürcher Gottesdienstordnung führten. Zusammen mit einer verständnisvolleren Einstellung gegenüber der Rolle der Kirchenmusik im Gottesdienst hatte das auch Auswirkungen auf die Ausarbeitung eines aktualisierten Gesangbuchs, das die zeitgemässen Bedürfnisse berücksichtigen sollte. 1998 erschien das ganz neu gestaltete, um viele Teile erweiterte Gesangbuch, das in ökumenischer Ausrichtung ganz bewusst zahlreiche Lieder enthält, die interkonfessionell verwendet werden können. Ergänzt wird das Buch mit Psalmen und vielen Bibeltexten aus dem Alten und Neuen Testament, die sich für die Lesung eignen und zur Wiederaufnahme des altüberlieferten Responsoriums, der Widerrede zwischen Pfarrer und Gemeinde oder zwischen mehreren Gruppen der Gottesdienstbesucher, einladen. Diese Möglichkeit, die Gemeinde zu einer aktiven Beteiligung am Gottesdienst zu ermuntern, war gewöhnungsbedürftig und nicht nach jedermanns Geschmack.

Die Feier des Abendmahls gehört neben der Predigt zu den zentralen Bestandteilen des reformierten Gottesdienstes. Wiederholt befasste sich die Kirchenpflege Grossmünster mit Fragen zur Durchführung und Gestaltung dieser Feier, die im Laufe der Zeit einige Veränderungen erfuhr, selbstverständlich aber ohne dass je die Kernbotschaft dieser symbolischen Handlung zum Gedächtnis des Todes Christi infrage gestellt worden wäre.

Bei den in der Pflege zu diesem Thema geführten Diskussionen ging es darum, den Gemeindegliedern den Sinn des Abendmahls anhand des liturgischen Ablaufs möglichst klar verständlich zu machen, um vorhandene Hemmungen, daran teilzunehmen, zu überwinden. Anpassungen der Abendmahlsfeier an die jeweiligen Bedürfnisse der Zeit und Änderungen der äusseren Form, mit denen man auch Wünschen aus der Gemeinde entgegenkam, dienten immer wieder dem Anliegen, die Gemeindeglieder stärker in die Liturgie einzubinden, ihnen eine aktive Beteiligung daran zu ermöglichen und damit das gemeinschaftsbildende Element des Abendmahls zu betonen.

Schon in der ersten Sitzung des Stillstandes nach der Auflösung des Stifts wurde zur Mitwirkung beim Abendmahl Folgendes festgehalten:

«Die Administration des H. Abendmahls in unserer Kirche betreffend wird vom Präsidio auf die veränderten Verhältnisse aufmerksam gemacht und es werden nahmentlich die abgetretenen Heren Geistlichen zu gefälliger weiterer Mitwirkung angesprochen, und sodann auch insofern es nothwendig werden sollte, auch die weltlichen Mitglieder des Stillstandes. Übrigens ist zu hoffen, dass mehrere, welche früher dieser Administration beÿwohnten, so wie einige jüngere Geistliche in der Gemeinde sich einem an sie ergehenden Rufe nicht entziehen werden.»[21]

Damit war von Anfang an klargestellt, dass auch, gemäss der reformierten Auffassung des allgemeinen Priestertums, die

Laienmitglieder des Stillstandes zur Austeilung des Abendmahls, insbesondere zur Darbietung des Kelchs an die Gemeinde, herangezogen werden konnten.

Der Abendmahlstisch von Ferdinand Stadler 1862 4. 4. 1.

Ort der Zeremonie mit der Vorbereitung der Gaben von Brot und Wein, dem Verlesen der Einsetzungsworte und der Austeilung der Gaben an die Helfer war ursprünglich der mit einer gedeckten Tafel zum Abendmahlstisch umgestaltete Taufstein vor dem Kanzellettner, der das Hauptschiff der Kirche vom Chor abtrennte.

1851 entschloss man sich im Zuge mehrerer baulicher Veränderungen im Grossmünster zur Öffnung des Chores. Der Lettner mit der in der Mitte angebrachten Kanzel wurde entfernt, und eine tief eingeschnittene Treppe führte nun in den freigelegten, höher gelegenen Chor. Nach Abschluss der Bauarbeiten entschied der Grossmünsterstillstand noch im selben Jahr:

«Auf einige von dem Präsidium dem Stillstand wegen der Abendmahlshandlung vorgelegte Fragen beschliesst derselbe, die Abendmahlshandlung soll am künftigen H. Weihnachtsfest und sodann später immer im Vordergrund des neu eröffneten Chores stattfinden und zu diesem Behuf alsdann dort ein Tisch aufgestellt und der Boden mit einem Teppich belegt werden.»[22]

Architekt Ferdinand Stadler,[23] dem der Umbau von 1851 zu verdanken war und der die noch heute existierende Kanzel aus Eichenholz (Abb. 1) schuf, präsentierte zehn Jahre später Zeichnungen für einen Abendmahlstisch aus zusammengefügten Sandsteinplatten mit zwei gegossenen Kandelabern. (Abb. 2) Nach der Beratung, wie die veranschlagten Kosten von 780 Franken beglichen werden könnten, meldete sich Diakon Johann Jakob Hess zum Wort: Er «findet die 2 Candelaber auf dem Abendmahlstisch unnöthig, ja sogar etwas anstössig, und wird hierin mehrseitig unterstützt.»

Schliesslich entschied der Stillstand, die Ausführung des Abendmahlstisches ohne die beiden Kandelaber an der nächsten Kirchgemeindeversammlung zu beantragen.[24]

Am 15. Juni 1862 begründete der Kirchenpfleger Professor Melchior Ulrich vor der Kirchgemeindeversammlung die Notwendigkeit eines neuen Abendmahlstisches und empfahl die Ausführung des von Architekt Stadler vorgelegten Planes. Einen Gegenantrag stellte Stadtrat Meier Ott,

«welcher es mit dem reformierten Cultus unvereinbar findet, dass in der Kirche ein ständiger Altartisch errichtet werde. Herr Diakon Hess erwidert dagegen, dass es sich hier nicht um die Errichtung eines Altares, sondern blos eines permanenten Nachtmahltisches handle, welchen aber die Kirchenpflege in einer dem Baue der ganzen Kirche angemessenen, würdigen, aber einfachen Form zu errichten wünsche, weshalb auch die beiden Candelabres als überflüssig weg erkannt wurden.»

Mit grosser Mehrheit stimmte die Kirchgemeindeversammlung dem Antrag der Kirchenpflege zu.[25]

Streng reformatorisch gesinnte Ansichten, wie sie in der Diskussion über Stadlers Abendmahlstisch-Entwurf geäussert wurden, waren auch später immer wieder zu vernehmen, besonders in Angelegenheiten, die Neuerungen rund um das Abendmahl betrafen.

Silbernes Abendmahlsgerät 4. 4. 2.

1887 vermachte in ihrem Testament die

«sel. Frau Schulthess-Schulthess an der obern Kirchgasse aus Anhänglichkeit an die Grossmünsterkirche, in der sie getauft und konfirmiert wurde, und an die Grossmünstergemeinde, in der sie zeitlebens gewohnt hat, Fr. 400.– für kirchliche Bedürfnisse und Fr. 1000.– zur Stiftung eines Fonds für Anschaffung silberner Abendmahlsgeräthe. [...] – Herr Antistes Dr. Finsler, indem er die edle Absicht der Testatorin dankend anerkennt, hat Bedenken gegen das letztere Legat. Herr Finsler zitiert die Worte Zwinglis in der Einleitung der

Abendmahlsverordnung: ‹Die Becher und Schüsseln sind hölzern, damit die Pracht nicht wiederkehre.› Seinem Pietätsgefühle widerstrebt es, in der Kirche Zwinglis eine Neuerung einzuführen, die dessen Willen nicht entspricht. In gleichem Sinn äussern sich noch mehrere Mitglieder.» (Abb. 3)

Es wurde erwogen, ob die testierten 1000 Franken nicht für einen anderen kirchlichen Zweck bestimmt werden könnten, doch musste man zur Kenntnis nehmen, dass die Erben nicht berechtigt waren, eine vom Willen der Verstorbenen abweichende Verfügung zu treffen. Der Antrag, mit den Erben in Unterhandlung zu treten, wurde abgelehnt, und die Kirchenpflege beschloss, auf das ganze Legat zu verzichten.[27]

Nur vier Jahre später erhielt die Kirchgemeinde erneut die Mitteilung einer hochherzigen testamentarischen Zuwendung zum Zweck der Beschaffung neuer Abendmahlsgeräte:

«Laut Zuschrift des Notars der Stadt Zürich hat die am 4. Mai [1891] verstorbene Fräulein Emilie Rohrdorf von Zürich zum Andenken an ihren Grossvater und Vater, welche beide Goldschmiede gewesen seien, der Kirchgemeinde Grossmünster Fr. 10 000.– testiert für Anschaffung von silbernen Abendmahlsgeräthen.»

Angesichts der beträchtlichen Summe des Vermächtnisses verlief die Diskussion dieses Mal anders. Kritik vonseiten des Antistes wurde nicht laut. Die Überlegungen gingen vielmehr dahin, man habe nur die Wahl, das Geld entweder seiner Bestimmung gemäss zu verwenden oder das Legat auszuschlagen. Da die Kirchenpflege aber nicht kompetent sei, einen so hohen Geldbetrag von sich aus zurückzuweisen, müsse das die Kirchgemeinde entscheiden. Und diese wäre ohne jeden Zweifel für die Annahme des Legates und dessen Zweckbestimmung. Deshalb entschied die Kirchenpflege einstimmig, die Schenkung entgegenzunehmen und die Bestimmung des Legats sogleich zur Ausführung zu bringen. Damit wurde eine fünfköpfige Kommission beauftragt, zu der neben den Pfarrern Finsler und Pestalozzi die fachkundigen Kirchenpfleger Heinrich Appenzeller, Kunsthändler, und Dr. Hermann Escher, erster Bibliothekar der Stadtbibliothek, gehörten.[28] Die Kirchgemeindeversammlung vom 14. Juni 1891 folgte, wie erwartet, einstimmig den Anträgen der Pflege, das Legat anzunehmen und sie mit der Ausführung der Sache zu betrauen.[29] Beraten von Professor Hans Rudolf Rahn, dem «Vater der schweizerischen Kunstgeschichte», hatte die Kommission daraufhin den Zürcher Goldschmied David Schellhaas und das international renommierte Goldschmiedeatelier von Carl Silvan Bossard in Luzern um Einsendung von Entwürfen für Becher und Teller gebeten,

«diese stylvoll und schwer in Silber ausgeführt [...] und zwar in einer den jetzigen hölzernen Bechern und Tellern ganz ähnlichen Form».

Nach allseitiger Prüfung der eingegangenen Zeichnungen gab man dem auch von Professor Rahn besonders empfohlenen Angebot von Bossard den Vorzug. Dieses war zwar um einiges kostspieliger als die Offerte von Schellhaas, überzeugte aber aufgrund der Qualität der Materialien und der sorgfältig von Hand ausgeführten Verzierungen. Bossard erhielt den Auftrag für die Herstellung eines Probebechers und Probetellers entsprechend den von ihm eingereichten Zeichnungen.[30] (Abb. 4) Die ausgeführten Muster, noch ohne Gravuren und Vergoldung, wurden der Kirchenpflege am 18. Februar 1892 vorgelegt.

«Die Kommission ist einstimmig der Ansicht, dass beide Stücke ebenso schön als praktisch in der Form seien, nur findet sie, dass der Teller, der bereits 1000 gr wiegt, zu schwer sei. Der Becher hat ein Gewicht von 470 gr und fasst 8 Deziliter, unsere hölzernen fassen je 5 Deziliter. Herr Prof. Rahn hat die Muster besichtigt; er erklärt, dass er daran absolut nichts auszusetzen habe und lobt ihre schöne Form.»

Danach wurde beschlossen, dass die Abendmahlsgeräte gemäss den gutgeheissenen Mustern in Rohform auszuführen seien, die Teller jedoch mit einem reduzierten Gewicht von 700 Gramm.[31] Am 29. Mai wurden ein mit der endgültigen Ziselierung, Gravur und Vergoldung versehener Abendmahlsbecher und ein ebenso ausgeführter Brotteller präsentiert, die auf allgemeines Gefallen stiessen.[32] Die fertiggestellten und abgelieferten 17 Becher und sechs Teller konnten schliesslich am Bettag, dem 18. September 1892, mit einigen Worten von Antistes Finsler ihrer Bestimmung übergeben werden. (Abb. 5) Befriedigt stellte man fest:

«Die Geräthe entsprechen vollkommen den gestellten Bedingungen. Herr Bossard hat den Preis der Becher von Fr. 290.– auf Fr. 250.– und der Teller von Fr. 320.– auf Fr. 300.– reduzirt und es kosten die Geräthe im Ganzen Fr. 6050.– statt wie vereinbart Fr. 6850.–. Die Kirchenpflege beschliesst, dem Herrn Bossard in einer künstlerischen und so schön als möglich ausgestatteten Urkunde ihren Dank und ihre Anerkennung zu bezeugen für die prächtige Arbeit.»[33] (Abb. 6)

Damit hatten die während Jahrhunderten verwendeten hölzernen Becher und Teller, wie sie einst von Zwingli eingeführt worden waren, ausgedient und wurden weggestellt. Für den wertvollen Silberschatz musste ein feuer- und diebstahlsicherer Tresorschrank in der Kirche erstellt werden. Noch heute sind die Bossardschen Abendmahlsbecher und -teller in regelmässigem Gebrauch.

Liturgie und Ort der Abendmahlsfeier 4. 4. 3.

Ebenso wie die Errichtung des Abendmahlstisches und die Einführung des silbernen Abendmahlsgerätes zunächst auf Zurückhaltung, ja auf Ablehnung gestossen waren, gaben auch andere, manchmal scheinbar geringfügige Veränderungen in der Durchführung des Abendmahls zu reden.

Im «Gemeinde-Blatt» vom 16. Dezember 1911 wurde eine Debatte zusammengefasst, die in der vorangegangenen Kirchenpflegesitzung vom 15. November über den liturgischen Ablauf der Abendmahlsfeier geführt worden war. Ausgangspunkt dafür war die Sorge um das schwindende Interesse der Gemeinde an der Teilnahme beim Abendmahl. Als einer der Gründe dafür wurde die veraltete Liturgie ins Feld geführt und insbesondere das Vorlesen des Apostolischen Glaubensbekenntnisses infrage gestellt. Dabei stand nicht nur die Form der Lesung durch die beiden Pfarrer im

Wechsel, ein Überrest des alten Responsoriums, in der Kritik. Als störend, altertümlich, durch seine Länge ermüdend und oft nicht gut verständlich wurde das althergebrachte Abendmahlsgebet empfunden. Auch mit seinem Inhalt, etwa den Artikeln von der Jungfrauengeburt, von der Höllenfahrt Christi oder von der Auferstehung des Leibes konnten sich viele nicht mehr identifizieren. Ob mit einem schlankeren Ablauf und mit aktualisierten Gebetstexten tatsächlich wieder mehr Leute zum Abendmahl kommen würden, war zwar umstritten. Trotzdem fasste die Pflege den vorsichtigen Beschluss, in Zukunft versuchsweise eine moderner gehaltene, vereinfachte Abendmahlsliturgie ohne Glaubensbekenntnis anzuwenden, dieses aber im Sinne eines Kompromisses in den Hauptgottesdiensten der hohen Festtage weiterhin beizubehalten. Ausserdem sollte das Gebet hinfort nur noch von einem Pfarrer gelesen werden. Die Verlautbarung über diese Neuerung schliesst mit den beruhigenden und hoffnungsvollen Sätzen:

«Diese ganze Änderung bezweckt nicht etwa eine etappenweise Abschaffung des Althergebrachten, das nach wie vor vielen lieb und teuer ist, sondern lediglich eine Erweiterung der bestehenden Form der h. Feier im Sinne eines grösseren Entgegenkommens gegenüber den freier gerichteten Gliedern unserer Kirchgemeinde. Möge dadurch neues Leben und frischer Schwung in die Handlung des Abendmahls am Grossmünster kommen!»[34]

Als ebenso unbefriedigend wie die altertümliche Liturgie erwies sich für die Durchführung des Abendmahls auf die Länge auch der Ort der Handlung. Seit Zwinglis Zeiten war in den Kirchen der Stadt, also auch im Grossmünster, die «sitzende Kommunion» gebräuchlich; Brot und Wein wurden von den Helfern zu den sitzenden Gottesdienstbesuchern gebracht und von Bank zu Bank weitergereicht. Nach Abschluss des 1851 von Ferdinand Stadler durchgeführten Umbaus im Grossmünster, der den Abbruch des alten Kanzellettners und die Freilegung des Chores mit sich brachte, hatte der damalige Stillstand beschlossen, die Zubereitungs- und Einsetzungszeremonie der Abendmahlsfeier in Zukunft am neu errichteten Abendmahlstisch im vorderen Chor abzuhalten. Wegen der damit entstandenen grossen Distanz zwischen den Pfarrern und Administranten und der Gemeinde im Kirchenschiff wurde es für die Kirchgänger schwierig – erst recht zu Zeiten, als noch keine Lautsprecher zur Verfügung standen –, etwas von den Vorgängen am Abendmahlstisch mitzubekommen. Dieser Übelstand gab seit langer Zeit Anlass zu Klagen und kam erstmals in der Kirchgemeindeversammlung vom 27. Oktober 1929 zur Sprache. Die Anregung, der Gemeinde mit der Verlegung der Feier aus dem Chor hinunter an den Taufstein entgegenzukommen, wurde zur Prüfung in der Pflege angenommen.[35] Offenbar stand man aber auch diesem Anliegen zurückhaltend gegenüber, dauerte es doch mehr als eineinhalb Jahre, bis das Thema auf der Gemeindeseite des «Kirchenboten» im Mai 1931 wieder aufgegriffen wurde. Hier führte der Grossmünsterpfarrer Paul Eppler u.a. aus:

«Wenn nach katholischer Auffassung es nur darauf ankommt, dass heilige Zeremonien von den Priestern in der fremden Kirchensprache richtig vollzogen werden, so sind wir Evangelische der Überzeugung, dass das Abendmahl eine Gemeindefeier sei und dass auch dabei das vernehmbare und verständliche Wort seine grosse Bedeutung habe.»

Zudem erwähnte er, dass bereits Zwingli beim ersten reformierten Abendmahl 1532 angeordnet habe, den Abendmahlstisch in unmittelbarer Nähe der Gemeinde aufzustellen. Was also könne eigentlich hindern, dieser Anordnung Zwinglis zu folgen. Im Wissen darum, wie sehr man gerade in kirchlichen Dingen am Herkommen hängt, plädierte er trotzdem dafür, bei veränderten Verhältnissen auch die Gebräuche zu ändern.[36] An der Sitzung der Kirchenpflege vom 7. Juli 1931 stellte daraufhin die Kommission für das kirchliche Leben den formellen Antrag, die Abendmahlsfeier am kommenden Bettag solle beim Taufstein abgehalten werden, da das im Chor gesprochene Wort unten im Schiff nur schwer oder gar nicht verstanden werde. In der Diskussion wurden verschiedene Standpunkte vertreten: Rosa Gutknecht wies darauf hin,

> «dass das Abendmahl im Gegensatz zur Predigt stehe. Ersteres soll seelisches Erlebnis sein, Letztere ist eine Vermittlung evangelischer Erkenntnis durch die Sprache.»

Während sie bei der Predigt den Gebrauch eines technischen Hilfsmittels zur besseren Hörbarkeit (sprich: Mikrofon und Lautsprecher)[37] erlauben würde, lehnte sie solches bei der Abendmahlsfeier strikte ab. Weiter wurde angeführt, dass die Verlegung der heiligen Handlung sozusagen mitten unter die Anwesenden das Zusammengehörigkeitsgefühl bei der Gemeinde verstärken könne, dagegen werde bei der bisher üblichen Durchführung am Abendmahlstisch oben im Chor der feierlich-festliche Eindruck der Handlung betont. Schliesslich sprach man sich für den Versuch aus, das Abendmahl am kommenden Bettag beim Taufstein zu feiern.[38] Über ihre Absicht berichtete die Kirchenpflege nochmals im «Kirchenboten» mit dem ausdrücklichen Hinweis, dass es sich dabei jedenfalls nur um einen Versuch handeln könne, und mit der Bitte, die Abendmahlsgenossen möchten daran keinen Anstoss nehmen.[39] Diese Befürchtung erwies sich allerdings als unbegründet: Das Protokoll der Kirchenpflege vom 29. September 1931 hält fest:

> «Die Neuerung der Austeilung des Abendmahls vom Taufstein aus wird allgemein, soweit es die bessere Verständlichkeit des gesprochenen Wortes betrifft, als gelungen bezeichnet. Es wird beschlossen, vorläufig dabei zu bleiben.»[40]

Die «vorläufige» Massnahme bewährte sich auch langfristig und wurde nicht mehr infrage gestellt.

Was war nun mit dem nicht mehr benötigten Abendmahlstisch zu tun? Der wuchtige, vom Bildhauer Otto Kappeler entworfene Steintisch, der 1914, stilistisch zu dem zur gleichen Zeit eingebauten Chorgestühl passend, anstelle des Stadlerschen Tisches von 1862 aufgestellt worden war,[41] (Abb. 7, 8) stand nach 1931 jahrelang unbenützt im Weg und nahm im vorderen Chor Platz weg, den man gerne anderweitig, etwa für Konzertveranstaltungen, benützt hätte. Angeregt durch eine Anfrage des Sängervereins Harmonie, der während längerer Zeit regelmässig im Grossmünster auftrat und sich bei seinen Konzerten gerne im Chor aufgestellt hätte, begann man ab 1946 gemeinsam mit dem Hochbauamt des Kantons, über verschiedene Möglichkeiten zur Versetzung des Tisches an andere Orte in der Kirche nachzudenken: Erwogen wurden eine temporäre Verschiebung auf Rollen im Chor – ein Unterfangen, das sich angesichts des Gewichts des Tisches von ca. fünf Tonnen nicht realisieren liess –, seine Platzierung im Kirchenschiff in der Nähe des Taufsteins oder eine Aufstellung in der Krypta, dies immer verbunden mit dem Gedanken, den Tisch doch noch einmal seiner Bestimmung gemäss wieder verwenden zu können. Die Debatte zog sich über zwei Jahre hin; eine erneute Aussprache der Harmonie mit Mitgliedern der Kirchenpflege führte am 7. April 1948 zu einem Gesuch des Sängervereins an das kantonale Hochbauamt um Versetzung des Abendmahlstisches. Das Hochbauamt legte die Frage der kantonalen Natur- und Heimatschutzkommission zur Begutachtung vor. In einer ausführlichen Antwort stellte die Kommission fest, dass der Kunstwert des Tisches von 1914 unerheblich sei und dass seiner Versetzung in den hinteren Chor oder auch einem eventuellen gänzlichen Abbruch weder Pietätsgründe noch künstlerische Bedenken im Weg stünden. Aufgrund dieser Einschätzung und nach nochmaligen Beratungen mit der Kirchenpflege, zu denen auch der Kunsthistoriker Hans Hoffmann zugezogen wurde, beschloss der Regierungsrat auf Antrag der Direktion der öffentlichen Bauten am 7. Oktober 1948 schliesslich, den Abendmahlstisch entfernen und in die Zwölfbotenkapelle versetzen zu lassen, wo er noch heute steht. (Abb. 9) Mit dem Transport wurde die Firma Locher beauftragt. An den vom Kanton übernommenen Kosten von 3000 Franken beteiligten sich die Kirchgemeinde und der Sängerverein Harmonie mit je 250 Franken.[42]

Die Fragen nach den Gaben, die den Gläubigen beim Abendmahl dargereicht werden sollten, beschäftigten auch die Kirchenpflege des Grossmünsters mit unterschiedlicher Intensität. Das Thema wurde erstmals an der Sitzung vom 13. Oktober 1925 erörtert:

«Eine Anfrage, ob nicht als Abendmahlwein alkoholfreier Wein verwendet werden solle, wird mehrheitlich verneint.»[43]

Zu jener Zeit kam es auch in anderen Gemeinden der Zürcher Kirche zu Diskussionen und Entscheiden in dieser Sache. Ein Artikel im «Kirchenboten» vom April 1929 zeigte ausführlich auf, welche Gründe für die Darbietung von unvergorenem Traubensaft sprechen würden. Als Hauptargument wurde angeführt, die Kirche trage eine Verantwortung, der Schwäche ehemaliger Alkoholiker Rechnung zu tragen und sie nicht mit dem Genuss des Weins beim Abendmahl zu erneuter Sucht zu verführen. Auch wollte man vermeiden, dass Jugendliche aus abstinenten Familien ausgerechnet beim Anlass ihrer Konfirmation und beim Besuch des Abendmahls zum ersten Mal in ihrem Leben mit Alkohol in Kontakt kommen. Der Auffassung, die seit 2000 Jahren geübte Verwendung des Mess- und Abendmahlsweines gründe auf den Berichten in den Evangelien vom letzten Passahmahl Christi mit seinen Jüngern, wurde etwas spitzfindig entgegengehalten, dass an den einschlägigen Stellen der Bibel über die Einsetzung des Abendmahls nur vom Kelch und vom Gewächs des Weinstocks, aber nicht ausdrücklich von vergorenem Wein die Rede sei.[44]

Angesichts des Gässchenelends, das in der Grossmünstergemeinde nicht zuletzt auch wegen des verbreiteten Alkoholmissbrauchs herrschte, und unter dem Einfluss der in unmittelbarer Nachbarschaft des Grossmünsters angesiedelten Institution des Blauen Kreuzes, dessen Mitarbeiter in der Kirchenpflege stark präsent waren, schenkte man dem Thema auch hier vermehrt Aufmerksamkeit. Bei der Beratung des Traktandums «alkoholfreier Abendmahlwein» in der Kirchenpflegesitzung vom 8. März 1932 empfahl der referierende Pfarrer Paul Högger die Einführung von Traubensaft im Wesentlichen mit denselben, schon im «Kirchenboten» genannten Argumenten. Zudem erwähnte er, dass die grossen Stadtzürcher Gemeinden Neumünster, Unterstrass und Wollishofen aus diesen Überlegungen heraus die Neuerung bereits eingeführt hätten. Eine Teilung der Handlung, bei der zur Wahl gleichzeitig alkoholfreier Saft und Wein gereicht würde, lehnte er strikte ab: «Entweder das Eine oder das Andere. Kein Kompromiss.»

Die Gegenseite drückte ihre Verwunderung darüber aus, dass die altehrwürdige Regel auf einmal nicht mehr recht sei solle.

«Die kleine Menge alkoholhaltigen Weines, welche bei diesem Anlass genossen werde, könne unmöglich jenen Schaden anrichten, wie er dargestellt worden sei.»

Zudem sei die Pflege wohl nicht berechtigt, diese Änderung ohne Genehmigung der Kirchgemeindeversammlung durchzuführen. Dem Vorwurf, einen uralten biblisch begründeten Brauch abschaffen zu wollen, begegneten die Befürworter mit dem Hinweis, dass die christliche Kirche schon längst vom Gebrauch der ungesäuerten Brote, wie sie Jesus am jüdischen Mahl seinerzeit wohl verteilt habe, abgekommen sei, und auch im Grossmünster seit jeher die Verwendung der Oblate üblich sei. Der Antrag, das Geschäft vor die Kirchgemeindeversammlung zu bringen, wurde vorerst abgelehnt, sodass an Karfreitag und Ostern, am 25. und 27. März 1932, das Abendmahl versuchsweise mit Traubensaft gefeiert wurde, nicht ohne dass das auszuschenkende Getränk vorgängig durch die Mitglieder der Kirchenpflege degustiert worden war.[45] Auf der Gemeindeseite in der darauf folgenden April-Nummer des «Kirchenboten» breitete Pfarrer Paul Eppler nochmals die Argumente aus, welche die Kirchenpflege zu dieser Entscheidung bewogen hatten.[46] Auch nach dieser Erklärung wurden offenbar da und dort Vorwürfe laut, die Kirchenpflege sei in dieser Frage eigenmächtig vorgegangen. Kirchenpfleger Eduard Denzler sah sich daraufhin veranlasst, in einer schriftlichen Intervention an die Pflege den Antrag zu stellen, den Beschluss zur definitiven Einführung des alkoholfreien Abendmahlsweines unbedingt der Kirchgemeindeversammlung vorzulegen.[47] Die Kirchenpflege kam in ihrer Sitzung vom 26. April nochmals auf das Thema zurück. Der Antrag von Pfarrer Eppler, wonach der Versuch, zum Abendmahl alkoholfreien Wein zu verwenden, am Pfingstfest noch einmal gemacht und sodann diese Frage der Gemeindeversammlung zur endgültigen Entscheidung vorgelegt werden solle, wurde zum Beschluss erhoben.[48] In der Versammlung vom 22. Mai 1932 hatte die Gemeinde schliesslich die Gelegenheit, über den traktandierten

«Antrag der Kirchenpflege: Der an Ostern und Pfingsten 1932 versuchsweise eingeführte alkoholfreie Abendmahlswein soll dauernd beim Abendmahl verwendet werden», abzustimmen. Ohne Diskussion wurde der Antrag bei geheimer Stimmabgabe mit 9 Ja gegen 6 Nein und einer Enthaltung angenommen.[49] So wurde das, was zunächst als Versuch gedacht und ausprobiert worden war, rasch zur festen, nicht mehr infrage gestellten Einrichtung, auch wenn später gelegentlich aus der Gemeinde der Wunsch geäussert wurde, man möge doch zur Darreichung von Wein zurückkehren.[50]

Während die Verwendung von Brot anstelle der bisher üblichen Oblaten noch in den 1960er Jahren mit Rücksicht auf traditionelle Gründe keine Mehrheit fand,[51] bedurfte der gut 15 Jahre später auf Anregung von Pfarrer Hans Stickelberger einstimmig beschlossene Wechsel von der Oblate zum klein zugeschnittenen Weissbrot weder einer ausführlichen Begründung, noch provozierte er grundsätzliche Diskussionen in der Gemeinde.[52] Diese Änderung schien damals nicht mehr von so fundamentaler Bedeutung zu sein wie der frühere Verzicht auf den Wein zu Gunsten des Traubensaftes; zudem hatte sich auch der Umgang mit alten Bräuchen und Traditionen in jenen Jahren derart verändert, dass man den Versuchen, neue Formen der Liturgie auszuprobieren, ganz allgemein offener gegenüberstand – Neuerungen, die doch immer wieder zum Ziel hatten, die Gemeindeglieder stärker in den gottesdienstlichen Ablauf zu integrieren, sie über den verbindenden Gemeindegesang hinaus zu weiterer aktiver Beteiligung am Gottesdienst zu bringen, damit dieser als Gemeinschaftserlebnis erfahren werden konnte.

Ähnlich erging es dann dem erneuten Anlauf, im Grossmünster zum Abendmahl nach langer Zeit der Abstinenz wieder Wein auszuschenken. Anlass dazu bot eine neue Predigtreihe zum Thema des Weins in der Bibel. Pfarrer Martin Rüsch eröffnete die neunteilige Serie dieser Weinpredigten im Abendmahlsgottesdienst zu Pfingsten des Jahres 2014 mit der Auslegung der Schilderung des Pfingstwunders in der Apostelgeschichte und der dort überlieferten Spottrede, die vom heiligen Geist erfüllten Jünger seien «voll des süssen Weines». In der Gemeinde-Beilage zum Kirchenblatt «reformiert.» informierte Rüsch vorgängig über die in Absprache mit der Kirchenpflege getroffene Entscheidung, erstmals seit vielen Jahren gemäss uralter Sitte auch Wein neben dem gewohnten Traubensaft anzubieten.[53] Die Einführung dieses Brauchs stiess bei den Gemeindegliedern, gleich wie die Abschaffung der Oblate, nicht auf besonderen Widerstand, sodass die Abendmahlsfeier fortan in dieser Weise abgehalten werden konnte. Dabei kommen nun die schmucklosen alten Holzbecher wieder zu Ehren, in denen der Wein dargeboten wird, währenddem für den Traubensaft weiterhin die silbernen Kelche verwendet werden.

4. 4. 5. Neu und bewährt: das monatliche und das wandelnde Abendmahl

Aus der Gemeinde wurde schon 1946 die Anregung an die Kirchenpflege herangetragen, das Abendmahl im Grossmünster häufiger zu feiern als, wie bisher, nur an den hohen Feiertagen (Ostern, Pfingsten, Bettag und Weihnacht), um mit dieser bedeutenden kirchlichen Zeremonie vertrauter zu werden. Grundsätzlich stand man dem Anliegen damals positiv gegenüber. Pfarrer Farner vertrat die Ansicht, dass solche zusätzlichen Abendmahlsfeiern wohl in einer anderen Form, in viel kleinerem Kreise, vielleicht im Chor der Kirche, vorzunehmen seien. Einig war man sich darin, dass die Pfarrer von sich aus bestimmen könnten, zu welchem Zeitpunkt und auf welche Art diese Feiern gestaltet werden sollten.[54] Denselben Wunsch nach vermehrt durchgeführtem Abendmahl äusserte die Gemeinde Jahre später nochmals, worauf 1952 zunächst ein weiteres Abendmahl am Vorabend zu Pfingsten eingeführt wurde, und zwar im stimmungsvollen Raum der Krypta. Im März 1956 beschloss die Kirchenpflege dann, während des Sommerhalbjahres die Gemeinde versuchsweise an jedem ersten Sonntag des Monats, mit Beginn im Mai, zum Abendmahl einzuladen,[55] ein Brauch, der sich bewährte und sich bis heute so erhalten hat.

Eine weitere Neuerung war die Umstellung vom sitzenden zum wandelnden Abendmahl, die indirekt auf Anregungen aus der Zürcher Disputation 84 zurückging. Als Kompromiss einigte man sich im Sommer 1987 zunächst darauf, die Abendmahlsfeiern an den ersten Sonntagen im Monat jeweils probeweise in der wandelnden Form durchzuführen, an den hohen Feiertagen dagegen beim sitzenden Abendmahl zu bleiben.[56] Bereits im Dezember des selben Jahres entschied die Pflege endgültig:

«Am Weihnachtssonntag, 25. Dez., soll das Abendmahl auch ‹wandelnd› gefeiert werden, da sich diese Form so gut eingelebt hat.»[57]

An dieser Entscheidung hielt man ab da an fest, obschon sich einzelne Gemeindeglieder der älteren Generation nicht damit anfreunden konnten.

Abb. 1 Skizze zur Kanzel im Grossmünster von Ferdinand Stadler, 1852.

Abb. 2 Vordere Ansicht eines Abendmahlstisches, Entwurf von Ferdinand Stadler, 1862.

Abb. 3 Hölzerner Abendmahlsbecher und Teller in der Sakristei des Grossmünsters.

Abb. 4 Entwurfszeichnung für einen silbervergoldeten Abendmahlskelch vom Goldschmiedeatelier Bossard in Luzern, 1. Dezember 1891.

Abb. 5 Silbernes Abendmahlsgerät des Goldschmiedeateliers Bossard in Luzern.

Herrn C. Bossard, Goldschmied in Luzern

Durch das grossmüthige Legat der sel: Fräulein C. Nordorf von Zürich ist die Grossmünstergemeinde in den Stand gesetzt worden, für die Feier des heil: Abendmahles silberne Schüsseln und Becher anzuschaffen. Mit vollem Vertrauen hat die Kirchenpflege Ihnen die Ausführung der Arbeit übertragen, und Sie haben dieses Vertrauen in jeder Hinsicht gerechtfertigt. Der althergebrachte Abendmahls-Becher aus Holz hat durch Sie eine neue, künstlerisch veredelte Gestalt erhalten, und nicht minder verdienen auch die geschmackvoll angefertigten Schüsseln alles Lob.

Die Kirchenpflege bezeugt Ihnen daher durch diese Urkunde ihren Dank für die ausgezeichnet schöne und ihrer Bedeutung würdige Arbeit. Solange diese Abendmahlsgeräthe im Gebrauch sein werden, solange wird auch Ihres Namens ehrend gedacht.

Namens der Kirchenpflege Grossmünster

Zürich den 1. October 1892

der Präsident: Dr. J. Finsler, Antistes.

der Actuar: Jacob Honegger

Abb. 6 Dankesurkunde der Kirchenpflege Grossmünster für den Goldschmied Carl Silvan Bossard, 1. Oktober 1892.

Abb. 7 Abendmahlstisch von Otto Kappeler im Chor des Grossmünsters, 1914.

Abb. 8 Grossmünster, Blick vom vorderen Chor ins Mittelschiff, Foto 1940.

1 Gemeinde-Blatt, V. Jg., Nr. 4, 11. September 1915, S. 14 f.

2 Kirchenbote, Februar 1959, Nr. 2, S. 16; der am 9. Januar 1959 von der Kirchenpflege gefasste Beschluss lautet: «Die Lektion wird im Gottesdienst nicht mehr vom Pfarrer, sondern von einem Kirchenpfleger oder einem andern Nichttheologen vom Taufstein aus gelesen. Vor dem Segen singt die Gemeinde stehend einen Schlussvers.» Siehe Schreibmaschinennotiz, eingelegt in IV. B. 2.12, bei S. 269, und nachgetragen im Protokoll der Kirchenpflegesitzung vom 6. März 1959, IV. B. 2.12, S. 272.

3 Erste Erwähnung bereits an der Kirchenpflegesitzung vom 25. Oktober 1963, Traktandum 7, IV. B. 2.13 (ohne Seitenzahl).

4 Diese Ideen wurden in der Grossmünster-Kirchenpflege bereits an der Sitzung vom 7. Dezember 1948 unter dem Traktandum «Lebendigere Gemeinde» zur Diskussion gestellt, fanden damals aber keine Zustimmung, IV. B. 2.11, S. 329 f.

5 Kirchenpflegesitzung vom 9. April 1965, Traktandum 2, IV. B. 2.13 (ohne Seitenzahl).

6 Beschluss der Kirchenpflege vom 20. Oktober 1980, IV. B. 2.17, S. 148.

7 Kirchenpflegesitzungen vom 2. Februar und 4. Dezember 1984, IV. B. 2.18, S. 114 und 163.

8 Siehe dazu den Beitrag von MARTIN RÜSCH, *Den Glockenklang sehen,* in: Beilage der Kirchgemeinde Grossmünster zur Zeitung «reformiert.», Juli/August 2013.

9 Kirchenpflegesitzung vom 9. Dezember 1993, IV. B. 2.20, S. 118.

10 Kirchenbote, Oktober 1955, Nr. 10, S. 108.

11 Kirchenbote, November 1931, Nr. 11, S. 92.

12 Kirchenbote, Mai 1937, Nr. 5, S. 40.

13 Kirchenbote, November 1937, Nr. 11, nach S. 92.

14 Kirchenbote, Februar 1932, Nr. 2, S. 16.

15 Mitwirkende bei den Christnachtfeiern waren 1932: Pfarrer und Kirchenchor der Gemeinde Wiedikon; 1934: Liturg und Kirchenchor der Gemeinde Neumünster; 1936: Pfarrer und Kirchenchor der Gemeinde Oberstrass. Von 1946 bis 1962 übernahm der Zürcher Motettenchor die Gestaltung der Christnachtfeier, ab 1962 wirkten die Grossmünster-Kantoreien bzw. offene Chorgemeinschaften unter den Kantoren Jakob Kobelt, Klaus Knall, Karl Scheuber und Daniel Schmid mit. Einzelne Programme finden sich in der Archivschachtel II. B. 4 Kirchliches, Kulturelles, Unterricht, Mappe 4.06.0 Weihnachtsfeiern.

16 Näheres dazu siehe im Kapitel 8. 2. 6. *Familiengottesdienste, «Fiire mit de Chliine»*, unten S. 292 f.

17 Kirchenbote, März 1936, Nr. 3, S. 36.

18 Kirchenbote, September 1941, Nr. 9, S. 80.

19 Kirchenbote, November 1953, Nr. 11, S. 112.

20 Kirchenbote, Januar 1954, Nr .1, S. 8, und Februar 1954, Nr. 2, S. 20.

21 Erste Stillstandssitzung vom 13. Mai 1833, IV. B. 2.3, S. 3.

22 Stillstandssitzung vom 18. November 1851, IV. B. 2.5, S. 44.

23 Ferdinand Stadler (1813–1870), 1832–1835 Architekturstudium in Karlsruhe und Darmstadt, ab 1853 Architekt für die Nord- und Nordostbahn. Hauptwerke: Bahnhofgebäude Baden (1846/47), Entwurf für die Elisabethenkirche in Basel (1856/57), Stadtkirche Glarus (1862–1866), Haus der Museumsgesellschaft am Limmatquai (1865/66). ANDREAS HAUSER, *Ferdinand Stadler.*

24 Stillstandssitzung vom 26. Mai 1862, IV. B. 2.5, S. 179.

25 Kirchgemeindeversammlung vom 15. Juni 1862, IV. B. 1.1, S. 58.

26 Anna Schulthess, verwitwete Ehefrau von Emil Schulthess (1805–1855), der von 1853 bis 1855 Mitglied der Kirchenpflege Grossmünster war, wohnte im «Haus zur St. Katharina», Kirchgasse 25; REGINE ABEGG, CHRISTINE BARRAUD WIENER, KARL GRUNDER, CORNELIA STÄHELI, *Die Kunstdenkmäler des Kantons Zürich, Neue Ausgabe Bd. III. II., Die Stadt Zürich III. II., Altstadt rechts der Limmat – Profanbauten,* Bern, 2007, S. 287 f.

27 Kirchenpflegesitzung vom 3. Mai 1887, IV. B. 2.6, S. 78.

28 Kirchenpflegesitzung vom 5. Juni 1891, IV. B. 2.6, S. 121.

29 Kirchgemeindeversammlung vom 14. Juni 1891, IV. B. 1.1, S. 172 f.

30 Kirchenpflegesitzung vom 1. Dezember 1891, IV. B. 2.6, S. 124 f.

31 Kirchenpflegesitzung vom 18. Fe-

bruar 1892, IV. B. 2.6, S. 126.

32 Kirchenpflegesitzung vom 29. Mai 1892, nach Schluss der Kirchgemeindeversammlung, IV. B. 2.6, S. 131.

33 Kirchenpflegesitzung vom 30. September 1892, IV. B. 2.6, S. 134. – Die Entwurfszeichnungen und die kalligrafisch gestaltete Dankesurkunde der Kirchenpflege befinden sich im Nachlass der Goldschmiedewerkstatt Bossard, die heute im Besitz des Schweizerischen Nationalmuseums ist.

34 Gemeinde-Blatt, I. Jg., Nr. 5, 16. Dezember 1911, S. 20. – Der im Juli 1913 gewählte Pfarrer Paul Högger hatte die Gemeinde von vornherein wissen lassen, dass er die Anschauung des Apostolischen Glaubensbekenntnisses nicht teilen könne, weshalb er dieses beim Abendmahl auch nicht lesen werde; Protokoll der Kirchgemeindeversammlung vom 13. Juli 1913, IV. B. 1.1, S. 337.

35 Kirchgemeindeversammlung vom 27. Oktober 1929, IV. B. 1.2, S. 189 f.

36 Kirchenbote, Mai 1931, S. 44.

37 Eine provisorische Lautsprecheranlage wurde erstmals im Hinblick auf die Calvinfeier vom 28. Juni 1936 mit Ansprache von Emil Brunner installiert, an der ein zahlreiches Publikum erwartet wurde. Nachdem sich die Anlage bewährt hatte, beschloss man ihre definitive Einrichtung. Stillstand vom 21. Juni 1936, Kirchenpflegesitzungen vom 15. September und 27. Oktober 1936, IV. B. 2.10, S. 148, 162, 171.

38 Kirchenpflegesitzung vom 7. Juli 1931, IV. B. 2.9, S. 184 f.

39 Kirchenbote, September 1931, S. 76.

40 Kirchenpflegesitzung vom 29. September 1931, IV. B. 2.9, S. 199 f.

41 Beschluss der Kirchenpflege vom 3. Juni 1914, IV. B. 2.7, S. 182 f.

42 Auszug aus dem Protokoll des Regierungsrates 1948, Sitzung vom 7. Oktober 1948, Regierungsratsentscheid 3065, Kopie im Archiv der Kirchgemeinde Grossmünster, Schachtel II. B. 4 Kirchliches, Kulturelles, Unterricht, Mappe 4.04.2 Abendmahl; Kirchenpflegesitzungen vom 29. Oktober 1946, 26. November 1946, 27. April 1948, 1. Juni 1948 und 9. November 1948, IV. B. 2.11, S. 246, 250 f., 307, 309, 324.

43 Kirchenpflegesitzung vom13. Oktober 1925, IV. B. 2.8, S. 171.

44 EMIL BOLLER, *Alkoholfreier Abendmahlwein*, in: Kirchenbote, April 1929, S. 28 f.

45 Kirchenpflegesitzung vom 8. März 1932, IV. B. 2.9, S. 221–223. – Brief des Präsidenten H. Hoehn vom 14. März 1932 an die Kirchenpfleger betreffend die Degustation des Traubensaftes. Zur Wahl stehen ein Produkt aus Trauben eines Männedorfer Weinbauern und der Saft aus einer Tessiner Traubenmischung, der von einem Landwirt in Wädenswil angeboten wird. Archiv Schachtel II. B. 4 Kirchliches, Kulturelles, Unterricht, Mappe 4.04.2 Abendmahl.

46 Kirchenbote, April 1932, S. 32.

47 Brief von Eduard Denzler an den Präsidenten, Heinrich Höhn, Zürich, 26. April 1932, Archiv Schachtel II. B. 4 Kirchliches, Kulturelles, Unterricht, Mappe 4.04.2 Abendmahl.

48 Kirchenpflegesitzung vom 26. April 1932, IV. B. 2.9, S. 232.

49 Kirchgemeindeversammlung vom 22. Mai 1932, IV. B. 1.2, S. 244–247.

50 So beispielsweise ein Votum in der Kirchgemeindeversammlung vom 12. November 1944, IV. B. 1.3, S. 52 f.; Diskussion dieses Vorstosses in der Kirchenpflegesitzung vom 27. März 1945. Die Idee, wie in St. Peter beiderlei Getränke anzubieten, wird als nicht ideale Lösung bezeichnet und nicht weiterverfolgt, IV. B. 2.11, S. 195.

51 Kirchenpflegesitzung vom 26. Juni 1964, Traktandum 8, IV. B. 2.13 (ohne Seitenzahl).

52 Kirchenpflegesitzung vom 4. Februar 1980, IV. B. 2.17, S. 108. – N. B. Der Wechsel von der Oblate zum Abendmahlsbrot erfolgte in jener Zeit auch in den meisten anderen Kirchgemeinden, womit eine altüberlieferte Aufgabe des Grossmünstersigristen, der traditionellerweise den Versand der Oblaten an die Zürcher Kirchgemeinden betreute, dahinfiel.

53 MARTIN RÜSCH, *Brot und Wein*, in: Beilage der Kirchgemeinde Grossmünster zur Zeitung «reformiert.», Juni 2014.

54 Kirchenpflegesitzung vom 10. September 1946, IV. B. 2.11, S. 242.

55 Kirchenpflegesitzung vom 20. März 1956, IV. B. 1.12, S. 200 f., und Kirchenbote, Mai 1956, S. 52.

56 Kirchenpflegesitzung vom 9. Juni 1987, IV. B. 2.19, S. 71.

57 Kirchenpflegesitzung vom 17. Dezember 1987, IV. B. 2.19, S. 124.

Der Vorsinger 5. 1.

Wie in vielen anderen reformierten Kirchgemeinden Zürichs entwickelten sich kirchenmusikalische Aktivitäten im Laufe des 19. Jahrhunderts auch im Grossmünster langsam und zaghaft. Bis zum späten Einbau der ersten Orgel 1876 wurde der Gemeindegesang von einem von der Kirchgemeinde angestellten Vorsinger angeführt. Wie es in etwa mit dessen Qualifikation bestellt war, lässt sich einem Protokolleintrag anlässlich der Neuwahl eines Vorsingers im April 1845 entnehmen. Als Kandidaten meldeten sich damals Johannes Knechtli von Hottingen, der das Amt ab 1840 versehen hatte, und der blinde Sänger Heinrich Bächi. Bei der Wahl stützte sich der Stillstand auf ein Gutachten des Gesangdirektors Carl Friedrich Baumann.[1] Dieser

«gibt im Ganzen dem Herrn Bächi den Vorzug, erklärt aber keinen der Bewerber für hinreichend zu solcher Stellung befähigt».

Trotz dieser kritischen Einschätzung wurde der von mehreren Seiten empfohlene Bächi gewählt, vorsichtshalber allerdings nur provisorisch auf ein Jahr.[2] Bächi wurde zwar als

«Tenor voll süssen Schmelzes und hoher Kraft»

gerühmt;[3] allerdings gab er in den folgenden Jahren wegen nachlässiger Ausübung seiner Pflichten und unentschuldigter Abwesenheiten wiederholt Anlass zu Unzufriedenheit. Zudem verärgerte er die Behörde mit seinen sängerischen Auftritten in öffentlichen Lokalen zusammen mit seinen Töchtern,[4] was ihn schliesslich 1873 die Stelle als Vorsinger kostete.[5]

Zu den Aufgaben des Vorsingers gehörte u.a. das Einüben der Gesänge des 1853 neu herausgegebenen Zürcher Gesangbuchs[6] mit der Gemeinde und in der Kinderlehre. Dazu fand es die Kirchenpflege

«angemessen, aus der Jugend einen Chor zu bilden, um in der Kinderlehre und bei sonntäglichen Gottesdiensten durch einen Chor den Vorsinger unterstützen zu lassen».[7]

Gemeinsam mit der Fraumünstergemeinde wurde zudem

versucht, regelmässige, von einem Harmoniumspieler begleitete Gesangsübungsstunden durchzuführen. Obwohl den Kindern dringend empfohlen wurde, daran teilzunehmen, hatten die Bemühungen auf die Länge keinen Erfolg. Im September 1856 wurde beschlossen,

«die eingeführte Gesangübungsstunde einzustellen, da solche nur schwach und meistens von Leuten besucht werde, die schon singen könnten».[8]

Kirchenchor-Versuche und Paul Hindermanns Verein für klassische Kirchenmusik 5. 2.

Ebenso schwierig gestalteten sich die Bestrebungen der Grossmünstergemeinde, einen eigenen Kirchenchor ins Leben zu rufen zur musikalischen Bereicherung der Gottesdienste und ganz allgemein als Massnahme im Sinne des Gemeindeaufbaus. 1842 war auf Anregung von Johann Peter Lange, Professor der Theologie an der Universität Zürich,[9] der Kirchengesangverein der Stadt Zürich gegründet worden mit dem Ziel, über

«einen ausgebildeten Chor für den evangelischen Gemeindegottesdienst»

in den vier Stadtgemeinden zu verfügen. Der vom oben erwähnten Carl Friedrich Baumann geleitete, gewöhnlich als «Lange-Verein» benannte Chor wirkte öfter bei kirchlichen Feiern mit und bestand auch nach Langes Weggang von Zürich (1854) noch mehrere Jahre bis 1873 fort. Gegen Ende der 1860er Jahre regte sich in einigen Gemeinden der Wunsch nach einem eigenen Kirchenchor. 1869 kam es in der Prediger- und in der St. Petersgemeinde zur Gründung von Kirchenchören, was auch das Grossmünster veranlasste, einen solchen Schritt zu unternehmen. Erstmals wurde das Anliegen in einer Stillstandssitzung im September 1869 vorgebracht:

«Eine Anfrage betreffend Bildung eines Kirchengesangvereins – gleichhin in der Prediger- und Petersgemeinde – wird beifällig aufgenommen und die Anregung dazu in der Gemeinde durch die Herren Geistlichen für geeignet erklärt.»[10]

Anders allerdings als etwa der Chor der Kirchgemeinde St. Peter, der seit seiner Gründung trotz zeitweiliger Krisen ohne Unterbruch bis heute Bestand hat und kürzlich als Kantorei St. Peter sein 150-Jahr-Jubiläum feiern konnte,[11] blieb die Anregung im Grossmünster vorerst ohne Ergebnis. Erst im Februar 1873 befasste sich der Stillstand erneut mit der Frage nach einem gemeindeeigenen Gesangverein. Anlass dazu bot die bevorstehende Auflösung des «Lange-Vereins» und die damit verbundene Hoffnung, dessen verbliebene Mitglieder in den neu gebildeten Gemeindegesangverein aufzunehmen «und mit neuen Kräften zu vermehren und aufzufrischen». Zudem wurde auf das reichliche Notenmaterial hingewiesen, das möglicherweise zur Benützung übernommen werden könnte. Bereitwillig, das Projekt zu unterstützen, überliess man die vorbereitenden Schritte den Herren Geistlichen und alt Diakon Johann Jakob Hess, der den «Lange-Verein» präsidiert hatte.[12] Offensichtlich gelang dann auch die gewünschte Formierung eines Kirchengesangvereins Grossmünster, zunächst unter der Leitung des renommierten Zürcher Chordirigenten Carl Attenhofer[13] und ab 1876 von Gustav Weber, dem ersten Grossmünster-Organisten.[14] In den Jahren 1874 und 1875 stellte der Chor Gesuche um finanzielle Unterstützung, worauf der Stillstand Beiträge in der Höhe von 100 und 300 Franken bewilligte.[15] Trotz des Wohlwollens der Behörde war das Bestehen des Kirchengesangvereins nur von kurzer Dauer. Anfang Juni 1878 reichte der Dirigent Gustav Weber seinen Rücktritt ein, da der Frauenchor zu schwach sei, zu wenige Männerstimmen vorhanden seien und die Sänger zudem allzu oft fehlten, sodass keine qualitative Entwicklung möglich sei, und am 24. Juni 1878 löste sich der Kirchengesangverein Grossmünster endgültig auf; in den Protokollen des Stillstandes wird dieser Sachverhalt zwischen dem 2. Juni und dem 21. August unter dem Titel «Präsidialentscheide» nur in einem kurzen Satz vermerkt:

«Kirchengesangverein aufgelöst aus Mangel an Betheiligung».[16]

Damit war das Thema eines gemeindeeigenen Chores im

Grossmünster für die Kirchenpflege erledigt und wurde erst nach vielen Jahren wieder aufgegriffen.

Wie sich in der Zwischenzeit neben dem Wirken des Organisten im Gottesdienst und in Konzerten weitere kirchenmusikalische Aktivitäten ergeben hatten, ist den Anfragen betreffend die Benützung der Orgel und der Kirche zu entnehmen, mit denen sich die Kirchenpflege häufig befassen musste. Externe Chorgemeinschaften, etwa der Gemischte Chor Zürich, der Zürcher Männerchor oder der Sängerverein Harmonie, stellten immer wieder Gesuche zur Durchführung ihrer Konzerte im Grossmünster, und diese wurden in der Regel ohne Weiteres bewilligt. Im Frühjahr 1888 gründete der neu ans Grossmünster gewählte Organist Paul Hindermann[17] den Verein für klassische Kirchenmusik, einen Chor, der ein spezifisch auf sakrale Werke ausgerichtetes Repertoire pflegte. In Verbindung mit seinem Organistenamt konnte Hindermann mit dem von ihm geleiteten Gesangverein von Anfang an praktisch jedes Jahr mehrmals und oft zu Vorzugsbedingungen in der Kirche auftreten.[18] Obwohl der Verein sich später auch vermehrt an den Gottesdiensten beteiligte, hatte er aber zunächst nicht den Status eines Kirchenchors der Gemeinde. Das wurde vom Gesangverein auch explizit ausgedrückt in der Antwort auf Klagen verschiedener Gemeindeglieder, dass der Chor am Reformationssonntag 1910 nicht in der Kirche mitgewirkt habe:

«Er sei kein Kirchenchor, daher auch nicht bestimmt, bei Gottesdiensten mitzuwirken. In dem Verein seien Mitglieder aus allen Kirchgemeinden und von beiden Confessionen.»
Trotzdem sei man bereit, auf Einladung hin, seine Dienste an Festtagen zur Verfügung zu stellen. In der vom damaligen Kirchenpflegepräsidenten Hermannn Escher klar geäusserten Ansicht, die Existenz eines Grossmünster-Kirchenchors sei ganz aussichtslos, stellte die Kirchenpflege dem Gesangverein unter gewissen Bedingungen eine Subvention in Aussicht.[19]

Es dauerte bis im September 1920, ehe die Frage nach einem eigenen Chor in der Kirchenpflege erneut zur Sprache kam: Mitwirkende bei einer im Vorjahr aufgeführten

Weihnachtsmusik und weitere Gemeindeglieder äusserten den Wunsch nach Gründung eines Kirchenchores. Gleichzeitig meldete sich der Vorstand des Vereins für klassische Kirchenmusik mit dem Vorschlag, gegen eine Erhöhung der Subvention um 300 Franken den Chor sechsmal jährlich im Gottesdienst mitwirken zu lassen. Nach längerer Diskussion beauftragte man Rosa Gutknecht und die Kirchenpfleger Gottfried Ganz und Paul Hess, die beide auch dem Vereinsvorstand angehörten, sondierende Schritte zu unternehmen bezüglich der eventuell an einem Chor sich Beteiligenden, der Frage nach einem Dirigenten und den damit verbundenen Ausgaben.[20] Die in Anschlag gebrachten hohen Kosten und die Erinnerung an frühere erfolglose Versuche einen Kirchenchor zu gründen, brachten die Pflege zum einstimmig gefassten Entschluss, zurzeit von diesem Vorhaben abzusehen.[21] Dagegen wurden offenbar die Dienste von Paul Hindermanns Verein für klassische Kirchenmusik weiterhin in Anspruch genommen, wie einer Notiz im «Gemeinde-Blatt» von 1921 zu entnehmen ist: Darin warb der Verein,

«der am Grossmünster die Funktionen eines Kirchenchors ausübt»,

um sangesfreudige Mitglieder.[22] Nicht immer war man mit den Leistungen des Chores zufrieden: So wurden die beiden erwähnten, dem Verein angehörenden Kirchenpfleger Ganz und Hess einmal beauftragt, auf Herrn Hindermann dahin gehend einzuwirken,

«dass für die Mitwirkung des Vereins im Gottesdienst einfachere und melodiösere Kompositionen ausgewählt werden möchten».[23]

Nach Paul Hindermanns frühem Tod im Juli 1925 übernahm sein Sohn die Leitung des Chores, und in einer Zuschrift gab der Vereinspräsident der Kirchenpflege die Zusicherung, man werde weiterhin bestrebt sein, die Beziehungen zum Grossmünster enger zu knüpfen

«durch musikalische Verschönerung der Gottesdienste oder auch der Gemeindeabende».

Die Pflege nahm gerne davon Kenntnis und bedauerte nur,

dass dem Verein nicht mehr Gemeindeglieder angehörten, um den Zusammenhang zwischen Gemeinde und Chor herzustellen.[24]

Die Zusammenarbeit mit dem Verein unter seinem neuen Dirigenten, dessen Programmgestaltung sich mehr und mehr von dem vom liturgischen Rahmen bestimmten Kirchengesang entfernte, war nicht von langer Dauer. Im Oktober 1927 übte die Kirchenpflege heftige Kritik am fehlenden Kontakt des Dirigenten zu den Pfarrern und an den Texten der gesungenen Werke, die oft weder zu den kirchlichen Festtagen noch zur Predigt passten. Es wurde gewünscht, dass die Pfarrer bei der Wahl der Gesänge das entscheidende Wort haben sollten. Die Aussprache zwischen einer Delegation der Kirchenpflege und der Leitung des Chores führte zu keiner Einigung. Auf den Wunsch der Pflege und der Pfarrer nach besserer Koordination von gesungenem und gesprochenem Wort wurde nicht eingegangen. Ausserdem verlangte der Verein eine wesentliche Erhöhung der finanziellen Unterstützung, die nicht bewilligt wurde. In einem vierseitigen Brief wies der Präsident des Vereins daraufhin die Kritik der Kirchgemeinde an den gesanglichen Darbietungen zurück, bestätigte,

«dass der Verein für klassische Kirchenmusik nicht die Art eines Kirchengesangvereins hat»

und dass er in dieser Beziehung neutral und unabhängig bleiben wolle. Auch könne auf die erhöhten Subventionen nicht verzichtet werden. Aufgrund der mangelnden Vertrauensbasis halte man es für das Beste, das bisherige Vertragsverhältnis zu lösen. Der Brief veranlasste die Pflege nochmals zu einer Diskussion über die ungenügenden Leistungen des Chores, welche die gewünschte Entschädigung nicht rechtfertigten. Dem Antrag, das Verhältnis zum Verein für klassische Kirchenmusik aufzulösen, wurde zugestimmt, in der Gewissheit, dass man mit der ursprünglich für den Verein vorgesehenen Summe, nun in freier Verfügung, der Gemeinde mit abwechslungsreicheren musikalischen Darbietungen durch auswärtige Chöre besser dienen könne.[25]

Erst im November 1945 wurde das Thema Kirchenchor auf Anregung eines Mitglieds der Grossmünstergemeinde in der Kirchgemeindeversammlung wieder zur Diskussion gestellt. Der Organist Victor Schlatter äusserte sich skeptisch. Mit ungenügenden Sängern oder einem zahlenmässig zu schwachen Chor wäre er gegen das Vorhaben. Und der frühere Präsident der Pflege Max Guyer erinnerte an die schlechten Erfahrungen, die man vor Jahren mit dem Verein für klassische Kirchenmusik gemacht hatte, der damals seines Erachtens den Anforderungen nicht gewachsen war. Immerhin sah Pfarrer Farner in der Gründung eines Chores ein gutes Mittel zur Hebung des kirchlichen Gemeindelebens. Über das Anliegen wurde in der Versammlung allerdings nicht abgestimmt.[26] Die Kirchenpflege kam indessen in ihren nächsten Sitzungen auf den Vorstoss zurück: Einerseits wurde zwar bemerkt,

«dass die Grossmünster-Kirche sich gar nicht eigne (der Akustik wegen) für einen auch nur mittelmässigen Chor» und dass man sich eher, wie bisher, mit existierenden tüchtigen Gesangvereinen behelfen solle.[27] Andererseits war man aber doch bereit, nochmals einen Versuch zur Rekrutierung von Chorsängern zu machen und einen diesbezüglichen Aufruf zu publizieren.[28] Ein solcher erschien im «Kirchenboten» vom April 1946 mit der Bitte an alle, die in einem Kirchenchor aktiv mitzuwirken bereit seien, sich zu melden.[29] Der Erfolg war dürftig: Pfarrer Farner teilte der Pflege mit, es würden mehr Anmeldungen von Dirigenten als von Sängern vorliegen. Bernhard Seidmann,[30] Dirigent des Zürcher Motettenchors, sei bereit, die Leitung zu übernehmen.[31] Angesichts der Schwierigkeiten, genügend sangesfreudige Leute zusammenzubringen, drängte sich einmal mehr der Entscheid auf, den Plan eines gemeindeeigenen Kirchenchors fallen zu lassen. Ab Juni 1946 wurde mit Seidmanns Motettenchor eine auf die Dauer eines Jahres gültige Vereinbarung getroffen, wonach sich die Kirchenpflege bereit erklärte, den Chor für vier gottesdienstliche Einsätze heranzuziehen, und zwar jeweils am Karfreitag, an einem Sonntag im Juni oder Juli, am

Reformationssonntag Anfang November und an der Christnachtfeier am 24. Dezember. Diese immer wieder um ein Jahr verlängerte Vereinbarung behielt ihre Gültigkeit bis zu Bernhard Seidmanns Tod 1953. Der Fortbestand des Motettenchors blieb auch in den folgenden Jahren gesichert. Als Nachfolger Seidmanns war 1954 der St. Galler Sänger, Chorleiter und Musikpädagoge Werner Heim[32] gewählt worden, und mit ihm erneuerte die Kirchenpflege die gleichlautenden Einjahresverträge, sodass die Zusammenarbeit mit dem Motettenchor im bisherigen Rahmen fortgeführt werden konnte.[33]

Das Institut für Kirchenmusik und die Kantorei 5.3.

Ganz neue Möglichkeiten eröffnete das Projekt der Gründung eines Instituts für Kirchenmusik durch die Zürcher Landeskirche im Laufe des Jahres 1962.[34] In der sogenannten Kantorenschule sollten Berufsmusiker in zweijährigen Kursen zu Chorleitern mit kirchenmusikalischem Grundwissen ausgebildet werden. Für den praktischen Teil der Ausbildung wurde der Aufbau eines Chores mit enger Verbindung zu einer Gemeinde und ihrem gottesdienstlichen Leben geplant. Vorgespräche mit den vier Altstadt-Kirchgemeinden ergaben, dass dafür in erster Linie das Grossmünster infrage kam, da die anderen Gemeinden seit langem schon mit ihren eigenen Chören versorgt waren. Die Kirchenpflege erklärte sich bereit, das Vorhaben der Landeskirche mit der Bildung einer Kantorei zunächst für eine Probezeit von zwei Jahren zu unterstützen, was die Auflösung des Vertrags mit dem Motettenchor zur Folge hatte.[35] Mit der Landeskirche war von Anfang an vereinbart worden, dass die aus rund 40 Sängerinnen und Sängern bestehende Kantorei gleichzeitig den Chorleitungskandidaten als Übungschor dienen und im Gottesdienst, an Gemeindesingabenden und Morgenmusiken mitwirken würde.

Als Leiter des Instituts und der neu geschaffenen Kantorei wurde der in Zürich wohlbekannte Chordirigent Jakob Kobelt gewählt.[36] Dank seinen vielen Verbindungen konnte rasch ein ansehnlicher Chor zusammengestellt werden, an dem teilzunehmen auch die Gemeindeglieder aufgerufen wurden.[37] Die anfängliche Begeisterung über Kobelts engagierte Arbeit mit der Kantorei wich bereits innert Jahresfrist einer gewissen Ernüchterung. In der Dezember-Sitzung 1963 hielten einige Kirchenpfleger mit ihrer Kritik an den Aktivitäten der Kantorei nicht zurück. Es wurde betont, ihre Mitwirkung im Gottesdienst nehme zu viel Raum ein, Bedenken über die mangelnde Beteiligung der Kirchgemeinde wurden geäussert, und Pfarrer Kurtz fasste zusammen,

«dass die Kantorei in dreifacher Beziehung ein Sorgenkind sei: Zu langer Gesang, zu wenig Schulung der Einzelnen und zu wenig Kontakt untereinander».

Man wollte Herrn Kobelt die Anliegen im direkten Gespräch vorbringen.[38] Auch auf den im folgenden Jahr geäusserten Vorschlag, vier Konzerte nach dem sonntäglichen Morgengottesdienst durchzuführen, ging man nur halbherzig ein: Es wurde beschlossen, vorläufig einen Versuch mit nur einem Konzert zu bewilligen.[39] Mit ihren sich in der Regel auf die vorangegangenen Gottesdienste beziehenden Programmen wurden diese Morgenmusiken im Laufe der Zeit dann allerdings zu beliebten und gut besuchten Konzertveranstaltungen.

Die zunehmenden kirchenmusikalischen Aktivitäten des umtriebigen Kantors, die sich aus den Möglichkeiten der Verbindung mit dem Institut für Kirchenmusik und dessen Chor-Ressourcen ergaben und die auch von den Organisten Viktor Schlatter und (ab 1970) Hans Vollenweider unterstützt wurden, mochten für die Gemeinde und die Pfarrer wohl zunächst gewöhnungsbedürftig gewesen sein. Bei der Verabschiedung Jakob Kobelts nach knapp 20-jährigem Wirken wurde seine Tätigkeit im Rückblick doch mit lobenden Worten gewürdigt:

«Er hat hier eigentliche Aufbauarbeit geleistet. Von Anfang an nahm er den Dienst der Kirchenmusik in verschiedener Weise wahr, im Gottesdienst für eine dankbare Gemeinde, in Morgenmusiken und in der Aufführung grosser Oratorien für eine Zuhörerschaft, die hier in ihrer Weise einem Ausdruck der Kirche begegnen konnte.»[40]
Damit war die Pflege der Kirchenmusik am Grossmünster auf ein Niveau gehoben worden, das auch für die weitere Zukunft verbindlich blieb. (Abb. 1)

Klaus Knall 5. 3. 2.

Die im Laufe des Jahres 1980 bevorstehende Pensionierung von Jakob Kobelt als Leiter des landeskirchlichen Instituts für Kirchenmusik veranlasste den Kirchenrat, den weiteren Fortbestand dieses Instituts infrage zu stellen mit dem Vorschlag, die Aufgabe der Kantorenausbildung dem Konservatorium zu übergeben. Gegen dieses Vorhaben wehrte sich die Kirchenpflege entschieden, überzeugt von den positiven Ergebnissen der jahrelangen guten Zusammenarbeit, die man nicht preisgeben wollte. In schriftlichen Vorstössen und direkten Gesprächen mit den zuständigen Vertretern der Landeskirche wurde auf die Bedeutung der verschiedenen sich gegenseitig ergänzenden Tätigkeiten des Instituts hingewiesen, von denen alle Seiten profitierten. Die beharrlichen Bemühungen des Grossmünsters waren schliesslich erfolgreich:[41] Anfang Februar 1981 konnte Pfarrer Gysel der Pflege mitteilen, dass eine Verbindung des Instituts mit der Kantorei Grossmünster wahrscheinlich weiterhin bestehen bleibe, dass als künftiger Leiter des Instituts ein erstklassiger Chordirigent zur Wahl stehe und dass die Ausarbeitung eines Vertrags, der dessen Leistungen regle, nötig sein werde.[42] Bereits einen Monat später stellte sich Jakob Kobelts Nachfolger, der vom Kirchenrat als Institutsleiter und Kantor gewählte Klaus Knall, der Kirchenpflege vor.[43] Dieser war in Zürich kein Unbekannter, hatte er doch zehn Jahre zuvor die Leitung der Evangelischen Singgemeinde (ESG) übernommen, einer Chorgemeinschaft, zu der sich die Kantoreien des Berner und Basler Münsters sowie jene der Zürcher Predigerkirche zusammengeschlossen hatten.[44] Von Anfang an setzte der neue Kantor mit regelmässigen Gottesdiensteinsätzen, der Durchführung von Morgenmusiken und weiteren Chorkonzerten sowie der Organisation von Jugend-Singlagern vielversprechende Akzente. Da Klaus Knall neben seinen Aktivitäten am Institut für Kirchenmusik und am Grossmünster die Stelle bei der ESG weiterhin beibehielt, resultierten aus den kombinierten Einsätzen der verschiedenen Chöre wertvolle Synergien, die auch dem kirchenmusikalischen Leben der Grossmünstergemeinde zugute kamen. Das ambitionierte Wirken des Kantors warf allerdings rasch Fragen auf nach der Finanzierung der einzelnen Projekte und den erhöhten Ansprüchen betreffend die Benützung der Kirche und der benötigten Probenlokale, Probleme, welche die Kirchenpflege immer wieder in persönlichen Aussprachen mit Knall und auch gemeinsam mit dem Institut für Kirchenmusik zu lösen hatte. Insbesondere die ohne Rücksprache mit der Pflege ergriffene Initiative Knalls, im Grossmünster neuerdings Kantatengottesdienste durchzuführen, irritierte und gab erneut Anlass zu grundsätzlichen Überlegungen betreffend den Stellenwert der Musik im Gottesdienst. Dabei wurde in der Diskussion mehrfach betont, die Predigt, der Schwerpunkt des Gottesdienstes, dürfe nicht durch konzertante Darbietungen erdrückt werden.[45] Bei aller Anerkennung der musikalisch hervorragenden Leistungen der Kantorei und ihres Dirigenten mehrten sich aber im Laufe der Zeit die Klagen über Friktionen, die sich aus der Vielzahl der Verpflichtungen gegenüber den Chören der Singgemeinde und in Bezug auf die Leitungsfunktion am Institut ergaben.[46] Mangelnde Kommunikation, unklare Zuständigkeiten oder wiederholte Budgetüberschreitungen führten zu wiederholten Misshelligkeiten und beeinträchtigten auf die Dauer die Zusammenarbeit mit der Grossmünstergemeinde. Der Beschluss der Landeskirche, aus Spargründen ab 1992 die Ausbildung der Kantoren an das Konservatorium zu delegieren, tangierte das weitere Bestehen der Kantorei direkt, deren Aktivitäten bisher aus dem Budget des Instituts für Kirchenmusik finanziert worden waren.[47] Klaus Knall reduzierte sein Engagement in der Folge auf ein Minimum und beendete die Tätigkeit am Grossmünster mit einem Konzert am Karfreitag 1996, nachdem die Kirchenpflege nicht bereit gewesen war, seinen bis in jenem Jahr gültigen Vertrag darüber hinaus zu verlängern.[48]

Die Engadiner Kantorei, Karl Scheuber und Anna Jelmorini 5. 4.

Unter den Kantoren Kobelt und Knall hatten die kirchenmusikalischen Aktivitäten am Grossmünster eine hervorragende künstlerische Qualität erreicht, die es nach dem Willen der Kirchenpflege auch in Zukunft zu erhalten galt. Dabei war man sich im Klaren, dass nach wie vor die

«Struktur der Kirchgemeinde und deren Situation in der Altstadt den Aufbau eines gemeindeeigenen Kirchenchors, der die Aufgabe auf so hohem Niveau bewältigen könnte, praktisch verunmöglicht».[49]

Auf der Suche nach einem bereits bestehenden, geeigneten Chor wurden Verhandlungen mit der Engadiner Kantorei und ihrem Dirigenten Karl Scheuber aufgenommen, die im August 1996 zu deren Verpflichtung vorerst für zwei Jahre führten, mit der Möglichkeit einer Verlängerung des Vertrags.[50] Am Bettagsgottesdienst vom 15. September 1996, in dem das 50-jährige Bestehen des Hilfswerks der Evangelischen Kirchen der Schweiz (HEKS) gefeiert wurde und der am Radio übertragen wurde, trat der Chor zum ersten Mal in Aktion. Der Einsatz der Kantorei während der vereinbarten beiden Jahre verlief für beide Seiten so befriedigend, dass einer weiteren Zusammenarbeit nichts im Wege stand. Zwölf Jahre lang bis Ende 2008 versah die Kantorei schliesslich ihren Dienst im Grossmünster, zunächst bis 2001 unter der Leitung von Karl Scheuber, dann durch die von der Kantorei gewählte Nachfolgerin Anna Jelmorini. Höhepunkte in der Tätigkeit der Engadiner Kantorei waren die Karfreitagskonzerte im Grossmünster und die alljährliche Mitwirkung in der Christnachtfeier am 24. Dezember.

Die Kantorei von Daniel Schmid 5. 5.

Der neue Kantor Daniel Schmid war in den folgenden Jahren bestrebt, das kirchenmusikalische Konzept zu festigen und weiterzuentwickeln. Seine Aufmerksamkeit galt vor allem der Förderung des Gemeindegesangs in der Absicht, damit die Gemeinde zu einer aktiveren Beteiligung am Gottesdienst zu motivieren. Dabei konnte er zum Teil auf bereits Bestehendes aufbauen, wie etwa dem von Instrumentalisten begleiteten Offenen Singen am 1. Adventssonntag, einem Traditionsanlass, der seit langem zur Vorweihnachtszeit im Grossmünster durchgeführt wurde. Mit der 2008 ins Leben gerufenen «SonntagsKantorei», die bis heute regelmässig an mehreren Sonntagen im Jahr frühmorgens zur Erarbeitung der Lieder des folgenden Gottesdienstes zusammenkommt, gelang Daniel Schmid die dauerhafte Verwirklichung eines Vorhabens, das schon der Organist Viktor Schlatter 1954 mit demselben Ziel realisieren wollte.[51] Einen weiteren Versuch, den Gemeindegesang in der gleichen Art wie Schmids «SonntagsKantorei» zu unterstützen, hatte auch Theo Handschin zu Beginn der 1990er Jahre mit einer ad hoc zusammengestellten Singgruppe gemacht, die aber nur kurze Zeit Bestand hatte.[52] Die von Daniel Schmid angeleitete «SingWerkstatt», zu der Sängerinnen und Sänger jeden Alters zu ungezwungenem gemeinsamem Singen eingeladen sind, findet bis heute jeden Montagabend statt. Das «collegium vocale grossmünster» und das Instrumentalensemble «collegium musicum grossmünster» schliesslich stehen zur Gestaltung der Gottesdienste und besonderer Feiern sowie zur Durchführung von Morgenmusiken und weiteren Konzerten zur Verfügung.[53] So hat Daniel Schmid Gefässe geschaffen, dank denen die Ausführung qualitativ hochstehender Kirchenmusik im Grossmünster auch in Zukunft gewährleistet ist.

Abb. 1 Die Anfänge der Kantorei unter der Leitung von Jakob Kobelt, 1965.

Lob Gott getrost mit Singen

1 Carl Friedrich Baumann (1809–1873), Gesanglehrer der Stadtschulen, ab 1839 Organist an der Neumünster Kirche, Dirigent mehrerer Chöre, Herausgeber von Gesangbüchern; HEINRICH WEBER, *Zürichs Musikleben 1812–1850,* S. 18.

2 Stillstandssitzung vom 24. April 1845, IV. B. 2.4, S. 79.

3 HEINRICH WEBER, *Zürichs Musikleben 1812–1850,* S. 18.

4 Kirchenpflegesitzung vom 13. September 1871: «Da das Auftreten des Vorsingers Bächi mit seinen Töchtern in verschiedenen öffentlichen Lokalen und Wirthschaften ohne Unterschied der Wochentage bei vielen Mitgliedern der Behörde Ärgerniss erweckt, so ist ihm in Anbetracht des Unschicklichen dieser Productionen und seiner amtlichen Stellung diess an Samstag und Sonntag Abenden zu untersagen.», IV. B. 2.5, S. 277.

5 IV. B. 2.5, S. 295, 299.

6 *Gesangbuch für die evangelisch-reformirte Kirche des Kantons Zürich.* Hg. von der Zürcherischen Kirchensynode. Druck von Zürcher und Furrer, Zürich, 1853. Dabei handelt es sich nicht eigentlich um ein neues Buch, sondern um eine Umarbeitung desjenigen von 1787.

7 Stillstandssitzung vom 29. März 1853, IV. B. 2.5, S. 55.

8 Stillstandssitzungen vom 20. April und 17. Mai 1854 sowie vom 18. September 1856, IV. B. 2.5, S. 65, 66, 94.

9 Johann Peter Lange (1802–1884) wurde 1841 als Nachfolger von David Friedrich Strauss gewählt. Die Berufung des liberalen, kritischen Theologen Strauss 1839 nach Zürich hatte zu dem nach ihm benannten «Straussenhandel» und zum Sturz der liberalen Regierung geführt, worauf Strauss seine Stelle gar nicht antreten konnte. Zu J. P. Lange siehe OTTO ZÖCKLER, *Lange, Johann Peter,* in: Allgemeine Deutsche Biographie, S. 558–573, über seine Zürcher Zeit insbesondere S. 561 f.

10 Kirchenpflegesitzung vom 20. September 1869, IV. B. 2.5, S. 258.

11 Siehe *Kantorei St. Peter Zürich, 150 Jahre Jubiläumsschrift 1869–2019,* Zürich, 2019.

12 Kirchenpflegesitzung vom 6. Februar 1873, IV. B. 2.5, S. 296.

13 Carl Attenhofer (1827–1914), Komponist, Sänger und Dirigent verschiedener Chöre, 1870 Musikdirektor der Universität Zürich, später Vizedirektor des Zürcher Konservatoriums.

14 Gustav Weber (1845–1887), zu seiner Person siehe das Kapitel 6. 1. *Die erste Orgel von 1876 – Gustav Weber,* unten S. 179 f., 200 Anm.6.

15 Kirchenpflegesitzungen vom 18. März 1874 und vom 13. April 1875, IV. B. 2.5, S. 306 und 318.

16 ebenda S. 357.

17 Paul Hindermann (1868–1925); zu seiner Person siehe das Kapitel 6. 2. *Renovation der Orgel 1897 und Umbau 1914 – Paul Hindermann,* unten S. 181–183, 200 Anm. 7.

18 Siehe die ab Juni 1888 jährlich wiederkehrenden zahlreichen Gesuche des Vereins um Benützung der Kirche in den Protokollen der Kirchenpflege, IV. B. 2.6, S. 88 ff.

19 Kirchenpflegesitzung vom 8. Februar 1911, IV. B. 2.7, S. 85 f., und Beschluss der Pflege vom 10. Mai 1911, dem Verein für klassische Kirchenmusik einen Jahresbeitrag von Fr 300.– zu gewähren, unter der Bedingung, dass ein Mitglied der Pflege in den Vereinsvorstand gewählt wird und der Chor an festlichen Anlässen mindestens vier Mal im Jahr mitwirkt, IV. B. 2.7, S. 92.

20 Kirchenpflegesitzung vom 28. September 1920, IV. B. 2.7, S. 331 f.

21 Kirchenpflegesitzung vom 2. November 1920: «Die zu veranschlagenden Kosten würden sich auf etwa 1500 Franken belaufen. Es ist schon in früheren Jahren ein Versuch gemacht worden, einen Kirchenchor zu gründen, welcher aber nach einiger Zeit wieder eingegangen ist. Heute sind die Verhältnisse eher noch ungünstiger geworden.», IV. B. 2.7, S. 334.

22 Gemeinde-Blatt, XI. Jahrgang, Nr. 1, Zürich, 10. Februar 1921, S. 4.

23 Kirchenpflegesitzung vom 28. Februar 1922, IV. B. 2.8, S. 18.

24 Kirchenpflegesitzung vom 18. Dezember 1925, IV. B. 2.8, S. 198.

25 Zur Auseinandersetzung mit dem Verein für klassische Kirchenmusik siehe die Kirchenpflegesitzungen vom 11. Oktober und 13. Dezember 1927 sowie vom 24. Januar 1928, IV. B. 2.8, S. 288 f., 304–306, 310 f.; Brief des Vereinspräsidenten,

Albert Müller, vom 31. Dezember 1917, Archivschachtel II. B. 4 Kirchliches, Kulturelles, Unterricht, Mappe 4.04.6 Kirchengesang, Kirchenmusik.

26 Kirchgemeindeversammlung vom 18. November 1945, IV. B. 1.3, S. 60.

27 Kirchenpflegesitzung vom 12. Dezember 1945, IV. B. 2.11, S. 214.

28 Kirchenpflegesitzung vom 26. Februar 1946, IV. B. 2.11, S. 218.

29 Kirchenbote, April 1946, Nr. 4, S. 32.

30 Bernhard Seidmann (1891–1953), Kantonsschule und Universitätsstudium in Zürich, musikalische Ausbildung am hiesigen Konservatorium, u.a. bei Friedrich Hegar sowie an der Musikakademie in Wien. Anschliessend Kapellmeistertätigkeit an verschiedenen deutschen Theatern. Ab 1936 wieder in Zürich als Chor- und Orchesterdirigent, Gründer des Zürcher Motettenchors, den er bis zu seinem Tod leitete und mit dem er auch im Ausland auftrat. Siehe Artikel *Seidmann, Bernhard,* in: WILLY SCHUH/HANS EHINGER, Schweizer Musiker-Lexikon, S. 345; *Nachruf,* in: Neue Zürcher Zeitung, 1953, Nr. 2168.

31 Kirchenpflegsitzung vom 7. Mai 1946, IV. B. 1.3, S. 229.

32 Werner Heim (1909–1980), Musikstudium (Klavier, Gesang und Chorleitung) am Konservatorium Zürich und an der Hochschule für Musik in Berlin. 1933/34 Solorepetitor am Stadttheater Zürich. Ab 1935 in St. Gallen, von wo aus er als Konzertsänger, Orchester- und Chordirigent tätig war. 1937 Gründung des St. Galler Kammerchors, ab 1954 Leitung des Zürcher Motettenchors. Heim setzte sich für Werke zeitgenössischer Komponisten ein und leitete viele Uraufführungen. Siehe Artikel *Heim, Werner,* in: WILLY SCHUH/HANS EHINGER, Schweizer Musiker-Lexikon, S. 161 f.

33 Kirchenpflegesitzung vom 23. Februar 1954, IV. B. 2.12, S. 143.

34 Nach Ablauf einer zweijährigen Probezeit beschloss die Synode am 8. Dezember 1964 die definitive Weiterführung des Instituts. Dessen Organisation und Aufgaben wurden in Verordnungen vom 11. Oktober 1967 und 7. Juni 1972 festgelegt; Archivschachtel II. B. 4, Mappe 4.04.6 Kirchengesang, Kirchenmusik.

35 Stillstände vom 8. Juli und 12. August 1962, jeweils nach dem Gottesdienst, IV. B. 2.13 (ohne Seitenzahl).

36 Jakob Kobelt (1916–1987)

37 *Aus der Grossmünstergemeinde,* in: Kirchenbote, September 1962, Nr. 9, S. 12. Siehe auch den ausführlichen Bericht über das Institut für Kirchenmusik und seine Aktivitäten von PETER RINDERKNECHT, *Lob Gott getrost mit Singen,* in: Kirchenbote, April 1965/4 B, S. 3 f.

38 Kirchenpflegesitzung vom 10. Dezember 1963, Trakt. 4, IV. B. 2.13 (ohne Seitenzahl).

39 Kirchenpflegesitzung vom 7. April 1964, Trakt. 4 *Anfragen des Instituts für Kirchenmusik,* IV. B. 2.13 (ohne Seitenzahl).

40 W[ERNER] G[YSEL], *Abschied von Kantor Jakob Kobelt,* in: Kirchenbote, Juni 1981, S. 12.

41 Mit der Angelegenheit, in der sich Pfarrer Werner Gysel besonders tatkräftig engagierte, befasste sich die Kirchenpflege von November 1979 bis Mai 1981 in zahlreichen Sitzungen, IV. B. 2.17, S. 89, 98, 103, 113 f., 120, 134, 136 f., 168, 170–172, 175 f., 186.

42 Kirchenpflegesitzung vom 4. Februar 1981, IV. B. 2.17, S. 168.

43 Klaus Knall, geb. 1936 in Siebenbürgen (Rumänien), 1963 Kapellmeister-Ausbildung in Klausenburg, Kirchenmusikstudium in Freiburg i. Br., das er 1965 mit dem Kantorendiplom und einer Zusatzausbildung in Orchesterleitung abschloss. Nach sieben Jahren als Kantor an der Freiburger Christuskirche 1972 Übernahme der musikalischen Leitung der Evangelischen Singgemeinde (ESG), 1981–1996 Leiter des Instituts für Kirchenmusik der Zürcher Landeskirche und Kantor am Grossmünster. Siehe Kirchenpflegesitzung vom 3. März 1981, IV. B. 2.17, S. 170–172.

44 Über die 1962 gegründete Evangelische Singgemeinde (ESG) orientiert die Schrift *25 Jahre Evangelische Singgemeinde. Rückblick und Ausblick,* zusammengestellt und redigiert von Marianne Lüthi und Rosemarie Locher, Februar 1987.

45 In der Kirchenpflegesitzung vom 13. Dezember 1983 einigte man sich auf die Durchführung von höchstens vier Kantatengottesdiensten pro Jahr (beim «Kantatengottesdienst» bildet per definitionem die Aufführung einer ganzen

Kantate einen integrierenden Bestandteil des Gottesdienstes), IV. B. 2.18, S. 97. Eine detaillierte Auslegeordnung seiner Pläne präsentierte Klaus Knall der Kirchenpflege am 10. Januar 1984, IV. B. 2.18, S. 103–106. Und im April 1985 sah eine mit der Landeskirche getroffene Vereinbarung pro Jahr zehn Gottesdiensteinsätze der Kantorei, die Mitwirkung an der Christnachtfeier sowie acht Morgen- oder Abendmusiken unter Knalls Leitung vor; überdies stand ihm die Kirche für Karfreitags- und Weihnachtskonzerte unentgeltlich zur Verfügung; Kirchenpflegesitzung vom 23. April 1985, IV. B. 2.18, S. 187.

46 Siehe etwa die kritischen Voten an der Kirchenpflegesitzung vom 8. Januar 1986, IV. B. 2.18, S. 237 f.

47 Kirchenpflegesitzung vom 26. September 1991, IV. B. 2.20, S. 52.

48 Zu den diesbezüglichen Beratungen in den Kirchenpflegesitzungen von April 1993 bis Februar 1996 siehe IV. B. 2.20, S. 97, 103, 123, 130, und IV. B. 2.21, S. 7, 9, 17, 33, 43, 48, 51, 54, 57. Der Vorschlag des Kirchenrates, ein gemeinsames Kantorat Predigern/Grossmünster unter der Leitung von Klaus Knall zu bilden, wurde von der Kirchenpflege einstimmig abgelehnt, IV. B. 2.21, S. 9.

49 Siehe das Grundsatzpapier *Kirchenmusik am Grossmünster,* Konzept und Gesuch um finanzielle Unterstützung, zuhanden der ZKP des Stadtverbandes [Dezember 1995], im Hinblick auf die Anstellung der Engadiner Kantorei; Archivschachtel II. B. 4, Mappe 4.04.6 Kirchengesang, Kirchenmusik.

50 Kirchenpflegesitzungen vom 14. November und 7. Dezember 1995 sowie vom 28. August 1996, IV. B. 2.21, S. 48, 50, 67.

51 Kirchenbote, Januar 1954, Nr. 1, S. 8, und Februar 1954, Nr. 2, S. 20.

52 *Jahresberichte 1992/93 und 1993/94,* in: Kirchenbote lokal, 1993, Nr. 8, 8. April 1993, S. 49, und Kirchenbote lokal, 1994, Nr. 8, 8. April 1994, S. 67.

53 *Jahresbericht der Kirchgemeinde Grossmünster 2008,* vorgelegt an der Kirchgemeindeversammlung vom 7. Mai 2009.

Die Orgeln und Organisten im Grossmünster 6.

Die ersten Gedanken zur Anschaffung einer Orgel wurden durch ein Schreiben des «Vereins zur Verschönerung der Grossmünsterkirche» angestossen[1] und standen im Zusammenhang mit den baulichen Veränderungen der Kirche in den Jahren 1851/52. Der Rückbau des Kanzellettners und die Öffnung des Chores hatten damals einige Umstellungen auch auf den Verlauf des Gottesdienstes zur Folge. Zunächst kam es zur Aufstellung eines Harmoniums im Chor, das nicht nur zur Begleitung des Gemeindegesangs diente, sondern bei den Abendmahlsfeiern auch als Abendmahlstisch verwendet werden konnte. Die Errichtung des von Ferdinand Stadler entworfenen Abendmahlstisches im Jahr 1862[2] machte eine Umplatzierung des Harmoniums nötig, was erneut Anlass gab, den Bau einer Orgel ins Auge zu fassen. Zu dessen zukünftiger Finanzierung wurde damals ein Orgelfonds ins Leben gerufen, der im Laufe der Jahre durch Spenden und Rückstellungen stetig geäufnet wurde. Bis zum Bau der Orgel dauerte es aber nochmals einige Zeit.

Die erste Orgel von 1876, Gustav Weber 6. 1.

Anfang der 1870er Jahre begann der Stillstand sich ernsthaft mit der Planung des Orgelbaus zu befassen. Auf Empfehlung des Organisten von St. Peter, Gustav Weber, entschied man sich, die Orgelbaufirma Kuhn in Männedorf mit dem Bau einer Orgel mit 54 Registern zu beauftragen. Die Kirchgemeindeversammlung vom 26. April 1874 folgte dem Antrag des Stillstandes,[3] worauf der Orgelbau ins Werk gesetzt werden konnte. Das Gehäuse der Orgel wurde nach Plänen des Architekten Johann Jakob Breitinger ausgeführt (Abb. 1, 2), der 15 Jahre zuvor den Umbau der Helferei mit der neugotischen Kapelle realisiert hatte. Für den Antrieb des Gebläses wurde ein damals vom Zürcher Ingenieur Albert Schmid neu entwickelter Wassermotor eingebaut, dessen Anschaffung nicht teurer zu stehen kam als die Anstellung von zwei Personen, die als Kalkanten für den Aufbau des Luftdrucks in der Orgel nötig gewesen wären.[4]

Noch vor der Vollendung des Orgelwerks wurde die Organistenstelle ausgeschrieben. Es meldeten sich elf Kandidaten, davon vier aus Zürich und Umgebung und sieben aus Deutschland. Darunter befanden sich Anwärter aus so entlegenen Orten wie Breslau in Schlesien und Stolp in Pommern, was darauf hinzuweisen scheint, dass der Stelle des Organisten am Zürcher Grossmünster schon damals ein gewisses Prestige zukam.[5] Ohne die ausländischen Kandidaturen noch gross zu prüfen, folgten die Stillständer der Empfehlung der Orgelkommission und wählten den in Zürich wohlbekannten Organisten und Kirchenchordirigenten der St. Peterkirche, Gustav Weber,[6] der sich schon bei den Vorbereitungen zum Bau der Orgel verdient gemacht hatte. Nach der Abnahme des Werks durch vier Experten wurde die Orgel am 26. August 1876 festlich eingeweiht. Berühmte Musiker auch aus dem Ausland, wie Camille Saint-Saëns und Anton Bruckner, haben auf dieser Orgel gespielt.

Mit dem Bau der ersten nachreformatorischen Orgel im Jahr 1876 erhielt die Musik im Gottesdienst mehr Raum und eine neue Funktion. Dabei achtete man immer wieder aufmerksam darauf, dass die künstlerischen Beigaben nicht überhandnahmen und zu konzertanten Darbietungen wurden. Der festliche Rahmen des Ein- und Ausgangsspiels der Orgel und vor allem auch das Zwischenspiel nach der Predigt sollten in dienendem Sinn sich der immer an erster Stelle stehenden Verkündigung des Wortes anpassen, sich möglichst am Inhalt von Predigt und Bibellektion orientieren und den Bezug zum Gemeindegesang herstellen. Diese Anliegen kamen in den Beratungen der Kirchenpflege wiederholt zur Sprache.

Renovation der Orgel 1897 und Umbau 1914, Paul Hindermann

6. 2.

Anlässlich der Innenrenovation des Grossmünsters von 1897 wurde die Orgel einer ersten Reinigung und Reparatur unterzogen. Bei dieser Gelegenheit erhielt das Instrument auf Wunsch des Organisten Paul Hindermann,[7] der 1888 als Nachfolger des im Jahr zuvor verstorbenen Gustav Weber gewählt worden war, das zusätzliche Register einer «Voix céleste», die als eines der schönsten Register der Orgel gerühmt wurde.[8] Auf einen weitergehenden Umbau der Orgel verzichtete man damals,

«da man vorher noch Erfahrungen sammeln wollte, wie weit die Fortschritte der Elektrizität für die Zwecke der Orgel Verwendung finden werden und wie sich die Erfindung unseres Ehrenbürgers, des gegenwärtigen Vorstehers des Stiftes Einsiedeln, [Abt Columban Brugger], der pneumatischen Öffnung der Ventile bewähren werde».[9]

Im Frühjahr 1913 hatte sich die Kirchenpflege erneut mit dem Gedanken einer gründlichen Erneuerung der unterdessen fast 40 Jahre alten Orgel zu befassen. Gerügt wurden insbesondere deren scharfer Ton sowie die Unzuverlässigkeit des wassergetriebenen Gebläsemotors. In einem Gutachten stellte der Fraumünsterorganist und Orgelexperte Johannes Luz zudem fest, das Instrument genüge in seinem Zustand nicht mehr zur Begleitung des Gesangs im Gottesdienst.[10] Bei der Diskussion des Orgelbaus kam die Grundsatzfrage auf, ob das Instrument vom aktuellen Standort auf der Westempore nicht eher in den Chor der Kirche verlegt werden sollte. Damit fände dieser für kultische Zwecke ohnehin unbrauchbare Ort eine sinnvolle Verwendung, und auf der Empore könnten viele gute Sitzplätze geschaffen werden. Nach damals vorläufiger Einschätzung des Gutachters Luz hätte die Versetzung wahrscheinlich auch eine Verbesserung der Akustik zur Folge gehabt. Da allerdings noch nicht sicher war, ob das alte Gehäuse mit seinen Massen überhaupt in den Chor passen würde, liessen sich die Kosten eines solchen Vorhabens noch nicht beziffern. Genauere bauliche Untersuchungen, eine realistische Kostenschätzung, intensive Gespräche mit Experten verschiedener Fachrichtungen und sorgfältig durchgeführte akustische Versuche führten allerdings schliesslich dazu, dass der anfänglich verlockende Plan der Verlegung der Orgel endgültig fallen gelassen wurde.[11] Dem Rat Paul Hindermanns und dem Zeitgeist folgend, entschloss man sich daraufhin 1914 zu einer Erweiterung des Instruments auf 92 Register. Gleichzeitig erfolgte die Modernisierung der Spielmechanik mit der mittlerweile verbesserten und bereits bei vielen Instrumenten erprobten Technik der pneumatischen Taschenladen mit pneumatischer Spieltraktur sowie dem Ersatz des veralteten Gebläsemotors durch eine aktuelle elektrische Einrichtung.

Dieser Umbau und das dadurch erweiterte Klangspektrum veranlassten den Organisten zu einer Eingabe an die Kirchenpflege, die an einer Sitzung im Mai 1915 behandelt wurde: Paul Hindermann beabsichtigte, die früher abgehaltenen Montagabend-Orgelkonzerte wieder aufzunehmen, was ihm von der Kirchenpflege erlaubt wurde.

«Im Fernern macht Herr Hindermann die Anregung: es möchte nach der Predigt ein kurzes Zwischenspiel eingeschaltet werden, um der Gemeinde auch die vielen zarten, besonders schön klingenden Register vorführen zu können. Auf Antrag von Herrn Prof. Tobler soll versuchsweise dieses Spiel eingeführt werden, dessen Dauer aber keinesfalls 4 Minuten überschreiten darf.»[12]

Die von der Pflege vorgeschriebene Zeitbeschränkung des Zwischenspiels zeigt schlaglichtartig auf, mit welcher Zurückhaltung man den musikalischen Beiträgen im Gottesdienst immer wieder begegnete, in der Befürchtung, diese könnten die Predigtliturgie konkurrenzieren oder sogar zu eigentlichen Konzerten ausarten. Auch in späteren Jahren diskutierten die Kirchenpfleger wiederholt den Stellenwert des Orgelspiels im Gottesdienst, das mitunter als zu kompliziert und für den gewöhnlichen Laien als unverständlich beurteilt wurde. Ein Antrag lautete dahin, das Eingangsspiel solle kürzer gehalten werden zugunsten der Beibehaltung des Zwischenspiels. Ausdrücklich wünschte man sich zudem einen engen Bezug von Vor- und Zwischenspiel zu den von der Gemeinde gesungenen Liedern.[13]

Ab dem Anfang der 1920er Jahre hatte Paul Hindermann immer wieder mit gesundheitlichen Problemen zu kämpfen, was ihn öfter zu längeren Kuraufenthalten zwang. Während seiner Abwesenheiten übernahmen einige seiner Schüler die Stellvertretung im Gottesdienst. Namentlich Margrit Bosch, die Tochter des langjährigen Kirchenpflegers Reinhold Bosch-Schaufelberger, die 1916 als zweite Organistin vor allem zur musikalischen Begleitung der Kinderlehre an der Orgel der Helfereikapelle angestellt worden war, vertrat Hindermann in seinen letzten Lebensjahren oft und machte sich nach dessen Tod 1925 als Verweserin verdient.

Viktor Schlatter 6. 3.

Die Neubesetzung der Organistenstelle gab zu grundsätzlichen Erwägungen Anlass. Von Anfang an wurde betont:

«Wir wünschen einen tüchtigen Organisten und wenn immer möglich eine kirchlich gesinnte Persönlichkeit, die Gewähr bietet, dass sich der Verkehr zwischen Kanzel und Orgelempore möglichst reibungslos gestaltet. Die Orgel und der Dienst an diesem Instrument soll kirchlichen Zwecken dienen, der Künstler mit seinen Wünschen muss sich diesen unterordnen.»[14]

Eine fünfköpfige Wahlkommission prüfte die Kandidaturen und stellte nach sorgfältiger Auswahl und Anhörung der Probespiele im Dezember der Kirchenpflege den einstimmig gefassten Antrag, Viktor Schlatter, Organist an der Linsenbühlkirche in St. Gallen,[15] zu wählen. In der Diskussion des Vorschlags bedauerten einige Mitglieder der Pflege, dass die ebenfalls kandidierende Margrit Bosch nicht zum Zuge kam, und es wurde gehofft, dass sie sich dadurch nicht zurückgesetzt fühle. Andere zweifelten an Schlatters religiösem Empfinden und seiner innerlichen Teilnahme am Gottesdienst,

Bedenken, die Dr. Eduard Denzler, der Vorsitzende der vorbereitenden Kommission, zerstreuen konnte. Viktor Schlatter wurde schliesslich ohne Gegenstimmen bei zwei Enthaltungen als Nachfolger von Paul Hindermann gewählt.[16]

Trotz aller Hoffnung, damit niemanden gekränkt zu haben, kam es zu einem unerfreulichen Nachspiel: Die Kirchenpflege musste zur Kenntnis nehmen, dass der Ausgang der Organistenwahl die Familie Bosch dermassen konsternierte, dass Hans Bosch, der Bruder der Organistin, der eben erst im Jahr zuvor als Nachfolger seines Vaters in die Kirchenpflege gewählt worden war, sich veranlasst sah, mit sofortiger Wirkung aus der Pflege auszutreten. Auch für Margrit Bosch selbst blieb die verpasste Wahl eine schmerzliche Erinnerung, an der sie bis zu ihrem frühen Tod mit 37 Jahren zu leiden hatte.[17]

Während seiner 44-jährigen Amtszeit prägte Viktor Schlatter das kirchenmusikalische Leben im Grossmünster ganz entscheidend. Gerühmt wurde die einfühlsame Begleitung der Gottesdienste, deren Gestaltung er dank seiner Gabe der Improvisation auf besondere Art zu bereichern wusste. Von Anfang an lagen ihm die von seinem Vorgänger eingeführten Orgelkonzerte am Herzen. Er führte die zu Konzertzyklen zusammengefassten Orgelabende regelmässig fort und baute sie weiter aus, indem er dazu vermehrt auch auswärtige Künstler aus dem In- und Ausland einlud. In die Zeit von Viktor Schlatters Tätigkeit fiel der Aufbau der Zusammenarbeit mit dem Institut für Kirchenmusik und der daraus entstandenen Kantorei, zu deren Entwicklung er wesentlich beitrug.

Idee einer Chororgel 1945 6. 4.

Im Jahr 1945 trat Dr. Leo Gander, der Präsident des Sängervereins Harmonie, der seine Konzerte häufig im Grossmünster durchführte, mit der Frage an den damaligen Kirchenpflegepräsidenten Ernst Buchter heran, ob es möglich wäre, im Chor des Grossmünsters eine Orgel einzubauen.

Am 23. Dezember 1945, im Anschluss an den Gottesdienst am vierten Adventssonntag, traten 14 Mitglieder der Kirchenpflege zu einem Stillstand zusammen, um diesen Vorschlag zu prüfen. Offenbar hatte man schon ein konkretes Angebot im Auge, war doch die Rede von einem Instrument mit 16 Registern, dessen Kosten (ohne Gehäuse) auf ca. 25 000 Franken zu stehen kämen. Die Meinung des Organisten Viktor Schlatter lag schriftlich vor. Er befürwortete eine solche Orgel, die auch in der Kinderlehre sowie bei Trauungen und anderen kleineren Feiern im Chor gute Dienste leisten würde. Auch Pfarrer Frick gab seine grundsätzliche Zustimmung. Allerdings müsste die Lösung der architektonischen Frage genau geprüft werden, und ebenso jene, wie das Geld dafür aufgebracht werden könnte. Kirchenpfleger Walter Pfister befürchtete, dass beim Versuch, das Geld durch eine Sammlung bei Privaten zusammenzubringen, das gleichzeitig hängige Projekt der Bronzetür von Otto Münch am Zwingliplatz in Mitleidenschaft gezogen würde. Kantonsbaumeister Heinrich Peter hatte sich zum Kostenpunkt des Einbaus der Orgel im Chor bereits Gedanken gemacht. Er war der Meinung, diese würde einen architektonischen Schmuck des Gesamtraumes bilden. Auch Pfarrer Farner war mit dem Vorschlag einverstanden. Die Angelegenheit musste seines Erachtens aber der Kirchgemeindeversammlung vorgelegt werden. Farner gab zu bedenken, es sei kaum zu erwarten, dass der Sängerverein Harmonie den ganzen Betrag für das Instrument aufbringen würde, und falls die Kirchenpflege je helfend einspringen würde, könnte es sich nur um einen kleinen Betrag handeln. Einstimmig entschieden sich die Kirchenpfleger schliesslich für den Einbau der Orgel im Chor.[18] Offensichtlich wurde aber die Angelegenheit zum damaligen Zeitpunkt, aus welchen Gründen auch immer, nicht weiterverfolgt; das Traktandum kam weder in den späteren Protokollen der Kirchenpflege noch in einer Kirchgemeindeversammlung zur Sprache. Und einige Jahre später richtete sich alle Aufmerksamkeit auf die Neubaupläne der Hauptorgel.

Die grosse 1876 von Kuhn in Männedorf erbaute Orgel, die 1914 um mehrere Register erweitert und mit der damals modernen Technik der pneumatischen Traktur erneuert worden war, erwies sich auf die Länge als so störungsanfällig, dass ihre notwendigen, kostspieligen Reparaturen jeweils nur noch vorübergehende Verbesserung brachten. Viktor Schlatter, der nach dem plötzlichen Tod Paul Hindermanns 1925 als dritter Organist ans Grossmünster berufen worden war, bewährte sich nicht nur als ausgewiesener Musiker; er hatte sich auch fundierte Kenntnisse im Orgelbau angeeignet. Mit seiner grossen Erfahrung in diesem Fach kam er Anfang der 1950er Jahre zum Schluss, dass sich eine aufwendige Überholung der Kuhn-Orgel nicht mehr lohnen würde, was ihm auch von mehreren konsultierten Fachleuten bestätigt wurde. Als weitgereister Experte war er mit den neusten Entwicklungen des Orgelbaus vertraut und vertrat mit Überzeugung die Ideale der damaligen Orgelreformbewegung. Diese hatte sich von den am Ende des 19. Jahrhunderts gebauten überdimensionierten romantischen Konzertorgeln abgewendet und orientierte sich am schlanken Klangbild und an der altbewährten mechanischen Spieltechnik der Barockorgeln, wie sie etwa die berühmten Orgelbauer der Familie Silbermann im 18. Jahrhundert geschaffen hatten. Diese fortschrittlichen Ideen lernte Viktor Schlatter auf seinen Studienreisen vor allem in Holland und Dänemark kennen, und sie inspirierten ihn zum Entwurf einer entsprechend zeitgemässen Orgeldisposition. Die Kirchenpflege wurde im Oktober 1955 durch Viktor Schlatter umfassend über dessen Initiative informiert, sie diskutierte ausführlich die detailliert vorgebrachten Argumente für einen Orgelneubau und beauftragte eine kleine Fachgruppe damit, die Angelegenheit weiterzuverfolgen.[19] Besonders wertvoll waren dabei die Ratschläge des international renommierten dänischen Orgelbauers Poul Gerhard Andersen. Als Werkstatt, die dieses neuartige Instrument am besten realisieren konnte, empfahl Viktor Schlatter die Firma Metzler und Söhne in Dietikon, die der Kirchgemeinde ein den Vorstellungen des Organisten entsprechendes Projekt mit Kostenvoranschlag einreichte. Dank den gründlich vorbereiteten Abklärungen kam es rasch zur Einberufung der Kirchgemeindeversammlung, die über den Antrag, die alte Orgel abzubrechen und durch Metzlers Neubau zu ersetzen, abstimmen sollte. Am 8. November 1955 hiessen 28 zur Versammlung zusammengekommene Stimmberechtigte den Vorschlag der Pflege und den Kostenvoranschlag über 190 000 Franken für die Orgel und über 80 000 Franken für das Gehäuse und bauliche Massnahmen einstimmig gut.[20]

Bereits in der August-Nummer des «Kirchenboten» war eine kurze Notiz erschienen, in der Pfarrer von Grebel die Alterserscheinungen der Grossmünsterorgel erwähnte, den Gedanken an den Bau einer neuen Orgel lancierte und auf die Äufnung eines Orgelfonds zur Beschaffung der dafür notwendigen finanziellen Mittel hinwies.[21] Diese Mitteilung erregte erste Aufmerksamkeit und rief einige Gegner des Abbruchs der Kuhn-Orgel auf den Plan. Nach der Kirchgemeindeversammlung formierte sich, angeregt von Emil Bächtold, dem Organisten an der Zürcher St.-Jakob-Kirche und Vizedirektor des Sängervereins Harmonie, ein Initiativkomitee mit der Absicht, das alte Instrument zu retten.[22] In schriftlichen Eingaben an die Zentralkirchenpflege (ZKP) im Dezember 1955 und Anfang Januar 1956 übten die Opponenten massive Kritik am Neubauprojekt und ersuchten diese, zusätzliche Fachexperten mit einer gründlichen Untersuchung der Orgel zu beauftragen. Ausserdem lud das gegnerische Komitee, ohne die Kirchenpflege vorgängig zu informieren, zu einer Pressekonferenz am 12. Januar ein, an der es mit Vehemenz seine Ansicht vertrat, wonach die alte Grossmünsterorgel durchaus nicht abbruchreif sei, dass es sich vielmehr immer noch um eines der klangschönsten Instrumente der Schweiz handle, das nur eine Überholung nötig habe, und dass man sich die hohen Kosten eines Neubaus mit unsicherem Ausgang sparen könne. Diese Informationen lösten einen bespiellosen

Sturm der Entrüstung in der Zürcher Presse aus. Angeführt von einem polemisch gefärbten Artikel in der Tageszeitung «Die Tat» füllten sich in kürzester Zeit die Spalten sämtlicher Zürcher Zeitungen mit redaktionellen Beiträgen, Zuschriften und Leserbriefen zum Thema des «Zürcher Orgelkrieges». Der Umstand, dass 28 Teilnehmer der Kirchgemeindeversammlung, deren zehn der Kirchenpflege angehörten, einem Betrag von 270 000 Franken zugestimmt hatten, wurde lächerlich gemacht, infrage gestellt und als Verschleuderung von Steuergeldern verunglimpft. Man zweifelte Viktor Schlatters Fachkompetenz an und kritisierte, dass er das Alleinbestimmungsrecht gehabt habe, den Auftrag des Neubaus an einen von ihm ausgewählten Orgelbauer zu vergeben, ohne Konsultation der für die alte Orgel zuständigen Firma Kuhn und ohne weitere Offerten bei der Konkurrenz einzuholen. Die ZKP sah sich veranlasst, ein Gutachten von drei weiteren Fachleuten einzuholen. Fritz Morel, Münsterorganist in Basel, Ernest Mühleisen, Orgelbauer in Strassburg, und Michael Schneider, Professor für Orgel an der Musikhochschule in Detmold, unterzogen die Orgel einer eingehenden Prüfung. In ihrem Expertenbericht vom 29. Juni 1956 bemängelten sie nicht nur das unpräzise Funktionieren der altersschwachen pneumatischen Traktur: Die Anlage des Spieltisches schien ihnen unlogisch und denkbar unpraktisch, der Prospekt in seiner damaligen Gestaltung hässlich und nicht dem inneren Aufbau der Orgel entsprechend. Ihr Urteil lautete:

«Die Unterzeichneten sind sich einig, dass die jetzige Orgel weder Anspruch auf Denkmalschutz hat, noch verdient, als Typus eines besonderen Klangbildes erhalten zu bleiben.»

Und sie empfahlen der Zentralkirchenpflege einen Orgelneubau. Mit dieser Einschätzung deckte sich die Kritik des Berner Münsterorganisten Kurt Wolfgang Senn. Spontan hatte er bereits im Januar 1956 in einem Brief an den Kirchenpflegepräsidenten Walter Pfister geschrieben:

«Ich hatte in früheren Jahren des öftern Gelegenheit, an der Grossmünsterorgel zu konzertieren. Da mir das Instrument je länger je weniger für Konzerte zusagte, zog ich es vor, in den letzten Jahren in andern Zürcher Kirchen zu spielen. Ich möchte darauf hinweisen, dass die Grossmünsterorgel in ihrem jetzigen Zustand in keiner Weise den Forderungen entspricht, die man heute an die Orgel einer repräsentativen Stadtkirche stellen muss. Ihre pneumatische Anlage ist durchaus veraltet, ihr klanglicher Aufbau und infolgedessen auch ihre Gesamtwirkung unbefriedigend. Wenn der Verfasser des Artikels ‹Abbruch der Grossmünsterorgel›, Neue Zürcher Zeitung 14. Januar 1956 vom ‹vornehmen Klang der Orgel› und von der ‹schönsten Orgel Zürichs› redet, so stellt er sich damit das Zeugnis eines in den Dingen des Orgelbaus und der Orgelmusik völligen Ignoranten aus.»

Auf Bitte der Grossmünsterkirchenpflege verfasste Professor Friedrich Högner, staatlicher Orgelsachverständiger in München, ein weiteres Gutachten, dieses Mal über das geplante Neubauprojekt der Firma Metzler. Nach detailliertem Studium der Unterlagen kam Högner am 2. August 1956 zum Schluss:

«Ich gebe meiner Überzeugung Ausdruck, dass die geplante Orgel des Grossmünsters in ihrer wohldurchdachten Disposition nach Ausführung durch eine meisterliche Firma unter Mitwirkung des ausgezeichneten Poul Gerhard Andersen in Zukunft die hervorragendste Orgel der Ostschweiz, wenn nicht der ganzen Schweiz überhaupt zu werden verspricht»,

und er wünschte sich eine baldige glückliche Verwirklichung des Projekts. Nach Einholung aller Berichte und der Meinungen vieler Schweizer Organisten lud der Orgelausschuss der ZKP die Mitglieder der Orgelkommission und die Vertreter der Opposition am 22. Oktober 1956 zu einem Gespräch vor Ort auf der Orgelempore des Grossmünsters ein. Der Kommentar zu dieser Zusammenkunft zeigt deutlich, dass diese völlig ergebnislos verlief.[23] Die Opposition beharrte auf der Behauptung,

«dass die Grossmünsterorgel eine der schönsten romantischen Werke sei und es unverantwortlich wäre, sie in ‹Schutt und Asche› zu legen, da der neue schweizerische Or-

gelbau noch nie etwas Besseres und Gültigeres zustande gebracht hätte.»
Die Gegner ignorierten oder verharmlosten die in den verschiedenen Gutachten festgestellten Mängel. Vonseiten des Grossmünsters wurde darauf hingewiesen, dass die von der Opposition vorgeschobenen «Experten», die Organisten Alfred Baum (Neumünster) und Emil Bächtold (St. Jakob), beide in enger Beziehungen zur Zürcher Orgelbaufirma Max Maag standen – Baum als Maags Schwiegersohn und Bächtold als Mitarbeiter der Firma –, die vor allem daran interessiert war, in neuen Orgeln oder bei Renovationen die von ihr erfundene Maag-Ventiltechnik zur Anwendung zu bringen.[24] Aus diesem Grund lehnte die Kirchenpflege die beiden Opponenten als befangene Fachexperten ab und wertete die ganze Auseinandersetzung als reinen Machtkampf, in dem es nicht um die Sache ging. Von den vielen positiven Stellungnahmen zum Neubau ermutigt, stand die Kirchenpflege unerschütterlich hinter Viktor Schlatters Plänen. Emil Bächtold liess es sich trotzdem nicht nehmen, in einer Motion zuhanden der Kirchgemeindeversammlung vom November 1956 den Antrag zu stellen, die im Vorjahr gefasste Entscheidung, die alte Orgel abzubrechen und durch einen Neubau zu ersetzen, rückgängig zu machen. Auch davon liess sich weder die Pflege noch die Gemeinde einschüchtern, vielmehr folgten schliesslich 99 Stimmberechtigte der Einladung zur Versammlung am 29. November, deren Haupttraktandum die besagte Motion war. In der Abstimmung wurde diese mit 85 gegen 0 Stimmen bei einigen Enthaltungen einstimmig abgelehnt. Damit war der Weg für die weitere Planung und den Bau der neuen Orgel endlich frei. Am 11. Februar 1958 erfolgte die Unterzeichnung des Vertrags durch die Kirchenpflege und die Orgelbaufirma Metzler in Dietikon.[25]

Aus der knapp zweijährigen Zusammenarbeit zwischen den Orgelbauern, dem Architekten Paul Hintermann, der den Entwurf des Orgelgehäuses lieferte, und dem Bildhauer Otto Münch, dem der Figurendekor der vergoldeten Engel zu verdanken ist, resultierte ein Instrument, das sich mit seiner Farbigkeit harmonisch in den Kirchenraum fügte. Der klare Aufbau des Prospektes, die auffallenden, goldverzierten Kupferpfeifen im Prospekt, die horizontal angeordneten spanischen Trompeten und Münchs «Chor der himmlischen Heerscharen» ergaben ein charakteristisches, unverwechselbares Gesamtbild, das bis heute beeindruckt. (Abb. 3)

In einem Festgottesdienst am 31. Januar 1960 wurde die Orgel eingeweiht, und kurz darauf stellten die international berühmten Organisten Helmuth Walcha aus Frankfurt am Main, Anton Heiller aus Wien, Luigi Ferdinando Tagliavini aus Bologna und Jean-Jacques Grunenwald aus Paris in einem Konzertzyklus die vielseitigen Möglichkeiten des Instruments vor. Und nochmals sah sich das Leibblatt der Opposition, die Zürcher «Tat», bemüssigt, in den Besprechungen dieser ersten Konzerte das Instrument mit Hohn und Spott zu übergiessen. Anton Heiller spielte in seinem Programm eigene Kompositionen und Max Regers grosse Fantasie und Fuge über «Wachet auf, ruft uns die Stimme». Der Rezensent «fm.»[26] befand:

> «Die beiden moderneren Werke, die das Konzert beschlossen, zeigten aber mit bestürzender Deutlichkeit die völlige Unmöglichkeit, auf diesem Werk die Orgelmusik der letzten 200 Jahre zu interpretieren.»

Zu Heillers Kompositionen meinte er:

> «Heiller versuchte [...] gewisse aparte Klangkombinationen zu verwenden. Das Resultat war recht belustigend, hinterher recht bedrückend, denn die Register lassen sich akustisch nicht verschmelzen, die Trauerstücke wirkten grotesk clownhaft! [...] Bei Max Reger [...] ist das Ergebnis künstlerisch unmöglich! [...] Die Situation scheint in diesem zweiten Konzert für den Organisten ausweglos zu sein. [...] Dass das Ereignis kein allzu festliches werden konnte, dafür war er nicht verantwortlich. Man mag sich fragen, wohin man kommt, wenn die neue Orgel genau die gleichen Mängel, die man an der alten Orgel auszusetzen hatte, in gesteigertem Ausmass, nur leicht verlagert, wieder aufzuweisen hat [sic!], wenn man, wie um die Jahrhundertwende, unzweckmässige Orgeln baut, bei denen der verantwortungsbewusste Organist ge-

schickt die schlechten Register ausklammern muss.»[27] Nicht viel gnädiger äusserte sich der Musikkritiker «mr.» in der «Neuen Zürcher Zeitung» über die vier Konzerte. Ihn störte «die heute leider in Mode gekommene ‹spuckende› Ansprache der Pfeifen», die ihn an das Geklapper einer Schreibmaschine erinnerte, und auch ihm missfielen die lauten Zungen und scharfen Mixturen, welche die Grundstimmen nicht genügend zur Geltung kommen liessen.[28] Im Konzert von Jean-Jacques Grunenwald wurde es für ihn klar, dass sich die neue Orgel für die Wiedergabe der Kompositionen von Olivier Messiaen in keiner Weise eigne:

«Das scharfe und harte, manchmal geradezu grotesk wirkende Klangbild, das man von diesem Werk (‹Le Vent de l'Esprit›) gewann, liess die Schwächen der Orgel offen zutage treten.»[29]

«Ein Fachmann» griff in der «Tat» abschliessend nochmals die diffamierenden Argumente der Opponenten im vorangegangenen «Orgelstreit» auf:

«Wie an anderer Stelle richtig geäussert wurde, ist mit öffentlichen Mitteln eine Orgel erbaut worden, die eher dem Grossmünsterorganisten Viktor Schlatter als Steckenpferd dient, als wie den Hörer und Gottesdienstbesucher zum andächtigen Hinhorchen veranlassen würde. [...] Uns enttäuscht das Klangbild der Orgel. Ihr Unvermögen liegt in ungenügenden mathematischen und physikalischen Kenntnissen, eigenmächtigem Handeln und extrem – ideologischem Fanatismus begründet.»[30]

Die kritischen Kommentare lassen erkennen, wie ungewohnt das obertonreiche Klangbild der neuen Grossmünsterorgel auf die damals allgemein vorherrschenden Hörgewohnheiten gewirkt haben muss. Ähnlich wie beim Vertrautwerden mit den Klängen des Cembalos, der Gambe oder der langsam sich Bahn brechenden historischen Aufführungspraxis von alter Musik bedurfte es auch hier einer geraumen Zeit, bis ein breiteres Publikum die Qualitäten dieses Instruments schätzen lernte, das zweifellos in verschiedener Beziehung seiner Zeit um einiges voraus war. Angesichts der ablehnenden Kritiken in der Tagespresse bat die Kirchenpflege die Künstler der ersten Konzerte um ein kurzes Urteil über die Orgel aus ihrer Sicht. Die begeisterten Rückmeldungen der Organisten stehen in krassem Gegensatz zu den Aussagen von «fm.» und «mr.» Helmuth Walcha rühmte die Orgel als «Meisterwerk in jeder Beziehung» und hob das Klangliche besonders hervor:

> «Hier hat Metzler Einzigartiges geleistet, denn er verbindet gesunde Frische des Klanges mit schöner edler Wärme und erreicht eine wunderbare Verschmelzung in den verschiedenen Registergruppen.»

Anton Heiller meinte:

> «Es ist ein ausgesprochen gelungenes und künstlerisch hochwertiges Instrument geworden, das seinen Erbauern [...] nur das beste Zeugnis ausstellt. [...] Dass sich die alten Meister und die Bachwerke ausgezeichnet realisieren liessen, ist aus der Konzeption der Orgel heraus geradezu selbstverständlich; ich muss aber auch sagen, dass ich selten auf einer Orgel mit soviel Vergnügen Reger gespielt habe, als auf der Grossmünster-Orgel, was eben nur für die Universalität des Instrumentes spricht.»

Jean-Jacques Grunenwald seinerseits war überzeugt,

> «que l'orgue du Grossmünster par ses qualités exceptionnelles [...] est propre à rendre, dans toute la fidélité et la rigueur désidérables, toutes ces Musiques avec exactitude et clarté. [...] Il doit être considéré comme un évènement marquant dans la Facture d'orgues européenne contemporaine».[31]

Eine Lanze für die neue Orgel brach schliesslich auch der Meilemer Organist Heinz Wehrle, dem die «Tat», das Sprachrohr der Opposition, im August 1960 immerhin Raum für eine engagierte Gegendarstellung bot.[32]

Dass sich die Geister vor bald 60 Jahren am neuartigen Werk derart heftig scheiden konnten, lässt sich heute kaum mehr nachvollziehen, gilt doch die von Viktor Schlatter konzipierte Metzler-Orgel im Grossmünster, auch nach zwei Teilrevisionen (1989 und 1997) und einer gründlichen Generalrevision (2014), noch immer als ein erstklassiges, vielseitiges Referenzwerk der Orgelreformbewegung der 1950er Jahre. Die in aller Öffentlichkeit ausgetragene rufschädigende Schlammschlacht um die Realisierung des wegweisenden Instruments hinterliess beim weitblickenden Organisten, bei der ihn jederzeit gegen alle Angriffe verteidigenden Kirchenpflege und insbesondere bei deren Präsident Walter Pfister allerdings schmerzhafte und lange nachwirkende Verletzungen.[33]

Viktor Schlatters Nachfolger 6. 6.

Viktor Schlatter hinterliess bei seinem Rücktritt Ende 1969 im Grossmünster eine tragfähige kirchenmusikalische Basis. Die Frage seiner Nachfolge wurde im Februar 1969 in der Kirchenpflege besprochen. Dabei kam es zu einer kurzen Diskussion über das korrekte Vorgehen bei der Wahl: Sollte die Stelle ausgeschrieben und aufgrund eines Auswahlverfahrens nach einem Probespiel mehrerer Kandidaten besetzt werden, oder wäre auch eine Berufung möglich? Rasch einigte man sich auf den Modus der Berufung, nachdem als möglicher Kandidat der Thalwiler Organist Hans Vollenweider genannt wurde. Die Möglichkeit, mit Vollenweider, den die meisten Pflegemitglieder seit Jahren kannten und der mit der Orgel, auf der er bereits einige Schallplatten eingespielt hatte, sehr vertraut war, einen der besten Organisten des Kantons, wenn nicht der Schweiz, ans Grossmünster zu holen, wurde einhellig als Glücksfall bezeichnet.[34] Schon in der nächsten Sitzung teilte der Präsident mit, Hans Vollenweider habe mit einem freudigen Ja die Zustimmung zur Wahl gegeben, sodass diese umgehend vollzogen werden konnte.[35] Neben den Gottesdiensten führte Vollenweider erfolgreich die traditionellen Orgelkonzertzyklen fort. Auch nach der 1987 erfolgten Pensionierung im Grossmünster blieb er als Organist in der Wasserkirche aktiv. Mit Rudolf Scheidegger aus Basel (1987–2007)[36] und Andreas Jost (seit 2007)[37] konnten weiterhin Künstler von internationaler Ausstrahlung ans Grossmünster gewählt werden. Traditionellerweise ist mit der Stelle am Grossmünster auch die Professur an der Musikhochschule verbunden.

Abb. 1 Grossmünsterkirche in Zürich. Projektiertes Orgelgehäuse, Entwurf von Johann Jakob Breitinger, Januar 1873.

Abb. 2 Die erste Orgel im Grossmünster, 1876 erbaut von der Orgelbaufirma Kuhn in Männedorf.

Abb. 3 Die neue Orgel von 1960, erbaut von der Firma Metzler in Dietikon.

1 Stillstandssitzung vom 18. November 1851, IV. B. 2.5, S. 45 f.

2 Siehe das Kapitel 4. 4. 1. *Der Abendmahlstisch von Ferdinand Stadler 1862*, oben S. 135 f.

3 Verabschiedung des Antrages in der Kirchenpflegesitzung vom 18. März 1874, IV. B. 2.5, S. 309 f.; Beschluss der Kirchgemeindeversammlung vom 26. April 1874, IV. B. 1.1, S. 114 f.

4 Kirchenpflegesitzungen vom 30. März und 26. April 1876, IV. B. 2.5, S. 322–324.

5 Die Namen der Kandidaten lauten: «1°. Hermann Marx, Musiklehrer in Breslau, Schlesien; 2°. Franz Pfyffer in München; 3°. Paul Slawitzky, Musidirektor der Ulmer Liedertafel; 4°. Franz Preitz, stellvertretender Organist in Leipzig; 5°. Georg Becht, Organist in Darmstadt; 6°. Josef A. Töpser, Pianist und Orgelvirtuos, Stolp in Pommern; 7°. Theodor Podbertsky, Schüler der kgl. Musikschule, München; 8°. Em. Aug. Volkart, Lehrer in Aussersihl; 9°. Julius Buckel, Organist in Winterthur; 10°. Karl Eichhorn, Organist in Thalweil; 11°. Gustav Weber, Musikdirektor und Organist.» Stillstandssitzung vom 15. Mai 1876, IV. B. 2.5, S. 326.

6 Gustav Weber (1845–1887), Musikstudium in Leipzig, Mannheim und Berlin, 1872 Organist und Leiter des Kirchenchors an der St. Peterskirche, 1876 Organist am Grossmünster bis zu seinem Tod am 19. Juni 1887, Dirigent des Kirchengesangvereins Grossmünster bis 1878, 1877–1886 Chorleiter der Sängervereinigung Harmonie, Musiklehrer für Gesang, Orgel, Theorie und Musikgeschichte an der Musikschule Zürich, komponierte romantische Chormusik; REGULA PUSKÁS, Artikel *Gustav Weber*, in: Historisches Lexikon der Schweiz (HLS).

7 Paul Hindermann (1868–1925), Orgelstudium beim Grossmünsterorganisten Gustav Weber und bei Joseph Gabriel Rheinberger, Professor für Orgel und Komposition in München. 1888 als Nachfolger des 1887 im Amt verstorbenen Gustav Weber ans Grossmünster gewählt. 1888 gründete er den Verein für klassische Kirchenmusik, den er bis zu seinem Tod leitete und für den er mehrere Chorwerke komponierte. Im Auftrag der offiziellen Verkehrskommission der Stadt Zürich (später offizielles Verkehrsbureau) veranstaltete Hindermann die ab 1889 regelmässig stattfindenden sommerlichen Orgelkonzerte im Grossmünster und begründete damit eine Tradition, die von allen seinen Nachfolgern weitergeführt wurde und bis heute besteht; P[AUL] H[ÖGGER], *Nachruf für P. Hindermann*, in: Gemeinde-Blatt, XV. Jahrgang, Nr. 7, Zürich, 19. September 1925, S. 4.

8 Kirchenpflegesitzung vom 15. Dezember 1897, IV. B. 2.6, S. 203.

9 Kirchgemeindeversammlung vom 16. März 1913, IV. B. 1.1, S. 315. – Columban Brugger (1855–1905), ab 1895 Abt des Klosters Einsiedeln. Als ausgewiesener Experte des Orgelbaus leitete er den Neubau der Orgeln in der Klosterkirche unter Verwendung einer von ihm geförderten neuen Technik, der pneumatischen Spieltraktur, und des Einbaus von elektrischen Komponenten; HBLS II, S. 606 f.; Professbuch – Klosterarchiv Einsiedeln, im Internet abrufbar: www.klosterarchiv.ch/e-archiv_professbuch_aebte.

10 Kirchenpflegesitzung vom 5. März 1913, IV. B. 2.7, S. 126. – Johannes Luz (1859–1918) war ab 1887 Organist am Fraumünster und Orgellehrer am Konservatorium. Er galt als Autorität des Orgelwesens in der Schweiz; HBLS IV, S. 743.

11 Kirchenpflegesitzungen vom 12. und 30. März 1913, IV. B. 2.7, S. 131, 133; Kirchgemeindeversammlung vom 16. März 1913 und ausführliche Berichterstattung über den Orgelbau in der Kirchgemeindeversammlung vom 1. Juni 1913, IV. B. 1.1, S. 319 f., 332–334.

12 Kirchenpflegesitzung vom 14. Mai 1915, IV. B. 2.7, S. 204.

13 Kirchenpflegesitzung vom 11. Juli 1919, IV. B. 2.7, S. 298 f.

14 Kirchenpflegesitzung vom 8. September 1925, IV. B. 2.8, S. 161.

15 Viktor Schlatter (1899–1973) studierte zunächst von 1919–1921 Maschinenbau und Elektrotechnik an der ETH Zürich, absolvierte dann das Musikstudium an der Hochschule für Musik in Berlin und ein Orgelbau-Praktikum in Hannover mit einem Studienaufenthalt in Paris. 1924–1926 Organist in St. Gallen, 1926–1969 am Grossmünster. Als renommierter Orgelbauexperte begleitete er viele Restaurierungen von alten Orgeln in der Schweiz und entwarf die Dispositionen zahlreicher Orgelneubauten; W[ALTER] P[FISTER],

Nachruf, in: Kirchenbote, Dezember 1973.

16 Kirchenpflegesitzung vom 13. Dezember 1925, IV. B. 2.8, S. 188–192, mit Nachtrag S. 194.

17 M[AX] G[UYER], *Margrit Bosch zum Gedächtnis,* in: Gemeinde-Blatt, XVII. Jahrgang, Nr. 10, Zürich, Dezember 1927, S. 4.

18 Stillstand vom 23. Dezember 1945, IV. B. 2.11, S. 216 f.

19 Kirchenpflegesitzung vom 25. Oktober 1955, IV. B. 2.12, S. 180–182.

20 Kirchgemeindeversammlung vom 8. November 1955, IV. B. 1.3, S. 165–169.

21 Kirchenbote, August 1955, Nr. 8, 41. Jg., S. 88.

22 Dem Initiativkomitee gehörten an: Dr. med. Werner Andres, Dr. med. Hans Baer, Hans Bopp, Pfarrer an der St.-Jakob-Kirche, Erwin Sutz, Pfarrer an der Kreuzkirche in Hottingen, Hans Erismann, Dirigent des Zürcher Sängervereins Harmonie, Prof. Dr. Fritz Gysi, Musikwissenschafter, und Emil Keller, Organist an der Johanneskirche in Zürich. – Die Auseinandersetzung hatte auch ungünstige Auswirkungen auf das bisher sehr gute Einvernehmen zwischen dem Sängerverein Harmonie und der Kirchgemeinde Grossmünster. Die Befürworter der neuen Orgel, Ernst Buchter, ehemaliger Präsident der Kirchenpflege, und Heinrich Hoehn, Mitglied der Pflege, waren auch Chorsänger und Vorstandsmitglieder der Harmonie, deren musikalische Leiter Erismann und Bächtold zu den tonangebenden Opponenten gehörten.

23 Der seitens der Orgelkommission des Grossmünsters an dieser Zusammenkunft teilnehmende Kirchenpfleger Hans Müller berichtete in der nachfolgenden Kirchenpflegesitzung vom 26. Oktober, «er möge sich nicht erinnern, jemals einer Zusammenkunft in solch frostiger Atmosphäre und mit so wenig Verständnis für einander beigewohnt zu haben.» Und der ebenfalls anwesende Pfarrer von Grebel ergänzte, «dass die Atmosphäre, die sich verbreitete, direkt etwas Unwürdiges im Raume des Grossmünsters gewesen sei, und er habe das ganze Vorgehen als etwas Widerwärtiges empfunden.», IV. B. 2.12, S. 220.

24 Kirchenpflegesitzung vom 11. Dezember 1956, IV. B. 2.12, S. 225 f.

25 Archivschachtel Abt. II. B. 5, Liegenschaften, 5. 06. 7, Orgel, Mappe Neubau 1959/60.

26 Das Kürzel steht für Fritz Muggler, Musiker und Musikwissenschafter in Zürich, der Musikkritiken für die Zeitungen Volksrecht und Die Tat, später auch lange Zeit für die Neue Zürcher Zeitung verfasste.

27 fm. (= Fritz Muggler) in der «Tat» vom 1. März 1960, Nr. 60, S. 6.

28 mr. zum Konzert von L.-F. Tagliavini in der Neuen Zürcher Zeitung vom 12. März 1960, Blatt 10.

29 mr. in der Neuen Zürcher Zeitung vom 27. März 1960, Blatt 10.

30 e—e in der «Tat» vom 29. April 1960, Nr. 117, S. 6.

31 Siehe *Die Beurteilung unserer neuen Orgel,* in: Kirchenbote, Mai 1960, Nr. 5, 46. Jg.

32 HEINZ WEHRLE, *Ein «Ja» zur Grossmünsterorgel!,* in der «Tat», vom 6. August 1960.

33 Das Thema beherrschte unzählige Sitzungen der Kirchenpflege. Endlose Diskussionen, wie mit der hässlichen Pressekampagne und den Aktionen der Opposition umzugehen und was der hinderlichen Verzögerungstaktik der vorgesetzten Zentralkirchenpflege entgegenzusetzen sei, füllen viele Seiten der Sitzungsprotokolle vom 25. Oktober 1955 bis zum 5. April 1960, IV. B. 2.12, Register: Stichwort «Orgel-Neubau». Siehe auch: *Die Orgel im Grossmünster Zürich,* mit Beiträgen von HANS RUDOLF VON GREBEL, FRIEDRICH JAKOB, VIKTOR SCHLATTER, PAUL HINTERMANN; RUDOLF MEYER, *Zwei-OrgelnTag. Orgeln im Grossmünster Zürich (IV/P67) und in der Grubenmannkirche Hombrechtikon (III/P/35) nach Dispositionen von Viktor Schlatter. Eine gemeinsame Veranstaltung von Metzler Orgelbau AG, Dietikon, und Orgelbau Kuhn AG, Männedorf, am 10. November 2007,* [Winterthur] 2007, S. 6–10, 12–17 (als PDF im Internet abrufbar unter peterfasler.magix.net>zh_geroldswil_kath_htm_files).

34 Kirchenpflegesitzung vom 21. Februar 1969, Trakt. 6 Rücktritt von Organist Viktor Schlatter, IV. B. 2.14 (ohne Seitenzahl).

35 Kirchenpflegesitzung vom 12. März 1969, *Trakt. 6 Wahl eines neuen Organisten,* IV. B. 2.14 (ohne Seitenzahl); Hans

Vollenweider (1918–1993) studierte in Zürich bei Viktor Schlatter und Ernst Isler. Organist in Rüschlikon, 1939 Lehrdiplom für Orgel, Studien bei Karl Matthaei in Winterthur, 1944 Organist in Thalwil. Orgellehrer an Konservatorium und Musikhochschule Zürich, 1961 Gastprofessur für Orgel an der University of Michigan, Ann Arbor. 1981 Hans-Georg-Nägeli-Medaille der Stadt Zürich. Konzertreisen in Europa und Amerika. Zahlreiche Schallplatteneinspielungen. Kompositionen für Orgel, Klavier, gemischten Chor.

36 Rudolf Scheidegger (* 1942), Orgelstudium in Basel, Siena und Paris. 1962–1986 Organist an der Peterskirche in Basel, 1987–2007 am Grossmünster, Hauptfachlehrer an der Musikhochschule Zürich. Konzertreisen durch ganz Europa, nach Israel, USA, Kanada und Japan, zahlreiche Radio- und CD-Aufnahmen.

37 Andreas Jost (* 1973), Orgelstudium bei Rudolf Meyer, 1998–2007 Organist in Stäfa, ab 2007 Organist am Grossmünster und Professor für künstlerisches Orgelspiel an der Zürcher Hochschule der Künste. Rege Konzerttätigkeit im In- und Ausland. Radio- und CD-Aufnahmen.

Bauvorhaben 7.

Im Laufe der Jahrzehnte war die Kirchenpflege dauerhaft mit Bau- und Raumfragen bezüglich der Kirche, der gemeindeeigenen Liegenschaften oder zugemieteter Lokale beschäftigt. Viele dieser Debatten wurden in der Absicht geführt, mit baulichen Massnahmen Räume zu schaffen, in denen sich das aktive Gemeindeleben entfalten konnte, sich die Kirchengänger wohlfühlten und die den liturgischen Ablauf des Gottesdienstes unterstützten.

Grossmünster 7. 1.

Auch wenn das Grossmünster im Jahr 1849 ins Eigentum des Kantons übergegangen war, der sich seither um dessen Unterhalt kümmert, so war die Kirchenpflege doch bei allen Erneuerungen und Umbauten der Kirche direkt beteiligt. Bei gewissen Renovationsprojekten wurde die Kirchgemeinde auch dazu verpflichtet, einen Teil der Baukosten zu übernehmen.[1]

Das Vorhaben einer Abtretung des Grossmünsters vom Staat an die Kirchgemeinde stand zwischen April 1913 und Juni 1914 im Zusammenhang mit der damals laufenden Restaurierung des Kirchenschiffs und der für später geplanten Fassadenerneuerung zur Diskussion. In einem Brief der Finanzdirektion des Kantons vom 24. April 1913 wurde die Idee des Regierungsrates,

> «die Frage prüfen zu lassen, ob das Grossmünster nicht ganz in den Besitz Jhrer Kirchgemeinde überzuführen sei»,

zum ersten Mal an die Kirchenpflege herangetragen. In der Folge fanden diesbezügliche Gespräche zwischen der Finanzdirektion des Kantons und einer Abordnung der Kirchenpflege statt. Die Baudirektion reichte am 10. Juni 1914 einen Kostenvoranschlag für die Restaurierung der Fassaden ein,

> «welcher als Grundlage für die Unterhandlungen einer event. Übernahme des Münsters durch die Gemeinde dienen wird».

Die Meinungen dazu waren geteilt:

«Herr Pfarrer Finsler würde es lieber sehen, wenn der Staat Eigentümer der Kirche bliebe. Die starke Zunahme der katholischen Bevölkerung in unserer Gemeinde lasse befürchten, dass erstere, wenn in Überzahl geworden, Herr des von ihr längst begehrten Münsters werden könnte, analog dem Vorgang bei der Augustinerkirche. Herr Syz glaubt, dass dieser Eventualität am besten dadurch begegnet würde, dass die Grossmünster-Gemeinde die Kirche übernähme und dadurch dem Staat das Verfügungsrecht entzöge.»[2]

Die Fassadenrenovation wurde erst 20 Jahre später in Angriff genommen, das Thema der Übernahme der Kirche damals nicht mehr weiterverfolgt und erst viel später, in einer Kirchenpflegesitzung im März 1943, nochmals gestreift:

«Herr Pfr. Farner erwähnt weiter: Die Pflege G'münster sollte sich um die Besitzverhältnisse zwischen Gemeinde und Staat an der Grossmünsterkirche, in seiner Totalität, ernsthaft interessieren. Allerdings wolle diese Frage äusserst vorsichtig behandelt werden, vor allen Dingen nicht überstürzt. Herr Müller will einmal so ganz en passant versuchen, mit Herrn von Escher in ein Gespräch zu kommen, um eventuell zu erfahren, wie man im Kaspar Escherhaus darüber denkt.»

Die Anregung blieb aber ohne Folgen.[3]

Restaurierungen und teilweise tiefgreifende Veränderungen des Innenraumes fanden um 1850, 1897 und 1913–1915 statt. Ab 1969 führte der Kanton, begleitet von der kantonalen und eidgenössischen Denkmalpflege, erneut eine etappenweise fortschreitende, bis 1980 dauernde Renovation des Chores und des Mittelschiffs durch, die vor allem der Fixierung der Wandmalereien, der Erneuerung des Sandsteinbodens im Chor, dem Ersatz der alten Leuchten und der Neufassung der Emporenbrüstungen galt.

Gründliche Aussenrenovationen wurden von 1931 bis 1941 und 1989/90 vorgenommen; bei Letzterer erhielten die sanierten Turmhelme einen neuen Farbanstrich und wurden die unschönen Turmbrüstungen von 1936 durch die Rekonstruktion der ursprünglichen Balustraden mit den gotischen Windrosen von 1786 ersetzt.

Probleme der Beleuchtung, der Akustik und vor allem der Beheizung der Kirche waren in den Beratungen der Kirchenpflege immer wiederkehrende Themen und mussten gemeinsam mit den zuständigen kantonalen Stellen gelöst werden. Eine Verbesserung des Klimas brachte 1990 der Einbau einer elektrischen Kirchenbankheizung, die zwar dem Wohlbefinden der Gottesdienstbesuchenden einigermassen entgegenkam, aber den hin und wieder geäusserten Wunsch nach einer flexibleren Bestuhlung des Kirchenraumes bzw. einem Ersatz der schwergewichtigen, das Schiff verstellenden Bänke von 1915 in weite Ferne rücken liess.[4]

Anregungen zu Verbesserungen der Kirchenausstattung wurden von verschiedener Seite an die Kirchenpflege herangetragen. Ab der Mitte des 19. Jahrhunderts war es ein Verein für die Verschönerung der Grossmünsterkirche, der sich mit konkreten Vorschlägen hervortat: Bereits im November 1851 regte er den Bau einer neuen Kanzel, die Ausschmückung der Chorfenster mit gemalten Glasscheiben, die Einrichtung mit zeitgemässen Kirchenbänken und die Anschaffung einer Orgel an.[5] Einige der Ideen wurden beim Umbau von 1850 bis 1852, der vor allem den Chor betraf, rasch verwirklicht: Die Kanzel und ein erster Abendmahlstisch wurden 1853 und 1862 nach Entwürfen von Ferdinand Stadler errichtet;[6] (siehe oben Kapitel 4, Abb. 1, 2) gleichzeitig führte der Zürcher Glasmaler Johann Jakob Röttinger[7] die vom Nürnberger Spätnazarener Georg Konrad Kellner entworfenen drei Chorfenster aus mit Christus im mittleren Fenster, begleitet von den Aposteln Petrus und Paulus, eingerahmt von neugotischen Dekorelementen. (Abb. 1)

Der Einbau der ersten nachreformatorischen Orgel auf der Westempore dagegen kam erst 25 Jahre später zustande. Erbaut wurde sie 1876 von der Männedorfer Orgelbaufirma Kuhn.[8]

Im Mai 1888 benachrichtigte Heinrich Keller, Glockengiesser in Unterstrass, die Kirchenpflege, dass die grösste im Jahr 1451 von Peter Füssli gegossene Glocke des Grossmünstergeläutes gesprungen sei und nicht mehr gebraucht werden könne.[9] Der Befund veranlasste die Pflege, gemeinsam mit den zuständigen Stellen des Kantons nach einer Lösung zu suchen. Die Verhandlungen führten rasch zum Ergebnis, dass nicht nur die beschädigte grosse, sondern auch die vier noch intakten kleineren Glocken zu einem neuen, harmonisch klingenden vierstimmigen Geläute umgegossen werden sollten. Der Regierungsrat erklärte sich bereit, der Kirchgemeinde die Summe von 8000 Franken an die Gesamtkosten des Unternehmens beizusteuern,

> «sofern sie den künftigen Unterhalt der vier Glocken samt Glockenstuhl übernimmt».[10]

Mit der Planung und Ausführung des Gusses wurde die Zürcher Glockengiesserei Jakob Keller in Unterstrass beauftragt, die für das Geläute den C-Dur-Akkord vorschlug, in dem schon die bisherigen Glocken gestimmt gewesen waren und der einigermassen gut zum As-Dur-Akkord der St.-Peter-Glocken passte. Die 37 Gemeindeglieder, die am 9. Dezember 1888 zur Kirchgemeindeversammlung zusammenkamen, liessen sich das Projekt in allen Einzelheiten erklären und stimmten ihm einhellig zu.[11] Der Glockenguss verlief zunächst nicht ganz fehlerfrei, wurde in einer ersten Expertise doch festgestellt,

> «dass die zwei kleinen Glocken wesentlich im Ton abwichen, so dass solche neu gegossen werden mussten».

Die zweite Prüfung lieferte dann ein

> «in hohem Masse befriedigendes Ergebnis»,

und die Experten kamen zum begeisterten Schluss:

> «So bildet nun das Gesamtgeläute, auf dem prächtigen und mächtigen Grundtone aufgebaut, einen reinen und gewaltigen C-Dur-Accord, der von der Thurmhöhe herab kräftige Wogen edelster Harmonie ausgiessen wird, ein Ehren-Denkmal der Gemeinde, eine neue Zierde für Zürich.»[12]

Die Glockenweihe fand am 18. August 1889

> «unter sehr grosser Beteiligung»

und in Anwesenheit der Verteter aller eingeladenen Behörden statt. Eine Festschrift mit Beiträgen zur Geschichte der alten Glocken und zur Entstehung des neuen Geläutes erinnert an diesen Anlass.[13] Von der grossen Glocke aus dem Jahr 1451, der sogenannten Reichs- oder Blutglocke, sind vier Relieffiguren vom oberen Rand der Glocke erhalten. Sie zeigen Christus, der die drei Stadtheiligen Felix, Regula und Exuperantius zu sich ruft. (Abb. 2) Das Läuten der neuen Glocken erfolgte nach wie vor durch Menschenhand; für das Ingangsetzen des vollen Geläutes mit allen vier Gocken waren vier kräftige Personen nötig, und daran änderte sich während mehr als vierzig Jahren nichts. Der Gedanke an eine elektrisch angetriebene Läuteeinrichtung kam in der Kirchenpflege erstmals im Mai 1930 zur Sprache. Der damalige Präsident Max Guyer hatte bereits einige in Betrieb genommene Anlagen besucht und erhielt trotz einiger Opposition die Einwilligung der Pflege, die Frage mithilfe eines Experten weiterzuverfolgen.[14] Im Oktober konnte Guyer verschiedene Systeme und deren Erstellungskosten vorstellen, und aufgrund eines Gutachtens des zugezogenen Sachverständigen entschied die Kirchenpflege im Juli 1931, einen Werkvertrag mit der Ingenieurfirma Hans Knell in Meilen abzuschliessen.[15] Mit der Zustimmung der Kirchgemeindeversammlung zum Voranschlag für das Jahr 1932, in dem der Betrag von 11 000 Franken für den elektrischen Antrieb des Geläutes ausgewiesen wurde,[16] konnte das Vorhaben verwirklicht werden.

Das erstmalige Läuten mit dem elektrisch angetriebenen Läutwerk beschrieb der Kirchenschreiber Emil Wehrli mit folgenden Worten:

«Samstag abend den 27. Februar 1932 wurden unsere Kirchenglocken zum erstenmal zur Einleitung der Samstagsfeier durch elektrische Kraft mit Maschinen geläutet. Die Mitglieder der Pflege hatten sich zu diesem Anlass zahlreich in der Glockenstube eingefunden. Es war für den Schreibenden ein eigenthümliches Gefühl, als Punkt 7 Uhr, wie von Geisterhand bewegt, die grosse Glocke zu schwingen anhub, vorerst noch mit gefesseltem Schwengel. Die kleinste der 4 Glocken eröffnete sofort mit hellem Ton das Geläute und eine um die andere stimmte in den Chor ein. Ist nicht dieses, wie es scheint gelungene Werk ein Abbild unserer heutigen von Krisis und Arbeitslosigkeit heimgesuchten Welt? Vorher gebrauchte es zu dem Beginnen während 15 Minuten 8 energischer, kräftiger Männerhände – jetzt genügt der sekundenlange Fingerdruck eines Kindes, um den gleichen Effect zu erzielen.»[17]

Der Bericht gibt das Gefühl des Schreibers wieder, in einer neuen (besseren?) Zeit angekommen zu sein. (Abb. 3) Dass die Kirchenpflege am 7. Juli 1931, in derselben Sitzung, in der sie der Elektrifizierung des Glockengeläutes zustimmte, den Ankauf einer weiteren Errungenschaft der Neuzeit, eines Radios für das neue Kirchgemeindehaus am Hirschengraben, noch ablehnte, sei hier nur am Rande erwähnt.

Auf Initiative des Stadtbaumeisters Hermann Herter befasste sich die Kirchenpflege ab 1926 mit der Frage, ob die Chorfenster aus dem 19. Jahrhundert, deren künstlerischer Wert zunehmend in Zweifel gezogen wurde, nicht durch zeitgemässe Glasgemälde ersetzt werden sollten, zumal mit Augusto Giacometti ein renommierter Künstler zur Verfügung stand, der sich für diese Aufgabe lebhaft interessierte. Die Pflege warb für diese Neuerung bei der Kirchgemeinde, die sich nur ungern von den alten Scheiben trennte, und begleitete Giacomettis Entwürfe mit kritischem Blick. In der Diskussion über die erste Skizze wurde u.a. betont,

«der Vorwurf zu dem Fenster Giacomettis passe nicht in das Grossmünster, die Kirche Zwinglis, die Madonna mit dem Kinde [...] sei allzu katholisch».[18]

Dass gerade für Zwingli, den einstigen Einsiedler Leutpriester, die Person von Maria, welcher er 1522 eine eigene Schrift gewidmet hatte[19], einige Bedeutung besass, wurde bei diesem Einwand kaum bedacht. Immerhin konnte Pfarrer Eppler in einer Unterredung den Künstler dahin bewegen,

«seine erste Ausführung ‹die Geburt Jesu› so abzuändern, dass nicht mehr die Gestalt der Mutter Jesu das Bild beherrscht, sondern das Kind Jesus».[20]

Die Scheiben wurden vom Atelier des Glasmalers Ludwig Jäger in St. Gallen ausgeführt, und ihre Übergabe an die Gemeinde erfolgte im Gottesdienst vom 7. Mai 1933.[21] (Abb. 4, 5) Röttingers Apostelfiguren wurden später in den Rundbogenfenstern der Westwand unter der Empore eingelassen.

Des Weiteren ermöglichte die Pflege die künstlerische Gestaltung der beiden Kirchenportale mit den Bronzetüren von Otto Münch, dem 1939 geschaffenen Zwingliportal im Südwesten der Kirche und der Bibeltür von 1950 im Hauptportal am Zwingliplatz.[22]

Der vom Grossmünsterorganisten Viktor Schlatter gewünschte und nach seinen Vorschlägen disponierte Neubau der Orgel durch die Orgelbaufirma Metzler in Dietikon wurde im November 1955 von der Kirchgemeindeversammlung genehmigt, gemäss dem Antrag der Kirchenpflege. Von der gehässigen Polemik einer massiven Opposition angegriffen, verteidigte diese das Projekt in den folgenden Jahren mit Erfolg, sodass das Werk im Januar 1960 eingeweiht werden konnte.[23]

Der Anregung einiger Gemeindeglieder verdanken wir schliesslich die jüngste künstlerische Bereicherung des Kirchenraumes durch den 2009 fertiggestellten Glasgemäldezyklus von Sigmar Polke. Es brauchte den Mut der damaligen Kirchenpflege, auf ein so umfangreiches Projekt einzusteigen. 2004 traf sie erste Abklärungen über dessen Machbarkeit. Ermöglicht durch das grosszügige Legat einer inzwischen verstorbenen Bewohnerin der Kirchgemeinde, die dem Grossmünster eng verbunden gewesen war, wurde ein Jahr später ein Wettbewerb lanciert. Aus fünf eingereichten, von einer Jury beurteilten Projekten obsiegten im März 2006 Sigmar Polkes Entwürfe, deren Ausführung die Kirchenpflege in Auftrag gab. Gleichzeitig setzte sie eine «Fenster»-Kommission ein, welche die Produktion der Glasgemälde durch die Zürcher Firma Glas Mäder in stetem Kontakt mit dem Künstler begleitete. Im Oktober 2009 wurden die neuen Kirchenfenster im Beisein des Künstlers der Öffentlichkeit übergeben und gehören seither zu den vielbeachteten Sehenswürdigkeiten des romanischen Münsters.[24] (Abb. 6, 7)

Mit der Aufhebung des Grossmünsterstifts ging nicht nur das Kirchengebäude des Münsters in den Besitz des Kantons über, sondern dieser übernahm auch die Wohnsitze der beiden Pfarrer, das Antistitium am Zwingliplatz und das Gebäude der Helferei an der Kirchgasse, in dem sich die Amtswohnung des Diakons oder Helfers befand. Nach dem Hinschied des Diakons Johann Jakob Cramer im Februar 1855 liess der Finanzdirektor des Kantons den Stillstand wissen, der Regierungsrat sehe für das Gebäude der Helferei und die bisherige Wohnung des Diakons inskünftig eine andere Verwendung vor. Der Stillstand möge ein Mitglied aus seiner Mitte wählen, um die gegenseitigen Ansprüche vorerst mündlich zu besprechen. Dazu wurde Pfarrer Alexander Schweizer abgeordnet mit dem Auftrag, sich mit allem Nachdruck dafür einzusetzen, dass der Regierungsrat eine andere passende Wohnung für den künftigen Diakon suche und dass diesem einstweilen, bis eine solche gefunden sei, die Amtswohnung in der Helferei weiterhin zu Verfügung stehe.[25] In den nachfolgenden Verhandlungen zwischen dem Stillstand und der Finanzdirektion stand das Angebot des Regierungsrates zur Diskussion, die Gemeinde solle das Pfarrhaus samt Garten übernehmen und zusätzlich auf einem nahe gelegenen Grundstück hinter der «Stiftsverwalterei» (Kirchgasse 17) einen Neubau mit Wohnung des Diakons, Unterrichtszimmer sowie Holz- und Waschhaus erstellen. Diesem Vorschlag widersetzte sich der Stillstand aus verschiedenen Gründen: Ein Neubau am vorgesehenen Ort sei zu klein und könne die Raumbedürfnisse nicht befriedigen, zudem seien Einsprachen der Nachbarn zu befürchten; eher als für einen Neubau wäre die Kirchgemeinde,

«unter dem Einfluss alter Rückerinnerungen und noch nicht ganz ausgestorbener Pietät»,

für eine Übernahme der bisherigen Helferei, die mit ihren Nebengebäuden in enger Verbindung mit dem Pfarrhaus stehe, zu gewinnen.[26] Die schroffe Ablehnung dieses Gegenvorschlags der Gemeinde durch den Regierungsrat bewog den Stillstand, in einem weiteren Schreiben darauf hinzuweisen,

> «wie der Staat früher schon geneigt gewesen wäre, das Diakonatsgebäude um eine viel billigere Summe an die Gemeinde abzutreten».

Zugleich dachte man daran, ein Rechtsgutachten erstellen zu lassen,

> «ob im Falle einer wieder ablehnenden Antwort die Gemeinde, gestützt auf die Ausscheidungsakten, einen Prozess gegen die Regierung mit Erfolg anheben könnte».[27]

Mit Beschluss vom 26. Januar 1856 lenkte der Regierungsrat schliesslich ein und erklärte sich bereit, der Kirchgemeinde Grossmünster das Pfarrhaus (Antistitium) und das Diakonatsgebäude (Helferei/Schulei) unter gewissen Bedingungen zu Eigentum abzutreten: Unter anderem wurde die Kirchgemeinde verpflichtet, jederzeit für ein geeignetes Lokal für den Unterweisungsunterricht zu sorgen, innerhalb von fünf Jahren in der Helferei einen heizbaren Betsaal für 300 bis 400 Personen zu erbauen und die übernommenen Grundstücke ohne Einwilligung des Regierungsrates zu keinen anderen als zu kirchlichen Zwecken zu verwenden.[28] Der geforderte Bau des Betsaales sollte als Ersatz für das bisherige Versammlungslokal der französischen Kirchgemeinde dienen, das mit dem Abbruch des benachbarten Chorherrenstiftsgebäudes und mit dem Neubau des Grossmünsterschulhauses verloren gegangen war. Gleichzeitig war auch ein kleiner, im 18. Jahrhundert im Chor des Grossmünsters eingerichteter Gottesdienstraum aufgehoben worden. Der Bau einer Kapelle in der Helferei sollte diese beiden Raumbedürfnisse befriedigen. Die umgehend einberufene Kirchgemeindeversammlung akzeptierte das ihr vorgelegte, im Wesentlichen unveränderte Anerbieten des Regierungsrates mit dem einzigen Unterschied, dass die Frist für die Erstellung des Betsaals von fünf auf acht Jahre erstreckt wurde, und sie ermächtigte den Stillstand, die notwendigen Schritte zur Übernahme der beiden Gebäude zu unternehmen.[29] Rasch ging man in der Folge an die Planung des Umbaus des alten

Helfereigebäudes, dessen schlechter Erhaltungszustand ohnehin eine Renovation erforderte. (Abb. 8)

Ein erstes, 1855/56 entwickeltes Erweiterungsprojekt von Gustav Albert Wegmann, dem Erbauer des benachbarten Grossmünsterschulhauses,[30] befriedigte nicht. (Abb. 9) Daraufhin wurde Johann Jakob Breitinger[31] mit dem Neubau beauftragt. Ihm schwebte vor, dem massigen Kubus des Grossmünsterschulhauses im neuromanischen Stil ein architektonisches Gegengewicht auf der anderen Seite der Gasse entgegenzusetzen. So kam er zur originellen Lösung des stark in den Gassenraum vortretenden Kapellenbaus in den Formen der englischen Tudorgotik. Nach Breitingers Plänen wurde die entsprechende Erweiterung in den Jahren 1858–1860 ausgeführt. (Abb. 10, 11) Diese hatte für den bestehenden Bau tiefgreifende Folgen: Das westliche Drittel der alten «Schulei» wurde abgebrochen und durch einen schmalen, hohen Querbau ersetzt. In dessen Erdgeschoss wurde die neugotische Kapelle gewissermassen wie eine Schublade eingeschoben. Damit entstand das komplexe Raumgefüge, das die Helferei bis heute prägt. (Abb. 12) Die Kapelle, eine für die damalige Zeit neuartige Konstruktion aus Eisensäulen und -trägern, war, wie es sich für einen Sakralraum gehört, ausgestattet mit Kanzel und Orgel und diente rein gottesdienstlichen Zwecken. (Abb. 13) Ein neues, geräumiges Treppenhaus erschloss die darüberliegenden Stockwerke, in denen sich u.a. ein Unterrichtszimmer (Abb. 14) und im ersten Obergeschoss die Wohnung des Grossmünstersigristen befanden. Zu dessen Wohnräumen gehörte auch die alte Zwinglistube. (Abb. 15, 16)

Projekt Volkshaus (Zwinglihaus) und Gemeindestube 7. 3.

Für die zunehmenden Aktivitäten der Kirchgemeinde mit den verschiedensten Veranstaltungen zum Aufbau und zur Stärkung des Gemeindelebens genügte das beschränkte Raumangebot in der Helferei allerdings bald nicht mehr. Für die Durchführung von Gemeindeanlässen, Vorträgen, Diskussionsrunden, Zusammenkünften der konfirmierten Jugendlichen oder alleinstehender Männer und Frauen war man auf das Mieten von mehr oder weniger geeigneten Lokalitäten im Quartier angewiesen. So wurden etwa die in der Regel gut besuchten Vorträge der Gemeindeabende während langer Zeit im Zunfthaus zu Zimmerleuten durchgeführt. Da auch die übrigen Altstadtgemeinden vor ähnlichen Problemen standen, wurde 1914 zum ersten Mal die Idee eines gemeinsam errichteten und betriebenen kirchlichen Volkshauses in der Altstadt aufgegriffen. Beratungen der Kirchenpflegen führten 1916 zur Bildung einer Kommission, in der das Grossmünster prominent vertreten war. Vorerst wurden anhand eines Fragebogens die Anforderungen an ein solches Haus ermittelt, dann die für das gewünschte Raumprogramm mit eventuell alkoholfreiem Restaurant, Küche, einigen Sälen, Diensträumen usw. benötigte Gebäudefläche und die erforderlichen Kosten zusammengestellt. Die Kommission erachtete die Schaffung dieser Institution unter dem Namen Zwinglihaus als eine Notwendigkeit im Hinblick auf die Zukunft der reformierten Altstadtgemeinden:

«Kann der Protestantismus seinen Gliedern die nötigen Räume nicht zur Verfügung stellen, wie es der Katholizismus oder die Sozialdemokratie tun, so wird er überflügelt und in seiner Lebensfähigkeit beeinträchtigt. Daher müssen die Kirchen der Altstadt ein Volkshaus als unentbehrliches Institut in ihr Programm aufnehmen. Es nähme sich übel aus, wenn die historisch bedeutsamsten Kirchen des Kantons rückständig würden.»[32]

Im Sommer 1918 musste das Projekt allerdings wegen der schwierigen Finanzlage aufgegeben werden, und die Kommission stellte ihre Tätigkeit ein, doch hoffte man,

«es könne sich nur um eine Verschiebung auf bessere Zeiten handeln».[33]

Nach dem Scheitern der Pläne eines gemeinsamen Volkshauses bemühte sich die Grossmünstergemeinde darum, den benötigten Raumbedarf anderswie zu lösen. Auf der

Suche nach einem Lokal, das zur Abhaltung von Bibelstunden, Vorträgen und weiteren Aktivitäten einen stimmungsvollen Rahmen bieten konnte, wurde man im nächsten Umkreis von Kirche, Pfarrhaus und Helferei im Haus «zum Loch» an der Römergasse/Ecke Zwingliplatz, dem Wohnhaus des langjährigen Kirchenpflegers und Kirchengutsverwalters Jakob Bremi, fündig. (Abb. 17) Über mehrere Generationen hatte die Familie Bremi hier ein Spielwarengeschäft mit eigener Werkstatt geführt. Der erste Weltkrieg schadete dem Handel mit Spielwaren, und auch nach dem Kriegsende konnte sich das Geschäft nicht erholen, sodass Jakob Bremi die Firma liquidierte. Damit bot sich der Kirchgemeinde die Gelegenheit, die leer gewordenen Räume für ihre Zwecke zu übernehmen. Die Kirchgemeindeversammlung vom 1. Juni 1924 stimmte dem Antrag der Kirchenpflege zu, das Erdgeschoss dieses Hauses auf fünf Jahre hinaus zu mieten. Als «Gemeindestube» bescheiden eingerichtet, wurden der etwas verwinkelte Saal mit angrenzender kleiner Küche und das benachbarte kleine «Klausstübli» gleich nach der Eröffnung im Oktober desselben Jahres von verschiedenen Gruppen aller Generationen für ihre Versammlungen und Veranstaltungen in regen Gebrauch genommen, und der Ort entwickelte sich dank seiner zentralen Lage rasch zu einem gut funktionierenden Treffpunkt, der zur erhofften Belebung des Gemeindezusammenhalts beitrug.[34]

Kirchgemeindehaus Hirschengraben 50 7. 4.

Aber mit der heimeligen, vor allem für kleinere Zusammenkünfte geeigneten Gemeindestube im Haus zum Loch war der Wunsch nach der grosszügigen Infrastruktur eines Kirchgemeindehauses nicht erfüllt. Die Erinnerung an das vor noch nicht allzu langer Zeit gescheiterte Gemeinschaftsprojekt des Zwinglihauses und die Wahrnehmung der vielfältigen Möglichkeiten, die sich einigen benachbarten Gemeinden in ihren unterdessen erbauten Gemeindezentren boten, veranlassten die Kirchenpflege, diese Angelegenheit erneut aufzugreifen. Auf der Suche nach geeigneten Örtlichkeiten in der Altstadt gerieten zeitweilig die Wasserkirche und das seitlich an diese angebaute Wasserhaus, deren Instandsetzung um 1925 von der Stadt ins Auge gefasst wurde, in den Fokus der Kirchenpflege. (Abb. 18) Stadtbaumeister Hermann Herter hatte die Idee, diese Räume könnten besser genutzt werden und es liesse sich darin sogar an die Einrichtung eines alkoholfreien Restaurants denken, Mitteilungen, die von der Pflege mit Freude zur Kenntnis genommen wurden.[35] Eine Anfrage bei den übrigen Altstadtgemeinden bezüglich eines gemeinsamen Vorgehens, um die Kosten eines solchen Vorhabens aufzuteilen, beantworteten die Gemeinden von Fraumünster und St. Peter negativ; das Fraumünster zeigte sich dem Anliegen gegenüber grundsätzlich abgeneigt, und St. Peter hatte wenige Jahre zuvor sein eigenes Gemeindehaus im grundlegend umgebauten Lavaterhaus an der Peterhofstatt bezogen. Als Partnerin bot sich somit in erster Linie die benachbarte Predigergemeinde an, die sich besonders eifrig für das seit langem gewünschte Gemeindezentrum einsetzte. Auf Einladung der Kirchenpflege Prediger fand am 30. September 1925 eine erste gemeinsame Sitzung statt, an der die anstehenden Fragen ausführlich besprochen wurden. Währenddem die Vertreter der Predigergemeinde sich lebhaft dafür aussprachen,

> «man möchte aus dem Zustand der blossen Erwägungen abkommen und zur endlichen Realisierung dieses dringlichen Postulates schreiten»,

war man auf der Seite des Grossmünsters um einiges zurückhaltender; Pfarrer Högger schreckte vor den finanziellen Folgen zurück, und Pfarrer Eppler äusserte sich zwar angetan vom Gedanken eines Gemeindehauses,

> «aber nicht lediglich als Kirchgemeindehaus für den Gebrauch der kirchlich organisierten Bevölkerung und nur für rein kirchliche Zwecke, sondern für das Volkshaus im weitesten Sinne».

Schliesslich wurde dem Antrag auf Bildung einer aus Pflegern und Pfarrern der beiden Gemeinden paritätisch zusammengesetzten Gemeindehauskommission zugestimmt.[36] Zur weiteren Erörterung der Angelegenheit im Schosse der Grossmünsterkirchenpflege wurde eine kleine Gruppe mit der Vorberatung und Antragstellung an die Gesamtpflege beauftragt,[37] deren Vorschläge in der Sitzung vom 17. November zu einer detailreichen Grundsatzdebatte führten. Einig war man sich in der Bereitschaft, die Frage des Kirchgemeindehauses weiterhin zusammen mit der Predigergemeinde zu studieren und drei Mitglieder in die vorgesehene Kommission abzuordnen. Auch das vorgeschlagene provisorische Raumprogramm bot keinen Anlass zur Diskussion. Kritisch wurde dagegen angeführt, dass die beiden Altstadtgemeinden eigentlich zu klein seien und ihre Bevölkerungszusammensetzung nicht homogen genug scheine, um ein so teures Projekt zu realisieren und entsprechend auszunützen. Vorerst müsse deshalb den Gemeinden,

«die so sehr an Zersplitterung und Indifferenz leiden, neues Blut zugeführt werden»,

was aber nur durch Verschiebung der Gemeindegrenzen nach aussen geschehen könne. Damit entfernte sich die Aussprache vom eigentlichen Hauptgegenstand und verlor sich in Überlegungen, mit welchen Nachbargemeinden – Aussersihl oder Neumünster? – man denn wegen Gebietsabtretungen ins Gespräch kommen müsste und wie die seelsorgerische Arbeit noch mehr aus der Kirche in die Familien getragen und die bessere Zusammenfassung der Gemeindejugend bewerkstelligt werden könnten. Die Einsicht, dass diese verschiedenartigen Probleme, welche die Kirchenpflege schon früher beschäftigt hatten, nicht miteinander verquickt, sondern unabhängig voneinander gelöst werden sollten, führte schlussendlich zum Entscheid, den Anträgen der vorberatenden Gruppe zu folgen, ohne vorgängig die Frage künftiger Verschiebungen der Gemeindegrenzen abklären zu müssen.[38] Damit kam man auch einem Wunsch der Predigergemeinde entgegen.[39]

Die von Vertretern der Prediger- und Grossmünstergemeinde gemeinsam gebildete Gemeindehauskommission nahm Anfang 1926 ihre Arbeit auf.[40] Nach den Bedürfnisabklärungen in den beiden Gemeinden wurde zunächst ein Raumprogramm erstellt. Dieses umfasste einen Saal mit Bühne, eine Gemeindestube für kleinere Veranstaltungen wie Bibelstunden, Eltern- und Männerabende, Diskussionsanlässe usw., vier Zimmer für die Zusammenkünfte der Töchter und Söhne beider Gemeinden, ein Bibliothekszimmer, eine Teeküche und eine Hauswartwohnung mit vier bis fünf Zimmern. Die Frage des Standortes erforderte gründliche Abklärungen. In die engere Wahl kamen sechs mögliche Liegenschaften und Grundstücke: Bei zwei Liegenschaften an der Zähringerstrasse im Niederdorf war der Kaufpreis zu hoch, ausserdem schien die Umgebung mit den vielen Wirtschaften und Polizeiposten nicht angenehm; im bereits erwähnten Wasserhaus neben der Wasserkirche, das der Stadt gehörte, wäre man immer Mieter und müsste als kirchliche Institution je nach politischer Lage mit einer Kündigung rechnen; im Haus zum Lindenhof am Hirschengraben neben dem Krautgartenquartier[41] (Abb. 19) hätte das vorgesehene Raumprogramm nicht untergebracht werden können, und bei einem Neubau anstelle des bestehenden Hauses wäre das Grundstück durch eine bereits früher von der Stadt beschlossene Änderung der Baulinien verkleinert worden; das Vereinshaus zur Eintracht am Neumarkt befand sich in einem schlechten baulichen Zustand, ausserdem drohte sein Abbruch im Hinblick auf das ab 1915 geplante Strassenbauprojekt des «Zähringerdurchbruchs», einer Verbindungsstrasse vom Zähringerplatz quer durch die Altstadt bis zur Rämistrasse.[42] Als idealer Bauplatz fand sich schliesslich ein Grundstück am Hirschengraben, direkt neben der neugotischen Friedenskirche der Evangelischen Gemeinschaft, wo die Gemeinden selbständig einen ihren Bedürfnissen entsprechenden Bau planen und realisieren konnten.[43] Der Ankauf des Grundstücks wurde in den beiden Kirchgemeindeversammlungen im Januar 1927 gutgeheissen.[44] Nachdem die Kirchgemeinden zwei Jahre später einstimmig die Verträge zwischen den beiden Kirchenpflegen, die Baupläne und den Kostenvoranschlag genehmigt hatten,[45] musste das Projekt noch in einer Abstimmung von sämtlichen reformierten Stimmbürgern der Stadt angenommen werden. Mit der Parole:

«Helfet mit Euerem Ja für kirchlichen Fortschritt»

machte der «Kirchenbote» auf den Urnengang am 1. September 1929 aufmerksam. Der Beitrag zählte nochmals auf, welche Institutionen und Aktivitäten der beiden Gemeinden vom geplanten Kirchgemeindehaus profitieren würden, nämlich

«die Wochenabendgottesdienste, die Besprechungsabende, die Vereinigungen der konfirmierten Jugend, Töchter- und Frauennähkränzchen, Frauenhilfsverein, die Flickabende, die eine soziale Wohltat bedeuten, die Mittwoch- und Samstagshorte, die Sonntagsjugendstuben, die unsere Jugend vor den Gefahren der Gasse bewahren wollen, die wöchentlichen Altersnachmittage, die Bibliothek, Kirchen- und Kinderchöre. Neben den dringend nötigen kleinen Stuben bekämen wir auch einen Versammlungsraum für Vorträge und grössere Veranstaltungen. Wie man sieht, ist zum vornherein dafür gesorgt, dass Leben ins Haus kommt, indem die aller verschiedensten Institutionen auf Einlass harren.»

Und ausserdem käme die Predigergemeinde endlich zur gewünschten Sigristenwohnung.[46] Im Wesentlichen war das eine Wiederholung der Ideen, mit denen die Altstadtgemeinden anlässlich der Planung des Zwinglihauses bereits gut zehn Jahre zuvor das kirchliche Leben zu aktivieren versucht hatten. Nach dem klaren Ergebnis der städtischen Abstimmung[47] konnte das Haus am Hirschengraben 50 gemäss dem Entwurf des Stadtbaumeisters Hermann Herter und den endgültigen Ausführungsplänen von Architekt Paul Fierz[48] realisiert werden. Die Bauzeit betrug zwei Jahre, und die Einweihung des fertiggestellten Kirchgemeindehauses erfolgte im November 1931.[49] (Abb. 20) Wie intensiv in den folgenden Jahren alle seine Räume benützt wurden, beweisen die damals jeweils im «Kirchenboten» publizierten Programme und Angebote. Mit wenigen Ausnahmen fand das Gemeindeleben nun im eigenen, mit der Predigergemeinde geteilten Haus am Hirschengraben statt, und die Miete der Gemeindestube im Haus zum Loch wurde mangels weiteren Bedarfs gekündigt.

Um- und Neubau der Helferei 1957–1974 7.5.

Bereits die nächste Generation Kirchenpfleger hatte sich erneut mit einem umfangreichen Bauvorhaben zu befassen, dem Um- und Neubau der Helferei an der Kirchgasse. Im Gegensatz zum reibungslos abgewickelten, vergleichsweise einfachen Neubau am Hirschengraben erwiesen sich die langjährige Planung und hürdenreiche Durchführung des Helferei-Projekts als Knacknuss. Der sich rapide verschlechternde bauliche Zustand der Kapelle sowie die unbefriedigenden, hygienisch fragwürdigen Verhältnisse in der Pfarr- und Sigristenwohnung gaben ab 1947 Anlass zu Überlegungen über die Möglichkeiten einer Erneuerung, in die auch die nicht mehr zeitgemässen Unterrichts- und Sitzungsräume miteinbezogen wurden. Bis 1957 legte Jacques Schader, der Architekt der Kantonsschule Freudenberg in der Enge, zahlreiche Planvarianten vor, die aber nicht befriedigten. Kopfzerbrechen bereitete vor allem die Grundsatzfrage, ob eine aufwendige Restaurierung der baufälligen Breitingerschen Kapelle sich lohne oder nicht. Die Kirchenpflege und ihr damaliger Präsident Walter Pfister befürworteten das Projekt eines neuen Gemeindezentrums, das die räumlichen Bedürfnisse der Gemeinde optimal erfüllen sollte. Der dafür ins Auge gefasste radikale Neubau nach Plänen von Architekt Walter Boeck sah den Rückbau der vor über 100 Jahren erstellten Bauteile Breitingers vor und beschränkte sich auf die Erhaltung der wirklich historischen Bauten der ursprünglichen Schulei aus der Zeit Zwinglis. Mit dem vorgesehenen Abbruch der Kapelle sollte die Wiederherstellung des sogenannten Chorherrenplatzes gegenüber dem Grossmünsterschulhaus ermöglicht werden. (Abb. 21) Die von 82 Stimmberechtigten erfreulich gut besuchte Kirchgemeindeversammlung vom 19. Oktober 1962 genehmigte nach ausführlicher Darlegung der Pläne und einer regen Diskussion über deren Vor- und Nachteile mit grosser Mehrheit den vorgelegten Baukredit.[50] Nachdem sich auch die Zentralkirchenpflege für den Neubau ausgesprochen hatte, galt es, noch die notwendige städtische Abstimmung für das geplante Projekt zu gewinnen. Die heftige Opposition, die sich für die Erhaltung der Kapelle einsetzte, konstituierte sich im Komitee «Pro Kirchgasse». Ihre hitzige Abstimmungskampagne in der Tagespresse wurde über die Quartiergrenzen hinaus wahrgenommen und entwickelte sich auch in Fachkreisen zu einer denkmalpflegerischen und städtebaulichen Grundsatzdebatte.[51] In der Abstimmung vom 27. September 1964 erlitt das Projekt Boeck eine klare Niederlage, sodass die Kirchenpflege mit der Planung der Renovation des Hauses komplett von vorne beginnen musste.

Im Zentrum der Bemühungen stand nun die Erhaltung von Breitingers Bau mit der Kapelle. Ein öffentlicher Wettbewerb mit dieser Bedingung wurde im August 1967 ausgeschrieben. Von den 30 eingereichten Projekten erhielt jenes des Zürcher Architekten Manuel Pauli den Zuschlag der Jury, und die Kirchenpflege erteilte diesem im April 1968 den Auftrag zur

«Weiterbearbeitung seines Projekts bis zur Baureife».

Die Detailplanung durch die Planungskommission unter dem Vorsitz des Kirchenpflegers Walter von Orelli, der später auch die Baukommission präsidierte, nahm zwei Jahre in Anspruch. Am 6. Juni 1971 schliesslich wurde die neue Vorlage von den reformierten Stimmbürgern der Stadt Zürich mit deutlichem Mehr angenommen, worauf der Bau endlich in Angriff genommen werden konnte. (Abb. 22, 23) Als besondere Schwierigkeit erwies sich dabei die aufwendige Renovation der Kapelle: Einerseits musste die ganze marode Tragkonstruktion erneuert werden (Abb. 24), andererseits galt es, den neugotischen Betsaal zu einem vielseitig benutzbaren Mehrzweckraum umzudeuten, d.h. aus der sakral geprägten Kapelle unter Wahrung der geschützten Architektur eine Raumhülle zu schaffen, in der neben gottesdienstlichen Feiern auch Theateraufführungen, Konzerte, Vorträge, Vereinsversammlungen oder Apéros und Bankette durchgeführt werden konnten. Dass die Helfereikapelle sich in den folgenden Jahrzehnten als beliebter Veranstaltungsort verschiedenster Anlässe in der Stadt etablieren konnte, spricht für die damals getroffene architektonische Lösung.[52]

Im Laufe des Jahres 1974 wurden die Räume der Helferei bezogen und in Betrieb genommen. Nun verfügte die Grossmünstergemeinde mitten im eigenen Quartier über ein lebendiges Gemeindezentrum, dessen Verwaltung für die Kirchenpflege zu einer neuen, verantwortungsvollen und nicht immer leichten Aufgabe wurde. Primär sollte das Haus als Kirchgemeindehaus Grossmünster benützt werden, doch schon früh vertrat der damalige Kirchenpflegepräsident Hugo von der Crone die Meinung, die hohen Umbaukosten seien nicht gerechtfertigt, wenn hier pro Monat nur ein paar Veranstaltungen der Kirchgemeinde stattfinden würden. Er lancierte die Idee eines Zentrums für die ganze Stadt, eines Ortes, der einer breiten Öffentlichkeit zur Verfügung gestellt werden sollte. Dieses Konzept erforderte die Anstellung eines Zentrumsleiters, der, begleitet von einer Kommission der Kirchenpflege, für die betrieblichen Abläufe in der Helferei verantwortlich war. Die Ansprüche der Kirchgemeinde mit jenen der externen Mietergruppen in Einklang zu bringen und daneben noch ein eigenständiges Kulturprogramm zu entwickeln, war von Anfang an für alle Beteiligten eine grosse Herausforderung.

Abgabe des Kirchgemeindehauses Hirschengraben 50

7. 6.

Seit der Eröffnung der Helferei fanden die Anlässe der Grossmünstergemeinde kaum mehr im Kirchgemeindehaus am Hirschengraben statt. Bereits 1970 hatte die Kirchenpflege beschlossen, dass dessen Geldverkehr nur noch über die Kirchengutsrechnung der Predigergemeinde abgebucht werden solle, allerdings noch mit dem ausdrücklichen Hinweis:

«Der Status und die Benützungsrechte werden durch diesen Beschluss nicht tangiert.»[53]

Später dann, als das Grossmünster dank der Helferei das Haus am Hirschengraben nicht mehr nötig hatte und es ein bisschen aus seinem Blickfeld verlor, war es die Predigergemeinde allein, die von diesem Gebrauch machte, ohne dass das aber vertraglich geregelt worden wäre. Erst zu Beginn des Jahres 1995 erinnerte man sich wieder an die Liegenschaft, als die Kirchenpflege zu Predigern eigenmächtig und etwas vorschnell Verhandlungen betreffend deren Übernahme durch die Landeskirche zu führen begann, ohne dabei das Grossmünster konsultiert zu haben. Wegen akuten Platzmangels und neuer Organisationsstrukturen war die Landeskirche auf zusätzliche Räume angewiesen und interessierte sich deshalb für eine Miete des Hauses am Hirschengraben 50. In gemeinsamen Gesprächen kamen die Pflegen der Prediger- und Grossmünstergemeinde schliesslich überein, der Landeskirche das Kirchgemeindehaus im langfristigen Baurecht zu überlassen. Den Baurechtsvertrag genehmigte die Kirchgemeindeversammlung Grossmünster am 29. Oktober 1995, womit das Kapitel dieses Kirchgemeindehauses endgültig abgeschlossen war.[54]

Renovation und Umbau der Helferei 2012–2014 7. 7.

Die jahrelange intensive Nutzung der Helferei ging nicht spurlos an dieser vorüber, und nach 40 Jahren bedurften ihre Gebäude erneut einer umfassenden Renovation, die von einer aus Mitgliedern der Kirchenpflege und der Zentralkirchenpflege des Stadtverbandes zusammengesetzten Baukommission begleitet wurde. Die behördlichen Auflagen, neue baupolizeiliche Vorschriften sowie die Sanierung der veralteten Gebäudetechnik stellten eine grosse Herausforderung dar, zumal die Gebäude 1971 im Inventar der kantonalen Denkmalpflege eingetragen worden waren und schon damals unter Denkmalschutz standen. Nach einer zeitraubenden Planungsphase und einer Bauzeit von gut eindreiviertel Jahren, seitens der Kirchgemeinde begleitet von einer Baukommission unter dem Vorsitz des Liegenschaftenverwalters Peter Bauer, erstrahlte die Helferei im April 2014 wieder in frischem Glanz. Architekt Peter Joos strebte mit seinen Interventionen von Anfang an bewusst eine Gegenthese zum Umbaukonzept von Manuel Pauli aus den 1970er Jahren an. Dieser hatte damals versucht, die Gebäudestrukturen sichtbar zu machen und Spuren alter Bausubstanz in die Neugestaltung mit einzubeziehen. Dem Vorgehen Paulis wurde nun ein sehr funktionaler Gestaltungsansatz entgegengesetzt.[55] Die beiden Foyers wurden aufeinander abgestimmt, die Galerie mit der Hol- und Bring-Bibliothek entfernt, um den Räumen eine ruhige Ordnung zu geben. Die damalige Küche im Untergeschoss entsprach nicht mehr den gesundheitspolizeilichen Vorschriften. Als Ersatz diente fortan eine grosszügig konzipierte, modern ausgestattete Erlebnisküche am Ort des bisherigen Jugendraumes. Das Konzept des Umbaus sah auch eine deutliche Entflechtung zwischen den öffentlichen Räumen vom Kapellengeschoss bis in den ersten Stock und den Wohnbereichen in den darüberliegenden Geschossen vor. Alles in allem ist ein Umbau mit klaren Linien entstanden, bei dem jedoch da und dort, etwa durch den Verzicht auf den gemütlichen Jugendraum mit Cheminée oder im nun ziemlich nüchternen Rosa-Gutknecht-Zimmer, der frühere Charme von Paulis Idee verloren gegangen ist.

Renovationen des Pfarrhauses 7. 8.

Auch die Renovationen des gemeindeeigenen alten Pfarrhauses am Zwingliplatz, des Antistitiums, beschäftigten die Kirchenpflege wiederholt. Mit dem Rücktritt von Pfarrer Hans Rudolf von Grebel und dessen Wegzug aus der Stadt ins Zürcher Oberland im Oktober 1976 war der Zeitpunkt gekommen, die Innenräume des Antistitiums einer Renovation zu unterziehen, sodass Pfarrer Werner Gysel mit Frau und Kindern im Jahr darauf in das nun freundlich hergerichtete Pfarrhaus einziehen konnte. Eine neue Situation ergab sich nach der Pensionierung von Werner Gysel. Da absehbar war, dass die Pfarrwohnung mit ihren vielen, auf mehrere Stockwerke verteilten Zimmern und der grosszügigen Wohnfläche kaum mehr in der bisherigen Weise benutzt werden würde, ging man Ende 1998 an die Planung eines Umbaus mit einem neuen Raumkonzept. Wichtigste Änderungen betrafen die Nutzung des Erdgeschosses, in dem öffentliche Räume, Büros für den Gemeindedienst, ein Besprechungszimmer für die Pfarrer, ein repräsentativer Raum für die Sitzungen grösserer Gruppen sowie eine Notschlafstelle untergebracht wurden. Das erste Stockwerk ist nun durch die Pfarrwohnung belegt, und im ausgebauten Dachstock stehen weitere Zimmer zur Verfügung.[56] Die umgebauten Räume konnten im Frühsommer 2000 übergeben und von den verschiedenen Benützern bezogen werden.

Abb. 1 Innenraum des Grossmünsters. Blick zum Chor mit den Chorfenstern des Glasmalers Johann Jakob Röttinger nach Entwürfen von Konrad Kellner.

Abb. 2 Felix, Regula und Exuperantius. Fragmente der von Peter Füssli 1451 gegossenen Reichsglocke.

Abb. 3 Der Glockenstuhl mit den vier Glocken von Heinrich Keller, Zürich 1889.

Abb. 4 Augusto Giacometti, erster Entwurf für das mittlere Chorfenster, 1928.

Abb. 5 Die Chorfenster von Augusto Giacometti, 1933.

Abb. 6 Achatfenster von Sigmar Polke, 2009.

Abb. 7 Sigmar Polke beim Zusammenstellen eines Achatfensters im Zürcher Atelier Glas Mäder.

Abb. 8 Helferei Grossmünster, Zeichnung von Johann Rudolf Rahn, 1858.

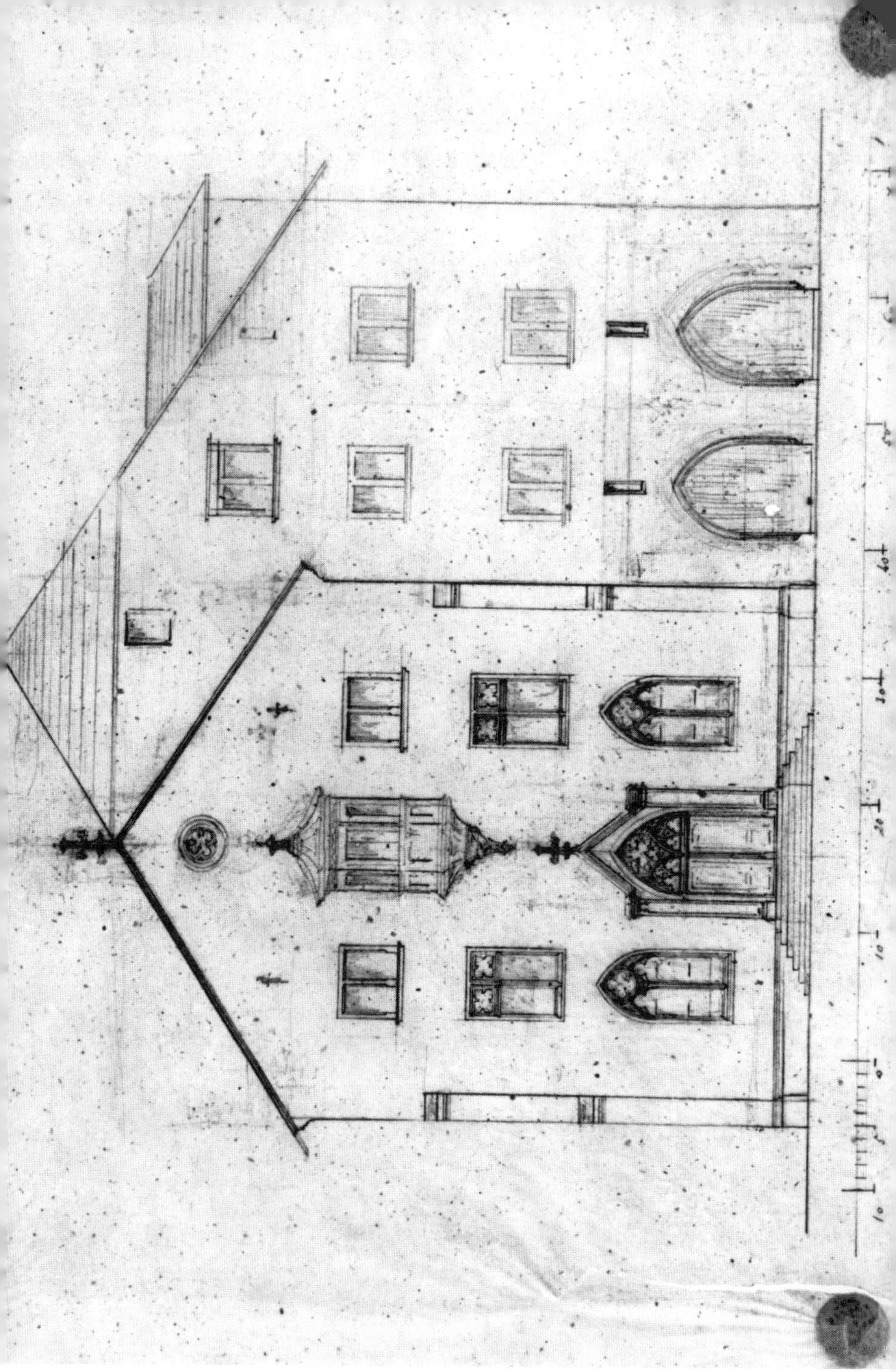

Abb. 9 Helferei Grossmünster, Aufriss der Fassade. Umbauprojekt von Gustav Albert Wegmann, 1855.

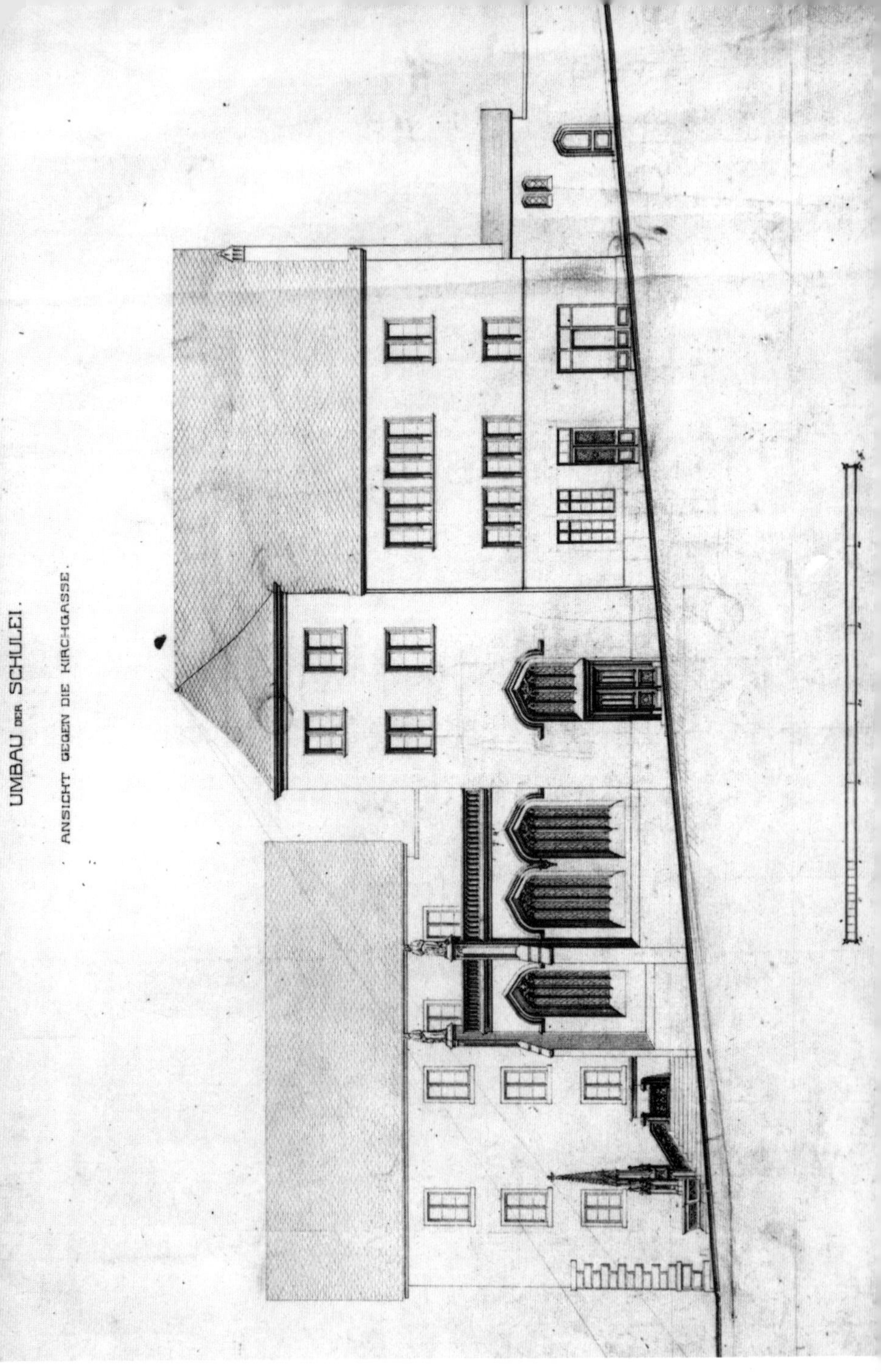

Abb. 10 Umbau der Schulei, Ansicht gegen die Kirchgasse. Projekt von Johann Jakob Breitinger, 1857.

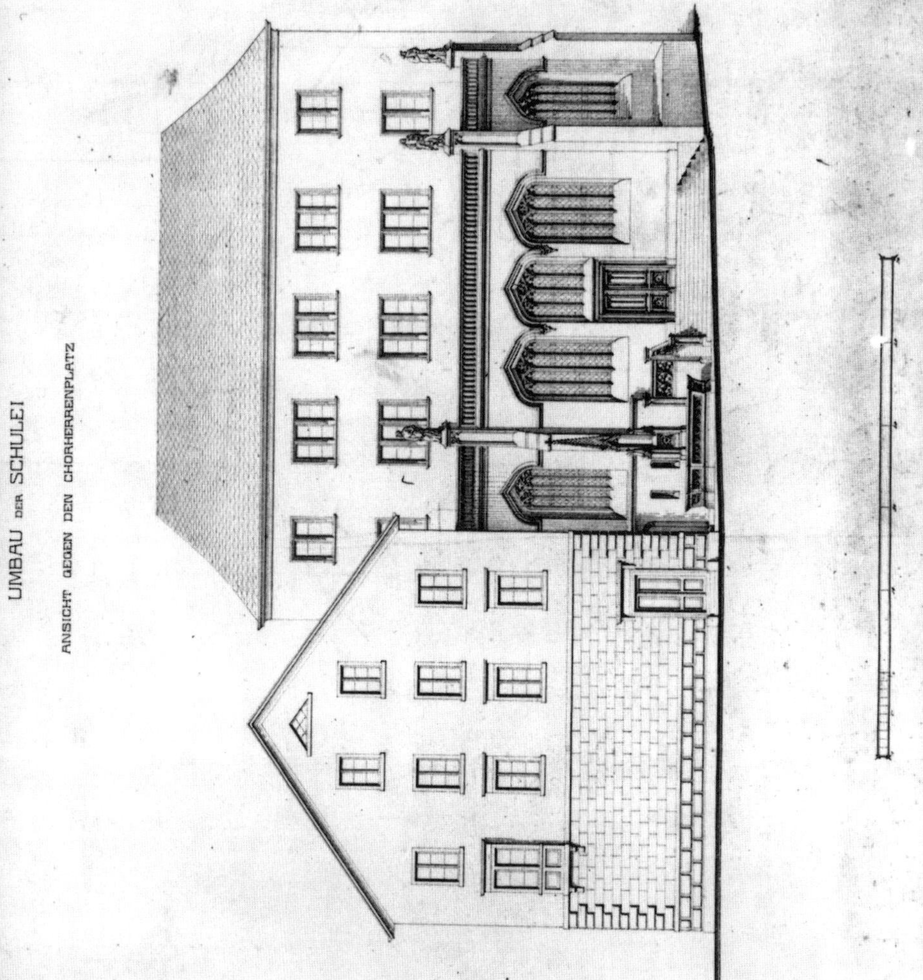

Abb. 11 Umbau der Schulei, Ansicht gegen den Chorherrenplatz. Projekt von Johann Jakob Breitinger, 1857.

Abb. 12 Helferei mit Kapelle, von Johann Jakob Breitinger.

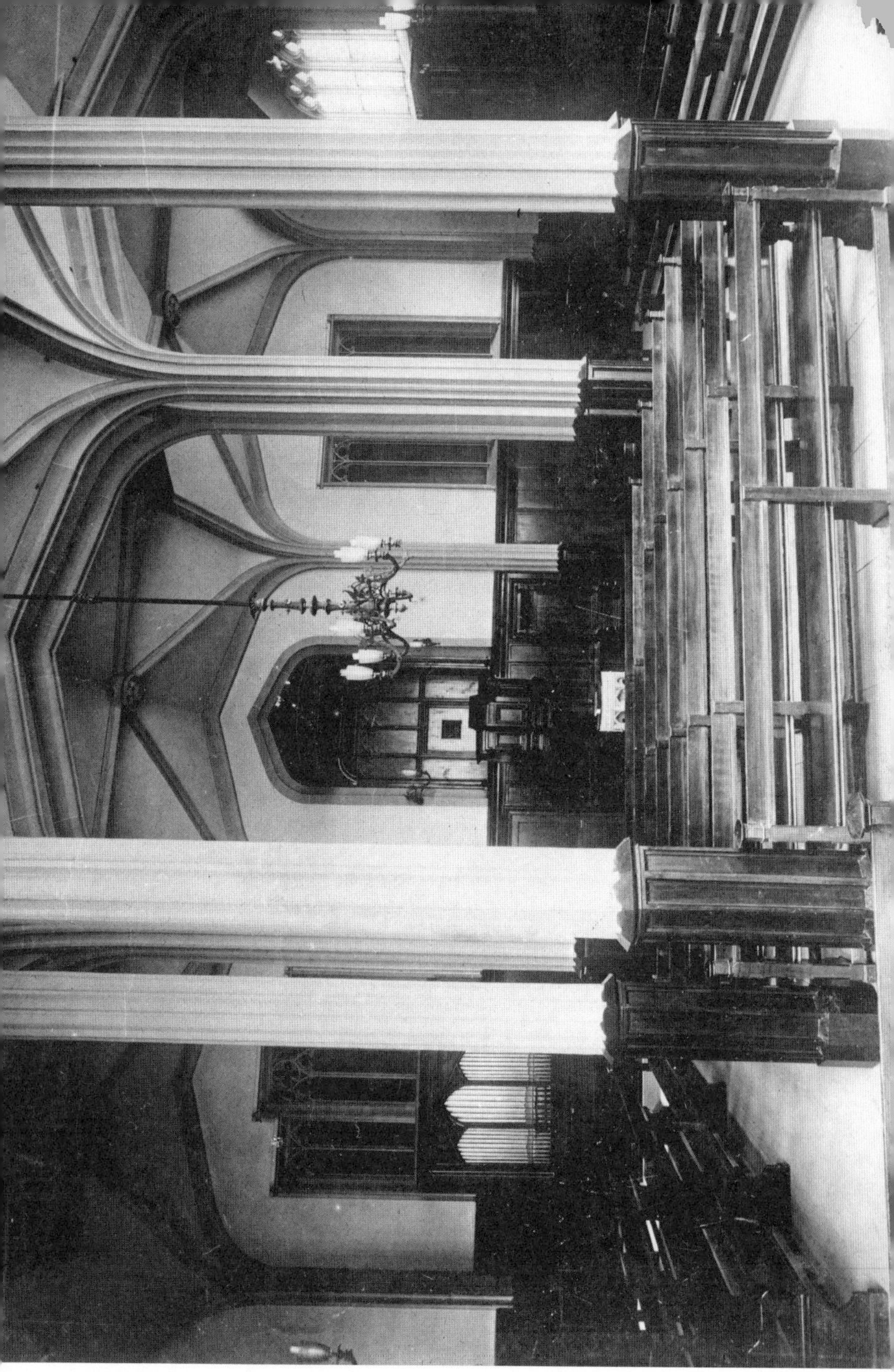

Abb. 13 Innenraum der Helfereikapelle, Foto vor 1917.

Abb. 14 Unterrichtszimmer in der Helferei, Foto 1963.

Abb. 15 Sigristenwohnung in der Helferei, Foto 1963.

Abb. 16 Zwinglistube in der Sigristenwohnung, Foto 1963.

Abb. 17 Haus zum Loch an der Römergasse. Ort der Gemeindestube, Foto 1895.

Abb. 18 Wasserhaus am Limmatquai, Foto 1939.

Abb. 19 Krautgartengasse mit dem Haus zum Lindenhof, Foto um 1910.

Abb. 20 Kirchgemeindehaus am Hirschengraben 50, Foto 1931.

Abb. 21 Helferei Grossmünster, Neubauprojekt von Walter Boeck, 1964.

Abb. 22 Helferei Grossmünster, Erdgeschoss im Umbau, Mai 1972.

Abb. 23 Helferei Grossmünster, unteres Foyer mit dem alten Holzpfeiler, 1975.

Abb. 24 Helferei Grossmünster, Decke der Kapelle vor der Renovation, um 1970.

1 So etwa anlässlich der Renovation des Innenraumes der Kirche im Jahr 1897, deren Kosten zu zwei Dritteln vom Kanton und zu einem Drittel von der Kirchgemeinde übernommen wurden; Kirchenpflegesitzungen vom 13. Oktober, 19. November 1896 und 18. März 1897, IV. B. 2.6, S. 182 f., 184 f., 187 f.; Kirchgemeindeversammlung vom 25. Oktober 1896, IV. B. 1.1, S. 202–204.

2 Siehe Brief der Finanzdirektion des Kantons Zürich «An die Tit. Kirchenpflege Grossmünster Zürich, Zürich, den 24. April 1913» und Kirchenpflegesitzungen vom 28. April, 14. Mai, 2. Juni und 20. Juni 1913 sowie vom 25. Juni 1914, IV. B. 2.7, S. 143, 146, 150, 153, 184.

3 Kirchenpflegesitzung vom 30. März 1943, IV. B. 2.11, S. 135.

4 Eine detaillierte Darstellung der Bauarbeiten am Grossmünster in der Zeit zwischen 1845 und 1980 gibt DANIEL GUTSCHER, *Das Grossmünster in Zürich,* S. 175–187.

5 Stillstandssitzungen vom 18. November 1851 und 25. Mai 1852, IV. B. 2.5, S. 45 f., 50.

6 Siehe das Kapitel 4. 4. 1. *Der Abendmahlstisch von Ferdinand Stadler 1862,* oben S. 135 f.

7 Johann Jakob Röttinger (1817–1877) schuf Glasfenster u.a. auch im Basler Münster, in der St. Galler St. Laurenzenkirche, der Stadtkirche Glarus und der reformierten Stadtkirche Solothurn; EVA-MARIA SCHEIWILLER-LORBER, *«... gemäss den Regeln und Gesetzen der Ästhetik und der christlichen Kunst ...».*

8 Siehe das Kapitel 6. 1. *Die erste Orgel von 1876 – Gustav Weber,* oben S. 179 f.

9 Kirchenpflegesitzung vom 13. Mai 1888, IV. B. 2.6, S. 89 f.

10 Kirchenpflegesitzungen vom 29. Juni, 24. Oktober und 16. November 1888, IV. B. 2.6, S. 89, 91, 93 f.

11 Kirchgemeindeversammlung vom 9. Dezember 1888, IV. B. 1.1, S. 157–160.

12 Kirchenpflegesitzung vom 26. August 1889, IV. B. 2.6, S. 107 f. – Die Experten waren Heinrich Weber, Pfarrer von Höngg, Paul Hindermann, Organist am Grossmünster, und ein Herr Dietrich, Flötist im Tonhalle-Orchester.

13 ARNOLD NÜSCHELER und GEORG FINSLER, *Festschrift zur Erinnerung an die Glockenweihe im Grossmünster in Zürich, Sonntag, den 18. August 1889,* Zürich, 1889. – Siehe auch H[ANS] R[UDOLF] V[ON] G[REBEL], *Die Grossmünsterglocken,* in: Kirchenbote, April 1962, Nr. 4, S. 12.

14 Kirchenpflegesitzung vom 6. Mai 1930, IV. B. 2.9, S. 109.

15 Kirchenpflegesitzungen vom 21. Oktober 1930 und 7. Juli 1931 sowie Stillstand vom 19. Juli 1931, IV. B. 2.9, S. 129 f., 185 f., 187 f. – Hans Knell (1889–1972), dipl. Maschinenbautechniker und Erfinder des elektromechanischen Antriebs der Kirchenglocken, System Knell; Nachruf in *Dorfchronik für das Jahr 1971,* in: Küsnachter Jahrheft 1972, S. 86.

16 Kirchgemeindeversammlung vom 8. November 1931, IV. B. 1.2, S. 234.

17 IV. B. 2.9, S. 218 f.

18 Kirchenpflegesitzung vom 30. Oktober 1928, IV. B. 2.9, S. 26.

19 HULDREICH ZWINGLI, *Eine Predigt von der reinen Magd Maria, 17. September 1522,* in: Huldreich Zwinglis sämtliche Werke, Vol. 1, Nr. 15, S. 391–428.

20 Stillstand vom 26. Mai 1929, IV. B. 2.9, S. 57.

21 ULRICH GERSTER, *Die Kirchenfenster des Grossmünsters Zürich: Augusto Giacometti – Sigmar Polke;* zu Augusto Giacometti (1877–1847) siehe BEAT STUTZER und LUTZ WINDHÖFEL, *Augusto Giacometti. Leben und Werk.*

22 Zum Zwingliportal siehe: OSKAR FARNER, HANS HOFFMANN, ERNST WINIZKI, *Die grosse Wende in Zürich: Otto Münchs Zwingli-Türe am Grossmünster;* zur Bibeltür: JOSEF GRÜNENFELDER, ERNST WINIZKI, *Die Bibeltür am Grossmünster in Zürich von Otto Münch.*

23 Zum Streit um den Neubau der Orgel siehe das Kapitel 6. 5. *Die neue Orgel und der Orgelstreit 1956–1960,* oben S. 186–194; *Die Orgel im Grossmünster Zürich,* mit Beiträgen von HANS RUDOLF VON GREBEL, FRIEDRICH JAKOB, VIKTOR SCHLATTER, PAUL HINTERMANN.

24 *Sigmar Polke. Fenster – Windows Grossmünster Zürich,* Zürich/New York 2010. – ULRICH GERSTER, *Die Kirchenfenster des Grossmünsters Zürich: Augusto Giacometti – Sigmar Polke.*

25 Stillstandssitzung vom 15. März 1855, IV. B. 2.5, S. 73 f.

26 Brief des Stillstandes an die Finanzdirektion vom 19. September 1855, IV. B. 2.5, S. 82 f.

27 Stillstandssitzung vom 16. Oktober 1855, IV. B. 2.5, S. 84 f.

28 Stillstandssitzung vom 7. Februar 1856, IV. B. 2.5, S. 87.

29 Kirchgemeindeversammlung vom 17. Februar 1856, IV. B. 1.1, S. 26 f.

30 Gustav Albert Wegmann (1812–1858), Architekt; erbaute in Zürich u.a. das Kantonsspital (1835–1842, abgebrochen 1951), das Künstlergut an der Künstlergasse (1846/47, abgebrochen 1910), die Alte Kantonsschule (1839–1842), das Grossmünsterschulhaus (1850–1853) und die Villa Tobler an der Winkelwiese (1852–1855); GIAN-WILLI VONESCH, *Der Architekt Gustav Albert Wegmann (1812–1858);* GIAN-WILLI VONESCH, Artikel *Wegmann, Gustav Albert,* in: Historisches Lexikon der Schweiz (HLS).

31 Johann Jakob Breitinger (1814–1880), Architekt; erbaute das erste Gasthaus auf dem Üetliberg (1839, abgebrochen 1872), war Architekt und Koordinator der Bahnhofsbauten verschiedener Bahnlinien, erbaute für die Nordostbahn den Bahnhof Romanshorn (1853–1855), beteiligte sich am Wiederaufbau von Glarus nach dem Brand von 1861. Zürcher Gemeinderat, als Mitglied des städtischen Zürcher Baukollegiums machte er verschiedene stadtplanerische Vorschläge, Breitinger entwarf das Gehäuse der ersten Orgel im Grossmünster (1876); WERNER STUTZ, Artikel *Breitinger, Johann Jakob,* in: Architektenlexikon der Schweiz – 19./20. Jahrhundert, S. 89.

32 O[SKAR] PFISTER, *Gründung eines kirchlichen Volksheimes (Zwinglihauses) in Zürich 1,* in: Gemeinde-Blatt, IX. Jg., Nr. 4, 20. September 1919, S. 2.

33 Zur Entwicklung des Projekts Zwinglihaus siehe die Beiträge in: Gemeinde-Blatt, IV. Jg., Nr. 3, 17. Juni 1914, S. 9–11; VIII. Jg., Nr. 2, 28. Juli 1918, S. 4; IX. Jg. Nr. 2, 10. Mai 1919, S. 3 f., und Nr. 4, 20. September 1919, S. 2.

34 Kirchenpflegesitzung vom 6. Mai 1924, IV. B. 2.8, S. 99; Kirchgemeindeversammlung vom 1. Juni 1924, IV. B. 1.2, S. 96 f.; Berichterstattung in: Gemeinde-Blatt, XIV. Jg., Nr. 5, 2. Juli 1924, S. 4; Nr. 6, 15. September 1924, S. 4; Nr. 7, 8. Oktober 1924, S. 4; Nr. 8, 31. Oktober 1924, S. 4; Kirchenbote, Oktober 1928, S. 80.

35 Kirchenpflegesitzung vom 20. Januar 1925, IV. B. 2.8, S. 128 f.

36 Gemeinschaftliche Sitzung der beiden Kirchenpflegen Prediger und Grossmünster am 30. September 1925, IV. B. 2.8, S. 166–169.

37 Kirchenpflegesitzung vom 13. Oktober 1925, IV. B. 2.8, S. 173 f.

38 Kirchenpflegesitzung vom 17. November 1925, IV. B. 2.8, S. 177–181.

39 Kirchenpflegesitzung vom 19. Januar 1926, IV. B. 2.8, S. 205.

40 Die Mitglieder der Kommission waren F. Mauerhofer (Prediger, Präsident), Eduard Denzler (Grossmünster, Vizepräsident), Pfarrer Oskar Pfister (Prediger, Aktuar), E. Fluck (Prediger), Max Guyer (Grossmünster), Pfarrer Paul Högger (Grossmünster); O[SKAR] P[FISTER], *Gemeindehaus,* in: Gemeinde-Blatt, XVI. Jg., Nr. 2, 27. Februar 1926, S. 4.

41 KARL GRUNDER, *Die Kunstdenkmäler des Kantons Zürich, Neue Ausgabe Bd. IV, Die Stadt Zürich IV, Die Schanzen und die barocken Vorstädte,* Bern 2005, S. 267–272.

42 REGINE ABEGG, CHRISTINE BARRAUD WIENER, KARL GRUNDER, CORNELIA STÄHELI, *Die Kunstdenkmäler des Kantons Zürich, Neue Ausgabe Bd. III. II., Die Stadt Zürich III. II., Altstadt rechts der Limmat – Profanbauten,* Bern, 2007, S. 370–381. Zu dem nie ausgeführten Projekt des «Zähringerdurchbruchs» siehe MELCHIOR FISCHLI, *Geplante Altstadt – Zürich, 1920–1960,* S. 35–45.

43 Zusammenfassung der Vorarbeiten und Antrag zuhanden der Kirchgemeindeversammlung in der Kirchenpflgesitzung vom 14. Dezember 1926, IV. B. 2.8, S. 240–245.

44 Kirchgemeindeversammlung Grossmünster vom 9. Januar 1927, IV. B. 1.2, S. 128–133; Berichterstattung in: Gemeinde-Blatt, XVII. Jg., Nr. 2, Februar 1927, S. 3.

45 Kirchgemeindeversammlung Grossmünster vom 27. Januar 1929, IV. B. 1.2, S. 170–176.

46 *Abstimmung am 1. September 1929,* in: Kirchenbote, August 1929, S. 64.

47 11 659 Ja gegen 2823 Nein; P[AUL] E[PPLER], *Unser Gemeindehaus,* in: Kirchenbote, September 1929, S. 72.

48 Paul Fierz (geb. 1895) erbaute 1923

auch das Kirchgemeindehaus in Wollishofen.

49 P[AUL] H[ÖGGER], *Gemeindehaus-Einweihung,* in: Kirchenbote, November 1931, S. 92.

50 Dreiseitiges ausführliches Protokoll der Kirchgemeindeversammlung vom 29. Oktober 1962 in der Friedenskirche, Hirschengraben 52, IV. B. 1.4. (ohne Seitenzahl); siehe auch den illustrierten Separatdruck *Ein erfreulicher Entscheid! Das neue Gemeindezentrum soll gebaut werden!,* das dem Kirchenboten im Dezember 1962 beigelegt wurde.

51 Siehe dazu JEAN-DANIEL GROSS, *Ächtung und Rehabilitation des Historismus in Zürich,* S. 240 f.

52 Zur Baugeschichte siehe *Helferei und Grossmünsterkapelle. Bericht über den Umbau und die Restaurierung der Gebäude an der Kirchgasse 11/13 zu Zürich in den Jahren 1971 bis 1974,* verfasst zuhanden der Kirchgemeinde Grossmünster, Zürich 1977.

53 Kirchenpflegesitzung vom 20. Oktober 1970, IV. B. 2.15, S. 11.

54 Zur Übergabe des Kirchgemeindehauses an die Landeskirche siehe die Protokolle der Kirchenpflegesitzungen vom 19. Januar 1995, IV. B. 2.21, S. 21; 9. Februar 1995, IV. B. 2.21, S. 25 f.; 14. September 1995, IV. B. 2.21, S. 42; 5. Oktober 1995, IV. B. 2.21, S. 45; Protokoll der Kirchgemeindeversammlung vom 29. Oktober 1995, IV. B. 1.11, S. 6.

55 siehe PETER JOOS, *Weiterbauen am Original,* in: HelfereiZeit, S. 28–30.

56 Über die vorläufige Idee zum Raumprogramm wurde in der Kirchenpflegesitzung vom 9. Dezember 1998 informiert, IV. B. 2.22, S. 15.

Massnahmen für ein aktives Gemeindeleben 8. 1.

Das Bestreben, in der Grossmünstergemeinde mit ihren unterschiedlichen Stadtquartieren und Bevölkerungsgruppen, die zum Teil wenig Berührungspunkte untereinander haben, ein Zusammengehörigkeitsgefühl zu entwickeln, die Bewohner der einzelnen Gemeindeteile zu gemeinsamen Anlässen zu versammeln, sie zu gemeinschaftlichen Aktivitäten anzuregen, ihnen Orte zu bieten, wo sie sich heimisch fühlen können, ist für die um ein reges Gemeindeleben bemühten Mitarbeitenden auf allen Ebenen seit jeher eine stete Herausforderung. Die besonderen Schwierigkeiten, die sich dabei gerade in der Grossmünstergemeinde stellen, hängen zusammen mit den heterogenen Strukturen ihrer Einwohnerschaft, der hohen Fluktuation der Bevölkerung, die das Schaffen von Kontakten untereinander und den kontinuierlichen Aufbau einer dauerhaften Gemeinschaft erschweren, wenn nicht gar verunmöglichen. Die Anstrengungen um den Aufbau, die Gestaltung und Aufrechterhaltung eines aktiven Gemeindelebens auch ausserhalb der kirchlichen Gemeinschaft in den Grossmünstergottesdiensten führten in der Kirchenpflege wiederholt zu grundsätzlichen Überlegungen und vielfältigen Lösungsversuchen. Wie ein roter Faden durchziehen sie die Protokollbücher und die Jahresberichte der Kirchgemeinde. In der Folge seien einige Episoden aus der Gemeindegeschichte herausgegriffen, die veranschaulichen, mit welchen Ideen und Konzepten diese Anliegen in den verschiedenen Epochen verfolgt wurden.

Kirchgemeindeabende und Spätgottesdienste 8. 1. 1.

Friedrich Herder war einer der Kirchenpfleger, die sich 1909 besonders initiativ dieser Sache annahmen. In der Kirchenpflegesitzung vom 28. April jenes Jahres machte er darauf aufmerksam, dass der Landeskirche durch den Freidenker-Verein und andere Sekten immer mehr Mitglieder entzogen würden und Mittel und Wege gesucht werden müssten, diesem Übelstand zu wehren. Der Landeskirche werde vorgeworfen, sie habe zu wenig Fühlung und keine Gemeinschaft unter ihren Gliedern.

«Wir freuen uns, an der ersten Kirche des Kantons zu stehen, und da sei es aber auch unsere Pflicht, in dieser Beziehung vorbildlich vorzugehen.»

Auf Herders Anregung hin wurde eine fünfköpfige Kommission beauftragt, der Frage nachzugehen, wie das kirchliche Leben in der Gemeinde gehoben werden könnte.[1]

Der überraschende Tod von Pfarrer Ludwig Heinrich Pestalozzi im September 1909, das nachfolgende zeitraubende Pfarrwahlverfahren und die Einarbeitung des Nachfolgers, Viktor Juzi, brachten es mit sich, dass die Kirchenpflege erst im Oktober 1910 auf die im Vorjahr von Friedrich Herder aufgeworfene Frage zurückkam.[2] Als erste Förderungsmassnahme im Sinne Herders schlug die damals gebildete Kommission zunächst die Veranstaltung eines Kirchgemeindeabends vor, an dem über das Verhältnis zwischen Gemeinde und Geistlichen gesprochen werden sollte, zudem wurde eine Kommission ernannt, welche die Organisation von weiteren solchen Abenden mit Musik, Vorträgen usw. übernahm. Dann versprach man sich mit dem Angebot einer festen finanziellen Unterstützung der von den beiden Pfarrern Finsler und Juzi betreuten Sonntagsschule, diese inskünftig als offiziöse Institution unter dem Namen «Sonntagsschule Grossmünster» den Gemeindegliedern empfehlen zu können.[3] An zwei Sonntagen vor Weihnachten sollten ausserdem versuchsweise Spätgottesdienste abgehalten werden, um einem breiteren Publikum den Besuch der Kirche zu ermöglichen.[4] Darüber berichtete Pfarrer Finsler im Februar 1911,

«dass mit der Einführung eines zweiten Vormittag-Gottesdienstes an den 2 Malen, an denen sie stattfanden, keine befriedigenden Resultate erzielt worden seien.»[5]

Nachhaltigen Erfolg hatte dagegen die Idee der Gemeindeabende. Im Januar 1912 fand ein weiterer solcher Anlass statt, an dem sich Pfarrer Juzi zum Thema «Die Erziehung zur Religion» äusserte, und das war der Beginn einer Veranstaltungsreihe, die bald zur Tradition wurde. Die in der Regel gut besuchten Anlässe fanden ab den 1920er Jahren regelmässig dreimal jährlich jeweils in den Monaten Februar, Juni und November statt, meistens im Zunfthaus zu Zimmerleuten, hin und wieder auch im Hotel Rigiblick. Ab November 1931 konnten die Gemeindeabende dann im Saal des Kirchgemeindehauses am Hirschengraben durchgeführt werden. Mit inhaltlich abwechslungsreichen Programmen war man bestrebt, den Interessen möglichst breiter Kreise entgegenzukommen. Die beiden Pfarrer des Grossmünsters, Pfarrkollegen aus anderen Gemeinden, einzelne Mitglieder der Kirchenpflege und weitere Referenten sprachen über religiöse, kirchliche und allgemein gesellschaftliche Themen; Reiseberichte aus fernen Ländern, gelegentlich garniert mit Lichtbildern, wechselten sich ab mit Betrachtungen zu kultur- und sozialgeschichtlichen Ereignissen oder historischen Persönlichkeiten, und Anliegen, welche die Kirchgemeinde beschäftigten, wurden ebenso berührt wie Fragen des aktuellen Tagesgeschehens.[6]

Postulate Friedrich Herder 8. 1. 2.

Im Frühjahr 1918 ergriff Friedrich Herder, besorgt über das nach wie vor wenig aktive kirchliche Leben in der Gemeinde, erneut eine Initiative in dieser Sache und legte der Kirchenpflege seine Vorschläge zur Verbesserung der Situation folgendermassen schriftlich dar:

«Herr Herder kritisiert in einem Schreiben an das Präsidium der Kirchenpflege, dass von der Grossmünstergemeinde aus so wenig grosszügige und initiative Wirksamkeit zu Tage trete, und stellt, um diesem Mangel abzuhelfen, folgende Postulate auf:

1. Den Frauen und der Jugend der Gemeinde, bis hinunter in die Konfirmandenklasse, ist der Zutritt zu den Gemeindeversammlungen gestattet, vorbehältlich den gesetzlichen Bestimmungen betr. Stimm- und Wahlrecht.

2. Die bisherigen Gemeindeversammlungen sind in die Reihenfolge monatlich stattfindender Gemeindanlässe einzugliedern und derart auszubauen, dass neben den offiziellen, geschäftlichen Traktanden immer auch noch etwas mehr belehrenden oder unterhaltenden Inhalts geboten wird.

3. Neben den gottesdienstlichen Veranstaltungen findet jeden Monat, womöglich an einem Wochenabend und in der Regel ohne Consumation eine freie Zusammenkunft von Gemeindegliedern statt zur Anhörung irgendeines Themas zu gegenseitiger Aussprache über religiöse und kirchliche Angelegenheiten, und bringt eine Anzahl von Thematas, die beleuchtet werden können.

Von diesen Ausführungen wird mit Interesse Kenntnis genommen und der Commission für christliches Leben in der Gemeinde zu weiterer Behandlung überwiesen.»[7]

Die mit der Beratung der Herderschen Anregungen beauftragte Kommission erstattete ihren Bericht in der Sitzung der Kirchenpflege vom November 1918.[8] Dabei wurde einleitend zunächst klipp und klar festgestellt:

«Dass sich die Jugend am kirchlichen Leben der Gemeinde beteilige, ist nicht durchführbar.»

Mit Blick auf die Tätigkeit der Kirchenpflege kam man zum Eingeständnis, dass von ihr wenig impulsives Leben in die Gemeinde übergegangen sei und sie bisher eigentlich nur als Verwaltungsbehörde gewirkt habe. Viele Geschäfte könnten durch den Präsidenten oder ein paar wenige Mitglieder erledigt werden, sodass in den Sitzungen vermehrt Diskussionen zu Fragen der inneren Mission möglich wären. Neben dem Gottesdienst sollte der Gemeinde etwas mehr geboten werden. Vorgeschlagen wurden Versammlungen mit Vorträgen und mehr Gemeindeabende.

Pfarrer Högger äusserte seinerseits seine Unzufriedenheit mit der Situation. Als Pfarrer fühle man sich allein gelassen bei vielen dringenden Angelegenheiten; diese sollten in Sitzungen besprochen werden, in denen das «Geschäftliche» zur Seite gelassen würde. Er plädierte für die Anstellung eines Vikars oder einer Pfarrhelferin als Unterstützung für die Geistlichen bei den aufreibenden Tätigkeiten der kirchlichen Armenpflege, des Aufsuchens von Neuankömmlingen in der Gemeinde, «damit sie nicht von vornherein den Sekten zufallen», oder der Betreuung der neu Konfirmierten. Weitere Anliegen würden die Gestaltung des Gottesdienstes und der Jugendlehre sowie die Meinungen über das «Gemeinde-Blatt», die Stellung der Kirche zur inneren Mission und zum Blauen Kreuz betreffen. Pfarrer Finsler wies auf die neu eingeführten Bibelstunden und die Wochengottesdienste hin, von denen er sich mehr versprach als von weiteren Vorträgen. Zudem wünschte er, dass dem Wegbleiben von der Kinderlehre vermehrte Aufmerksamkeit geschenkt werde und die Mitglieder der Pflege dabei den Geistlichen zur Seite stehen sollten. Die Anregung einer Pfarrhelferstelle fand in der regen Debatte Unterstützung, doch wurden dazu wie auch zu den anderen einzelnen Vorschlägen noch keine Entscheidungen gefällt. Dafür erging an die Pfarrer die Aufforderung, Leitsätze aufzustellen, die den weiteren Beratungen als Grundlage dienen sollten.

In den folgenden Diskussionen erhielt der Wunsch nach der Anstellung einer Hilfskraft zur Unterstützung der Pfarrer in den seelsorgerlichen Pflichten des Armenwesens, bei den Besuchen der Gemeindeglieder oder der Mitwirkung in der Sonntagsschule und der Kinderlehre prioritäre Bedeutung. Der Idee, einen Lernvikar dafür einzusetzen, wurde entgegengehalten, dass damit nichts gewonnen sei, da ein solcher nach einer gewissen Zeit die Gemeinde wieder verlassen würde. Die Schaffung einer festen Stelle wurde ins Auge gefasst. Einig war man sich rasch, dass sich für die Bewältigung der anspruchsvollen Aufgaben in den so unterschiedlichen Funktionen eine Frau besser eignen würde. Bei der umstrittenen Frage, ob es sich dabei um eine Theologin handeln solle oder nicht, setzte sich schliesslich das Argument durch,

> «dass die Kirche überhaupt die Pflicht habe, sich der Theologinnen, die nun einmal zum Predigtamt zugelassen wurden, anzunehmen».[9]

Von Anfang an stand dabei die Person der eben erst ordinierten Rosa Gutknecht im Vordergrund. Im Jahr zuvor hatte sie die Leitung der durch einen Kreis engagierter Frauen angeregten, vom städtischen Pfarrkonvent neu geschaffenen Zentralstelle für kirchliche Gemeindearbeit übernommen.[10] Beim Aufbau dieser Fürsorgeinstitution auf der Basis der Mitarbeit von freiwilligen Hilfskräften, die in ihren ersten Jahren weitgehend auf die Grossmünstergemeinde beschränkt blieb, hatte sich Rosa Gutknecht in kürzester Zeit das Ansehen einer guten Organisatorin und feinfühligen Seelsorgerin erworben, Qualitäten, die für die Kirchenpflege bei ihrer Anstellung als Pfarrhelferin besonders ausschlaggebend waren. Auch wenn Pfarrer Finsler noch Bedenken äusserte,

> «ob Frl. Gutknecht den Posten annehmen würde, da sie doch eher das Bestreben habe zu predigen. Es könnte auch nach aussen den Eindruck machen, dass den beiden Geistlichen eine dritte ebenbürtige Kraft beigegeben sei»,[11]

kam es im April 1919 zur Berufung von Rosa Gutknecht als Hilfskraft für die Gemeinde, ohne dass die Stelle zuvor ausgeschrieben worden war.[12] Mit diesem damals zweifellos Aufsehen erregenden Entscheid, der über die Gemeindegrenzen hinweg wahrgenommen wurde, begann Rosa Gutknechts mehr als 30 Jahre währendes segensreiches Wirken im Dienste der Grossmünstergemeinde.[13]

Zu Gutknechts Hauptaufgaben gehörten zunächst erwartungsgemäss die Besuche bei Armen und Kranken und bei neuzugezogenen Gemeindegliedern. Dadurch erhielt sie rasch einen Überblick über die spezielle Zusammensetzung der Einwohnerschaft in der Gemeinde und erkannte deren

Bedürfnisse. Mit ihrer anteilnehmenden Hilfsbereitschaft fiel es ihr leicht, den Personen verschiedenster Herkunft zu begegnen, sodass sie als integrierende Kraft zur Entwicklung des Gemeindelebens Entscheidendes beitrug.

Das Engagement in der Jugendarbeit unter den Aspekten der Nachwuchsförderung und des Gemeindeaufbaus war Rosa Gutknecht ein besonderes Anliegen.[14] Die von ihr Jahr für Jahr abgefassten Tätigkeitsberichte zeugen von ihrer pflichtbewussten Arbeitsauffassung und den steten Bemühungen um den Aufbau und Erhalt einer lebendigen Gemeinde. Lobend erwähnt werden etwa ihre wöchentlich abgehaltenen Bibelstunden, die sich eines sehr guten Besuchs erfreuten.[15]

Aktivierung der Gemeindeglieder, weitere Angebote 8. 1. 4.

Pfarrer Högger nahm Anfang November 1920 die von Kirchenpfleger Herder früher gemachten Vorschläge wieder auf. Als Präsident der Kommission zur Hebung des kirchlichen Gemeindelebens regte er an,

«es sollte in regelmässigen Zwischenräumen eine freie Vereinigung von aktiven Gemeindegliedern stattfinden, in welcher verschiedene Fragen das kirchliche Leben betreffend besprochen werden könnten, so z. B. die Form des h. Abendmahls. [...] Es wäre sehr erwünscht, wenn die Teilnehmer sich lebhaft an der Aussprache beteiligen würden und auf diese Weise ein engerer Kontakt zwischen den Geistlichen und der Kirchenpflege einerseits und den Gemeindegliedern und Kirchenbesuchern anderseits hergestellt werden könnte.»

Zunächst wurde ein kleinerer Kreis von aktiven Gemeindegliedern zu einem zwanglosen Treffen eingeladen, um die Möglichkeiten zur erwünschten Verbesserung des Gemeindelebens zu erörtern.[16] Erfreut berichtete das «Gemeinde-Blatt» im April 1921 über diese Einladung, die als Zutrauensvotum der Kirchenpflege an ihre Gemeindeglieder begrüsst wurde:

«Schon dass sie erfolgte, ist ein Zeichen, dass ein Gemeindeleben da ist. Es gilt nur, es zu ermuntern und sichtbarer als bisher zu betätigen.»

Man habe verstanden, dass man zum Helfen und nicht zur Kritik zusammengerufen worden sei. Eine weitere Besprechung fand Anfang März statt, an der beschlossen wurde,

«neue, vereinfachte Gemeindeabende neben den schon bestehenden einzuführen, die den Zweck gegenseitiger Aussprache über unser kirchliches Leben haben sollen».[17]

Dem lange gehegten und in den neu eingeführten Gemeindegesprächen wieder ausgesprochenen Wunsch nach häufigerem Erscheinen des «Gemeinde-Blattes» kam man rasch nach: Statt der nur sechs Ausgaben wurden ab Januar 1922 zehn Nummern pro Jahr publiziert in der Hoffnung,

«dass es dann noch fleissiger gelesen wird und seine wesentliche Aufgabe besser erfüllen kann, ein verbindendes Element zwischen allen unsern verschiedenen, einander oft so fremden Gemeindegliedern zu sein».[18]

Konsultiert man die Ausgaben des «Gemeinde-Blattes» und ab 1928 jene des monatlich erscheinenden «Kirchenboten», erhält man einen Eindruck von den im Laufe der Jahre zunehmenden Angeboten, mit denen die unterschiedlichen Gruppen der Kirchgemeinde angesprochen wurden.

Neben den regelmässig und durch alle Jahre hindurch von Rosa Gutknecht und den Pfarrern angeleiteten Bibelabenden und dem vor allem von Max Frick und Oskar Farner in den 1940er Jahren abgehaltenen Katechismusunterricht für Erwachsene fanden immer wieder zusätzliche Gottesdienste unter der Woche in der Gemeindestube, in der Helfereikapelle oder im Kirchgemeindehaus statt. Diese kirchlich ausgerichteten Veranstaltungen zur Vertiefung von biblischem Wissen und christlichen Glaubensinhalten wurden seit jeher ergänzt mit weiteren Zusammenkünften zur Pflege der Gemeinschaft.

Gemeinschaftspflege – Mütter-, Frauen-, Männerabende und Frauezmorge

Um die Verbesserung eben dieser Gemeinschaft ging es auch dem Kirchenpfleger Hermann Keller, der in einer Pflegesitzung Anfang Januar 1938 einige Thesen in diese Richtung vorbrachte. Keller wünschte, es seien Mittel und Wege zu suchen, damit mehr Männer und junge Leute die Predigt besuchen; mit Hausbesuchen sei der Kirchenentfremdung abzuhelfen; im Sinne des allgemeinen Priestertums sei die Seelsorge nicht bloss Sache des Pfarrers, sondern jedes einzelnen Gemeindeglieds; durch vermehrtes Laienpriestertum werde auch die Stellung des pfarramtlichen Seelsorgers unterstützt und gekräftigt; die wichtigste Aufgabe der Kirche solle es werden, den Bruderschaftsgedanken wieder lebendig werden zu lassen.[19] Im Hinblick auf einen Kirchgemeindeabend im März zur Frage

> «Was können wir tun, dass die Verkündigung des Wortes Gottes unsere Gemeinde im Ganzen erreicht?»

wurden die aufgeworfenen Fragen an einer nächsten Sitzung weiterdiskutiert. Erwogen wurde die Einführung von Männer- und Frauenabenden, von anregend gestalteten Anlässen für alle Altersstufen zur Besprechung von Themen, die durchaus nicht nur kirchlicher oder religiöser Art sein müssten. Dabei kam Kellers Anliegen der Laienhilfe nochmals zur Sprache.[20]

Pfarrer Max Frick reagierte sodann auf Kellers Vorstoss, indem er, wie Pfarrer Högger 18 Jahre zuvor, zu einem Besprechungsabend einlud, an dem zwanglos über die aufgeworfenen Gemeindefragen diskutiert werden sollte. Dabei hoffte er,

> «eine ansehnliche Zahl von Gemeindegliedern begrüssen zu dürfen. Ganz besonders würde uns freuen, wenn auch Männer sich einstellen wollten. [...] So sehr wir uns über fromme Frauen freuen, so freuen wir uns doch erst recht über jeden frommen Mann, der kirchliches Verantwortungsgefühl besitzt.»[21]

Als erste Erfolge der ab Mai durchgeführten Besprechungsabende führte Frick im «Kirchenboten» vom Juli 1938 an, dass man sich besser kennengelernt habe, sodass Gemeinschaft zwischen den einzelnen Gemeindegliedern und zwischen den Pfarrern und der Gemeinde entstehen konnte, und dass etwas wie ein Familiengefühl die Anwesenden erfüllte. Sein Fazit:

«Wenn unsere Besprechungsabende nur das erreicht hätten, dass wir uns wieder etwas tiefer in die Augen schauen und mehr Vertrauen zu einander fassen, dann wäre schon ein schöner Schritt auf das Ziel hin getan: den Aufbau einer lebendigen Gemeinschaft in der Kirche!» [22]

Rosa Gutknecht rief ihrerseits die Gemeinde im Oktober 1940 zur Bildung eines Helferkreises auf, der sie bei der Durchführung verschiedener Gemeindeaufgaben, die in ihrem Kompetenzbereich lagen, unterstützen könnte. Sie plante die Einrichtung einer Kinderstube am Sonntagmorgen, um den Eltern den Besuch des Gottesdienstes zu ermöglichen; gesucht wurden zudem Helferinnen und Helfer der Besuchsgruppe zur Begrüssung von Neuzugezogenen und zur Mithilfe bei den traditionellen Altersnachmittagen für die über 60-jährigen Gemeindeglieder. Und wieder belebt werden sollten die bereits 1931 eingeführten Arbeitsnachmittage, an denen Frauen und Töchter in Näh- und Strickkränzchen aus neuen Stoffen und alten Kleidungsstücken warme Sachen für die Bedürftigen der Gemeinde verfertigten, eine gemeinsame praktische Tätigkeit, die vor allem in den Krisenzeiten vor, während und kurz nach dem Zweiten Weltkrieg im Sinne direkter Nothilfe besonders wertvoll war.[23]

Im Winter 1940 ergriffen auch die Pfarrfrauen Farner vom Grossmünster und Custer von der Predigergemeinde die Initiative in diese Richtung und organisierten einen ersten Mütterabend für alle Frauen der Altstadt rechts der Limmat. Mit Vorträgen oder Aussprachen zu aktuellen Fragen der Zeit fanden diese dann jeweils im Winterhalbjahr monatlich durchgeführten Mütterabende erfreulichen Anklang.[24]

Da sich viele dieser Aktivitäten bis zu diesem Zeitpunkt naturgemäss an die weiblichen Gemeindeglieder gerichtet hatten, war es den Pfarrern ein Anliegen, auch Männern ein Programm mit attraktiven Referaten zu bieten. Bereits im Frühjahr 1946 hatte Pfarrer Frick, angespornt vom Erlebnis eines Männerabends in der Kirchgemeinde Enge, daran gedacht, die Männer zu einem solchen einzuladen. Aber erst sechs Jahre später legte Pfarrer von Grebel der Kirchenpflege das Programm für eine vorgesehene Männerarbeit vor: In der Erkenntnis, dass Männer je länger, desto schwieriger für das kirchliche Leben zu interessieren waren und sie den sonntäglichen Gottesdienst meistens mieden, sollte nun auch das Grossmünster versuchen, sie in zwangloser Form zusammenzubringen und sie im Rahmen von Vorträgen und Diskussionrunden neu einzubinden. Den Vorschlägen von Grebels stimmte die Pflege vorbehaltlos zu.[25] Mit der Vorbemerkung

«Es ist kein gesundes Zeichen, wenn in einem Volke die Religion als ‹Frauensache› angesehen wird und die Männer abseits vom kirchlichen Leben stehen»

warb die Kirchenpflege daraufhin für einen Männerabend am 13. Januar 1953, an dem der politisch engagierte Pfarrer Paul Frehner von der Neumünster-Gemeinde ein Referat mit dem programmatischen Titel «Kirche ohne Männer – Männer ohne Kirche» hielt.[26] Dieser zahlenmässig gut besuchte erste Anlass hinterliess den Eindruck, dass die Veranstaltung einem Bedürfnis entsprach, und ermutigte die Kirchenpflege, dieses Angebot weiterhin mit zwei bis drei Vorträgen in die nächsten Winterprogramme aufzunehmen.[27] Die Referenten und Vortragsthemen der Männerabende erwiesen sich als abwechslungsreich und anspruchsvoll – «Naturwissenschaftliches Weltbild und christlicher Glaube», «Nöte und Gefahren der Grossstadt», «Unbestreitbare Tatsachen. Ein Beitrag zum Thema: Moderne Götter» oder «Konfessionelle Probleme in Zürich» –, hatten aber auch zur Folge, dass ihr Besuch von Jahr zu Jahr zu wünschen übrig liess, sodass man sich wiederholt überlegte, die Abende gemeinsam mit der Fraumünstergemeinde durchzuführen.[28] Eine Veranstaltung mit dem Thema «Wohnungsnot und Kirche» wurde für das Winterprogramm 1963/64 vorgesehen,[29] und nach längerem Unterbruch bemerkte die Kirchenpflege Anfang März 1966:

«Unsere Frauen- und Mütterabende erfreuen sich eifrigen Besuches und regen Zuspruchs. Wollen die Männer wirklich sich überrunden lassen?»

Deshalb lud sie die Männer und Jungmänner nochmals ein zu einem Vortrag über das Thema «Begegnung mit christlichen Kirchen in der Sowjetunion».[30] Später gibt es in den Protokollen und im «Kirchenboten» keine Hinweise mehr auf geplante Männerabende.

Das während des Zweiten Weltkrieges geschaffene Gefäss der Mütterabende veränderte sich im Laufe der Jahre, entsprechend den wechselnden Bedürfnissen und Erwartungen der damit angesprochenen Frauen; ab 1954 tauchen im Angebot der Winterprogramme auch Frauenabende auf, die sich an ledige und berufstätige Frauen und Töchter ohne Kinder richteten. Immer öfter wurden die beiden Veranstaltungen gemeinsam durchgeführt, und es wurden auch andere Formen für diese Zusammenkünfte gesucht. Zu Beginn der 1980er Jahre ersetzte der in Zusammenarbeit mit den anderen Altstadt-Kirchgemeinden unter Mithilfe von Irene Gysel völlig neu konzipierte «Frauezmorge» die bisherigen Mütter- und Frauenabende. Gedacht war dieser für Frauen aus der Altstadt mit oder ohne Kinder, die Kontakt und gemeinsame Besinnung über aktuelle Probleme suchten. Jeden ersten Mittwoch im Monat traf man sich nun um neun Uhr in der Helferei zum gemeinsamen Morgenessen. Anschliessend konnten die Kinder betreut im Jugendraum spielen, während die Erwachsenen mit eingeladenen Fachleuten der verschiedensten Bereiche über ein jeweils angekündigtes Thema diskutierten. In kurzer Zeit entwickelte sich der «Frauezmorge» zu einer beliebten Institution, die von immer mehr Frauen aus der Innenstadt, aber auch aus den Aussenquartieren besucht wurde.[31]

Der Trend zu einer immer mobileren Gesellschaft in den Jahrzehnten nach dem Zweiten Weltkrieg wirkte sich auch auf die Angebote der Kirchgemeinde aus. Zu besinnlichen, lehrreichen, unterhaltenden oder praktisch handwerklichen Aktivitäten kam man nicht mehr nur im Kirchgemeindehaus oder in der Helferei zusammen, sondern begann auch weitere Kreise zu ziehen. Die Nachmittagsausflüge in die nähere Umgebung der Stadt, die Carfahrten in die Innerschweiz, ins Glarnerland, an den Rheinfall oder an den Bodensee im Rahmen des Altersnachmittags, der Mütter- und Frauenabende und des «Frauezmorge» gehörten bald zu den traditionellen Höhepunkten des Jahres.

Mit der viertägigen Fahrt ins Burgund im Herbst 1982 begann die Serie der ausgedehnteren Gemeindereisen über die Grenzen ins Ausland. Zusammen mit den Gemeindehelferinnen gelang es den Pfarrern immer wieder, kulturell hochstehende Reiseprogramme zusammenzustellen, bei denen gleichzeitig darauf geachtet wurde, dass das leibliche Wohl nicht zu kurz kam. Da die Reisen in der Regel ein Wochenende einschlossen, war auch für geistliche Nahrung beim sonntäglichen Gottesdienstbesuch, dem sich oft eine Begegnung mit den Mitgliedern der besuchten Kirchgemeinden anschloss, gesorgt. Persönliche Vorlieben der Reiseleiter, deren Ortskenntnisse und freundschaftliche Beziehungen zu einzelnen Gemeinden bestimmten hin und wieder die Reiseziele. So führte Werner Gysel «seine» Schäfchen mit Vorliebe nach Frankreich, in das ihm wohlbekannte Burgund, ins Elsass oder nach Lyon – und nach Italien, in die Städte Bologna, Ravenna oder ins Piemont. Hans Stickelberger bevorzugte dagegen Deutschland und den Norden, mit Reisen zur süddeutschen Romantischen Strasse, ins barocke Südbayern, nach Berlin, wo er einst studiert hatte, oder in weiter entfernte Destinationen, nach Flandern mit Gent und Brügge und nach Bath, Somerset und Wiltshire, wo in acht Tagen nicht nur Stonehenge, die Kathedralen von Wells und Salisbury, sondern auch einige der schönsten englischen Landsitze mit ihren Pärken besucht wurden. Denkwürdige Unternehmungen waren auch die von den beiden Heimweh-Baslerinnen Jenny Schneider und Lucie Burckhardt begleitete Fahrt in deren Heimatstadt und nach Freiburg i. Br., die Reise mit Christoph Sigrist im Frühjahr 2015 auf den Spuren des böhmischen Reformators Johannes Hus sowie die von Martin Rüsch organisierte einwöchige Reise im April 2018 zu Hauptorten der Reformation in Sachsen; diese bot neben vielen anderen kulturhistorischen Eindrücken auch den Besuch der Samstagsmotette in der Leipziger Thomaskirche und die Teilnahme am lutherischen Abendmahlsgottesdienst in Wittenberg, garniert mit einer Epistel-Lesung aus der Zürcher Froschauer-Bibel im originalen Zwingli-Wortlaut von 1531.

Die Teilnehmerinnen und Teilnehmer der Reisen waren jeweils angehalten, ihre Eindrücke schriftlich und im Bild festzuhalten. So entstanden wunderbare, persönlich gefärbte Reiseberichte schreibgewandter Gemeindeglieder, teils sogar in Versform, worin sich der ehemalige Kirchenpflegepräsident Walter Pfister besonders witzig hervortat, oft auch illustriert mit Fotos oder, speziell schön, mit Handzeichnungen von Ruth von Fischer, Verena Klug-Wyss und Armin Bättig.[32] (Abb. 1–4)

Helferei-Zmittag und Bazar 8. 1. 7.

Dass nicht nur das Reisen zusammen mit Gleichgesinnten, sondern auch das gemeinsame Essen und Trinken die Menschen verbindet, ist eine Binsenwahrheit. Im Winterhalbjahr boten die traditionellen samstäglichen Spaghetti-Tage in der Helferei jeweils einmal im Monat Gelegenheit, aufs Kochen zu verzichten und mit den Quartierbewohnerinnen und -bewohnern ins Gespräch zu kommen. Seit dem Stellenantritt von Ernst Frei im Dezember 1987 als Hauswart der Helferei erfuhr der Menüplan dieser Mittagessen eine willkommene Erweiterung. Als erfahrener Wachtmeister-Küchenchef der Schweizer Armee war Frei bestens gerüstet, grössere Gruppen zu bekochen, und es sprach sich bald herum, dass seine Suppen, Spaghetti und vor allem sein legendärer Risotto besonders köstlich mundeten. Deshalb drängte sich Jung und Alt jeweils in grosser Zahl zum Helferei-Zmittag und genoss Freis Kochkünste.

Ein weiterer Höhepunkt im Grossmünstergemeindeleben bildete der alle zwei Jahre durchgeführte, von zahlreichen freiwilligen Helfern unterstützte Bazar, ein einzigartiger Treffpunkt für die Gemeinde mit vielen vergnüglichen Darbietungen. Das kulinarische Angebot, Kasperlitheater und musikalische Einlagen, Schuhputzaktionen, der Wettbewerb mit attraktiven Preisen, das Buchantiquariat sowie die Verkaufsstände des Missionsvereins und des stadtbekannten Flohmarkts lockten immer wieder viele Leute in die Räume der Helferei. Der von Margrit Stickelberger und ihren Helferinnen sorgfältig aufgebaute Flohmarkt mit Gegenständen aller Art von ausgesucht guter Qualität generierte meistens den grössten Anteil der Einnahmen, die karitativen Institutionen im In- und Ausland zugutekamen.

Helfereiensemble und Helfereitheater 8.1.8.

Der Gedanke des Gemeindeaufbaus stand auch hinter den Gründungen des Helfereiensembles und des Helfereitheaters. Beide Gruppierungen verdanken ihre Anfänge der Initiative von Pfarrer Hans Stickelberger. Als begabter Klavierspieler suchte er 1983 ein paar Instrumentalisten, um zusammen mit Irene Gysel Johann Sebastian Bachs Konzerte für zwei Klaviere aufführen zu können. Damit war die Keimzelle zu einem dauerhaft bestehenden Orchester geschaffen. Aus der kleinen Gruppe von elf Streichern und einer Oboe, zu der sich bald Hörner und Flöten gesellten, entwickelte sich das Helfereiensemble, benannt nach dem Ort, wo geprobt wurde und die ersten Konzerte stattfanden. Hans Stickelberger und Irene Gysel integrierten sich im Orchester, er hinter dem Kontrabass, sie als Bratschistin. 1990 übernahm Barbara Maurer die Leitung, und man kam nun regelmässig alle zwei Wochen zur Probe zusammen. Die Dirigentin verstand es, mit einer vielseitigen Stückwahl, die den Fähigkeiten des Laienorchesters entsprach, die Freude am gemeinsamen Musizieren zu wecken. Von Anfang an war es die Idee, das Ensemble auch bei Anlässen der Kirchgemeinde, von der es auch finanziell unterstützt wurde, einzusetzen. Mit dem regelmässigen Mitwirken in den Gottesdiensten, den Morgenmusiken, dem Aufspielen beim Seniorentreff und der Begleitung an den Offenen Singen war es aus dem Gemeindeleben nicht mehr wegzudenken. 2005 erfolgte der Dirigentinnenwechsel von Barbara Maurer zur Cellistin Anita Jehli, die mit derselben Zielsetzung wie ihre Vorgängerin und mit einer ansteckenden Musikalität das Orchester zu weiteren erfolgreichen Auftritten führte. (Abb. 5) In der Sorge um die Zukunft des Ensembles angesichts der Strukturveränderungen im Zusammenhang mit der bevorstehenden Kirchgemeindefusion machten sich die Grossmünstergemeinde und das Orchester schon frühzeitig Gedanken, wie seine musikalischen Tätigkeiten auf eine breitere Basis gestellt werden könnten. Gespräche mit den Nachbargemeinden führten dazu, dass diese ab Januar 2015 gemeinsam die Trägerschaft übernahmen. Seither spielt das Ensemble unter dem Namen «AltstadtOrchester» in allen vier Altstadtkirchen.[33]

In den 1990er Jahren traf sich ein Kreis literarisch interessierter Altstadtbewohner in der Pfarrwohnung von Hans Stickelberger, um mit verteilten Rollen Theaterstücke zu lesen. Daraus entwickelte sich die Idee einer Theateraufführung in der Kapelle der Helferei. Die 2001 realisierte Inszenierung von Ödön von Horvaths Stück «Geschichten aus dem Wienerwald» stand am Anfang der Aktivitäten der Laientheatergruppe. Die Regie übernahm Marc Hecky, der zu diesem Zeitpunkt sein einjähriges Vikariat am Grossmünster absolvierte. Pfarrer Stickelberger fasste Theaterarbeit als Gemeindebildung im doppelten Sinn des Wortes «Bildung» auf. Mitglieder der Gemeinde – und dazu gehörte für ihn über die Grenzen des Grossmünsters hinaus die ganze Stadt – gestalten etwas miteinander. Sein Plan: Theater in der Gemeinde für die Gemeinde machen. Die Begeisterung für das Amateurtheater hielt auch nach den beiden Aufführungen der «Geschichten aus dem Wienerwald» an. Zu den bisherigen Ausführenden fanden sich weitere Mitspielerinnen und Mitspieler, die sich bereits zwei Jahre später an die Produktion des Klassikers «Nathan der Weise» von Lessing wagten, diesmal unter der Regie von Christian Sonderegger, eines Theatermannes, der mit professioneller Erfahrung an die Sache heranging. So wurde aus der zunächst ad hoc gebildeten Theatergruppe am Grossmünster das Bühnenensemble unter dem Namen «Helfereitheater», dessen Kern von Stammschauspielern einen Verein gründete mit dem Ziel, sich in Theaterkursen weiterzubilden, um anspruchsvolle Aufführungen realisieren zu können. Im Zwei-Jahres-Rhythmus folgten die Produktionen von Ionescus «Die Nashörner» (2006), Dürrenmatts «Besuch der alten Dame» (2008), einer Bearbeitung des «Einsiedler Welttheaters» nach Calderón (2010) und Brechts «Der kaukasische Kreidekreis» (2012). (Abb. 6) Die weiteren Stücke, Eigenkreationen der drei «Hausautoren» Andres Boller, Friedo Dürr und Hans Strub, griffen Themen rund um Hans Caspar Lavater und, im Rahmen des Reformationsjubiläums, Huldrych Zwingli auf.

«AltstadtOrchester» und «Helfereitheater» existieren bis heute und halten die Erinnerung an ihren Urheber Hans Stickelberger und dessen Grundidee eines horizonterweiternden Gemeindeaufbaus wach.

Gemeindehelferinnen, Sekretariat, Freiwilligenarbeit 8. 1. 9.

Die Umsetzung vieler der oben erwähnten Ideen, die der Stärkung eines aktiven Gemeindelebens dienten, gehörte in den Aufgabenkreis und den Kompetenzbereich der Gemeindehelferinnen. Sie waren und sind die «guten Seelen», die dem Pfarramt viele administrative Arbeiten abnehmen und mit ihrer Präsenz den Bedürfnissen und Nöten der Gemeindeglieder oftmals näher stehen als die Pfarrerinen und Pfarrer. Von 1919 bis 1953 hat Rosa Gutknecht in der Grossmünstergemeinde als Pfarrhelferin während ihrer fast 35-jährigen Amtszeit, die von den Ereignissen vor und während des Zweiten Weltkrieges geprägt war, unendlich viel Aufbauarbeit geleistet. Als Theologin war sie zudem imstand, den Pfarrern in der Seelsorge und beim Predigtamt notfalls vollwertigen Ersatz als Vikarin anzubieten, womit sie in der Gemeinde eine starke Stellung einnahm. Rosa Gutknechts Nachfolgerin, Elisabeth Wespi (später verheiratete Frau Alther-Wespi), übernahm 1953, aus einer anderen Ausbildung kommend, eine neu konzipierte Stelle, und Pfarrer Hugo Sonderegger hatte wohl recht, wenn er anlässlich ihres 25-Jahr-Dienstjubiläums bemerkte:

«Vor Frau Alther gab es in unserer Gemeinde das Amt der Gemeindehelferin noch nicht. Es war wohl nicht ganz einfach, in mancher Arbeitssparte die Nachfolgerin von Fräulein Pfr. Gutknecht zu werden. Frau Alther war die Mitarbeiterin mehrerer Pfarrer, so von Max Frick, Robert Kurtz und den jetzt anmtierenden Seelsorgern [dem schreibenden Hugo Sonderegger und Werner Gysel]. Die über zwanzigjährige Zusammenarbeit mit dem Ehepaar von Grebel hat ihren Dienst in unserer Gemeinde mitgestaltet.» [34]

Ihre Arbeit als Gemeindehelferin beschrieb sie selbst folgendermassen:

«‹Ja, was tut sie denn eigentlich?›, so mögen Sie sich schon gefragt haben. Meine Tätigkeit ist so vielseitig, dass es gar nicht einfach ist, sie kurz zu umschreiben, ohne sich in blosses Aufzählen zu verlieren. – Da sind in erster Linie einmal Sprechstunden zu nennen, die regelmässig dreimal die Woche stattfinden. Dass hier, in der persönlichen Aussprache, ein guter Kontakt und ein gefreutes Vertrauensverhältnis zustandekommen, ist besonders wichtig, da diese die Voraussetzung für jedes weitere fruchtbare Vorgehen bedeuten. Versuchen Sie nie zu ‹werweissen›, weshalb diese Frau oder jener Mann wohl die Sprechstunde aufgesucht habe; Sie würden es doch nicht erraten! Die Motive, die ein Gemeindeglied bewegen, die Sprechstunde der Gemeindehelferin aufzusuchen, sind derart mannigfaltig und die Anliegen, die an sie gerichtet werden, so verschiedenartig, dass man wohl sagen kann, hier mit fast allen Gebieten des menschlichen Lebens überhaupt in Berührung zu kommen. Die Sprechstunde steht allen Gemeindegliedern offen und möchte helfen, jedem, der einer Hilfe oder eines Rates bedarf, sei er nun schon alt oder noch jung, gangbare Wege zu zeigen oder notwendige Mittel zu beschaffen. – Ferner möchte ich die Hausbesuche erwähnen, die mich in erster Linie zu Betagten und Kranken, dann aber auch zu neuzugezogenen und andern Gemeindegliedern führen und eine Quelle reicher Erfahrung und mancher Freude bedeuten. – Auf meinem Büro besorge ich zum Beispiel die Kartothekarbeiten, die Adressänderungen für den Versand des ‹Kirchenboten›, die Absenzenkontrolle der Kinderlehrschüler, schreibe Briefe und Gesuche, vervielfältige Einladungsschreiben, bereite Altersnachmittage und -ausflüge, Kirchgemeindeabende, Mütterstubeten, Nähnachmittage oder auch Sonntagsschullektionen vor, oder habe mich mit der HEKS-Naturaliensammlung zu befassen usw. – Dabei ist es mir stets ein Hauptanliegen, nicht einfach ‹unterzugehen› in der Arbeit, sondern genügend Zeit zu haben für jeden, der Hilfe benötigt. – In diesem Zusammenhang möchte ich auch die gute und frohe Zusammenarbeit mit all denen erwähnen, die in irgendeiner Weise mithelfen, die vielen Pflichten in und an der Gemeinde zu erfüllen. Das Ziel all der hier kurz aufgeführten Bestrebungen und Tätigkeiten bleibt, mögen sich Arbeitsgebiete und -Methoden auch ändern, immer dasselbe: Der Aufbau der christlichen Gemeinde. Und dazu sind wir ja alle ohne Ausnahme aufgerufen.»[35]

Damit sind die wichtigsten Arbeitsfelder der Gemeindehelferin genannt, mit denen auch Elisabeth Althers Nachfolgerinnen beschäftigt waren, diese aber je nach Temperament, Ausbildung und Neigung unterschiedlich gewichteten.[36] Gewisse Aufgaben, wie etwa die Organisation der Gemeindereisen und zusätzliche administrative Büroarbeiten, kamen im Laufe der Zeit hinzu, aber die Basis der Arbeit blieb gerade im Bereich des Sozialdienstes immerzu der direkte Kontakt mit den Gemeindegliedern.

Der beständig zunehmende verwaltungstechnische Aufwand der Kirchgemeinde führte in den 1990er Jahren zur Errichtung einer Sekretariatsstelle. Das brachte für die Gemeindehelferin eine Entlastung mit sich. Gleichzeitig entwickelte sich das Sekretariat rasch zu einer weiteren wichtigen Schaltstelle in der Kommunikation zwischen dem Pfarramt, den Angestellten der Kirchgemeinde und den aktiven Gemeindegliedern, was vor allem der langjährigen Mitarbeit von Margrit Bauer zu verdanken war, deren unermüdlicher Einsatz und Präsenz an vielen Gemeindeveranstaltungen weit über die Verpflichtungen einer Sekretärin hinausgingen.

Elisabeth Wespis oben wiedergegebener Tätigkeitsbericht schliesst mit einem Aufruf, der ganz direkt die Freiwilligenarbeit anspricht, ohne die ein aktives Gemeindeleben nicht möglich gewesen wäre. Welches Ausmass diese im Jahr 2011 in der Grossmünstergemeinde annahm und welche Funktionen damit abgedeckt wurden, fasste ein vierseitiges Beiblatt zur Beilage der Zeitung «reformiert.» als Sonderausgabe zum Jahr der Freiwilligen unter dem Titel «Freiwillig Engagiert» anschaulich zusammen: Die Aufgaben reichten vom Neuzuzügerdienst, über die Mitarbeit im Möwe-Bazar, den Besucherdienst, die Kreagruppe zur Unterstützung des Gemeindedienstes, die Hol- und Bring-Bibliothek, das Weihnachtssingen am 25. Dezember bis hin zum Präsenzdienst zur Bewältigung der Besucherströme im Grossmünster, zum Engagement im Jugendtreff und – last but not least – zur aktiven Mitwirkung im Gottesdienst. Rund 100 Personen beiderlei Geschlechts und jeden Alters waren damals bereit, diese freiwilligen Einsätze für die Gemeinde zu leisten.

Sigristen 8. 1. 10.

Nur wenige Besucher des Grossmünsters nehmen Notiz von den vielfältigen Tätigkeiten der hier wirkenden Sigristen, die ja weitaus mehr verrichten als nur das Reinigen und das In-Ordnung-Halten des Kirchenraumes und dessen näherer Umgebung. Ihrer diskreten Arbeit im Hintergrund ist der reibungslose Ablauf der sonntäglichen Gottesdienste und anderer kirchlicher Feiern zu verdanken, und mit ihrer regelmässigen Präsenz ermöglichen sie es, dass die Kirche auch unter der Woche für das Publikum täglich öffnen kann. Als Aufsichts- und Auskunftspersonen stehen sie an der Front, helfend und beratend, im ständigen Kontakt mit all den unterschiedlichen Benützern der Kirche, und beteiligen sich so auf ihre Weise wesentlich am Gemeindeaufbau. Eine ganze Reihe Grossmünstersigristen übten ihr Amt über lange Jahre aus, sodass sie den Gemeindegliedern zu vertrauten Figuren wurden, die man gewissermassen zum Inventar der Kirche zählte. Als bemerkenswerte Persönlichkeit würdigte Pfarrer Rudolf Finsler 1920 im «Gemeinde-Blatt» den zurücktretenden Sigristen Johann Jakob Lampert. Er war schon 60 Jahre alt, als ihn die Kirchenpflege 1896 in den Posten wählte, damals nicht ohne Bedenken wegen der voraussichtlich kurzen Dauer seiner Amtstätigkeit –, nach fast 25 Jahren entschloss sich dann der unterdessen 84-jährige Lampert, seinen Abschied zu nehmen, obschon er angesichts seiner tadellosen Gesundheit noch gerne weitergearbeitet hätte.[37] Als weiteres Beispiel jahrzehntelanger treuer Mitarbeit sei Willy Peter genannt, der von 1896 bis 1947 mehr als 50 Jahre lang der Gemeinde als Hilfssigrist diente und Sonntag für Sonntag die Gottesdienstbesucher am Hauptportal der Kirche begrüsste.[38] Karl Reiser hatte sich während seiner 27 Dienstjahre an manche neuen technischen Anlagen im Grossmünster zu gewöhnen, er veranstaltete Führungen und beaufsichtigte den Verkauf von Büchern und Ansichtskarten. Zudem versah er, wie später auch seine Nachfolger, zusätzlich das Sigristenamt in der Wasserkirche. Nach seiner Pensionierung 1964 stand er dem Grossmünster noch weitere zwölf Jahre als Hilfssigrist zur Verfügung.[39] Auf Reiser folgte Fritz Maag (1964–1982), der wenige Jahre zuvor in die Kirchenpflege gewählt worden war. Er war der letzte Grossmünstersigrist, der den traditionellerweise diesem Amt übertragenen Versand der Oblaten für das Abendmahl in die übrigen Zürcher Kirchgemeinden betreute. Während zehn Jahren (1982–1992) hatte Sven Wettstein die beiden Sigristenstellen im Grossmünster und in der Wasserkirche inne. Im Oktober 1992 übernahm Franco Gargiulo das Sigristenamt, das er seit der Auflösung der Grossmünstergemeinde in den Strukturen der neuen Kirchgemeinde Zürich weiterhin bekleidet. Seine Dienstzeit ist von zahlreichen Personalwechseln geprägt: Er hat zusammen mit vier Pfarrern und einer Pfarrerin, zwei Organisten und vier Kantoren gearbeitet, zudem hat er fünf Kirchenpflegepräsidenten als Vorgesetzte erlebt und die tiefgreifende Reorganisation der Gemeindefusion begleitet. Der im Laufe der letzten Jahre zunehmende Besucherstrom ist für Gargiulo eine neue Herausforderung, die er nur mit zusätzlichen, ihm zur Seite stehenden Hilfskräften bewältigt kann. Mit den vielseitigen Erfahrungen seiner nunmehr knapp 30-jährigen Tätigkeit reiht sich Franco Gargiulo ein in die Geschichte der altgedienten Grossmünstersigristen.

Der Freundeskreis Grossmünster 8. 1. 11.

Die bevorstehende Auflösung der autonomen Grossmünsterkirchgemeinde als Folge der Fusion sämtlicher reformierter Kirchgemeinden der Stadt Zürich veranlasste die Kirchenpflege während ihrer letzten Amtszeit nochmals zu Überlegungen, welche Massnahmen geeignet wären, den nach wie vor dem Grossmünster nahestehenden Kreisen auch inskünftig ein identitätsstiftendes Gefühl der Zusammengehörigkeit zu «ihrer» Kirche zu vermitteln. Die anfänglich geäusserte Idee, zu diesem Zweck einen Grossmünsterverein nach dem Vorbild der benachbarten Altstadtkirchen zu gründen, wurde verworfen, um den Eindruck zu vermeiden, man wolle mit juristischen Mitteln die Aufhebung der Kirchgemeinde umgehen. Eher sollten effiziente Kommunikationskanäle geschaffen werden, um interessierte Personen mit Informationen gezielt zu erreichen und sie zur Beteiligung an den Gottesdiensten und weiteren Aktivitäten rund ums Grossmünster zu motivieren. So liesse sich, unabhängig von den Angeboten des übergeordneten Kirchenkreises, ein lokales Netzwerk im Sinne eines losen Forums aufbauen, das zur gewünschten Identifikation beitragen könnte. Die Beratungen mündeten schliesslich in der Bildung des informellen «Freundeskreises Grossmünster», dessen Teilnehmerinnen und Teilnehmer nun vierteljährlich zu kirchlichen, kulturellen und zum Teil exklusiv für den Freundeskreis organisierten Veranstaltungen eingeladen werden – ein Beitrag zur Überwindung der befürchteten zunehmenden Anonymisierung, die mit der Schaffung neuer zentralisierender Strukturen einherzugehen droht.[40]

Jugendarbeit in der Grossmünstergemeinde 8. 2.

Es versteht sich von selbst, dass, ebenso wie in der übrigen reformierten Kirche, auch in der Grossmünsterkirchgemeinde stets grosser Wert auf die sittliche und religiöse Bildung der Jugend gelegt wurde und noch immer wird. Dabei wurde die Jugendarbeit im Sinne der Nachwuchsförderung immer als ein wichtiger Teil des Gemeindeaufbaus verstanden, wie einige Beispiele aus der knapp 200-jährigen Geschichte der Gemeinde zeigen.

Kinderlehre 8. 2. 1.

1844 entschloss sich der Stillstand, den kirchlichen Unterricht auf eine neue Basis zu stellen. Leonhard von Muralt, von 1843 bis zu seinem Tod 1848 Mitglied des Stillstandes,[41] legte in der Sitzung vom 9. April 1844 Vorschläge und Anträge betreffend den obligatorischen Besuch der Kinderlehre sowie die Aufsicht, Zucht und Ordnung in derselben vor: Dem Gesetz entsprechend müssen alle schulpflichtigen Kinder bis zur Konfirmation die Kinderlehre besuchen. Abwesenheiten müssen von den Eltern entschuldigt werden unter Anführung der Gründe.

Der Geistliche übergibt dem Sigristen ein vollständiges Namensverzeichnis aller kinderlehrpflichtigen Kinder. Der Sigrist kontrolliert den Besuch. Über Abwesenheiten benachrichtigt der Geistliche die Eltern und fordert Entschuldigung ein. Jedes Kind bringt Katechismus[42] und Gesangbuch mit, studiert den Katechismus und beteiligt sich am Gesang.
In jeder Kinderlehre ist ein Mitglied des Stillstandes als Oberaufsicht anwesend.
Der Sigrist weist die Plätze bei der Kanzel an
(«ohne leere Zwischenräume zu lassen, die Knaben auf der einen, die Mädchen auf der anderen Seite, je die Kleinsten und welche aufsagen müssen zuvorderst.»)
Während des Unterrichts haben sich alle still und ruhig zu verhalten.

In einer ausführlichen Begründung seiner Anträge beklagte von Muralt die seit der Französischen Revolution und den 1830er Jahren entstandene Lauheit in religiösen Dingen, eine überall bemerkbare Entsittlichung und Vernachlässigung des Gottesdienstes. Namentlich die Jugend sei durch Mangel an Schul- und häuslicher Zucht seit 1830 der Religion und Sittlichkeit so entfremdet worden, dass sie den Besuch des Gottesdienstes und der Kinderlehre vermeide und durch ihr Betragen während des Gottesdienstes zu Klagen Anlass gebe. Kirchliche und weltliche Behörden würden seit 1839 – dem Jahr des Straussenhandels und des konservativen Umschwungs – versuchen, dem Übel entgegenzuwirken. Gemäss Stillstandsordnung seien die Stillstände gesetzlich zur Hilfestellung verpflichtet. Auf von Muralts Vorschläge eingehend, beschloss der Stillstand die Bildung einer fünfköpfigen Kommission zur Beratung von Verbesserungsmassnahmen.[43]

Bereits am 14. Mai 1844 konnte die Kommission ihren Antrag, der im Wesentlichen den Vorschlägen von Muralts entsprach, dem Stillstand präsentieren. Besonderes Gewicht wurde auf das Obligatorium der Kinderlehre und die Begleitung des Unterrichts durch Mitglieder des Stillstandes gelegt, worauf man die Eltern mit einem Zirkular aufmerksam machen wollte und was auch die Pfarrer im Gottesdienst empfehlen sollten. Abgelehnt wurde die Forderung der Anstellung eines bezahlten Elementarlehrers zur Kontrolle der Absenzen. Mit der endgültigen Genehmigung der Vorschläge verband der Stillstand den Wunsch, auch die übrigen Altstadtgemeinden in diese Regelung einzubeziehen.[44]

Offenbar hatten die getroffenen Massnahmen nur wenig Erfolg. 1855 stellte man fest, dass es wegen der grossen Kinderzahl und der schwierigen baulichen Verhältnisse in der Kirche unmöglich war, Ordnung und Ruhe in der Kinderlehre mit nur einem Mitglied des Stillstandes aufrechtzuerhalten, und dass dafür mindestens zwei Personen nötig gewesen wären.[45]

In dem 1858 zuhanden der Visitations-Commission der Bezirkskirchenpflege verfassten «Zeugnis über die Gemeinde» ist unter der Rubrik «Der Kirchen-Besuch» zu lesen:

«Die Grossmünster Kirche ist in Folge Öffnung des Chores noch viel kälter geworden als früher [...]. In der Kinderlehre dauert die Einrichtung fort, dass nach einer festgesetzten Reihenfolge zwei Mitglieder des Stillstandes anwesend sind; welche indessen oft mit schwerem Herzen die Kirche verlassen, nachdem sie sehen mussten, wie wenig Aufmerksamkeit unsere Jugend, die freilich zum Theil einer flottanten Bevölkerung angehört, im Allgemeinen dem trefflichen Unterrichte unseres Herrn Diacons schenkt, sich unruhig verhaltend, oft neben dem Catechismus noch Erzählungsbücher mitbringend, die Mahnungen des Herrn Diacons zur Stille und das persönliche Einschreiten der Herrn Stillstände und der Sigristen wenig achtend. – Wir sehnen uns desnahen mit Verlangen nach unsrem bald zu erbauenden heitzbaren neuen Betsaale in der Helferei, wo die Jugend in der Kinderlehre so placiert sein wird, dass wir eher im Stand sein werden, dieselbe in Ordnung zu halten als bis dato in unserer mit mächtigen Pfeilern versehenen, im Winter auch für Kinder allzu kalten Kirche.»[46]

Besonders inspirierend dürfte die Kinderlehre, die sich auf den Gesang von Kirchenliedern und das Auswendiglernen und Aufsagen des Katechismus beschränkte, kaum gewesen sein. Das bestätigt einer, der diesen Unterricht selbst «genossen» hat. Gottfried Keller erinnert sich im «Grünen Heinrich»:

«Die andere peinliche Erinnerung an jene Schulzeit sind mir der Katechismus und die Stunden, während deren wir uns damit beschäftigen mussten. Ein kleines Buch voll hölzerner, blutloser Fragen und Antworten, losgerissen aus dem frischen Leben der biblischen Schriften, nur geeignet, dem dürren Verstand bejahrter und verstockter Menschen zu beschäftigen, musste während der so unendlich scheinenden Jugendjahre in ewigem Wiederkäuen auswendig gelernt und in verständnislosem Dialoge hergersagt werden. [...] Einzelne Psalmstellen und Liedstrophen, ebenfalls aus allem Zusammenhange gezerrt und deshalb unlieber einzuprägen als ein ganzes organisches Gedicht, verwirrten das Gedächtnis, anstatt es zu üben.» [47]

Auch nach dem Umzug in die Kapelle der Helferei scheinen sich die Verhältnisse allerdings nicht wirklich gebessert zu haben, gaben sie doch 1862 dem Stillstand erneut Anlass zu einer

«Beratung geeigneter Massregeln zur Erzielung grösserer Ruhe in der sonntäglichen Kinderlehre».

Neben den bisher üblichen Vorschlägen zur Disziplinierung durch Verzeigung der Fehlbaren und Erteilung von angemessenen Verweisen tauchten in dieser Diskussion auch die grundsätzlichen Fragen auf,

«ob nicht in der Abhaltung der Kinderlehre selbst gewisse Änderungen zu treffen seien, hauptsächlich in Bezug auf Beseitigung oder doch wesentliche Reduktion der katechetischen Form, – mehrere persönliche Betheiligung der Schüler, – Abkürzung der Dauer der Kinderlehre u. s. w.»

Kirchenpfleger Leonhard Wirth brachte einen neuen Ton in die Debatte:

«[Er] erklärt sich die vorkommende Unruhe zum grössten Theil aus dem Beisammensein der älteren Mädchen und Knaben, welche zum Theil einander auch in den Tanzstunden sehen. Eine Art polizeilicher Aufsicht sowie überhaupt aller Zwang seien hier nicht am Platz. Dagegen habe der Stillstand wol das Recht, wenigstens zu einem Versuch, die Kinderlehre zu einem Jugendgottesdienst (ohne das sogenannte Aufsagen) umzugestalten, und dürfe ruhig gewärtigen, ob sich der Kirchenrath dagegen oder dafür ausspreche.»

Dagegen führten die Herren Geistlichen ihre Zweifel ins Feld, ob man die Form der Kinderlehre so einfach abändern dürfe, solange das Gesetz den Gebrauch des Katechismus vorschreibe.[48] Trotz dieser Einwände schien sich in den Voten Leonhard Wirths ein gewisser Wandel in den Ansichten zum kirchlichen Unterricht abzuzeichnen. Der Katechismus kam langsam ausser Gebrauch, ohne aber jemals abgeschafft zu werden.

Wie unüblich Jahrzehnte später offenbar die Beschäftigung mit dem Katechismus geworden war, zeigt der Umstand, dass der 1933 ans Grossmünster gewählte Pfarrer Max Frick ein Jahr nach seinem Pfarreinsatz erklären, ja sich beinahe rechtfertigen musste, warum er mit seinen Konfirmanden im Unterricht den Katechismus, und zwar den Heidelberger Katechismus von 1536, behandeln werde. Das Ziel seines Unterrichts sei,

«dass die Jugend weiss, auf welchem Glaubensgrund die Gemeinde steht, in die sie aufgenommen wird, und dass sie lernt, mit ganzem Ernst und voller Aufrichtigkeit zu diesem Glauben Ja zu sagen».

Aufgrund persönlicher Erfahrungen, von Erlebnissen an seinen früheren Pfarrstellen und dem eigenen intensiven Studium des Katechismus war Frick überzeugt von dessen Wert als Grundlage eines starken Glaubens:

«Und wenn mir einer vorhält, er bringe eine veraltete Lehre, so erwidere ich ihm, dass das menschliche Elend und die menschliche Sünde im 20. Jahrhundert wahrhaftig nicht kleiner ist als im 16. Jahrhundert, dass aber auch Gottes Verheissungen nicht anders geworden sind als damals.»[49]

Im Januar 1935 bot Pfarrer Frick das Studium des Heidelberger Katechismus auch den erwachsenen Kirchenmitgliedern an, in der Hoffnung, «dass die gemeinsame Besinnung über unsern Glauben zur Vertiefung der Frömmigkeit, aber auch zur Stärkung der Gemeinschaft dienen werde».[50]

Am Ende des 19. und zu Beginn des 20. Jahrhunderts wandelte sich die Kinderlehre immer mehr zu einer Art Jugendgottesdienst, in dem die biblischen Geschichten des Alten und Neuen Testaments, die Anfänge und die Entwicklung der christlichen Kirche sowie eine allgemeine Einführung in die christliche Glaubens- und Sittenlehre vermittelt wurden. Der Besuch der Kinderlehre war für die 11- und 12-Jährigen, die konfirmiert werden wollten, nach wie vor obligatorisch und fand jeweils am Sonntagmorgen eine Stunde vor dem Gottesdienst im Grossmünster statt. Für jede Absenz war eine kurze schriftliche Entschuldigung der Eltern notwendig. Trotzdem nahmen die Klagen über die mangelnde Präsenz der Kinder an dieser Veranstaltung während Jahren kein Ende.[51]

Das Traktandum kam in der Kirchenpflege auch im September 1955 wieder zur Sprache. Mit dem Bedauern darüber, dass viele Eltern sich nicht positiv zum Besuch der Kinderlehre einstellten, wurde gleichzeitig bemerkt, dass als Druckmittel nur der Ausschluss vom Unterricht und die Nichtkonfirmierung infrage kommen würden, wovon die Pfarrer aber gar nicht Gebrauch machen möchten, um die Jungen nicht zu vertäuben. Da aber das Schwänzen der Kinderlehre ein klarer Verstoss gegen die Kirchenordnung sei, müssten die Eltern in einem Brief an die Pflicht des Unterrichtsbesuchs gemahnt werden. Dem Antrag von Pfarrer Max Frick, die Kinderlehre jeweils vor dem Sonntagsgottesdienst abzuhalten, solange dieser erst um 10 Uhr beginne, stimmte die Kirchenpflege zu.[52] Diesen Versuch zur Belebung der Kinderlehre machte Pfarrer Max Frick der Gemeinde im «Kirchenboten» vom November 1955 bekannt: Mit der Entscheidung, den Gottesdienst jeweils um 10 Uhr beginnen zu lassen, verschiebe sich auch der Beginn der Kinderlehre, und jene erwachsenen Gemeindeglieder, die früher zur Kirche kommen möchten, seien eingeladen, um

8.45 Uhr am Jugendgottesdienst, wie er die Kinderlehre jetzt nannte, teilzunehmen:

«Der Name ‹Kinderlehre› ist ohnehin veraltet und entspricht der heutigen Durchführung nicht mehr. Wenn aber der Jugendgottesdienst sich bemüht, den Jungen etwas Rechtes zu sagen, so dürfte dabei auch für die Erwachsenen etwas abfallen.»

Der Besuch des Jugendgottesdienstes sei nicht zur Überwachung, sondern zur persönlichen Erbauung gedacht.[53]

Im Jahresbericht der Gemeinde von 1971/72 bemerkte Pfarrer von Grebel zur Kinderlehre erneut resigniert:

«Der Besuch war wenig befriedigend. Je weitherziger wir die Kontrolle handhaben, desto mehr Absenzen. Kein gutes Omen für eine eventuelle Freiwilligkeit des Kinderlehr-Besuches in unserem Kanton! Wenn uns Eltern sagen, sie müssten ihr Kind am Sonntag ausschlafen lassen (wenn der Beginn der Kinderlehre auf 10 Uhr angesetzt ist), möchte man gerne zurückfragen: wann das Kind zu Bett gegangen sei. – Unsere Landeskirche ringt gegenwärtig um die sinnvolle Weiterführung des Jugendgottesdienstes.»[54]

Jugendgottesdienst 8. 2. 2.

Die angedeuteten Schwierigkeiten mit der Kinderlehre veranlassten die Landeskirche, eine neue Regelung zur Gestaltung und Durchführung des nun offiziell zum Jugendgottesdienst umbenannten Anlasses auszuarbeiten, die im Mai 1973 in Kraft trat. Der Jugendgottesdienst, wie bisher am Sonntagmorgen vor der Predigt und neu ergänzt um das Angebot von Werktagsgottesdiensten jeweils an einzelnen Freitagabenden, blieb obligatorisch für die Kinder des 6. bis 8. Schuljahres. Pfarrer Sonderegger schrieb im 1973 präsentierten Jahresbericht dazu:

«‹Jugendgottesdienst› ist ein anderes Wort für ‹Kinderlehre› und weist darauf hin, dass wir Pfarrer versuchen, den Jungen – entsprechend ihrem Alter – eine Kurzform von

Gottesdienst anzubieten mit Gesang, Gebet, Lektion und einer ‹Jugendpredigt›, die durch Fragen aufgelockert wird.» Aber auch die aktualisierte Form der Jugendgottesdienste samt dem erweiterten Freitagabendangebot vermochte die Zahl der daran teilnehmenden Schüler vorderhand kaum zu heben. Eine Verbesserung brachte einige Jahre später das Zusammenwirken aller Altstadtgemeinden. Dem Jahresbericht 1980/81 ist zu entnehmen:

«Bei den Jugendgottesdiensten hat sich das neue Konzept einer gemeinsamen Lösung der vier Altstadtgemeinden bewährt. So konnte ein Team von vier Pfarrern jeweils am Freitag in der Helferei und am Sonntag im Fraumünster 22 Jugendgottesdienste durchführen. Als Vorteil hat sich dabei erwiesen, dass das quantitative Angebot gegenüber früheren Jahren gesteigert werden konnte, dass eine zahlenmässig grössere Gruppe die Gottesdienste besuchte und dass die Kinder, die sich von den Schulhäusern der Altstadt bereits kannten, sich auch in den Jugendgottesdiensten trafen.»

Der Jugendgottesdienst blieb weiterhin ein Experimentierfeld, in dem die Kirche sich bemühte, mit ihren Anlässen der zunehmenden Vielfalt sonstiger Freizeitaktivitäten entgegenzuwirken. Laut Jahresbericht von 1990/91 wurde der Jugendgottesdienst nur noch in Zyklen am späteren Freitagnachmittag durchgeführt. Hauptziel dabei waren die Begegnungen der Jugendlichen mit den anderen Kirchgemeinden und auch untereinander. Gemeinsam lernte man die Altstadtkirchen kennen, und in einem weiteren Projekt wurde versucht, bei den Jugendlichen ein Verständnis für die Eigenart des Islams zu wecken.

Unterweisung 8. 2. 3.

Ein anderes kirchliches Unterrichtsformat war die Unterweisung, ein wöchentlich durchgeführter einstündiger Religionsunterricht, in allen vier Altstadtgemeinden je ein Jahr lang im Turnus von einem der Altstadtpfarrer abgehalten. Alle Knaben und Mädchen, die den in der Schule erteilten dreijährigen Religionsunterricht wegen frühzeitigen Schulaustritts nicht zur Gänze hatten erhalten können, mussten dies mit dem Besuch der Unterweisung nachholen. Da dieses Angebot Mitte der 1970er Jahre wegen fehlender Schüler nicht mehr nötig war, schaffte man es ab, bzw. liess man es im Konfirmationsunterricht aufgehen.

Konfirmationsunterricht und Konfirmationsfeier 8. 2. 4.

Eine besonders intensive Phase der kirchlichen Jugendarbeit kommt dem Konfirmationsunterricht und der jährlichen Konfirmationsfeier zu, in der die Jugendlichen in die Gemeinde der Erwachsenen aufgenommen werden. Ihr brachten die Grossmünsterpfarrer ebenso wie die Pfarrhelferin Rosa Gutknecht zu allen Zeiten grosse Aufmerksamkeit entgegen. Form und Inhalt des Unterrichts und der Feier veränderten sich über die Jahrzehnte erheblich. Im 19. Jahrhundert und bis in die 1930er Jahre war es normal, dass die Unterweisung der Konfirmandinnen und Konfirmanden in separaten Klassen erteilt wurde und auch die Konfirmationsfeiern nach Geschlechtern getrennt erfolgten. Wie auch andernorts üblich feierte man an einem Sonntag der Adventszeit die Konfirmation der Söhne, sodass sie an Weihnachten zum ersten Mal zum Abendmahl zugelassen waren. Die Konfirmation der Töchter war vor Ostern angesetzt, in der Regel am Palmsonntag oder am vorhergehenden Sonntag Judicare. Wie dem Konfirmandenregister zu entnehmen ist, wurde diese Ordnung nur ein Mal, im Jahr 1918, durchbrochen: Die an Weihnachten 1918 fällig gewesene Einsegnung der Knaben wurde wegen der im Vorwinter jenes Jahres grassierenden Grippeepidemie auf den 9. März 1919 verschoben, und die Konfirmanden mussten dann fast sechs Wochen warten, bis sie am Karfreitag zum ersten Mal zum Abendmahl eingeladen wurden. Nach dem Tod von Pfarrer Rudolf Finsler im Jahr 1921 wurde Rosa Gutknecht als Vertreterin in die verwaiste Pfarrstelle eingesetzt, worauf sie den Unterricht der Töchter und 1922 deren Konfirmation vor Ostern übernahm. In jenem Jahr verzichtete man auf die vorweihnächtliche Konfirmationsfeier der Knaben, und ab 1923 fanden die Konfirmationen gemäss einer Weisung der Synode nur noch vor Ostern statt, noch immer aber mit getrennten Feiern für die Knaben in der Regel eine Woche vor Palmsonntag und für die Töchter am Palmsonntag. Noch einmal hatte Rosa Gutknecht 1923 als Vikarin des erkrankten Pfarrers Paul Högger die Gelegenheit, die Töchter zu unterrichten und zu konfirmieren. Fortan beanspruchten aber die beiden Pfarrer die Konfirmationsvorbereitung als ihre alleinige Aufgabe. Von Jahr zu Jahr abwechselnd übernahmen sie jeweils den Unterricht der Mädchen- und Knabenklassen. Mit aller Vorsicht führte man einige Zeit später schrittweise Neuerungen beim Konfirmationsgottesdienst ein. Am 22. März 1931, eine Woche vor Palmsonntag, versammelten sich alle Konfirmandinnen und Konfirmanden zum ersten Mal zu einer gemeinsamen Feier, an der aber die Einsegnungen noch getrennt vorgenommen wurden, die der Knaben durch Pfarrer Eppler und jene der Töchter durch Pfarrer Högger. Ebenso geschah es auch im Folgejahr, und 1933 wollte man auch gleich vorgehen. Den Unterricht der Konfirmandinnen jenes Jahrgangs hatte nochmals Rosa Gutknecht in Vertretung des gesundheitlich angeschlagenen Pfarrers Högger erteilt. Als bekannt wurde, dass nicht sie, sondern ein Pfarrer aus einer anderen Gemeinde die Konfirmation der Töchter vornehmen sollte, rebellierte die Klasse und erreichte damit, dass Rosa Gutknecht den Gottesdienst allein durchführen konnte.[55] Im folgenden Jahr 1934 ging man endlich zum Prinzip der Koedukation über: Das hatte zur Folge, dass nun pro Jahr jeweils nur noch ein Pfarrer die aus Mädchen und Knaben gemischten Gruppen zur Konfirmation hinführte, eine Ordnung, die bis heute Gültigkeit hat und nur selten geändert wurde. Ausnahmen ergaben sich vor allem aus den zahlenmässig immer wieder stark variierenden Gruppengrössen, welche die Planung des Unterrichts zeitweise erschwerten.

Vor allem die geburtenstarken Jahrgänge, von denen sich zu Beginn der 1940er Jahre über 50 und bis zu 70 Jugendliche zur Konfirmation anmeldeten, machten eine gleichzeitige Betreuung durch beide Pfarrer erneut notwendig. Einen extremen Gegensatz dazu bildete etwa das Jahr 1981 mit nur einem Konfirmanden aus der Grossmünstergemeinde. Dass auch in solch mageren Zeiten mit wenig einheimischen Schülern trotzdem ansehnliche Konfirmandenklassen zustande kamen, war dem Umstand zu verdanken, dass viele Gymnasiastinnen und Gymnasiasten die Grossmünsterpfarrer als Religionslehrer an der Kantonsschule kennen- und schätzen gelernt hatten und sich gerne von diesen im Grossmünster konfirmieren liessen. Der Zeitpunkt der Konfirmationsfeier wurde ein letztes Mal 1990 geändert. Seither findet der Anlass im Grossmünster traditionellerweise jeweils am Sonntag nach Pfingsten, dem Sonntag Trinitatis, statt.

Nicht nur der äussere Rahmen der Konfirmation, ihre Gestaltung durch Pfarrerin, Pfarrer und Jugendliche oder die Festsetzung des Datums der Feier gaben im Laufe der Jahre Anlass zu Neuerungen, auch inhaltlich galt es, die im kirchlichen Unterricht vermittelten Stoffe dem Geist der Zeit anzupassen. Ging es früher, noch ganz im Sinne der 1933 von Pfarrer Max Frick formulierten Überzeugung, darum, den Konfirmanden Bibelkenntnisse und Inhalte des christlichen Glaubens mit oder ohne Hilfe des Katechismus weiterzugeben mit dem Ziel,

> «dass die Jugend weiss, auf welchem Glaubensgrund die Gemeinde steht, in die sie aufgenommen wird, und dass sie lernt, mit ganzem Ernst und voller Aufrichtigkeit zu diesem Glauben Ja zu sagen»,[56]

so standen die Pfarrer ab der zweiten Hälfte des 20. Jahrhunderts in einem weitgehend säkularisierten Umfeld und im Umgang mit Jugendlichen, die meist aus Familien mit wenig oder gar keinem Bezug zur Kirche stammten und denen die Konfirmationsfeier keine Selbstverständlichkeit mehr war, ganz anderen Herausforderungen gegenüber. Eine aktive Beteiligung der Konfirmanden am gottesdienstlichen Geschehen wurde erstmals in der Konfirmationsfeier am Palmsonntag 1969 ausprobiert. Die Kirchenpflege diskutierte in der darauffolgenden Sitzung eingehend über die neue Form der Feier und kam zu einer positiven Beurteilung. Sie stimmte zu,

«dass die Pfarrer in voller Freiheit die Form einer Feier selber wählen dürfen»,

und stellte erfreut fest,

«dass die diesjährige Feier sich gleichsam aus der Substanz der Konfirmandenklasse entwickelt hatte».[57]

Zusammenfassend äusserte sich Pfarrer Werner Gysel im Jahresbericht 1991/92 der Kirchgemeinde über die Chancen und Schwierigkeiten des Unterrichts:

«Der Konfirmandenunterricht gehört heute zu den schönsten und fruchtbarsten Aufgaben des Pfarramtes. Hier hat sich in wenigen Jahren ein Wandel vollzogen. Die Jugendlichen sind konzentrierter und freudiger bei der Sache. Es ist noch nicht lange her, dass der Konfirmandenunterricht am Gefühl des Zuviels an religiöser Unterweisung litt. Heute kommen die Jugendlichen mit weniger Voraussetzungen, was biblisches Wissen, Verständnis für die wesentlichen Züge des Glaubens und die Bedeutung der Kirche angeht. Das hat durchaus seine Vorteile, weil dadurch der Horizont des Wissens und der Erfahrung recht weit gesteckt werden kann. Andererseits macht es die schulische und ausserschulische Beanspruchung der Jugendlichen nur schwer möglich, ihnen so etwas wie eine ‹eiserne Ration› biblischen und theologischen Grundwissens mit auf den Weg zu geben. Auch ist es nicht ganz leicht, die Jugendlichen ins normale gottesdienstliche und gemeindliche Leben einzubinden. Das Aufgehobensein in der kleinen Gruppe wird von ihnen viel bewusster erlebt als die Zugehörigkeit zur Gemeinde oder zur angestammten Konfession.»[58]

Hugo Sonderegger und Werner Gysel waren es, die intensiv nach neuen Formen der Gemeinschaftsbildung und nach neuen Wegen der Horizonterweiterung suchten. In Arbeitswochenenden und mehrtägigen Lagern ging man den Glaubens- und Lebensfragen nach. Werner Gysel initiierte die Konfirmandenlager in Frankreich und Italien, die den Jugendlichen nicht nur Einblicke in die andersartigen Gemeindeleben von Hugenotten und Waldensern gewährten, sondern ihnen auch die Möglichkeit zu engerem Kontakt untereinander und zur gemeinsamen Entwicklung von Ideen und Inhalten für die bevorstehenden Konfirmationsfeiern gaben. Mit den verschiedensten Themen, Fragestellungen und Aussagen je nach den jeweiligen Anliegen der Konfirmanden wurden diese Feiern so zu eindrücklichen, von allen mitgetragenen und mitgestalteten Anlässen. (Abb. 7) Die Konflager in den Cevennen und vor allem in Scoglitti auf Sizilien wurden zur Tradition, die auch die Nachfolger im Pfarramt weiter pflegten. Die dort gemachten Erfahrungen führten zu einem nachhaltigen Gemeinschaftsgefühl unter den Konfirmanden, das bei vielen von ihnen weit über die Konfirmation hinaus in den regelmässigen Zusammenkünften des Jugendtreffs lebendig blieb.[59]

Sonntagsschule 8. 2. 5.

Der kirchliche Nachwuchs wurde nicht erst mit der Kinderlehre und dem Konfirmandenunterricht gepflegt. Seit jeher gab es auch in der Grossmünstergemeinde die Institution der Sonntagsschule. Im Gegensatz zu Kinderlehre und Unterricht wurde diese ursprünglich nicht von der Kirchenpflege oder dem Pfarramt organisiert und getragen, sondern von einem privaten Kreis von Frauen und jungen Töchtern, denen die Pfarrer nur als Helfer begleitende Unterstützung leisteten. Bereits um 1865 gründete Cécile Meyer, die Tochter des Grossmünster-Kirchenpflegers und Stadtrates Eduard Meyer-Rahn, eine Sonntagsschule für die Kinder des Quartiers, zunächst in ihrem Elternhaus an der Trittligasse 8. Da zu den Kindern aus der Altstadt bald weitere aus den Gemeinden Neumünster, Enge, sogar aus Aussersihl, hinzukamen, musste man sich nach einem grösseren Lokal umsehen, das sich in der Nachbarschaft, im Kindergarten an der Trittligasse 26, fand. Pfarrer Ludwig Heinrich Pestalozzi übernahm in der Folge das Patronat über diesen Kindergarten.[60] Eine engere Anbindung ans Grossmünster bahnte sich 1910 an, als die im Jahr zuvor gebildete Kommission für die Hebung des kirchlichen Lebens der Kirchenpflege vorschlug, die nach Pfarrer Pestalozzis Tod nun von den Pfarrern Finsler und Juzi ehrenamtlich betreute Sonntagsschule finanziell zu unterstützen und sie den Gemeindegliedern inskünftig als offizielle Institution der Kirchgemeinde unter dem Namen «Sonntagsschule Grossmünster» beliebt zu machen.[61] Es brauchte einige Zeit, bis die Kirchenpflege im November 1913 der Anregung folgte, die Sonntagsschule als Unternehmen der Gemeinde formell anerkannte und beschloss, ihr einen jährlich wiederkehrenden Beitrag von 100 Franken zu gewähren.[62] Aus den Berichten des «Gemeinde-Blattes» und seiner Nachfolgepublikation, des «Kirchenboten», geht immer wieder hervor, mit welch jahre-, oft sogar jahrzehntelanger Treue die Sonntagsschullehrerinnen den freiwilligen Dienst an den Kindern versahen, mit ihnen sangen, ihnen die biblischen Geschichten nahebrachten und Weihnachtsspiele einstudierten. Während die kleinen Kinder die Sonntagsschule im Unterrichtszimmer an der Kirchgasse besuchten, stand für die älteren, schulpflichtigen weiterhin bis 1938 das Kindergartenlokal an der Trittligasse,[63] nachher die Helfereikapelle zur Verfügung. In den 1920er und 1930er Jahren stellten sich vor allem Frauen aus altzürcherischen Familien für diese Aufgabe zur Verfügung. Anna Ulrich,[64] die bereits als junges Mädchen mit Begabung und Freude Sonntagsschule erteilte, übernahm die Leitung des Unterrichts von ihrer Tante, Fräulein Marie Rahn. Mit von der Partie waren Margrit Bremi[65] und die mit Anna Ulrich befreundete Bertha von Orelli,[66] die zwar im Talacker-Quartier wohnte, aber schon seit ihrer Kindheit mit der Grossmünstergemeinde verbunden war. Als besonders engagierte, langjährige Sonntagsschullehrerin referierte sie am Gemeindeabend vom 20. Februar 1927 zum Thema «Wie es in unserer Sonntagsschule zugeht». Detailliert schilderte sie bei dieser Gelegenheit den Ablauf und Inhalt des Unterrichts.[67] (Abb. 8) Nach ebenfalls jahrzehntelanger

Mitarbeit trat Fräulein Isabel Syz 1938 aus Altersgründen von der Leitung der Sonntagsschule zurück, half jedoch weiterhin als Sonntagsschullehrerin aus, bis sie Ende 1949 die Arbeit endgültig niederlegte. Das von ihr vorgeschlagene Fräulein Dr. Vera Gross war gerne bereit, die Aufgabe der Sonntagsschulleiterin zu übernehmen, was sie sich auch in aller Form von der Kirchenpflege bestätigen liess.[68] Zum Helferteam gehörte während mehrerer Jahre auch Alwin Beugger, der damals vom Leiter der Diakonenpflegestation an der Trittligasse und Kirchenpfleger Hermann Keller zum Krankenpfleger ausgebildet worden war und 1936 zusammen mit seiner Frau nach Südafrika auswanderte, wo er als Arzt und Missionar wirkte, aber weiterhin mit dem Grossmünster in Kontakt blieb.[69] Viele Jahrzehnte lang bis ins hohe Alter betreute die Kunstmalerin Gertrud Escher gemeinsam mit der um 25 Jahre jüngeren Hildegard Nickel die Sonntagsschulkinder.[70] Die Zusammenarbeit mehrerer Generationen in der Gruppe der Helferinnen bewährte sich auch in späterer Zeit. Zum sicheren Fortbestand der Grossmünster-Sonntagsschule trug u.a. das unermüdliche Engagement von Ruth von Fischer bei,[71] die bis 1998 noch als weit über 80-Jährige mit ihrer Fantasie und ihren gestalterischen Ideen die Kinder zu begeistern und zu eigenem kreativem Tun anzuregen vermochte. (Abb. 9) Ihr zur Seite standen im Laufe der Jahre die Kindergärtnerin Elisabeth Fuchs, die beiden Pfarrfrauen Irene Gysel und Margrit Stickelberger, die Gemeindehelferin Susi Lüssi, Regine Helbling, dann Prisca Senn (ab 1991 bis 1998) und Käthi Lienemann (ab 1994), Katharina Hoby und Regina Strubel (ab 1997) sowie aus dem Kreis des Jugendtreffs Steffi Gysel, Stefanie Hess und Nico Meienberg. Ein immerwährendes Problem blieb die von Jahr zu Jahr stark schwankende Anzahl der Kinder, welche die Planung der Sonntagsschule erschwerte. Wegen Kindermangel musste ihre Durchführung manchmal sogar für kurze Zeit ausgesetzt werden. Hilfreich war in solchen Situationen, dass in kinderarmen Jahrgängen hin und wieder auch Kinder aus der Predigergemeinde ins Grossmünster herüberkamen.

Zu den Höhepunkten im Jahresablauf zählten die jährlich durchgeführten Sonntagsschulausflüge, die einwöchigen Lager in den Sommer- oder Herbstferien auf der Ibergeregg (Abb. 10, 11) und die Sonntagsschulweihnachten mit den Theateraufführungen, die oft von den Sonntagsschulhelferinnen und den Pfarrern verfasst oder auch von den Kindern selbst erarbeitet wurden. (Abb. 12, 13) Ab den 1970er Jahren feierte die Sonntagsschule zuweilen die Weihnachten zusammen mit den älteren Gemeindegliedern, was von beiden Seiten als Bereicherung begrüsst wurde. In den letzten Jahren fanden die Feiern abwechselnd in der Grossmünster- und in der Predigergemeinde statt.

Um die Kinder besser in das gottesdienstliche Leben einzubeziehen, beschloss die Kirchenpflege im Juli 1993, sie jeweils vor der Sonntagsschulstunde den Beginn des Gemeindegottesdienstes miterleben zu lassen. Psalmgebet, Loblied und Bittwort sollten auf das Verständnis der Kinder Rücksicht nehmen und dementsprechend ausgewählt werden. Diese Teilnahme wurde nach einer Versuchsphase auf einmal im Monat festgesetzt.[72]

Familiengottesdienste, «Fiire mit de Chliine» 8.2.6.

Im Sinne der Erprobung weiterer gottesdienstlicher Formen mit Beteiligung der Kinder nahm man damals auch den Brauch der früher schon durchgeführten Familiengottesdienste wieder auf. Begleitet von den Pfarrern und gestaltet von den Leiterinnen der Sonntagsschule, fanden die Feiern jeweils in der Krypta statt. Das Echo war so positiv, dass beschlossen wurde, sie regelmässig quartalsweise zu wiederholen.[73] Zu den Familiengottesdiensten waren später auch die Primarschüler des Drittklassunterrichts eingeladen, der im September 1999 im «Kirchenboten» angekündigt und zum ersten Mal nach den Sommerferien des folgenden Jahres durch die Pfarrer der Grossmünster- und der Predigergemeinde gemeinsam erteilt wurde.[74]

Somit erweiterte sich der Teilnehmerkreis der Familiengottesdienste nochmals um die Schülerinnen und Schüler des 2004 neu eingeführten Religionsunterrichts für die Unter- und Mittelstufe, der bis 2008 von Prisca Senn betreut wurde. Mit Eifer brachten die Dritt- bis Fünftklässler aus der ganzen Altstadt unter der Anleitung der Katechetin ihre eigenen kreativen Ideen zum Inhalt und zur Gestaltung der Feierstunden ein, die so zu abwechslungsreichen, stimmungsvollen Anlässen wurden.[75]

Ein neues Angebot für Kinder im Vorschulalter waren die 2003 von Pfarrer Christoph Sigrist eingerichteten «Chrabbelgottesdienste»: Väter und Mütter aus dem Quartier, aber auch Eltern mit ihren im Grossmünster getauften, bis vier Jahre alten Kleinkindern trafen sich sechs bis sieben Mal im Jahr jeweils am Samstagmorgen zum «Fiire mit de Chliine» in der Helfereikapelle. Die Feier wurde rasch zu einem mit 30 bis 50 Personen jeweils gut besuchten Treffpunkt für die Familien aus der Altstadt und entwickelte sich zu einer wichtigen Plattform für Kontakte und Beziehungen. Ab 2006 wirkte die neu gewählte Pfarrerin der Predigerkirche, Renate von Ballmoos, bei der Durchführung des Anlasses mit. Kurze Einführungen in die wichtigsten biblischen Geschichten, Singen und Beten gehörten ebenso dazu wie das anschliessende einfache Frühstück. Ende 2011 übergab Christoph Sigrist seinem Kollegen Martin Rüsch die Leitung des Kindergottesdienstes. Während des Umbaus der Helferei 2013/14 fanden die neu in «Fiire mit de Chind» umbenannten Gottesdienste aufgeteilt in zwei Gruppen statt: Das «Fiire mit de Grössere» für die Kinder ab Kindergarten bis zur dritten Klasse wurde jeweils am Sonntag während des Gottesdienstes in der Sakristei des Grossmünsters abgehalten, während an den Samstagen das «Fiire mit de Chliine» in der Predigerkirche durchgeführt wurde. Nach der Wiedereröffnung der Helferei kehrten die Gruppen an ihren angestammten Ort zurück, wo «Fiire mit de Chind» nach wie vor regelmässig stattindet.

Sunneschy, Jung-Grossmünster, Jugendtreffpunkt

8.2.7.

Die Unterweisung der Jugendlichen in den verschiedenen kirchlichen Unterrichtsformaten war der eine Teil der Jugendarbeit, einen anderen Teil bildeten die freiwilligen Aktivitäten unabhängig von Unterricht und Gottesdiensten. Bis zu einem gewissen Grad wurden auch sie von den kirchlichen Instanzen getragen, gingen aber häufig auf Initiativen der Jugendlichen selbst zurück. Diese Jugendarbeit gründete in den 1930er Jahren auf der von Rosa Gutknecht formulierten Gewissheit:

«Eine Gemeinde ohne Jugendvereinigung ist eine Familie ohne Kinder. Wie eine solche Familie nicht nachwächst, so wächst eine solche Gemeinde nicht nach. Denn ‹Liebe deinen Nächsten wie dich selbst› lernt man nicht auf einer Robinson-Insel, sondern nur in der Gemeinschaft. Diese aber muss in der Jugend geübt werden, sonst wird man leicht später ein in sich abgeschlossener, einsamer Mensch, der andere schwer verstehen und tragen kann.»[76]

Rosa Gutknecht gehörte in der ersten Hälfte des 20. Jahrhunderts zu den treibenden Kräften dieser Jugendarbeit, in der sie einen wichtigen Bestandteil des Gemeindeaufbaus sah, bei der sie sich aber auch um die soziale und sittliche Erziehung der Jugendlichen kümmerte. Mit diesem Anliegen vor Augen rief sie etwa in der von ihr ungeliebten Fastnachtzeit Jahr für Jahr die Jugend dazu auf,

«nicht an der öffentlichen Strassenmaskerade mitzumachen, nicht auf den öffentlichen Tanzböden sich herum zu treiben».[77]

Mit heftigen Worten schrieb sie im Februar 1922 gegen das Maskentreiben in der Stadt an:

«Wie ekelerregend war es, wie letztes Jahr in den grauen Morgenstunden des Aschermittwochs die Hallen und Wartsäle des Bahnhofes erfüllt waren von Scharen von Menschen, vom Taumel der Sinneslust erschöpft, von der Seuche ihrer Sucht hingemäht. Ich sah am Fastnachtmontag etwa um 10 Uhr nachts in der inneren Stadt Masken von unsäglicher Gemeinheit; sah einen Strom sich durch die Gassen wälzen von Menschen, die sich hysterisch krampfhaft anstrengten, Freude zu lügen; hörte Kinder lachen über die schamlosesten Witze und Reden.» [78]

Es blieb aber nicht beim schockierten Aufschrei. Vielmehr organisierte man an verschiedenen Orten alternative Programme:

«Wir wollen dazu mithelfen, der ausgearteten Fastnacht Konkurrenz zu machen mit Freuden, hinter denen keine Versucher fisteln.»

Musik und verschiedene Aufführungen wurden 1924 im «Klausstübli» der eben erst eröffneten Gemeindestube am Zwingliplatz von einer Knabengruppe der Gemeinde angeboten, während im Karl dem Grossen, dem benachbarten Lokal des Zürcher Frauenvereins an der Kirchgasse, Lichtbilder über eine Parisreise gezeigt wurden.[79] Das Programm am Fastnachtssonntag des Folgejahres brachte in der Gemeindestube am Nachmittag

«Aufführungen und Lichtbilder, um schulpflichtige Kinder zu sammeln und dem Strassentreiben fern zu halten»,

abends einen «Jungvolkabend» mit Vortrag, Musik, Aufführungen und allerhand Kurzweil; und im Karl dem Grossen erzählte Pfarrer Eppler von seiner Reise nach Rom, wiederum von Lichtbildern begleitet.[80] Ganz ähnliche Programme wurden in den nächsten Jahren wieder und wieder zusammengestellt. Ein besonderer Leckerbissen erwartete Ende Februar 1928 das Jungvolk:

«‹Sennechilbi› mit Alpaufzug, Hüttenleben (Nidel und Chüechli), Älplerfest usw. Alle anwesenden sind aktiv beteiligt; es gibt keine blossen Zuschauer! Festordnung. Zum Festgedanken passende Kostüme (keine Masken, keine Mädchen als Buben und umgekehrt).» [81]

Wie lässt sich der Kontakt mit den Jugendlichen auch über den Konfirmandenunterricht und die Konfirmation hinaus aufrechterhalten, sodass sich ein Gemeinschaftsgefühl, vielleicht sogar eine Identifikation mit der Gemeinde weiterentwickeln kann? Auch in der Grossmünstergemeinde stellte man sich diese dringliche Frage immer wieder. Hier trafen sich in früheren Zeiten während des ganzen Jahres die konfirmierten Jugendlichen an Sonntagen oder unter der Woche, zunächst meistens noch nach Geschlechtern getrennt; im Herbst 1927 beispielsweise wurde den konfirmierten Söhnen regelmässig am Montagabend im «Klausstübli» am Zwingliplatz ein Schachabend angeboten. Etwas aktiver beteiligten sich die ehemaligen Konfirmandinnen in der Mädchenvereinigung, dem Sunneschy, einem Lieblingskind von Rosa Gutknecht, wo man mit Bastelarbeiten einen Bazar vorbereitete, Theateraufführungen einübte oder an Vorträgen und Diskussionen teilnahm.[82] Anfang der 1930er Jahre, im Zusammenhang mit dem Bezug des neuen Kirchgemeindehauses am Hirschengraben, in dessen Räumen sich auch die Jugendarbeit besser entfalten konnte, formierte sich die Gruppe Jung-Grossmünster zu einer Vereinigung mit klaren Strukturen und einem festen Programm.[83] Auch daran hatte Rosa Gutknecht einen ganz wesentlichen Anteil. Ausführlich stellte sich diese Vereinigung 1935 in der Januar-Ausgabe des «Kirchenboten» vor:[84] Wöchentliche Treffen fanden jeden Donnerstagabend im Kirchgemeindehaus am Hirschengraben statt, abwechslungsweise einmal für Burschen und Mädchen gemeinsam und einmal getrennt. Ziel war, die konfirmierte Jugend der Gemeinde zu sammeln, um ihre Verbindung zur Kirche zu erhalten und zu beleben und die Gemeinschaft untereinander zu fördern. Gemeinsam sprach man sich aus über religiöse Fragen, organisierte Vorträge und Diskussionen zu verschiedensten Themen von allgemeinem Interesse, traf sich zu Sing- und Spielabenden, im Sommer zu Völkerball und anderen Rasenspielen. Die getrennten Zusammenkünfte gestalteten die Mädchen meistens als Vorleseabende oder als Besprechungen von Frauenfragen, während die Burschen sich mit politischen Fragen der Zeit oder technischen Gegenständen auseinandersetzten. Zu grösseren Veranstaltungen zählten Familienabende mit Theateraufführungen oder mehrtägige Ferienlager. Die jeweils auf den

Gemeindeseiten des «Kirchenboten» angekündigten Zusammenkünfte vom Jung-Grossmünster wiesen über mehrere Jahre anspruchsvolle Programme auf, an denen sich auch die Pfarrer aktiv beteiligten. Im Winter 1938/39 etwa hiessen die Themen «Das Wesen des Protestantismus», «Die kirchlichen Richtungen», «Die Krise der politischen Gemeinschaft» oder «Diszipliniertes Christentum», und Pfarrer Oskar Farner informierte über die Sekten.[85]

Es liegt im Wesen von Vereinigungen mit jugendlichen Mitgliedern, dass sie grösseren Wechseln unterworfen und stark vom persönlichen Engagement einzelner Teilnehmer abhängig sind, sodass ihre Aktivitäten nicht immer mit derselben Kontinuität durchgeführt werden können. Offenbar war das auch beim Jung-Grossmünster der Fall, da auf den Gemeindeseiten nach 1945 keine Hinweise auf dessen Veranstaltungen mehr zu finden sind. Im Oktober 1948 wurde erstmals auf die Gruppierung unter dem Namen «Junge Kirche» aufmerksam gemacht, die sich, ganz ähnlich wie Jung-Grossmünster, wiederum regelmässig jeden Mittwochabend im Kirchgemeindehaus besammelte,

> «um in ernster Besinnung (Bibelarbeit, Fragestunden usw.) sowie bei frohem Singen und Spielen Gemeinschaft zu pflegen und auf diese Weise zu einer Keimzelle des kirchlichen Lebens zu werden».[86]

Eingeladen waren Burschen und Mädchen zwischen 17 und 25 Jahren, die Begleitung und Programmgestaltung übernahm häufig die Pfarrhelferin.[87]

Ganz neue Möglichkeiten boten sich später in den Räumen der umgebauten Helferei, wo nun u.a. ein eigens eingerichteter Jugendraum zur Verfügung stand. (Abb. 14) Der an den Aktivitäten in der Helferei besonders interessierte Pfarrer Hugo Sonderegger und Hans-Rudolf Rüfenacht, der erste Leiter der Helferei, fassten bereits im Sommer 1975 eine gemeindeeigene, sich erweiternde Jugendarbeit ins Auge.[88] Rüfenachts Versuch, eine Jugendgruppe zu bilden und auf längere Zeit zusammenzuhalten, scheiterte jedoch nach einigen von ihm organisierten Veranstaltungen. Seine Erwartung, die Jungen sollten fortan in eigener Verantwortung selbständig etwas unternehmen, da er nicht Jugendleiter sein könne, erfüllte sich nicht. Weil sich niemand von den Jungen engagieren wollte, löste sich die Sache bald auf.[89] Pfarrer Werner Gysel knüpfte im Sommer 1978 an die frühere Initiative an. Auf der Gemeindeseite des «Kirchenboten» von Juli/August jenes Jahres liest man unter der Überschrift «Treffpunkt der Jungen»:

«Noch kurz vor den Sommerferien haben sich einige Jugendliche aus der Grossmünstergemeinde getroffen. Sie möchten den Versuch wagen, im Jugendraum der Helferei einen Treffpunkt der Jungen zu gestalten, in Zusammenarbeit mit dem Pfarramt. Sie sind aber darauf angewiesen, dass sich Interessenten für einen solchen gemeinsamen Treffpunkt melden.»[90]

Den Kontakt organisierte Pfarrer Gysel zunächst selbst, und er förderte mit erheblichem persönlichem Einsatz die Aktivitäten des Jugendtreffs, wobei er seine Funktion eher im Begleiten als im Führen sah. Damit war der Beginn dieser Institution in die Wege geleitet, über deren Aufgaben, Ziele und Ablauf Gysel die Kirchenpflege fünf Jahre später aufgrund der bis zu diesem Zeitpunkt gemachten Erfahrungen orientierte.[91] Viele gemeinsame Erlebnisse formten den Jugendtreff im Laufe der Jahre zu einer stabilen Gruppe, die bis heute einen festen Platz im Gemeindeleben einnimmt. Zeitweise wurden die Aktivitäten des Jugendtreffs von einem privaten Gönner der Grossmünstergemeinde, dem die Jugendarbeit am Herzen lag, mit namhaften Beiträgen unterstützt.

Regine Helbling und Claude Lambert gehörten dem Jugendtreff am Ende der 1970er Jahre an. Ihre Erinnerungen an jene Zeit hielten sie in einem Beitrag fest, der im Heft «HelfereiZeit» anlässlich der Wiedereröffnung der Helferei nach deren Renovation von 2014 abgedruckt wurde:

«Der wichtigste Raum in der Helferei war für uns Mitglieder des Jugendtreffs während langen Jahren der Jugendraum, dort wo jetzt nach dem Umbau die grosse Küche untergebracht ist. In der Mittelschulzeit verbrachten wir hier fast jeden Freitagabend. Wir diskutierten nächtelang über alles Mögliche, rauchten draussen ‹im Graben› die ersten Zigaretten oder die von Werner Gysel offerierte Zigarre und hielten den Kontakt zu Freunden aufrecht, den wir sonst verloren hätten. Viele von ihnen lebten damals schon in der Altstadt und gehörten wie Regine Helbling zur ersten Konfirmandenklasse von Werner Gysel am Grossmünster. Dazu kamen von aussen Schüler vom Gymnasium Rämibühl wie Claude Lambert, der seine erste Religionsunterrichtsklasse bei Werner Gysel besuchte. Trotz dieses ersten religiösen Anschubs war es die Freiheit, das Unkirchliche und Nicht-Fromme, das uns alle so wohl fühlen liess. Denn wir interessierten uns für alles mehr als für die Kirche. Was man sonst mit religiösen Gruppen verbindet, war uns ein Graus, und dass sich durch den Jugendtreff auch eine Bindung zur Kirchgemeinde ergeben sollte, war wohl nur Werner Gysel klar.

Unvergessen bleiben die Lager in den Cevennen, die auf das legendäre erste Konfirmandenlager dort folgten und später durch diejenigen in Sizilien abgelöst wurden: Schon die nächtlichen Reisen mit dem Büsschen, das von älteren Jugendlichen gefahren wurde, waren ein besonderes Erlebnis; das Zelten auf der Wiese eines befreundeten Bauern oder das Übernachten unter freiem Himmel, der Wein in den Fünfliterkanistern und das einzige WC (ohne Brille) hinter einem Vorhang beim Schüttstein, wo auch abgewaschen wurde. Keine Dusche, kein warmes Wasser, dafür ein kalter Bach zum Baden.

Der Jugendtreff hatte noch längst nicht die organisierte Struktur, die er heute hat. Es gab noch kein Leitungsteam und niemanden, der sich besonders für die Durchführung der Treffen verantwortlich gefühlt hätte. Und trotzdem hat sich das Beisammensein in der Helferei jeweils am Freitag nun schon über dreissig Jahre gehalten; während die Älteren sich langsam verabschiedeten, nachdem sie Privilegien genossen hatten, wie das Glas guten Weins im Pfarrhaus nach dem Freitagabend im Jugendraum, ergänzte, erneuerte und verjüngte sich der Jugendtreff immer wieder.

In Begleitung von Werner Gysels Kollegen und Nachfolgern Hans Stickelberger, Käthi La Roche, Christoph Sigrist und Martin Rüsch trafen und treffen sich die Jugendlichen nach wie vor und noch immer im Sinn der frühen Ursprünge zu ungezwungenen Diskussionsrunden, Grillabenden und anderen Aktivitäten in der Helferei und ausserhalb. Die nachrückenden Generationen, ehemalige Konfirmandinnen und Konfirmanden oder Schülerinnen und Schüler aus dem gymnasialen Religionsunterricht geniessen die Lagerwochen in Scoglitti in Sizilien und lernen dort die so ganz anders gearteten Verhältnisse der befreundeten Waldenser-Gemeinde kennen; sie werden immer mal wieder als Helfer in Gottesdiensten und anderen Gemeindeanlässen herangezogen und begleiten die Konfirmandenklassen in deren Lagern.

So pflanzt sich ein Zusammengehörigkeitsgefühl unter den Jugendlichen im Umkreis des Grossmünsters und im Quartier fort und stärkt den Zusammenhalt zwischen den verschiedenen Altersgruppen – Gemeindeaufbau im besten Sinn.»[92]

Das Thema Jugendtreff beschäftigte die Kirchenpflege hin und wieder auch in späteren Jahren, vor allem im Zusammenhang mit der finanziellen Unterstützung der Aktivitäten durch die Gemeinde und der Verwaltung der oben erwähnten Gönnerbeiträge von privater Seite. Im Sinne eines Rechenschaftsberichts informierten Pfarrerin Käthi La Roche und ein Mitglied des Jugendtreffs Ende 2003 die Pflege über Änderungen in der Struktur der Leitung und die Neuausrichtung des Jugendtreffs sowie über die von der Gruppe geplanten Unternehmungen in der nächsten Zeit. Dabei war es der Kirchenpflege wichtig festzustellen, dass die volle Gesamtverantwortung für die Anliegen des Jugendtreffs weiterhin von den Pfarrern zu tragen sei.[93] Insbesondere die wiederholte Mithilfe des Jugendtreffs bei der Organisation und der Durchführung der Konfirmandenlager in Sizilien trugen viel zur Identifikation und Integration der Gruppe in der Gemeinde und zur Rekrutierung neuer Mitglieder bei.[94] (Abb. 15)

PILGERREISE NACH RAVENNA

20.-23. September 1985

Text: Walter Pfister
Illustration: Ruth von Fischer

Abb. 1 Gemeindereise nach Ravenna, September 1985. Zeichnung von Ruth von Fischer.

O lieber Werner, wie hat Dein Gedicht,
das tief zu meinem alten Herzen spricht,
in höh're Sphären mich empor gerückt,
und mich gar sehr und innerlich beglückt,
und mir in dieser düstern Winterszeit
den Geist erfüllt mit stiller Heiterkeit !
Denn so wie mir, scheint es auch Dir zu gehen,
weil neben kunsthistorischem Geschehen
dort in Ravenna, sich an jedem Abend,
auf der Piazza, unbeschwert und labend,
sich alles fügte zu dem frohen Bunde,
der immer ward zur lust'gen Pilger-Runde !
Es steigt herauf in sanftem, süssen Schwung,
an diese Reise die Erinnerung ! ---
Hab' Dank, o Werner, für Dein gut Gedenken,
das wiederum mir tat Gewissheit schenken,
dass Du es in Ravenna auch genossen,
zu leiten Deine braven Reis'-Genossen,
und dass die frohe und die heit're Art
auf der Piazza, Dir auch zum Erlebnis ward !
Hab' Dank für alles, o Spiritual,
der so viel Schönheit wies uns allzumal,
und uns erwirkte auch das heitere Erleben,
das über dieser Pilger-Reise täte schweben !

Es grüsst mit dieser schwachen Poesie
der altersgraue Pilgrim

Walter Pfi

Am Tage des Bischofs Nikolaus von Mira
A.D. MCMLXXXV

Abb. 2 Gemeindereise nach Ravenna, September 1985. Rückblick von Walter Pfister.

Abb. 3 Gemeindereise ins barocke Oberbayern, Oktober 1988. Zeichnung von Verena Klug-Wyss.

Abb. 4 Gemeindereise nach Basel und Freiburg i. Br., September 1994. Zeichnung von Armin Bättig.

Abb. 5 Anita Jehli, Dirigentin des Helfereiensembles.

Abb.6 Helfereitheater, «Der kaukasische Kreidekreis» von Bert Brecht, 2012.

Abb. 7 Konfirmation im Grossmünster, 3. Juni 2012.

Abb. 8 Sonntagsschule bei Fräulein von Orelli, um 1910.

Abb. 9 Geschichte von David und Goliath. Zeichnung eines Sonntagsschülers.

Abb. 10 Heimkehr aus dem Sonntagsschullager, Oktober 1995.

Abb. 11 Sonntagsschullager auf der Ibergeregg, Oktober 1995.

Abb. 12, 13 Sonntagsschulweihnacht in der Helferei.

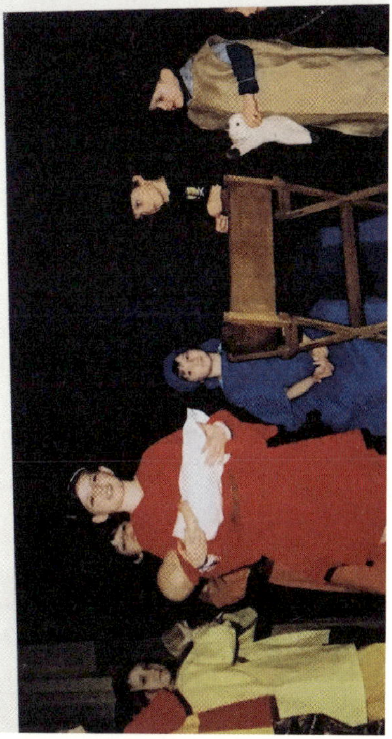

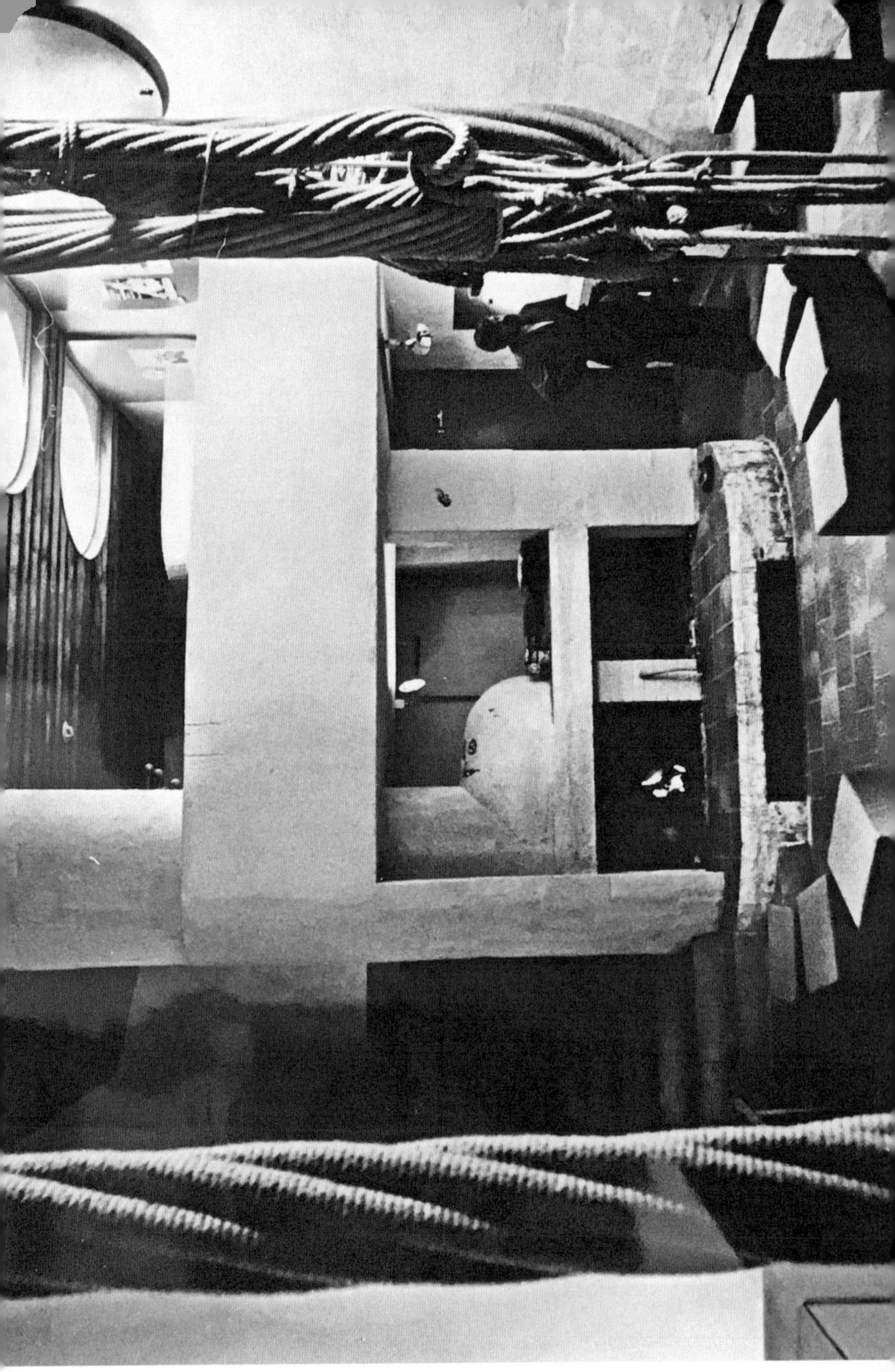

Abb. 14 Jugendraum in der Helferei, Foto 1975.

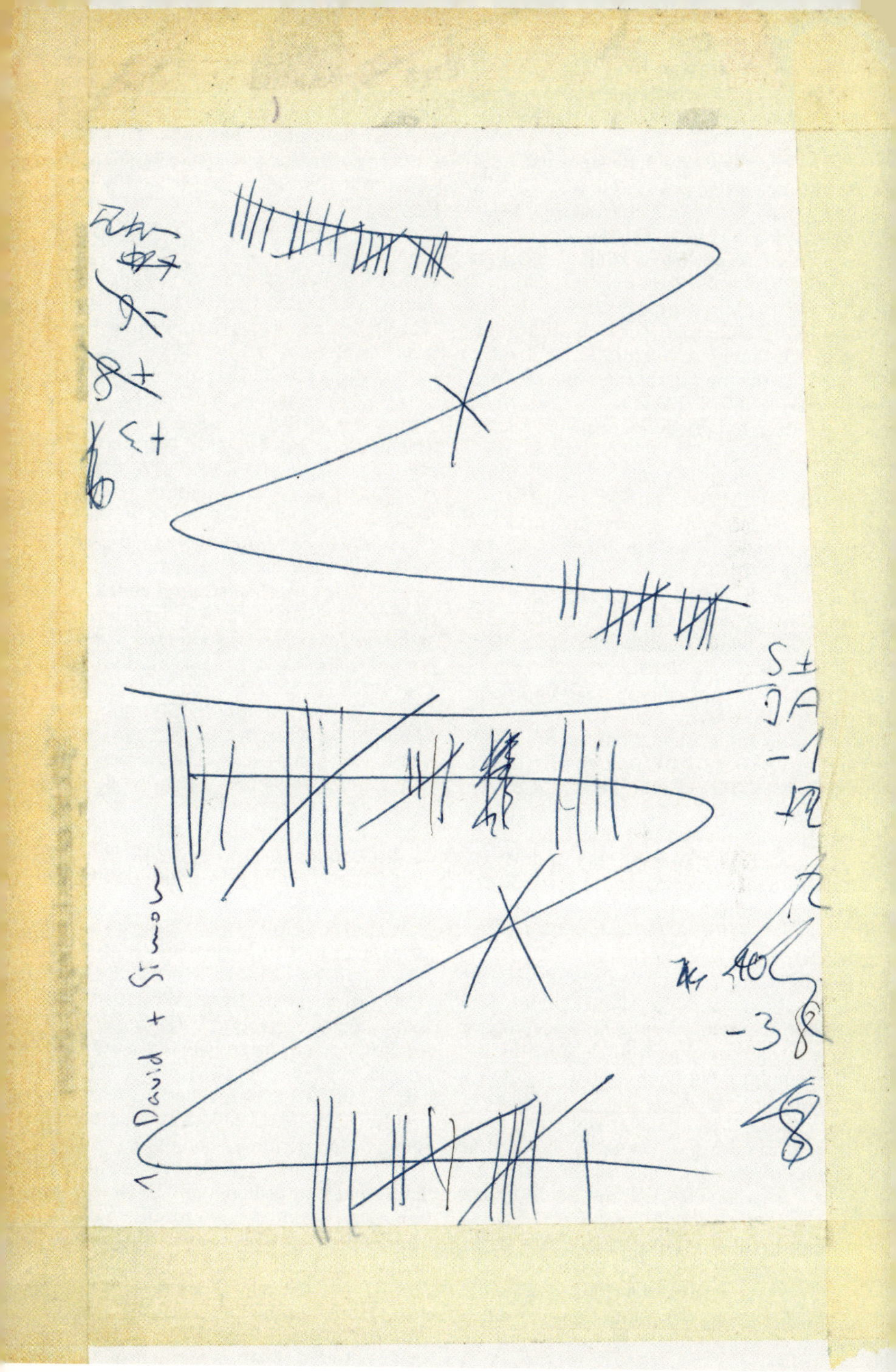

Abb. 15 Grosses Jassturnier im Jugendtreff. Eintrag im Logbuch vom 11. Juni 2004.

1 Kirchenpflegesitzung vom 30. April 1909, IV. B. 2.7, S. 21 f.

2 Kirchenpflegesitzung vom 5. Oktober 1910, ebenda S. 75 f.

3 Zur Sonntagsschule siehe das Kapitel 8. 2. 5. *Sonntagsschule*, oben S. 289–292.

4 Kirchgemeindesitzung vom 5. Oktober 1910, IV. B. 2.7, S. 75 f.

5 Kirchenpflegesitzung vom 8. Februar 1911, ebenda S. 84.

6 Eine Auflistung der zwischen 1910 und 1930 durchgeführten Gemeindeabende in: Kirchenbote, April 1930, Nr. 4, S. 32.

7 Kirchenpflegesitzung vom 11. April 1918, IV. B. 2.7, S. 270 f.

8 Kirchenpflegesitzung vom 28. November 1918, IV. B. 2.7, S. 276–278.

9 Kirchenpflegesitzung vom 28. März 1919, IV. B. 2.7, S. 288 f.

10 Zu den Anfängen der Zentralstelle für kirchliche Gemeindearbeit siehe ANGELINA GREEFF, *Von Nöten und guten Diensten. Hundert Jahre Kirchlicher Sozialdienst Zürich,* Zürich 2018, S. 17–27

11 Kirchenpflegesitzung vom 28. März 1919, IV. B. 2.7, S. 289.

12 Kirchenpflegesitzung vom 25. April 1919, IV. B. 2.7, S. 293.

13 Zu Rosa Gutknecht (1885–1959) siehe: INES BUHOFER/IRENE GYSEL (Hg.), *Rosa Gutknecht, Pfarrhelferin am Grossmünster 1919–1953; Rosa Gutknecht,* mit Beiträgen von Regula Zweifel, Irene Gysel, Andrea Spörri-Altherr und Alexia Zeller; INES BUHOFER, *Rosa Gutknecht – einer Theologin auf der Spur,* in: Neue Wege, Bd. 108 (2014), Heft 2, S. 40–42.; IRENE GYSEL, *Rosa Gutknecht, ein bewegtes Leben,* in: Neue Wege (2014), S. 43 f.

14 Im Dezember 1930 schrieb sie: «Eine Gemeinde ohne Jugendvereinigung ist eine Familie ohne Kinder. Wie eine solche Familie nicht nachwächst, so wächst eine solche Gemeinde nicht nach.» Zu Rosa Gutknechts Jugendarbeit siehe das Kapitel 8.2.7. *Sunneschy, Jung-Grossmünster, Jugendtreffpunkt,* oben S. 294–297.

15 Kirchenpflegesitzung vom 10. Dezember 1920, IV. B. 2.7, S. 338.

16 Kirchenpflegesitzung vom 2. November 1920, IV. B. 2.7, S. 333 f.

17 Dazu wird ausgeführt: «Bei einer Tasse Tee in einem kleineren Lokale sollen Themata wie die folgenden in freier Weise besprochen werden: Der Gottesdienst und seine Ausgestaltung; das Gemeinde-Blatt; gemeinsame Arbeit aller Kirchgemeinden Zürichs; die Gemeindehelferin; die Zentralstelle für kirchliche Liebestätigkeit u. a. m.»; J. SCH., *Aus unserm Gemeindeleben,* in: Gemeinde-Blatt, XI. Jg., Nr. 2, 15. April 1921, S. 4.

18 Gemeinde-Blatt, XI. Jg., Nr. 6, 15. Dezember 1921, S. 4.

19 Kirchenpflegesitzung vom 11. Januar 1938, IV. B. 2.10, S. 243 f.

20 Kirchenpflegesitzung vom 28. Februar 1938, IV. B. 2.10, S. 247 f.

21 M[AX] F[RICK], *Besprechungsabend,* in: Kirchenbote, Mai 1938, Nr. 5, S. 48.

22 M[AX] F[RICK], *Erste Ernte,* in: Kirchenbote, Juli 1938, Nr. 7, S. 68.

23 R[OSA] G[UTKNECHT], *Allerlei Einladungen,* in: Kirchenbote, Oktober 1940, Nr. 10, S. 84.

24 *Mütterabende,* in: Kirchenbote, Dezember 1940, Nr. 12, S. 104.

25 Kirchenpflegesitzung vom 31. Oktober 1952, IV. B. 2.12, S. 107; siehe auch *Aus dem Jahresbericht unseres Kirchenpflegepräsidenten,* in: Kirchenbote, August 1953, Nr. 8, S. 80.

26 *Männerabend,* in: Kirchenbote, Januar 1953, Nr. 1, S. 12.

27 Kirchenpflegesitzungen vom 20. Januar und 8. November 1953, IV. B. 2.12, S. 115, 123.

28 Kirchenpflegesitzungen vom 24. Juni 1958, 16. Juni 1961, IV. B. 2.12, S. 261, 322 f., und 11. Dezember 1962, IV. B. 2.13 (ohne Seitenzahl).

29 Kirchenpflegesitzungen vom 30. August und 10. Dezember 1963, IV. B. 2.13 (ohne Seitenzahl).

30 Kirchenbote, Nr. 3A, März 1966, S. 12.

31 *Jahresberichte 1981/82 und 1985/86 der Kirchenpflege Grossmünster,* in: Kirchenbote, Nr. 5A, 1. Mai 1982, eingefügt in IV. B. 1.7, zwischen S. 26 und 27, und Nr. 5A, 1. Mai 1986, in IV. B. 1.8, zwischen S. 45 und 46.

32 Im Archiv der Kirchgemeinde finden sich die Unterlagen und Berichte der Reisen ins Burgund (1982 und 1995), nach Süddeutschland/Schwaben und zur Romantischen Strasse (1983), nach Ravenna (1985), ins barocke Südbayern (1988), durch Oberitalien/Piemont und Ortasee (1989), nach Gent und Brügge (1990), ins Elsass (1991), ins Waadtland (1992) und

ins Locarnese (1993), nach Basel und Freiburg i. Br. (1994), Verona und Mantua (1996), Lyon (1997), Weimar (1998), Reims, Laon und Troyes (1999), Regensburg und Nürnberg (2000), Berlin (2001), Somerset, Wiltshire, Avon und Bath (2002), auf Luthers Spuren in Sachsen (2018).

33 Siehe die Broschüre *HelfereiEnsemble Kirchgemeinde Grossmünster – 25 Jahre gemeinsames Musizieren,* Zürich, 2008, weitere Infos auf altstadt-orchester.ch.

34 sgg [= HUGO SONDEREGGER], *25 Jahre Dienst an der Gemeinde,* in: Kirchenbote, Juni 1978, S. 12.

35 ELISABETH WESPI, *Aus der Arbeit der Gemeindehelferin,* in: Kirchenbote, 44. Jg., Nr. 7, Juli 1958

36 Auf Elisabeth Alther-Wespi folgten Susi Lüssi (1980–1984), Claudia Bretscher (1985–1988), Marlies Meier (1988–1997), Elisabeth Gasser (1997–2003), Erika Elsener (2003–2004), Verena Helg (2004–2014), Regula Murbach (2014–2015) und Sabine Egli (2014–2016).

37 R[UDOLF] FINSLER, *Gemeindenachrichten,* in: Gemeinde-Blatt, X. Jg. Nr. 3, 12. Juni 1920, S. 4.

38 *Ein wohlverdienter Dank!,* in: Kirchenbote, April 1947, Nr. 4, S. 32.

39 *Sigristenwechsel*, in: Kirchenbote, August 1964, Nr. 8, S. 12; *Zum Hinschied von Karl Reiser*, in: Kirchenbote, März 1978.

40 Kirchenpflegesitzungen vom 3. November 2015, 17. Januar und 22. August 2017, PDF der Kirchenpflegeprotokolle 2014–2018, S. 54, 91 f., 121 f.

41 Leonhard von Muralt im Schönenhof (Rämistrasse 14) (1778–1848), Kaufmann, Grossrat, Präsident des 1826 gegründeten Technischen Instituts, Mitglied des konservativen Zentralkomitees im Straussenhandel (1839), Erziehungsrat, Mitglied der Pfrundpflege.

42 Der neue vom Grossen Rat im Juni 1839 angenommene, durch die Synode in strenggläubigem Sinn ausgearbeitete Zürcher Katechismus.

43 Stillstandssitzung vom 9. April 1844, IV. B. 2.4, S. 65 f.

44 Sitzung der am 9. April vom Stillstand gewählten Kommission vom 18. April 1844, IV. B. 2.4, S. 68; Stillstandssitzung vom 14. Mai 1844, IV. B. 2.4, 70 f.

45 Stillstandssitzung vom 19. September 1855, IV. B. 2.5, S. 83.

46 Stillstandssitzung vom 8. April 1858, IV. B. 2.5, S. 120 f.

47 GOTTFRIED KELLER, *Der grüne Heinrich,* Erster Band, Siebentes Kapitel.

48 Stillstandssitzung vom 5. Mai 1862, IV. B. 2.5, S. 175 f.

49 Kirchenbote, November 1934, Nr. 11, S. 88.

50 Kirchenbote, Januar 1935, Nr. 1, S. 8.

51 Der in der Kirchenpflegesitzung vom 5. Oktober 1910 von Pfarrer Juzi geäusserte Wunsch, die Kontrolle über den Besuch der Kinderlehre zu verbessern, wurde zwecks gemeinsamem Vorgehens im Verband der vier Altstadtkirchen besprochen, von diesem Gremium aber als nicht durchführbar erachtet und abgelehnt, IV. B. 2.7, S. 77, 84. – Das Problem der Kinderlehre-Absenzen wurde im November 1918 erneut angesprochen; Kirchenpflegesitzung vom 28. November 1918, IV. B. 2.7, S. 277.

52 Kirchenpflegesitzung vom 27. September 1955, IV. B. 2.12, S. 179 f.

53 Kirchenbote, November 1955, Nr. 11, S. 118.

54 Kirchenbote, April 1972, S. 13.

55 An diese Episode erinnert sich Claire Hoehn-Buchter, Konfirmandin jener Klasse; siehe: INES BUHOFER/IRENE GYSEL (Hg.), *Rosa Gutknecht, Pfarrhelferin am Grossmünster 1919–1953,* S. 21.

56 Kirchenbote, November 1934, Nr. 11, S. 88.

57 Kirchenpflegesitzung vom 13. Mai 1969, Trakt. 7 b, IV. B. 2.14 (ohne Seitenzahl).

58 *Jahresbericht Ostern 1991 bis 1992,* in: Kirchenbote, Nr. 9, 24. April 1992, IV. B. 1.10, S. 37.

59 Zum Jugendtreffpunkt siehe ausführlicher das Kapitel 8. 2. 7. *Sunneschy, Jung-Grossmünster, Jugendtreffpunkt,* oben S. 297–300.

60 HELMUT MEYER und BERNHARD SCHNEIDER, *Mission und Diakonie – Die Geschichte der Evangelischen Gesellschaft des Kantons,* S. 91.

61 Kirchenpflegesitzung vom 5. Oktober 1910, IV. B. 2.7, S. 75 f.

62 Kirchenpflegesitzung vom 14. November 1913, IV. B. 2.7, S. 168: «Der Sonntagsschule an der Trittligasse, die als Unternehmen der Gemeinde betrachtet werden kann, da die Lehrerinnen von unseren beiden Herren Geistlichen unterrichtet und

der Unterricht von denselben regelmässig besucht wird, soll auf Antrag von Herrn Direktor Mousson ein jährlicher Beitrag von Fr. 100.– verabfolgt werden.» – Im Januar 1913, als die beiden Pfarrer Finsler und Juzi krankheitshalber ausfielen, übernahm der 24-jährige Eduard Thurneysen, damals Theologiestudent an der Uni Zürich und nachmaliger Basler Münsterpfarrer, einige Male vertretungsweise den Sontagsschulunterricht an der Trittligasse: «Neuerdings bin ich noch zu einem Sonntagsschulhelfer avanziert, was mir noch nie vorgekommen ist. Allerdings nur aushilfsweise und nur alle 3 oder 4 Sonntage. Am Grossmünster sind nämlich beide Pfarrer krank und nun muss ich ab und zu in die Trittligasse, wo so ein braves Sonntagsschülein besteht.» (Eduard Thurneysen an Paul Wernle, Zürich, 24. Januar 1913, in: THOMAS K. KUHN [hg.], *Paul Wernle und Eduard Thurneysen. Briefwechsel 1909–1934*, S. 159).

63 Zur Aufhebung des Lokals an der Trittligasse 26 siehe Kirchenpflegesitzung vom 11. Januar 1938, IV. B. 2.10, S. 241 f.

64 Anna Ulrich (1866–1920), Nichte von Johanna Spyri, wohnhaft am Schanzengraben, war ab ca. 1888 als Sonntagsschullehrerin tätig; Nachruf von B[ERTHA] V[ON] O[RELLI], in: Gemeinde-Blatt, X. Jg., Nr. 4, 20. August 1920, S. 4.

65 Margrit Bremi († 1931), wohnhaft im Haus zum Loch am Zwingliplatz, Schwester des Kirchenpflegers Jakob Bremi; J[AKOB] B[REMI], *Totenschau*, in: Kirchenbote, November 1931, Nr. 11, S. 92.

66 Bertha von Orelli (1884–1929), Schriftstellerin, wohnhaft im Talhof im Talackerquartier; Nachruf von P[AUL] H[ÖGGER], in: Kirchenbote, Januar 1930, S. 8.

67 Die Zusammenfassung ihrer Ausführungen im Gemeinde-Blatt, XVII. Jg., Nr. 3, März 1927, S. 3 f.

68 Kirchenpflegesitzungen vom 11. Januar 1938, IV. B. 2.10, S. 241, und 3. Februar 1950, IV. B. 2.12, S. 17 f.; zu Isabel Syz (1870–1960) siehe den *Nachruf* von HANS RUDOLF VON GREBEL, in: Kirchenbote, 46. Jg., August 1960, Nr. 8, S. 12; von ihr stammt das Typoskript zur Geschichte der Sonntagsschule der Kirchgemeinde Grossmünster, verfasst in den 1930er Jahren, Archivschachtel Abt. II. B. 4, Kirchliches, Kulturelles, Unterricht, 4.09.0–4.10.5, Mappe 4.09.2 Sonntagsschule. – Vera Gross (1903–1996), Dr. iur, Tochter von Ernst Gross, Direktor der Schweizerischen Kreditanstalt, der 1932 die Villa Winkelwiese 10 bauen liess; bei den Pfarrwahlen von 1950 und 1959 gehörte sie zu den ersten in die erweiterten Wahlkommissionen gewählten Frauen. Sie war mit Maria Landolt, der Ehefrau des Stadtpräsidenten Emil Landolt, befreundet, später Gönnerin der Pfingstmission Christliches Zentrum Buchegg; siehe HEIDI TACIER-EUGSTER, *Das Museum Rietberg Zürich und Elsy Leuzinger*, S. 218, Anm. 845).

69 M[AX] F[RICK], *Ein ehemaliger Sonntagsschullehrer unserer Gemeinde als Missionsarzt in Südafrika*, in: Kirchenbote, 36. Jg., August 1950, Nr. 8, S. 72.

70 Die Kunstmalerin Gertrud Escher (1875–1956) und Hildegard Nickel (1900–1956) starben kurz hintereinander im selben Jahr, letztere überraschend an einem Herzschlag beim Gang zu den Sonntagsschülern; M[AX] F[RICK], *Zwei treue Sonntagsschulhelferinnen*, in: Kirchenbote, 43. Jg., Januar 1957, Nr. 1, S. 8.

71 Ruth von Fischer (1911–2009), bildende Künstlerin und Zeichenlehrerin am Seminar Unterstrass, besonders bekannt durch die von ihr entworfenen grossformatigen und in Gemeinschaftsarbeit ausgeführten Wandteppiche für Kirchen, Altersheime und Schulen, u.a. der «Zwölf Apostel»-Teppich für die Zürcher Predigerkirche, heute im Pfrundhaus Zürich. Sie bewohnte bis 1998 eine der Maisonetten im Hof der Helferei; der 2010 gegründete «Freundeskreis Ruth von Fischer» publizierte die Erinnerungsschrift *Skizzenbücher – Briefe – Erinnerungen. Zum 100. Geburtstag der Künstlerin Ruth von Fischer*, Le Locle, 2011. – Ihre ausführliche Biografie steht auf Wikipedia.

72 Kirchenpflegesitzungen vom 14. Juli 1993 und 12. Januar 1994, IV. B. 2.20, S. 107 und 123; Kirchenbote, Nr. 16, 27. August 1993.

73 Zum Familiengottesdienst vom 2. Mai 1982 siehe Kirchenbote, Nr. 6A, 1. Juni 1982; Kirchenpflegesitzung vom 4. November 1992, IV. B. 2.20, S. 85.

74 Kirchenbote, Nr. 18, 24. September 1999, und Kirchenbote 16/2000, September 2000, S. 2.

75 Näheres zum Dritt- bis Fünftklassunterricht siehe oben S. 292 f.

76 R[OSA] G[UTKNECHT], *Aus unserer Mädchenvereinigung,* in: Kirchenbote, Dezember 1930, S. 96.

77 *Fastnacht,* in: Gemeinde-Blatt, XIV. Jg., Nr. 2, 7. März 1924, S. 3.

78 R[OSA] G[UTKNECHT], *Fastnacht,* in: Gemeinde-Blatt, XII. Jg., Nr. 2, 20. Februar 1922, S. 2.

79 *Fastnacht,* in: Gemeinde-Blatt, XIV. Jg., Nr. 2, 7. März 1924, S. 3.

80 R[OSA] GUTKNECHT, *Fastnacht in unserer Gemeinde,* in: Gemeinde-Blatt, XV. Jg., Nr. 2, 21. Februar 1925, S. 4.

81 R[OSA] G[UTKNECHT], *Fastnacht,* in: Gemeinde-Blatt, XVIII. Jg., Nr. 2, Februar 1928, S. 6.

82 R[OSA] G[UTKNECHT], *Aus unserer Mädchenvereinigung,* in: Kirchenbote, Dezember 1930, S. 96.

83 Die Konfirmiertenvereinigung Jung-Grossmünster konstituierte sich 1932 als Gruppe mit Vereinsstrukturen, deren Ziele, Eintrittsbedingungen, Organe und Finanzen in formellen Statuten festgehalten wurden. Gemäss den im September 1938 revidierten Statuten betrug der monatliche Mitgliederbeitrag 40 Rappen; Archivschachtel Abt. II. B. 4, Kirchliches, Kulturelles, Unterricht, 4. 04. 4, Konfirmationen.

84 *Jung-Grossmünster,* in: Kirchenbote, Januar 1935, Nr. 1, S. 8.

85 Kirchenbote, Dezember 1938, Nr. 12, S. 116, und Januar 1939, Nr. 1, S. 8.

86 Kirchenbote, Oktober 1948, Nr. 10, S. 84.

87 Regen Anteil an den regelmässigen Treffen der Jugendgruppen Jung-Grossmünster und Junge Kirche nahm auch Oskar Farner, siehe OSKAR FARNER, *Erinnerungen,* S. 82 f.

88 Helferei-Bericht von Hans-Rudolf Rüfenacht in der Kirchenpflegesitzung vom 18. August 1975, IV. B. 2.16, S. 40.

89 Helferei-Bericht von Hans-Rudolf Rüfenacht in der Kirchenpflegesitzung vom 16. August 1977, IV. B. 2.16, S. 111.

90 Kirchenbote, Juli/August 1978.

91 Kirchenpflegesitzung vom 26. April 1983, IV. B. 2.18, S. 59.

92 REGINE HELBLING und CLAUDE LAMBERT, *Die Helferei, Heimstatt des Jugendtreffs,* S. 17.

93 Kirchenpflegesitzungen vom 16. September, 18. November und 9. Dezember 2003, IV. B. 2.23, S. 35, 39, 40.

94 Siehe den Bericht der Jugendgruppenleitung über erlebte und geplante Aktivitäten in der Kirchenpflegesitzung vom 7. Juni 2016, PDF der Protokolle 2014–2018, S. 72.

Ein Dauerthema, das der Kirchenpflege viel Energie und Zeit abforderte, war das Kulturhaus Helferei. Abgesehen von den beiden grossen Umbauprojekten von 1972 bis 1974 und von 2012 bis 2014, die für die jeweiligen Baukommissionen der Kirchenpflege mit einem hohen Arbeitsaufwand verbunden waren, stellten sich ab der 1974 erfolgten Eröffnung des Kulturhauses vielfältige Probleme im Zusammenhang mit den Betriebsstrukturen, den Vermietungen und mit dem Aufbau eines inhaltlichen Konzeptes. Angesichts der hohen Baukosten, welche die aufwendige Restaurierung des alten Gebäudes samt der Wiederherstellung der baufälligen Kapelle mit sich gebracht hatten, sollte die Helferei inskünftig nämlich nicht nur der Grossmünstergemeinde dienen, sondern zu einem Ort für die breitere Öffentlichkeit, ja zu einem Zentrum für die ganze Stadt werden. Diese Idee war bereits während des Umbaus des Hauses von Kirchenpflegepräsident Hugo von der Crone lanciert worden und fand in Pfarrer Hugo Sonderegger, der den Vorsitz der von der Kirchenpflege eingesetzten Betriebskommission übernommen hatte, einen ebenso engagierten Förderer. Hans-Rudolf Rüfenacht,[1] der erste Zentrumsleiter, hatte an seinen früheren Stellen bei der Berliner Stadtmission und ab 1967 bei der Stadtmission Zürich reiche Erfahrungen im sozialen und diakonischen Bereich gesammelt, die er beim Aufbau und bei der Entwicklung des Helfereibetriebs in der angestrebten Richtung tatkräftig einbrachte. Von Anfang an galt es, die Erwartungen vieler externer, vor allem kirchlicher und sozialer Kreise, die sich das grosszügige Raumangebot zu Nutze machten, zu koordinieren, gleichzeitig mit der Organisation eigener Veranstaltungen dem Haus ein klares Profil zu geben und das alles auch mit den Bedürfnissen der Kirchgemeinde in Einklang zu bringen; diese hatte sich von der Helferei an der Kirchgasse eine Ergänzung zum weiter entfernten Kirchgemeindehaus am Hirschengraben versprochen, wenn nicht sogar einen vollwertigen Ersatz dafür. Gerade aus den Kreisen der Gemeindeglieder wurde die «Umfunktionierung» der Helferei gelegentlich bedauert mit der Begründung, sie habe damit den Charakter eines kirchlichen Zentrums für die Gemeinde verloren. Ein diesbezügliches Votum an der Kirchgemeindeversammlung im Mai 1977 hatte eine ausführliche Diskussion über das Dafür und Dawider des neuen Benützungskonzeptes zur Folge, obwohl dieses von der Mehrheit der Anwesenden begrüsst wurde.[2]

Der rasch wachsende Betrieb erforderte bald ein kleines Team mit Hauswart und Sekretärin zur Unterstützung der Zentrumsleitung bei der Bewältigung der vielseitigen Aufgaben. Noch wenig definierte Strukturen, das Fehlen eines pfannenfertigen Leitbildes und detailliert ausformulierter Pflichtenhefte boten in den Anfangszeiten zwar viel Spielraum für kreative Unternehmungen, führten aufgrund unklarer Kompetenzregelungen zuweilen aber auch zu Spannungen im Team. Das wirkte sich in den Jahren 1981–1983 auch auf die Nachfolge von Hans-Rudolf Rüfenacht aus, sodass sich die Kirchenpflege innert kurzer Zeit mehrfach mit der Neubesetzung der Leiterstelle befassen musste.[3] In den ruhigeren Folgejahren arbeitete man an der Erstellung eines Konzeptes für die Helferei als Ort der Begegnung und Auseinandersetzung. Bei der grossen Anzahl von Benützern mit ganz unterschiedlichen Ansprüchen liessen sich Interessenkonflikte, für die Lösungen zu finden waren, jedoch nicht vermeiden. Als Hausherrin hatte die Kirchenpflege nicht nur die Bedürfnisse der Kirchgemeinde bezüglich der Raumbenützung zu verteidigen; sie begleitete aufmerksam die von den Leiterinnen und Leitern zusammengestellten Veranstaltungsprogramme, musste hin und wieder für die Einhaltung der Hausordnung sorgen und insbesondere der Durchsetzung des während langer Zeit geltenden Alkoholverbots in den öffentlichen Räumen der Helferei Nachachtung verschaffen.[4] Auch die Vermietungen gaben immer wieder zu reden. Anlass zu heftigen Kontroversen gaben vor allem die Aktionen der politisch sehr engagierten Gruppe um den 3.-Welt-Laden, in dem nicht nur Waren aus Entwicklungsländern zu fairen Preisen zu Gunsten der Produzenten verkauft wurden, sondern auch Flugblätter mit kritischem Inhalt zu den Zuständen in der Dritten Welt auflagen. Die Betreiber waren trotz wiederholter Mahnungen nicht bereit, auf diese Aktionen zu verzichten, was im September 1984 die Kündigung des Mietverhältnisses zur Folge hatte.[5] Nachfolgende von den Betreibern des Ladens angestrengte Verhandlungen vor Mietgericht führten zu mehreren Erstreckungen der Miete, bis im November 1986 eine neue Lokalität gefunden werden konnte. Der mit der Kündigung verbundenen heftigen Kritik aus der Öffentlichkeit hatte sich die Kirchenpflege zu stellen.[6]

Der Anspruch, neben der Koordination der vielen Fremdvermietungen und der Organisation administrativer Tagesgeschäfte gleichzeitig ein Programm mit eigenen Veranstaltungen durchzuführen, war für die Zentrumsleitung eine auf die Dauer unbefriedigende Doppelbelastung. Gemeinsam mit der Zentralkirchenpflege des Stadtverbandes, der sich finanziell am Betrieb der Helferei beteiligte, wurde ein Reglement ausgearbeitet, in dem die Strukturen und Verantwortlichkeiten definiert wurden. Die Anstrengungen zur Klärung der Arbeitsabläufe und der Unterstellungen mit dem Ziel, das Arbeitsklima zu verbessern, zogen sich über längere Zeit hin. Die Ergänzung des Teams mit einer Betriebsangestellten, die für die administrativ-operativen Geschäfte zuständig war, ermöglichte es den bisherigen Zentrumsleiterinnen, sich ganz auf die Programmgestaltung zu konzentrieren. Trotz dieser neuen Organisationsstruktur kam es doch hin und wieder zur Vermischung der beiden Bereiche und zu Unsicherheiten bei Kompetenzabgrenzungen. Die Vielfalt der Angebote, die grosse Anzahl erfolgreich durchgeführter Veranstaltungen brachten das Team gelegentlich an seine Grenzen. Das erzeugte Spannungen, die nicht immer einvernehmlich zu lösen waren. Der vielschichtige Organismus der Helferei blieb immer ein Ort der Anregungen und Reibungen, welche die Kirchenpflege ständig und ausgiebig beschäftigten.[7]

Abb.1 Die Helfereikapelle, Ort verschiedenster Veranstaltungen.

1 Zur Person von Hans-Rudolf Rüfenacht siehe HELMUT MEYER und BERNHARD SCHNEIDER, *Mission und Diakonie. Die Geschichte der Evangelischen Gesellschaft des Kantons,* S. 154 f., 189.

2 Kirchgemeindeversammlung vom 5. Mai 1977, IV. B. 1.6, S. 15 f. Der Votant Walter Pfister, ehemaliger langjähriger Präsident der Kirchenpflege, begründete sein Bedauern über den weitgehenden Verlust des kirchlichen Charakters der Helferei nochmals im Jahresbericht 1977/78, abgedruckt im Kirchenboten, 5 A, 1. Mai 1978, S. 19.

3 Auf Hans-Rudolf Rüfenacht folgten 1981–1983 Maria Kägi, nach kurzem Interregnum 1983/84 von Peter Sägesser, 1984 Monika Wolgensinger, 1989 Irene Gysel (bis 1995) gemeinsam mit Ines Buhofer (bis 1999), 1999 Cornelia Vogelsanger, 2009 Andrea König, ab 2015 Martin Wigger.

4 Das im Benützungsreglement der Helferei festgehaltene strikte Verbot des Alkoholausschanks in der Helferei gab wiederholten Anlass für Diskussionen. 1986 erhielt die Zentrumsleitung die Kompetenz, bei Anlässen geschlossener Gesellschaften das Alkoholverbot aufzuheben (Kirchenpflegesitzung vom 4. Dezember 1986, IV. B. 2.19, S. 43 f.). Später liess es sich angesichts der Ansprüche der verschiedenartigsten Gruppen, welche die Räume der Helferei mieteten, nicht mehr aufrechterhalten. Auch bei Anlässen der Kirchgemeinde, etwa nach den Kirchgemeindeversammlungen, wurde es üblich, zu einem offerierten Apéro Wein anzubieten.

5 Entscheid der Kirchenpflege vom 21. August 1984, IV. B. 2.18, S. 149.

6 Diskussion in der Kirchgemeindeversammlung vom 7. Mai 1985, IV. B. 1, S. 31; *Helferei und Dritte Welt-Laden. Eine Stellungnahme seitens der Kirchenpflege,* in: Kirchenbote, Nr. 6 B, 16. Juni 1985.

7 Einen Überblick über die Aktivitäten in der Helferei und deren Geschichte bietet die zur Wiedereröffnung des umgebauten Hauses im April 2014 erschienene Broschüre *HelfereiZeit. Erinnerungen und Zeitzeugnisse.*

Die Beziehungen zwischen den Konfessionen veränderten sich ab der zweiten Hälfte des letzten Jahrhunderts nach und nach in positiver Weise. Nichtbeachtung, gegenseitiges Misstrauen, wenn nicht sogar Feindseligkeit, prägten zunächst das Zusammenleben von Katholiken und Reformierten bis weit ins 20. Jahrhundert hinein, und es bedurfte der Initiative einzelner Persönlichkeiten, bis sich die Fronten langsam aufweichten. Diese für die ganze reformierte Kirche geltende Entwicklung lässt sich auch anhand einiger Beispiele in der Grossmünstergemeinde verfolgen. Mit Argwohn wurden nicht nur die steigenden Zahlen von katholischen Einwohnern der Stadt Zürich registriert, auch gewisse Aktivitäten katholischer Kreise im Umfeld des Grossmünsters gaben Anlass zu Kritik und zu aufmerksamen Reaktionen.

An der Kirchgemeindeversammlung vom 31. Oktober 1938 meldete sich ein Gemeindeglied mit dem Hinweis auf das Vorgehen der katholischen Geistlichkeit in der Stadt Zürich,

«die ihren Kirchgenossen nicht nur mündlich zur Pflicht macht, geschäftlich ihre Konfessionsgenossen zu berücksichtigen, sondern sogar jedem Einzelnen ein schriftliches Verzeichnis mit den entsprechenden Firmen übergebe».

Der Redner rügte den Umstand, dass man sich dieses Treiben auf reformierter Seite allzu lange habe gefallen lassen. Er forderte

«energische Massnahmen gegen dieses unfaire Benehmen unserer katholischen sog. Mitbürger».

Weitere Versammlungsteilnehmer bestätigten die Kritik, die der Präsident zuhanden der Diskussion in der Pflege über geeignete Massnahmen entgegennahm. Allerdings bemerkte er,

«der katholischen Kirche auf diesem Geschäftswege zu folgen, verbiete jedoch evangelische Weltanschauung».[1]

In der nachfolgenden Kirchgemeindeversammlung am 17. April 1939 beantwortete Oskar Farner die zuvor aufgeworfene Frage. Er persönlich sei gegen jene erwähnte Geschäftspraxis und «er wünsche nicht, dass wir uns katholische Methoden aufdrängen lassen».[2]

Weiteren Unmut weckte in der Kirchenpflege die römisch-katholische Propagandaaktion einer unbekannten Frau, die im Dezember 1939 nach Beendigung des Gottesdienstes auf dem Zwingliplatz vor dem Portal des Grossmünsters Einladungen zur Teilnahme an einer römisch-katholischen Christbaumfeier verteilt hatte. Die als taktlos empfundene Handlung hatte eine Anfrage des Schweizerischen Protestantischen Volksbundes bei den zuständigen katholischen Instanzen zur Folge. Diese gaben sich alle Mühe, die Verteilerin der Zettel ausfindig zu machen, allerdings ohne Erfolg. Sie erklärten zudem mit Bestimmtheit, man habe niemandem einen solchen Auftrag gegeben. Für die Grossmünsterpflege war die Angelegenheit damit erledigt.[3]

Hinter den verstärkten Tätigkeiten der katholischen Kreise stand die vom Schweizerischen Katholischen Volksverein organisierte «Katholische Aktion», ein Zusammenschluss der aktiven Laienkräfte, der sich ab dem Ende der 1920er Jahre bemerkbar machte. Um über deren Absichten mehr zu erfahren, erstellte der Schweizerische Protestantische Volksbund einen fünfseitigen Fragebogen, der im Frühjahr 1939 an alle reformierten Gemeinden verschickt wurde. Rosa Gutknecht erhielt von der Kirchenpflege den Auftrag, die Fragen zu beantworten. Dabei ging es um Angaben über die Zunahme der katholischen Bevölkerung und deren Ursachen sowie nach den hauptsächlichen Berufen der zugezogenen Katholiken. Wie viele Liegenschaften waren von Katholiken erworben worden? Wie stand es mit der konfessionellen Ausrichtung des Personals in katholischen und protestantischen Firmen? Wie war die konfessionelle Verteilung bei Lehrern, Ärzten usw., und gab es Personen, die ihre amtliche Stellung für katholische Propaganda benützten? Weitere Fragen betrafen Mischehen, die Erziehung der Kinder, Übertritte zum katholischen Glauben, die Lektüre von katholischen Zeitungen oder Zeitschriften. Rosa Gutknechts knappe Antworten lassen erkennen, dass die katholische Bevölkerung tatsächlich auch in der

Grossmünstergemeinde zunahm; dies vor allem dank dem Zuzug aus ländlichen Gebieten und Berggegenden sowie aufgrund der Anstrengungen katholischerseits, vermehrt auf dem Liegenschaftenmarkt aktiv zu werden. Bei den Neuzugezogenen handelte es sich überwiegend um Dienstmädchen, Angestellte, Arbeiter, Handwerker und kleine Ladenbesitzer, oft ärmere Leute, die mit dem mildtätigen Beistand ihrer Kirche eine Unterkunft in den einfachen, billigen Altstadtwohnungen fanden. Dass katholische Firmen vor allem katholisches Personal anstellten, überrascht nicht, das Gegenteil konnte nicht nachgewiesen werden. Rosa Gutknecht bestätigte, dass die Katholiken von ihren kirchlichen Funktionären angewiesen würden, katholisch geführte Geschäfte zu berücksichtigen, was umgekehrt bei den Protestanten nicht zutreffe. Zur Frage nach katholischer Propagandatätigkeit äusserte sie sich nicht. Ungefähr ein Fünftel aller Ehen seien Mischehen mit mehrheitlich katholischen Frauen. Übertritte von Protestanten zum katholischen Glauben seien selten. Positiv bewertete Rosa Gutknecht die Qualität der katholischen Krankenhäuser, wo Pflege und Essen viel besser seien und auch die seelsorgerische Betreuung reichlicher angeboten werde. Rosa Gutknecht beantwortete die Fragen sachlich, gut unterrichtet und wo nötig mit der vorsichtigen Bemerkung:

«Diese Dinge sind sehr schwer unter Beweis zu stellen, es gilt damit vorsichtig zu sein.»[4]

Damit unterschied sie sich wohltuend von einem undatierten, 1951 verfassten katholikenfeindlichen Dokument des leitenden Ausschusses einer Evangelischen Männervereinigung Aussersihl,[5] in dem aufdringlich vor der drohenden Gefahr der unmittelbar bevorstehenden Rekatholisierung des Grossmünsters, die von der «Katholischen Aktion» mit massiver Propaganda vorangetrieben werde, gewarnt wurde. Wortreich wurde nachgewiesen, wie viele Institutionen bereits von Katholiken unterwandert worden waren, bis hin zum katholischen Chefredaktor des «Volksrechts», Paul Meierhans, und dem Präsidium der Freisinnigen Partei. Um einer Übernahme des Grossmünsters durch die Katholiken vorzubeugen, wurde vorgeschlagen, den Besitz der Kirche vom Staat an die Kirchgemeinde zu übertragen, ein Gedanke, der bereits früher im Vorfeld der Renovation des Kirchenschiffs 1913/14 vom Kanton, damals vor allem aus finanzpolitischen Gründen, angeregt worden war, aber ohne Folgen blieb.[6]

«Kommt es soweit, dass die Grossmünsterkirche dem Katholizismus geopfert werden muss, so würde das für das gesamte Schweizervolk einen unabsehbaren moralischen Niederschlag bedeuten und der ganze Schweizerische Protestantismus würde dadurch erschüttert»,

so lautet das Fazit der Schrift von 1951.

Der antikatholische Reflex war einige Jahre zuvor ebenfalls zum Ausdruck gekommen, und zwar in der Diskussion um die künftige Verwendung der renovierten Wasserkirche. Die Stadt als Besitzerin der Kirche plante, diese durch die entsprechende Innenrenovation wieder kirchlichen Zwecken zuzuführen. Auf Einladung des Kirchenrates kamen am 3. Oktober 1938 Vertreter der Zentralkirchenpflege und der Grossmünstergemeinde zusammen, um zu beraten, wie das Vorhaben sinnvoll umgesetzt werden könnte. Oskar Farner, Kirchenrat und Pfarrer am Grossmünster, fasste seine Meinung in der These zusammen:

«Wenn die Wasserkirche wieder kirchlichen Zwecken dienstbar gemacht worden ist, muss die Kirche Zwinglis, die zürcherische Landeskirche unbedingt daran festhalten und mit allen Mitteln dafür einstehen, dass dieses dannzumalige Gotteshaus nur der Verkündigung evangelisch reformierten Glaubens dient und dass dieses Gebäude nicht einer anderen Konfession zu kirchlichen und anderen Zwecken zur Verfügung gestellt wird. Diese Gefahr ist jedoch in der Altstadt unbedingt vorhanden, und es ist Pflicht des protestantischen Zürich, dies zu verhindern.»[7]

Die Verwaltung der Wasserkirche wurde dann auch vollumfänglich samt Sigrist und Organist vom Grossmünster übernommen.[8]

Es brauchte geraume Zeit zur Überwindung der Abwehrhaltung gegenüber der katholischen Kirche, die von reformierter Seite lange als reale Bedrohung wahrgenommen wurde. Frühe ökumenische Feiern im näheren Umkreis des Grossmünsters wurden alljährlich von der «Arbeitsgemeinschaft christlicher Kirchen in Zürich» als Abendgottesdienste im Rahmen der Weltgebetswoche für die Einheit der Christen in der Wasserkirche organisiert, an denen sich Pfarrer, Priester, Prediger und Christen aus mehreren Konfessionen und Glaubensgemeinschaften, darunter auch die Grossmünsterpfarrer als Liturgen, beteiligten. Der Anstoss zum ersten grossen ökumenischen Anlass der Grossmünstergemeinde kam von aussen: Im Protokoll der Kirchenpflegesitzung vom 28. Oktober 1969 erwähnte Pfarrer von Grebel ein Gespräch mit Hanno Helbling,[9] dem Feuilleton-Redaktor der «Neuen Zürcher Zeitung» und profunden Kenner der katholischen Kirche, in dem sich dieser eindringlich für die Veranstaltung eines ökumenischen Gottesdienstes mit liturgischem Rahmen, zusammen mit Katholiken, im Grossmünster aussprach. Von Grebel ging auf die Anregung ein, und der Gedanke wurde weiterverfolgt. In der folgenden Sitzung nahm er Bezug auf das erwähnte Gespräch mit Helbling,

«der ihm den originellen liturgischen Vorschlag für einen ökumenischen Gottesdienst ‹mit Abendmahl› unterbreitete; d.h. es soll bis zum Moment hingeführt werden, in dem sich die Gemeinde zum Tisch des Herrn gerufen weiss. Dann wird festgestellt: ‹Wir wollen zwar, aber wir können nicht. Wir können zwar, aber wir dürfen nicht ... Wir sind einig, wenn wir gemeinsam verzichten›».

Die Kirchenpflege fasste den Beschluss, den Gottesdienst in dieser unkonventionellen Form am ersten Sonntag der Weltgebetswoche für die Einheit der Christen, am 18. Januar 1970, im Grossmünster durchzuführen. Pfarrer von Grebel erklärte sich bereit, sich dafür mit dem Pfarramt Liebfrauen in Verbindung zu setzen und die Predigt zu übernehmen.[10] Mit einigem Stolz konnte von Grebel in der Februar-Nummer 1970 des «Kirchenboten» über die erfolgreiche Durchführung des denkwürdigen ökumenischen Gottesdienstes in der angedachten Form berichten, nicht ohne in Klammern zu bemerken:

«(Beide Pfarrer sind ja, wie die Gemeinde weiss, ökumenisch aufgeschlossen und betrachten das Erwachen des Bewusstseins und der Sehnsucht nach der ‹einen heiligen Kirche› als eines der grössten Geschenke unseres Jahrhunderts.) [...] Neben den beiden Grossmünsterpfarrern, deren einer als Prediger amtierte, wirkten zwei katholische Priester, je ein Vikar unserer katholischen Nachbargemeinden von Liebfrauen und St. Anton, als Liturgen mit. Der Gottesdienst, dessen Liturgie von einem bekannten ref. Zeitungsredaktor aufgestellt war, führte bis unmittelbar an das gemeinsam gefeierte Abendmahl heran: dann musste am Abendmahlstisch schmerzlich festgestellt werden, dass wir zwar gemeinsam Gott loben und sein Wort auslegen und hören können, uns aber die Gemeinschaft am einen Tisch des Herrn noch nicht möglich oder erlaubt ist.»

Den die Weltgebetswoche abschliessenden ökumenischen Abendgottesdienst am darauffolgenden Sonntag organisierte die Arbeitsgemeinschaft christlicher Kirchen in Zürich; nochmals kamen alle in der Ökumene zusammengeschlossenen Kirchen gemeinsam mit der römisch-katholischen Kirche im Grossmünster zusammen und hörten – wohl erstmals seit der Reformation – die Predigt eines katholischen Priesters.

«Damit wurde die Gemeinde dringlich darauf hingewiesen, dass wir in einem neuen Zeitalter leben und uns neu orientieren müssen.»[11]

Auch wenn die listig ausgedachte Kompromiss-Liturgie des ökumenischen «Abendmahls»-Gottesdienstes die Grenzen des gemeinsamen Feierns mit den Katholiken aufzeigte, war doch ein vielversprechender Anfang der Zusammenarbeit gemacht, die von Pfarrer von Grebel und allen seinen Mitpfarrern und Nachfolgern in verschiedenen Formen nach Kräften weiter gepflegt wurde.

Der ökumenische Abendgottesdienst der jeweils im Januar stattfindenden Weltgebetswoche fand fortan regelmässig im Grossmünster statt. Zum sommerlichen Traditionsanlass wurden die ökumenischen Familiengottesdienste unter freiem Himmel im Garten der Villa Tobler oder auf dem Neumarkt zusammen mit der Predigergemeinde und der Pfarrei Liebfrauen; die regelmässig stattfindende Abendbesinnung am Vorabend des Bettags in der Krypta wurde hin und wieder gemeinsam mit den Katholiken gefeiert, und gelegentlich nahm der Pfarrer der Liebfrauenkirche sogar am Gottesdienst des Reformationssonntags teil.

Selbst die vom Kirchenrat veranlassten Auftritte einiger eminenter Würdenträger der katholischen und anglikanischen Kirche im Grossmünster wurden von der Kirchenpflege gutgeheissen: Im September 1979 predigte der anglikanische Bischof Festo Kivengere aus Uganda, im Januar 1980 war es Georg Holzherr, der Abt des Klosters Einsiedeln, begleitet von den gregorianischen Gesängen der Einsiedler Choralschola,[12] und im Oktober 1981 stimmte die Pflege dem gemeinsam mit dem römisch-katholischen Generalvikariat organisierten ökumenischen Gottesdienst mit dem brasilianischen Erzbischof Dom Hélder Câmara zu.[13] Dieser spektakuläre Anlass im voll besetzten Münster wurde mit einer Lautsprecheranlage auf den Zwingliplatz übertragen und von der Fernsehtagesschau aufgezeichnet. (Abb. 1)

Den Gottesdienst am Reformationssonntag 1986 beehrte der Erzbischof von Canterbury, Robert Runcie, mit seiner Predigt. Bei dieser Gelegenheit konnte ihm der im Landesmuseum aufbewahrte Becher gezeigt werden, den Heinrich Bullinger 1560 gemäss einer alten Überlieferung von Queen Elizabeth I. bekommen haben soll.[14]

Eine weitere Anfrage des Kirchenrates betraf die Durchführung eines Gottesdienstes der syrisch-orthodoxen Kirche; ihre schweizerische Gemeinde mit über 1000 Mitgliedern hatte 1982 einen eigenen Pfarrer erhalten, und dessen Einsetzung ins Amt sollte im Grossmünster gefeiert werden. Dabei wiesen die Gesuchsteller ehrlicherweise darauf hin, dass während der dreistündigen Feier, dem orthodoxen Ritus entsprechend, auch Weihrauch zum Einsatz käme, weshalb der anschliessend geplante Familiengottesdienst der Grossmünstergemeinde wohl kaum in der Kirche stattfinden könne. Trotzdem entsprach die Kirchenpflege dem Gesuch, und mit dem gemeindeeigenen Gottesdienst wich man dann dem ungewohnten Weihrauchduft in die Wasserkirche aus.[15]

Derweil im Oktober 1985 der «Traumwunsch» eines jungen katholischen Brautpaars, im Grossmünster, dem «Wahrzeichen Zürichs», nach katholischem Ritus getraut zu werden, als zu weit gehender Präzedenzfall von der Kirchenpflege noch abgelehnt wurde,[16] ermöglichte es das Klima zunehmender Toleranz, dass die Kirchenpflege 1996 diskussionslos die Mitteilung zur Kenntnis nahm, im Grossmünster finde eine ökumenische Trauung mit vorgängiger Taufe der reformierten Braut und anschliessendem Abendmahl statt. Pfarrer Stickelberger übernahm Taufe und Abendmahl, der katholische Priester die Trauung.[17]

Im Oktober 2016 versammelten sich Reformierte, Katholiken, Christlich-Orthodoxe, Juden und Mohammedaner zu einem interreligiösen Gebet für den Weltfrieden im Grossmünster. Als Hauptredner nahm auch der Dalai Lama mit vielen tibetischen Anhängern an diesem Gottesdienst teil. Die Bilder des Publikumsaufmarsches im und rund um das Grossmünster anlässlich dieses Anlasses illustrieren auf eindrückliche Weise den in wenigen Jahrzehnten erfolgten Gesinnungswandel im Umgang mit anderen Konfessionen und Religionen. (Abb. 2)

Abb. 1 Ökumenischer Gottesdienst mit Erzbischof Dom Hélder Câmara im Grossmünster, 2. Oktober 1981.

Abb. 2 Begrüssung des Dalai Lama vor dem Grossmünster, 15. Oktober 2016.

1 Kirchgemeindeversammlung vom 31. Oktober 1938, IV. B. 1.2, S. 332.

2 Kirchgemeindeversammlung vom 17. April 1939, IV. B. 1.2, S. 337.

3 Kirchenpflegesitzung vom 6. Februar 1940, IV. B. 2.11, S. 47.

4 Schweizerischer protestantischer Volksbund, *Fragebogen betreffend die katholische Aktion,* ausgefüllt von Rosa Gutknecht, Zürich, 21. April 1939; Archivschachtel II. B. 4.07, Mappe 4.07 Förderung des kirchlichen Lebens.

5 Stellungnahme des Leitenden Ausschusses der Evangelischen Männervereinigung zur Frage: «Warum können die Katholiken öffentlich erklären, dass im Grossmünster bald wieder die Messe gelesen werde und ohne dass dieser Forderung von protestantischer Seite die nötige Aufmerksamkeit geschenkt wird?», Typoskript in Archivschachtel II. B. 4.07, Mappe 4.07 Förderung des kirchlichen Lebens – Das Schreiben wurde der Kirchenpflege in der November-Sitzung 1951 auszugsweise zur Kenntnis gebracht, Kirchenpflegesitzung vom 27. November 1951, IV. B. 2.12, S. 84.

6 Siehe das Kapitel 7. *Bauvorhaben,* 7. 1. *Grossmünster,* oben, S. 203 f.

7 Die Aktennotiz dieser Zusammenkunft im Protokollbuch IV. B. 2.10, zwischen den Seiten 281 und 282.

8 Kirchenpflegesitzungen vom 10. März und 27. Oktober 1942 sowie vom 6. Juli 1943, IV. B. 2.11, S. 99–101, 120 f., 142–144.

9 Hanno Helbling (1930–2005), ab 1958 Feuilletonredaktor bei der Neuen Zürcher Zeitung, 1973–1992 Leiter des Feuilletons, 1981 Mitglied der Deutschen Akademie für Sprache und Dichtung, gehörte von 1985 bis 1995 der Kirchenpflege Grossmünster an und präsidierte den Betriebsausschuss der Helferei; MARTIN MEYER, *Hanno Helbling. Hommage an einen vielseitigen Gelehrten.*

10 Kirchenpflegesitzungen vom 28.Oktober 1969, Trakt. 9 b), und vom 18. November 1969, Trakt. 5 f), IV. B. 2.14 (ohne Seitenzahl).

11 H[ANS] R[UDOLF] V[ON] G[REBEL], *Gemeindebrief Nr. 15*, in: Kirchenbote, 1. Februar 1970, S. 12.

12 Kirchenpflegesitzung vom 11. September 1979, IV. B. 2.17, S. 79; Kirchenbote, Januar 1980, S. 12, und *Jahresbericht 1979/80 der Kirchenpflege Grossmünster, 31. März 1980,* in: Kirchenbote, 5 A 1980, S. 13.

13 Kirchenpflegesitzung vom 29. August 1981, IV. B. 2.17, S. 200 f.

14 Kirchenpflegesitzungen vom 30. Juni und 3. November 1986, IV. B. 2.19, S. 10, 39.

15 Kirchenpflegesitzungen vom 31. März und 27. April 1982, IV. B. 2.17, S. 234 f., 239.

16 Kirchenpflegesitzung vom 1. Oktober 1985, IV. B. 2.18, S. 213.

17 Kirchenpflegesitzung vom 29. Februar 1996, IV. B. 2.21, S. 59.

Käthi La Roche

Wie vieles in meinem Leben verdanke ich das Amt am Grossmünster der Gunst der Stunde. Verschiedene «Vorkämpferinnen» haben mir den Weg geebnet, nicht alle freiwillig. Mir fiel am Ende zu, was anderen verwehrt geblieben war: als erste Frau an die Mutterkirche der Reformation gewählt zu werden. Die Wahl ging nicht geräuschlos vonstatten und wurde auch nicht von allen begrüsst, aber aufgrund meiner vorgängigen Erfahrungen im Pfarramt – ich war an allen Stellen, die ich je innegehabt hatte, immer die erste weibliche Pfarrperson gewesen – wusste ich, dass sich die Wellen legen würden, wenn ich mich in der Arbeit bewährte. Und weil mich der damalige Amtskollege Hans Stickelberger freundschaftlich unterstützte, stürzte ich mich zuversichtlich und fröhlich in die neue Aufgabe.

Natürlich war mir auch etwas bange, ob ich den Erwartungen – meinen eigenen – auf Zwinglis Kanzel gerecht werden würde. Für mich war immer, und in dieser Kirche nun ganz besonders, der Gottesdienst das Zentrum meines pfarramtlichen Auftrags, und die Gemeinde hat meine Bemühungen belohnt: sie kam sonntäglich zahlreich «z'Predigt». Die Zusammenarbeit mit Hans Stickelberger war eine fruchtbare, und der theologische Austausch hat uns beide sehr angeregt.

Bald einmal habe ich dann aber gemerkt, dass es an diesem Ort neben den traditionellen pfarramtlichen Pflichten wie Verkündigung und Seelsorge, Unterricht und Jugendarbeit (die mir immer besondere Freude machte) auch noch ein paar andere Herausforderungen gab. Das Grossmünster als das Wahrzeichen unserer Stadt wurde auch unter der Woche von vielen Menschen und Gruppen aufgesucht, Tendenz zunehmend. Es kamen Klassen mit ihren Lehrern, die an den in unseren Schulen neu eingeführten Projekttagen beispielsweise die Reformation zum Thema machten und dieses im und ums Grossmünster mit den Schülern bearbeiteten. Manche von ihnen waren gut vorbereitet, andere liessen ganze Horden von Jugendlichen einfach im Kirchenraum auf Entdeckungstour gehen, was zu viel Unruhe führte. Unser Sigrist übernahm oft Führungen und machte dies ausgezeichnet, aber viele Gruppen meldeten sich gar nicht erst an. Daneben hat auch Zürich Tourismus seine Aktivitäten intensiviert, und dazu kamen ganz generell immer mehr Touristengruppen, organisierte und andere, aus aller Welt. Diesen «Betrieb» galt es zu kanalisieren. So haben wir begonnen, selbst FührerInnen auszubilden, KirchenpädagogInnen für die Kinder und Jugendlichen, geschichts- und ortskundige Leute für die Erwachsenen. Gleichzeitig haben wir einen Präsenzdienst aufgebaut, sodass es neben dem Sigristen und dem Turmwart immer auch Leute in der Kirche gab, die als «GastgeberInnen» und Ansprechpartner da waren, Auskünfte erteilten, auch einmal für etwas mehr Ruhe sorgten. Wir haben Flyer und Orientierungstafeln in mehreren Sprachen zur Verfügung gestellt, die Einzeltouristen auf ihrem Rundgang durch die Kirche mitnehmen konnten. Und überdies haben wir die Zwölfbotenkapelle als einen geschützten Raum der Stille und der Andacht zugänglich gemacht.

Nach vier Jahren im Amt wurde mein geschätzter Kollege pensioniert und ich bekam einen neuen, Christoph Sigrist. Mit ihm zusammen haben wir uns als Stadtkirche noch stärker profiliert, die Angebote intensiviert: beipielsweise mit spirituellen Nachtführungen im lediglich von Kerzen erleuchteten Kirchenraum, mit samstäglichen Bildungsveranstaltungen im Chor oder mit Lesungen und verschiedenen Kunstinstallationen in der Krypta – alles Versuche, eher kirchenfernen Menschen unsere Botschaft nahezubringen und die Schatztruhen unserer reichen Tradition für sie zu öffnen. Mein neuer Kollege hat ganz eigene Stärken eingebracht, er war schon damals ein ausgezeichneter Kommunikator und hat auch meine Defizite auf dem diakonischen Gebiet kompensiert, sodass ich mich auf meine Kernkompetenzen konzentrieren konnte.

Ein Highlight meiner Zeit am Grossmünster war das Projekt «Neue Farbglasfenster». Da durfte ich als Theologin in der Jury und anschliessend in der Begleitkommission mitwirken. Ein grösseres Legat eines verstorbenen Gemeindegliedes ermöglichte es uns, einen lang gehegten Wunsch zu realisieren. Eigentlich wollten wir zuerst lediglich die beiden Farbglasfenster von Kellner/Röttinger in der Westwand der Kirche ersetzen und suchten einen Künstler/eine Künstlerin, die mit ihrem Entwurf eine Antwort auf Giacomettis wunderbare Fenster im Hochchor finden würde, sowohl theologisch wie auch künstlerisch auf einem diesen entsprechenden Niveau. Da wir mit unserem Projekt aber an der Denkmalpflege scheiterten, die Röttingers Fenster zu schützenswerten Zeitzeugen aus dem 19. Jahrhundert erklärte, uns aber gleichzeitig ermunterte, die Idee neuer Farbglasfenster fürs Grossmünster weiterzuverfolgen, luden wir schliesslich zu einem Wettbewerb zur Gestaltung der übrigen Fenster im Westchor und in den Seitenschiffen ein. Sigmar Polke ging als Sieger aus diesem Wettbewerb hervor, und wir haben das Vertrauen der Gemeinde gewinnen und alle möglichen Einsprachen vermeiden können, nicht zuletzt dank der umsichtigen Vorbereitung und Kommunikation unserer Pläne auch gegenüber Stadt und Kanton durch den damaligen Kirchenpflegepräsidenten Claude Lambert. Für mich war der Dialog mit dem Künstler zur Erarbeitung eines Gesamtkonzeptes eine sehr beflügelnde Arbeit und die Entstehung der Fenster unter der Leitung von Urs Rickenbach im Atelier Mäder ein höchst aufregender und beglückender Prozess. Nach vier Jahren konnten wir im Oktober 2009 in einem festlichen Gottesdienst die fertigen Fenster einweihen, noch im Beisein des Künstlers selbst, der leider ein halbes Jahr später gestorben ist. Und ich habe knapp zwei Jahre später mein Amt niedergelegt und den Ruhestand angetreten und freue mich, eine farbige Spur zurückzulassen. Diese Fenster verkünden auf ihre Weise in unserem Grossmünster, in dem sich der Glaube so vieler Generationen eingeschrieben hat, die Botschaft, die schon Zwingli hier verkündet hat: die Botschaft von der

Inkarnation Gottes in menschlicher Gestalt. Dass Polke in seinen figurativen Fenstern lauter alttestamentliche Geschichten zitiert, passt ausgezeichnet in diesen Raum, in dem ja auch erstmals das Alte Testament auf Deutsch übersetzt wurde, worauf wir in Zürich zu Recht stolz sind.

Gedanken zur Arbeit eines Pfarrers am Grossmünster 11. 2.

Christoph Sigrist

«Tut um Gottes Willen etwas Tapferes!» Dieser Spruch Ulrich Zwinglis, des Zürcher Reformators, steht an der Wand in der Sakristei des Grossmünsters. Jedes Mal, wenn ich zum Klang der Orgel durch die Tür über den Chor in das Kirchenschiff zum Gottesdienst gehe, bleibe ich innerlich kurz vor diesem Satz stehen. Mir werden die toten Buchstaben, die an die Wand geschrieben sind, zu Zeichen lebendigen Geistes, der in der Kirchgemeinde Grossmünster weht, wo er will. Dieser Geist prägt mein Leben und Arbeiten am Grossmünster in einem unerwartet hohen Masse. Meine Berufung als Pfarrer bekommt mit diesem Ruf Zwinglis eine zusätzliche Schwingung. Die Kirchgemeinde Grossmünster wird durch das bekannte Wort des Reformators zum Resonanzraum besonderer Art. Diese Verwandlung erlebte ich schon in den ersten Tagen meiner Tätigkeit. Wie ich das meine?

Nun, der Satz Zwinglis hat einerseits seinen realhistorischen Kontext im Sommer 1529. Am 16. Juni schrieb er dem Rat, dieser solle sich endlich bewegen. Die innerschweizerischen Kantone weigerten sich, die reformatorische Freiheit des Glaubens zu übernehmen. Der Rat zögerte. Am 29. Mai war Jakob Kaiser, ein begnadeter Zürcher Pfarrer, wegen seiner Verkündigung eben dieses freiheitlichen Glaubens in Schwyz als Ketzer auf dem Scheiterhaufen verbrannt worden. Mit seinem politischen Gespür erahnte Zwingli die Gefahr, die durch die Verweigerung der Innerschweiz und den erhöhten Druck vom Deutschen Reich und von Habsburg entstanden war. Deshalb forderte er den Rat auf, in den Krieg gegen die fünf Orte der Innerschweiz zu ziehen: «Tut um Gottes Willen etwas Tapferes!» Dieser Kriegsruf aus der Feder Zwinglis verwandelte sich dann auf dem Schlachtfeld zum Handschlag des Friedens über der Kappeler Milchsuppe.

Anderseits verbindet sich mir Zwinglis Aufruf mit der Erinnerung daran, wie 2003 – gleich zu Beginn meiner Arbeit am Grossmünster – der damalige Präsident der USA mit weltweitem Getöse in den Krieg gegen den Irak zog, den er als «Achse des Bösen» bezeichnete, dessen riesige Waffenbestände zu vernichten seien. Im März versammelten sich viele Freiwillige unserer Kirchgemeinde vor dem Grossmünster zum Friedensfeuer. Im Kirchenraum beteten viele Menschen Tag und Nacht für den Frieden. Die ersten Erfahrungen nach meinem Amtsantritt am 1. März 2003 machte ich am nächtlichen Feuer vor dem Grossmünster; der Rauch des Friedensfeuers unserer Kirchgemeinde hinterliess in meiner Seele tiefe Spuren, und das in dreifacher Hinsicht:

— Die lokale Kirchgemeinde der Mitglieder vor Ort, die hier wohnen und leben, sich taufen lassen, konfirmiert werden, heiraten oder begraben werden, lebt in der Nachfolge Christi mit weitem, globalem Horizont: Das Grossmünster hat den Drang, über den eigenen Tellerrand zu schauen.

— Die sonntags sich kirchlich um die mit Wort und Musik gestaltete Auslegung des biblischen Textes versammelnde Gemeinde trägt an Werktagen die politische Verantwortung, dass das Feuer für den Frieden in der Stadt, im Kanton, auf dem Land und in der Welt nicht erlischt: Die Verkündigung des Evangeliums am Grossmünster ist politisch. Die Auslegung des Wortes Gottes auf Zwinglis Kanzel ist politisch. Die Theologie, im Kirchenraum gelehrt und gelernt, ist politisch.

— Die Verantwortung für das Feuer im kirchgemeindlichen Leben ist nicht nur Sache von Pfarrpersonen, Sigristen, Kantoren, Organisten, Katechetinnen und sozialdiakonischen Mitarbeitenden der Kirchenverwaltung, auch nicht nur Sache von Ehrenamtlichen und Freiwilligen in Kirchenpflege und anderen Diensten, sondern liegt in den Händen unzähliger Freundinnen und Freunde des Grossmünsters. Sie lassen sich in den Bann ziehen von dem, was in und um das Wahrzeichen Zürichs geschieht: Christsein ist am Grossmünster nicht delegierbar.

Ich versuche in wenigen groben Strichen, diese drei grundlegenden Linien aufgrund meiner nunmehr gut 17-jährigen Erfahrung, d. h. aus subjektiver Perspektive, nachzuzeichnen.

Geweiteter Horizont

Ich bin für die zusätzlich vom Kirchenrat bewilligte 50-Prozent-Pfarramtsstelle gewählt worden, um Aufgaben im Bereich von Feiern, Unterrichten, Helfen und Gemeindeaufbau vor allem im Dorf um das Grossmünster wahrzunehmen. So begann ich auch hier als Dorfpfarrer, wie ich es nach dem Studium bereits in der kleinen Berggemeinde in Stein im Toggenburg, unterhalb von Wildhaus, dem Geburtsort von Ulrich Zwingli, von Grund auf gelernt hatte. Die Gemeindereisen nach Chartres wie nach Herrnhut sind legendär, die Konfirmandenlager in Landarenca im Bündnerland wie auch in Scoglitti auf Sizilien schon fast Kult. Unzählige Besuche bei Mitgliedern im Dorf und in der Nachbarschaft prägen meinen Alltag. Als ich, damals ein noch Unbekannter, an einer Haustüre läutete, öffnete sich ein Fenster: «Wer sind Sie?» «Ich bin der neue Pfarrer.» «Das glaube ich Ihnen nicht. Beweisen Sie es!» Ich zitierte laut den Psalm 23. «Das kann jeder hersagen, auch eine Sekte, uf Wiederluege!» Das Fenster wurde zugeschlagen. Noch am selben Abend kam ein Anruf: «Sie müssen sehr entschuldigen. Ich lade Sie herzlich zum Kaffee und selbst gemachten Kuchen ein. Die Nachbarin hat heute Nachmittag alles mitgehört. Sie sind ja wirklich der neue Pfarrer.» So teile ich den Alltag in unseren Kaffees und Restaurants, werde zu Sterbebetten gerufen und vertrauensvoll einbezogen in Nöte und Sorgen von Jung und Alt. Ich bin auch Teil von Dorfklatsch, und es wird genau registriert, wenn Licht im Büro zur Kirchgasse hin morgens in der Früh oder in der Nacht sichtbar ist.

Dass zu diesem inneren Kreis des Dorfes Grossmünster ein weiterer Kreis, einer der die ganze Stadt und den Kanton umfasst, hinzukommen würde, ahnte ich schon bald. Das zeigte sich erstens in der Struktur der Besucher der Gottesdienste, die immer mehr auch sogenannte Auswärtige anzogen, zweitens in den Feiern, welche die evangelisch-reformierte Landeskirche und die Universität hier durchführen, und drittens beim regelmässig im Grossmünster stattfindenden interreligiös gestalteten Anlass zur Eröffnung der neuen Amtsperiode des Kantonsrates.

Ein neuartiger Wirkungsbereich ist zudem im Lauf der letzten Jahre immer stärker in den Vordergrund getreten: Angesichts der stetig zunehmenden Zahl von Touristen, die den Kirchenraum zu Tausenden aufsuchen, entschloss sich die Kirchenpflege im Frühling 2003, die bisher abgeschlossene Zwölfbotenkapelle zu öffnen und dem Publikum als Raum zur Einkehr und zum Gebet zur Verfügung zu stellen. Auch für die übrigen Kirchgemeinden in der Altstadt ist die Bewältigung des nicht abreissenden Tourismusstroms zu einer der brennendsten Herausforderungen geworden. Am Grossmünster stellt sich nun nicht die Frage: Wie kommt die Kirche näher an die Menschen heran? Vielmehr ist zu überlegen, welche Auswirkungen und Veränderungen der tägliche Besucheransturm auf den Zustand der Kirchgemeinde hat und mit welchen Angeboten sie ihn bewältigen kann.

Folgende Beobachtungen sind meines Erachtens bedenkenswert: Wie bereits Käthi La Roche ausführte, wird der Kirchenraum immer öfter an Werktagen bespielt, seine Sehenswürdigkeiten, die in letzter Zeit mit den ausdrucksstarken Glasfenstern von Sigmar Polke und der Präsentation der ersten vollständigen Zürcher Bibel von 1531 zusätzliche Bereicherungen erhalten haben, werden vielen Gruppen und Schulklassen an zahlreichen Führungen erklärt. Eine grosse Schar von Freiwilligen empfängt die Menschenmenge gastfreundlich im Präsenzdienst und ist bereit, die Suchenden und Staunenden, die Flanierenden oder einfach Dasitzenden in der Kirche zu begleiten. Tagzeiten werden immer öfter liturgisch auch unter der Woche in der Kirche gefeiert. An Samstagen, dem besucherstärksten Tag der Woche, wenn bis zu 3500 Personen das Grossmünster aufsuchen, versuchen wir Pfarrpersonen mit unserer Präsenz und mit wiederholten Impulsen vom Taufstein aus, den Besuchenden die Schwingung des Raumes zu vermitteln. Ulrich Zwingli hat die vor der Reformation übliche gleichzeitige Mehrfachbespielung des Kirchenraumes an den verschiedenen Altären aufgehoben zugunsten der Konzentration auf die Predigt, das eigentliche Zentrum des reformierten Gottesdienstes. Diese zentrale Fokussierung hat sich nur schon in der kurzen Zeit meiner Präsenz am Grossmünster wieder hin zu einer multiperspektivischen Weitung verändert. Es ist nun möglich, dass im gleichen Raum zur gleichen Zeit Menschen an unterschiedlichen Orten Unterschiedliches erfahren und tun, beten und schreiben, nachdenken und schlafen, singen und lesen, abschalten und staunen.

Eine ähnliche Weitung der Rollen erlebe ich am Grossmünster auch im Pfarramt in einer bisher noch nie erfahrenen Dimension. Zum klassischen Arbeitsbereich des «Dorfpfarrers», den diakonischen Aufgaben, der Gestaltung der Gottesdienste und dem Schwerpunkt in der Jugendarbeit mit dem Konfirmandenunterricht und der Begleitung des schon seit Jahrzehnten im Grossmünster bestehenden Jugendtreffs kommen viele andere Rollen im Kirchenraum hinzu. Ich werde als Priester wahrgenommen und habe als solcher Beichten abzunehmen, für Obdachlose und Hilfesuchende bin ich ein Sozialarbeiter, der sie nicht nur in ihrem Alltag begleitet, sondern ihnen auch bei der spirituellen Suche zuhört und sogar bei überzeugten Atheisten als geistiger Beistand zu wirken versucht. Mit einigen Veränderungen ist der reformierte Pfarrer heute auch im Gottesdienst konfrontiert. Am Abendmahl nehmen immer mehr katholische Christinnen und Christen teil, und bei manchen Trauerfeiern vermitteln die Anwesenden ein lebendiges Abbild der multikulturellen Struktur unserer Gesellschaft: Gäste muslimischen, jüdischen, christlichen, buddhistischen und atheistischen Glaubens sitzen nebeneinander in der Kirchenbank. Neben dem «Unser Vater» wird im Stillen oder laut vermehrt auch das «Schma Jisrael» oder die «Sure Al-Fatiha» gebetet. Das Grossmünster wird zudem gelegentlich den orthodoxen Kirchgemeinden überlassen, wenn diese Mitte September jeweils im Gedenken an ihre Schutzpatrone Felix und Regula, die Zürcher Stadtheiligen, zu einer Prozession vom Fraumünster über die Limmat zum Grossmünster zusammenkommen.

Während der Kirchenraum des Grossmünsters beim Sonntagsgottesdienst der evangelisch-reformierten Kirchgemeinde als zentraler Versammlungsort dient, wird er am Sonntagnachmittag und an den übrigen Tagen der Woche zu einem interreligiösen Gebetsraum für Menschen aus aller Welt. Wie gross auch die Weitung der drei Kreise Dorf, Stadt/ Kanton und Welt mit ihren Gästen ist, immer bleibt letztlich das Dorf, das sich an Sonntagen und Werktagen zu Gottesdiensten, Andachten und Konzerten trifft, betet und singt, hinhört und aufnimmt, das Fundament der Kirche Jesu Christi.

Politische Arbeit

Stadtkirchen wie das Grossmünster sind Gedächtnis und Gewissen für das Gemeinwesen und können Hoffnungsgeschichten für Stadt und Land aufleben lassen. Diese aus der Citykirchenbewegung gewonnene Einsicht weist den Blick hin auf die politische Arbeit. Das Grossmünster prägte schon vor der Reformation die Polis von Zürich: Das Beten und Arbeiten der Chorherren des Stifts war auch politischer Natur. Mit Ulrich Zwingli gewann diese politische Dimension an Gewicht. Das Täufergespräch im November 1525, bei dem der Zürcher Rat den Beschluss fasste, die Täufer auszurotten, fand angesichts der grossen Anzahl Teilnehmer im Grossmünster statt. Am selben Ort bat im Juni 2004 anlässlich der Erinnerungsfeiern zum 500. Geburtstag von Zwinglis Nachfolger, Heinrich Bullinger, der damalige Kirchenratspräsident und Pfarrer Ruedi Reich in Anwesenheit von vielen Täuferinnen und Täufern aus der Schweiz, aus

Europa und Übersee um Vergebung für die Verfolgung der Täufer und die Hinrichtung ihrer Führer in vergangener Zeit. Mit dieser Geste leistete Reich gemeinsam mit dem damaligen Stadtrat Robert Neukomm einen entscheidenden Beitrag zur einmaligen Versöhnungsgeschichte mit der weltweiten Täuferbewegung. Als Vorsteher der Zürcher Kirche beherbergte Heinrich Bullinger 1555 die reformierten Flüchtlinge aus Locarno am Grossmünster, und 1676 fanden 30 aus Galeerenhaft befreite ungarische Prediger, aus Holland kommend, Unterschlupf im Grossmünsterstift. Als Schutz- und Gastraum für Menschen, die in ihrer Not Hilfe und Gehör suchen, war die Kirche auch in unserer Zeit gefordert, als Sans-Papiers zur Weihnachtszeit 2007 das Grossmünster besetzten, um mit dem Bundesrat oder dem Regierungsrat über ihre Anliegen reden zu können.

Mit dem Mysterienspiel «Akte Zwingli» und dem Projekt «Schattenwurf Zwingli», einer Kombination von Orgelspiel, Lichtprojektion und Dialoggespräch, versuchte ich 2017 im Gedenken an die Reformation vor 500 Jahren am Grossmünster die politische Schwingung des Christseins in unsere Stadt aufzunehmen.

Politische Arbeit heisst zudem, dass der Blick weg von Zürich hin zu den europäischen und weltweiten Zusammenhängen immer wieder gewagt wird. Als Vorbild dazu können uns erneut Heinrich Bullinger und sein einzigartiges über ganz Europa gelegtes Netzwerk dienen, von dem die 12 000 erhaltenen Briefe seiner Korrespondenz Zeugnis ablegen. Christsein in Zürich ist nur als Bürgerin und Bürger der Welt möglich. Die Identität der Schweiz wird durch die Vernetzung mit Europa geprägt. Diese Einsicht versuche ich seit Jahrzehnten in Dialogpredigten mit Politikerinnen und Politikern, häufig am Bettag, weiterzugeben. Durch den Einbezug der Klangwelt aus dem Toggenburg, der Heimat Zwinglis, in Gottesdiensten und Konzerten gelingt es, die politische Brisanz hörbar zu machen, sodass Choräle und Mantras in der Naturtonreihe der Schöpfung die gleichen Harmonien zum Klingen bringen.

Politische Arbeit heisst schliesslich, die Freiheit der Predigt, die Heinrich Bullinger vom Rat damals forderte und auch bekam, als politisches Wächteramt einzusetzen in einer Zeit, da Gerechtigkeit, Frieden und Bewahrung der Schöpfung Gefahr laufen, gebogen, beerdigt und banalisiert zu werden. Wenn Flüchtlinge in der Wohnung im Kirchgemeindehaus Helferei Schutz finden, wenn Schriftsteller auf der Kanzel dazu ermutigen, Menschlichkeit nicht zugunsten von Profit und Gier zu opfern, wenn am Heiligabend in der übervollen Kirche aramäische Christinnen aus Syrien für den Frieden in der Sprache Jesu beten, dann ist im Grossmünster ein politisches Potenzial vorhanden, das von der Öffentlichkeit durchaus wahrgenommen wird.

Geteiltes Leben

Das Leben der Kirchgemeinde am Grossmünster ist ein von unzähligen Menschen geteiltes Leben. Nicht nur das Grossmünster, sondern jede Kirchgemeinde zeichnet sich darin aus, dass sie einladende Räume an besten Lagen gastfreundlich anbieten kann, dass sie über ein grosses Netz von Freiwilligen verfügt, die engagiert die Aktivitäten der Gemeinschaft mittragen und gestalten. Der 2015 gegründete Freundeskreis Grossmünster ist dafür Ausdruck. Das Zusammenkommen dieser Freundinnen und Freunde in unserem Dorf, auch im St. Peter, im Fraumünster und in der Predigerkirche, hie und da auch in der Wasserkirche, weist darauf hin, dass sich nun auch in der neuen juristischen Form des einen Kirchenkreises Altstadt ein Zusammengehörigkeitsgefühl entwickelt. Dieser Prozess hat sich in den letzten 15 Jahren immer deutlicher abgezeichnet. Die Prozessionsachse über die Limmat, die bisweilen als trennender Jordan erlebt wird, schafft die Verbindung zwischen den beiden Ufern als eine Art Resonanzbogen, an dessen Enden die Menschen in Schwingung versetzt und dazu aufgefordert werden, auch in Zukunft Schritte ins Offene zu wagen, gemäss Zwinglis Devise, die auch in Zukunft das Leben in und um das Grossmünster prägen wird: «Tut um Gottes Willen weiterhin etwas Tapferes!»

Gedanken zur Arbeit im Pfarramt am Grossmünster

11.3.

Martin Rüsch

Es begann mit einem überraschenden Telefonat: Im Sommer 2010 erhielt ich einen Anruf des Kirchgemeindepräsidenten Claude Lambert, der mich zu überzeugen versuchte, eine Bewerbung für das Pfarramt am Grossmünster einzureichen. Damit hatte ich weder gerechnet noch an solches gedacht. So gehört es für mich zu einer eigenen Erfahrung, von meiner damals dörflich geprägten Gemeinde Fehraltorf weg ans Grossmünster «gerufen» worden zu sein, zumal es nicht meine Sache ist, mich zu verkaufen. – Ich wurde gewählt; dankbar bin ich Käthi La Roche, dass sie mich auf angemessene und gute Weise orientiert hat über das Besondere des Grossmünsterpfarramtes. Nicht weniger bleiben mir die konstruktiven Gespräche mit Christoph Sigrist in bester Erinnerung, in denen wir die grossen Themen und gemeinsamen Aufgaben in den Blick nahmen. Mir war klar, dass die Amtszeit am Grossmünster verbunden sein würde mit dem Reformationsjubiläum zum einen und einer sich zugleich rasch wandelnden Gesellschaft und Kirche zum andern. Was sich bereits abzuzeichnen begann, war die mittlerweile erfolgte Fusion der Kirchgemeinden auf dem Stadtgebiet.

Für die Arbeit am Grossmünster ist es deshalb konstitutiv, dass sie mit grossen Spannungsbögen verbunden ist. Diese wiederum formieren und zeigen sich immer wieder neu, sodass die Arbeit im Pfarramt stetiger Justierungen bedarf. Zum einen gilt es, sich immer wieder einzustellen auf die konkreten Aufgaben mit und in der hiesigen Ortsgemeinde, deren «Dorfkirche» eben das Grossmünster ist. Zum andern ist das Grossmünster nicht loszulösen von seinem symbolischen Gewicht, welches das Grossmünster städtisch, kantonal, gar national und international in den Fokus rückt. Auch in Sachen Politik, Kultur und Gesellschaft ist dies immer wieder deutlich zu spüren.

Interessant scheint mir, dass sowohl die Arbeit im

Pfarramt wie auch die Wahrnehmungen der (erweiterten) Gemeinde zwei gegenläufige Hauptströmungen auszuhalten bzw. auszutarieren haben: Wichtig ist zum einen die Tradition, das Hochhalten oder Bewahren des reformierten Erbes und auch einer kontinuierlichen Form des Gottesdienstfeierns. Nicht weniger wichtig ist es zum andern, geistesgegenwärtig präsent zu sein, Neues anzugehen oder Innovationen in den Blick zu nehmen, kurzfristig und langfristig zugleich zu handeln.

Tradition

Die pfarramtliche Arbeit am Grossmünster zeichnet sich für mich aus durch die hier verdichtete Tradition. Diese manifestiert sich geradezu im baulichen Ensemble von Kirche, Kreuzgang, Platz, Pfarrhaus und Helferei. Das ganze Ensemble – auch noch inmitten der Altstadtkirchen – steht wie kein anderes für die Geschichte der schweizerischen Reformation. Die Gebäude und Räume, Bilder und Gegenstände, Wege und verborgenen Orte fügen sich zu einem Bilderbuch der reformierten Kirchengeschichte. Das Grossmünster ist damit verbunden ein Kirchenort, der auch in seinen gemeindlichen und gottesdienstlichen Seiten eben gerade dadurch gekennzeichnet ist. Hier ist die Reformation kirchengeschichtlich und theologisch präsent, hier sind die Gottesdienste liturgisch oder etwa in der Predigtlinie der lectio continua reformatorisch gestimmt. Freiwillige sind im Kirchenraum präsent und im Gottesdienst gefragt, und die auch von Laien mitgetragene Kirchenmusik unterstützt und verkündigt die evangelische Glaubenswelt. Diese vielfältige Gewichtung des reformatorischen Erbes, für welches die «Kirche des Wortes» immer stand und steht, förderte bei mir auch eine besondere Beachtung der Sprache: das Wort als das Medium, in dem «Gott zur Sprache kommen» kann. Neben den Predigtreihen und dem gottesdienstlichen Aspekt dieser Gewichtung waren mir in diesen Jahren zwei Projekte, die den Reformationsort und das Gewicht des Wortes besonders hervorheben, ein Anliegen: zum einen die zum 500-jährigen Reformationsgedenken als Dauerausstellung der Öffentlichkeit zugänglich gemachte «Bibel- und Schriftensammlung des Grossmünsters», zum andern die neu konzipierte «Reformationsausstellung im Kreuzgang Grossmünster». Beide Orte wollen den überaus zahlreichen Besuchern den Reformationsort Grossmünster sichtbar machen und erschliessen.

Das Grossmünster ist in diesen Jahren im Übrigen verstärkt zu einem Begegnungsort geworden für die unterschiedlichen Zweige bzw. Seiten der evangelischen Kirche: So ist etwa aus den Begegnungen mit den rätoromanischen Gemeinden des Engadins ein erfreulicher Austausch gewachsen, und die wechselseitigen Besuche und Begegnungen mit der lutherischen Schwestergemeinde von Wittenberg oder das gemeinsame Feiern mit Reformierten aus der ganzen Welt anlässlich des Kongresses des reformierten Weltbundes in Zürich bleiben in bester Erinnerung. Auch die Gemeindereisen des Grossmünsters folgten in den letzten Jahren den Spuren der Reformationsbestrebungen in Italien, Frankreich und Deutschland.

Aber zum Kontinuierlichsten gehört doch das wöchentliche Feiern mit der Grossmünstergemeinde, die sich immer schon aus dörflicher Altstadt, städtischen oder familiären Bezügen und punktuell uns besuchenden Gästen bildete. Das Grossmünster als ein Ort, der Zeit und Raum bietet, damit sich Menschen zweckfrei und offen einfinden, hier verweilen und anders gehen, als sie gekommen sind.

Die erfreuliche Aufgabe, mit Menschen unterwegs zu sein, ist unerlässlicher Bestandteil meiner Arbeit im Pfarramt. Mit den Kleinsten und Familien im «Fiire mit de Chind», in der Begleitung der Jugendlichen im Konfirmandenunterricht und im Jugendtreff. Und die Besuche bei älteren Menschen zu Hause, in Heimen und am Sterbebett bedeuten nicht selten eine Wegbegleitung. Und nicht zuletzt – durch das Wohnen vor Ort begünstigt – ist die Wegbegleitung oft ganz konkret und physisch: Die unzähligen spontanen Begegnungen in den Gassen gehören für mich zu einem grossen Schatz dieses Pfarramtes.

Innovation

So deutlich mir war, dass das Grossmünster seine Rolle in Bezug auf das Reformationsjubiläum zu spielen haben würde, so klar wurde mir auch, dass sich immer weniger Menschen – selbst die Mitglieder unserer reformierten Kirche – mit einer «reformierten Tradition» vertraut fühlen oder sich mit einer solchen identifizieren. In zunehmendem Masse ist es mir darum wichtiger geworden, das Christliche am christlichen Glauben zu betonen; dieses hat seine Prägungen von seinen verschiedenen Konfessionen her. Kommt hinzu, dass sich die Wege der Kirche wie des Pfarramtes mit Menschen anderer kultureller Hintergründe oder mit einer ausgeprägten säkularen Einstellung in zunehmendem Masse kreuzen.

Neben dem Blick in die Geschichte gehört für mich auch immer jener auf die gegenwärtige Welt: Von Anfang an erfreuten mich die Spuren zeitgenössischen Fragens und Suchens, die Spuren etwa von Literaten und Künstler*innen, die sich mit ihrem Werk tief in den Kirchenraum des Grossmünsters eingeschrieben haben.

Auf der einen Seite sind es Bilder – insbesondere mit den Glasfenstern Polkes –, die im Grossmünster des 21. Jahrhunderts überraschen. In ihnen macht sich vielleicht in der «Kirche des Wortes» etwas vom Unaussprechlichen bemerkbar, um das sich die Kirche immer gebildet hat. So hat mich stets die Arbeit mit Künstlerinnen und Künstlern begleitet, die sich für die «Kunst in der Krypta» (Bruno Jakob, Mario Sala, Judith Albert, Mirko Baselgia u.a.) oder etwa für die Manifesta Zürich 2016 bzw. für das Symposium Kult & Kommunikation 2019 der Bilderfrage angenommen haben; ausgerechnet im reformierten Kontext bekommen die Bilder – oder sagen wir: die Kunst – eine Katalysatorfunktion, die Kirche und Welt, Bild und Wort oder Sinnlichkeit und Sinn in sich gegenseitig befragende Positionen bringen. Anhand dieser neuen Formationen lassen sich reformatorische Impulse meines Erachtens ohne Weiteres aufspüren, herauslesen oder wieder neu entdecken.

Auf der anderen Seite ist es in besonderem Masse das Wort (die Sprache), das die reformierte Kirche konstituiert. Die reformierte Kirche ist «Kirche des Wortes». Darum ist mir im Gespräch mit Schriftsteller*innen – im Hinblick auf Reden oder Lesungen in der Krypta – deutlich geworden, dass durch eine andere Sprache das eigene Reden und Sprechen bzw. die kirchlich-theologische Sprachwelt bewegt wird. In sehr guter Erinnerung bleiben mir Lesungen bzw. Auftritte mit Elazar Benyoetz, Christian Lehnert, Said, Norbert Hummelt, Nadja Küchenmeister, Franz Dodel, Michael Fehr, Michael Krüger u.a. In diesem Zusammenhang wurde das Grossmünster so regelmässig auch zu einem Standort der Veranstaltungen von «Zürich liest».

Summa

Müsste ich drei Punkte nennen, die mir für die Pfarramtstätigkeiten am Grossmünster lieb und wichtig sind, dann wären es diese:

In der Arbeit in, mit und für die Gemeinde schätze ich die vielfältigen Gespräche, Kontakte, den Austausch und die Diskussionen bei Besuchen, in Gesprächsrunden oder unterwegs auf der Strasse – und dies mit Menschen aller Altersklassen.

Das Feiern der Gottesdienste in verschiedener Gestalt fordert mich stets auf gute Weise heraus, Inhaltliches des christlichen Glaubens in den je unterschiedlichen sprachlichen Gefässen des liturgischen Geschehens mit dem Zeitgeschehen oder neuen Herausforderungen für die Kirche zusammenzudenken.

Und schliesslich sind für mich die Möglichkeiten, auf andere Weise Impulse in den Kontext Kirche zu tragen – etwa in Projekten, Lesungen oder Ausstellungen –, zu einem Instrument geworden, mit dem ich gerne einmal etwas Neues, Innovativeres proben und prüfen kann.

Damit verbunden ist für mich das Grossmünster – als «Haus» dieses Pfarramtes – zu einem Ort geworden, der sich durch drei Qualitäten besonders auszeichnet: erstens als ein offener Kirchenort und damit Gesellschaftsraum, in dem die Herkunft und die Geschichte – unsere religiöse Tradition – ihr Gesicht zeigt; zweitens als ein Raum, der begegnungsoffen und gastfreundlich mitten in der Stadt Orientierung und Hilfe bietet für Seele und Leib – als soziale Tradition; und drittens als ein Dach, unter dem sich inhaltlich motiviert Neues zeigt, auch Befremdendes Platz finden und Gott vielleicht so auch auf überraschende Art zur Sprache kommen kann.

*

PFARRER*INNEN

Hans Georg Gessner, 1833–1843

Johann Jakob Cramer, 1833–1855

Johann Alexander Schweizer, 1843–1871

Johann Jakob Hess, 1855–1871

Diethelm Georg Finsler, 1871–1899

Ludwig Heinrich Pestalozzi, 1871–1909

Rudolf Finsler, 1899–1921

Viktor Juzi, 1910–1913

Paul Högger, 1913–1933

Rosa Gutknecht, 1919–1953

Paul Eppler, 1922–1936

Max Frick, 1933–1960

Oskar Farner, 1937–1950

Hans Rudolf von Grebel, 1951–1976

Robert Kurtz, 1960–1966

Hugo Sonderegger, 1967–1979

Werner Gysel, 1977–1998

Hans Stickelberger, 1979–2002

Käthi La Roche, 1999–2011

Christoph Sigrist, seit 2003

Martin Rüsch, seit 2011

Hans Stickelberger predigt im Grossmünster. Zeichnung von Moritz Senn, November 1999.

Aus der Großmünstergemeinde

KIRCHGEMEINDE
GROSSMUNSTER

KIRCHGEMEINDE GROSSMÜNSTER

GROS
SMÜN
STER

*

A
N
H
A
N
G

1. PFARRER*INNEN AM GROSSMÜNSTER, 1833 BIS 2018

Antistes/erste Pfarrstelle	(†) = verstorben im Amt	Jahre
1833–1843 (†)	Hans Georg Gessner (1765–1843)	15
1843–1871	Joh. Alexander Schweizer (1808–1888)	28
1871–1899 (†)	Diethelm Georg Finsler (1819–1899) (letzter Antistes)	28
1899–1921 (†)	Rudolf Finsler (1861–1921)	22
1922–1936	Paul Eppler (1865–1941)	15
1937–1950	Oskar Farner (1884–1958)	13
1951–1976	Hans Rudolf von Grebel (1910–1982)	25
1979–1998	Werner Gysel (* 1933) (ab 1977 Pfarrhelfer)	21
1999–2002	Hans Stickelberger (1938–2004) (ab 1979 Pfarrhelfer)	23
2003–2011	Käthi La Roche (* 1948) (ab 1999 Pfarrhelferin)	12
seit 2011	Martin Rüsch (* 1965)	7

Diakone (Helfer) – bis 1881

1833–1855 (†)	Johann Jakob Cramer (1771–1855)	22
1855–1871	Johann Jakob Hess (1813–1876)	16
1871–1881	Ludw. Heinrich Pestalozzi (1842–1909) (anschliessend zweite Pfarrstelle bis 1909 †)	38

1881 wurde die Bezeichnung «Diakon» abgeschafft und das Amt unter der Bezeichnung «Weitere (zweite) Pfarrstelle» bis 1976 fortgeführt.

1881–1909 (†)	Ludwig Heinrich Pestalozzi (1842–1909) (ab 1871 Diakon)	38
1910–1913 (†)	Viktor Juzi (1872–1913)	3
1913–1933	Paul Högger (1875–1942)	20
1933–1960	Max Frick (1891–1987)	27
1960–1966	Robert Kurtz (1905–1982)	6
1967–1979	Hugo Sonderegger (1913–2004)	12

1976 wurde die zweite Pfarrstelle in eine zeitlich begrenzte Pfarrhelferstelle umgewandelt, deren Inhaber auf Vorschlag der Kirchenpflege, bzw. der Pfarrwahlkommission, vom Kirchenrat jeweils auf drei Jahre gewählt wurden.

1977–1979	Werner Gysel (* 1933) (anschliessend erster Pfarrer bis 1998)	21
1979–1999	Hans Stickelberger (1938–2004) (anschliessend erster Pfarrer bis 2002)	23
1999–2003	Käthi La Roche (* 1948) (anschliessend erste Pfarrerin bis 2011)	12
seit 2003	Christoph Sigrist (* 1963)	

Pfarrhelferin

1919–1953	Rosa Gutknecht (1885–1959)	34

1833–1843 (†)
HANS GEORG GESSNER
* 11.3.1765 Dübendorf, † 28.7.1843 Zürich. Theologiestudium in Zürich, ordiniert 1787, 1787 Vikar seines Vaters in Dübendorf, 1791 Diakon und 1794 Pfarrer an der Kirche im Oetenbach und zugleich Diakon am Fraumünster, ab 1799 Professor für praktische Theologie an der Theologischen Schule, 1799 Pfarrer am Fraumünster, ab 1828 Pfarrer am Grossmünster und Antistes der Zürcher Kirche. Gessner war ein beliebter Prediger und stand den Erweckungsströmungen seiner Zeit nahe. Als Erziehungsrat (1803–1830) und Schulherr (1804–1806) war er einflussreich in Kirche und Schulwesen. 1812 Mitbegründer der Zürcher Bibelgesellschaft und 1819 der Missionsgesellschaft, Mitglied des Kirchenrates, 1834 Dr. theol. h.c. der Universität Zürich. 1839 sprach er sich gegen die Berufung von David Friedrich Strauss an die Zürcher Uni aus. Gessner verfasste neben zahlreichen, zumeist erbaulichen Schriften eine dreibändige Biografie seines Schwiegervaters Johann Kaspar Lavater und edierte Teile von dessen Werk.
Lit.: HBLS III, S. 500, Nr. 23; HLS; EMANUEL DEJUNG und WILLY WUHRMANN, *Zürcher Pfarrerbuch 1519–1952,* S. 295 mit weiterer Lit.

1833–1855 (†)
JOHANN JAKOB CRAMER
* 26.1.1771, † 12.2.1855. Theologiestudium in Jena, ordiniert 1794, 1797 Professor für Ethik und Naturrecht an der theologischen Schule, 1801 Leutpriester am Grossmünster und 1805 zugleich Schulinspektor, 1818 erster Prädikant (Archidiakon), 1833 Diakon (Helfer) am Grossmünster.
Lit.: EMANUEL DEJUNG und WILLY WUHRMANN, *Zürcher Pfarrerbuch 1519–1952,* S. 238.

1843–1871
JOHANN ALEXANDER SCHWEIZER
* 14.3.1808 Murten, † 3.7.1888 Zürich. Nach dem Gymnasium in Biel und Basel 1818–1822 besuchte Schweizer die Gelehrtenschule sowie das Collegium humanitatis in Zürich, absolvierte das Theologiestudium am Carolinum und wurde 1831 ordiniert. Ein Stipendium ermöglichte ihm die Fortsetzung seiner Studien in Berlin, wo er 1832/33 auf Friedrich Daniel Ernst Schleiermacher traf, der seine theologische Entwicklung prägte. Nach einer Hilfspredigerstelle in Leipzig kehrte Schweizer 1834 als Privatdozent an die neu gegründete Universität und als Vikar am Grossmünster nach Zürich zurück. 1835 ausserordentlicher, 1840 ordentlicher Professor für praktische Theologie, Neues Testament und Ethik. 1844–1871 Pfarrer am Grossmünster, wo sich sein Aufgabenbereich im Wesentlichen auf die Übernahme der Sonntagspredigt beschränkte; davon legen seine *«Christlichen Predigten»* (5 Bde., 1834–1862) Zeugnis ab. 1836–1869 Mitglied des Kirchenrates und 1838/39 zur Zeit des Straussenhandels und Züriputschs Grossrat. Zeitlebens war Schweizer um die Vermittlung zwischen dem konservativ-liberalen Gegensatz der kirchlich-theologischen Richtungen wie jenem der politischen Parteien bemüht. Bereits seine Erstlingsschrift *«Kritik des Gegensatzes zwischen Rationalismus und Supranaturalismus»* (1833) lässt dieses Programm eines Ausgleichs zwischen Glauben und Wissen sowie zwischen historischer Tradition und modernen philosophisch-theologischen Ansätzen erkennen. Ambivalentes Verhältnis zu David Friedrich Strauss, dessen Berufung an die Theologische Fakultät er ablehnte. Schweizers Werk umfasst u.a. Arbeiten zur Dogmen- und Theologiegeschichte (*«Die Glaubenslehre der evangelisch-reformierten Kirche»* 1844–1847, *«Die protestantischen Centraldogmen»* 1854–1856), zur Dogmatik (*«Die christliche Glaubenslehre»* 1863–1872) und Exegese (*«Das Evangelium Johannes»* 1841). Grundlegend sind seine Bemühungen um die Etablierung der praktischen Theologie als wissenschaftliche Disziplin, die sich der Theorie der Praxis widmet (*«Ueber Begriff und Eintheilung der praktischen Theologie»* 1836, *«Homiletik»* 1848). Schweizer prägte zusammen mit Alois Emanuel Biedermann die Zürcher Theologie seiner Zeit. 1840 Dr. theol. h.c. der Universität Basel, Dr. phil. h.c. der Universität Zürich.
Lit.: HLS; EMANUEL DEJUNG und WILLY WUHRMANN, *Zürcher Pfarrerbuch 1519–1952,* S. 521 f.; EMIDIO CAMPI, RALPH KUNZ, CHRISTIAN MOSER (Hg.),

Alexander Schweizer (1808–1888) und seine Zeit; KONRAD SCHMID, *Die Theologische Fakultät der Universität Zürich. Ihre Geschichte von 1833 bis 2015*, S. 53–55.

1855–1871
JOHANN JAKOB HESS
* 1813, † 1876. Ordiniert 1838, wurde 1840 Vikar in Herrliberg, wohnte aber in Zürich, wo er an der Armenschule Religionsunterricht erteilte, 1842 Pfarrer in Herrliberg, 1849/50 und 1852–1875 Kirchenrat, Mitarbeiter bei der Revision der Zürcher Bibel, 1855 Diakon am Grossmünster, 1872–1876 Präsident der Evangelischen Gesellschaft, ab 1871 des Protestantisch-kirchlichen Hilfsvereins.
Lit.: EMANUEL DEJUNG und WILLY WUHRMANN, *Zürcher Pfarrerbuch 1519–1952*, S. 335; HELMUT MEYER und BERNHARD SCHNEIDER, *Mission und Diakonie. Die Geschichte der Evangelischen Gesellschaft des Kantons Zürich*, S. 59, 186.

1871–1899 (†)
DIETHELM GEORG FINSLER
* 24.12.1819 Zürich, † 1.4.1899 Zürich. Finsler studierte an der Universität Zürich Theologie und Philosophie. Nach weiteren Studien bei Karl Immanuel Nitzsch in Bonn und der Ordination 1842 war Finsler 1844 Vikar in Zürich-Neumünster. 1850 Pfarrer in Berg am Irchel, 1867 in Wipkingen, 1871 am Grossmünster. Ab 1856 Mitglied des Zürcher Kirchenrates, setzte er sich für die Erhebung des Karfreitags zum kirchlichen Feiertag ein. Ab 1860 war Finsler Mitherausgeber des «Kirchenblatts für die reformierte Schweiz» und stand somit theologisch zwischen den Orthodoxen und den Reformern. 1866–1896 war er (letzter) Antistes der Zürcher Kirche. Finsler widmete sich der Schaffung eines auf presbyterial-synodaler und demokratischer Grundlage fussenden Kirchengesetzes und veranlasste die Gründung der evangelischen Kirchenkonferenz der Schweiz. Er leitete die Schweizerische kirchliche Gesellschaft, war Präsident des Zwinglivereins und der Gelehrten Gesellschaft und Mitglied des Protestantisch-kirchlichen Hilfsvereins des Kantons Zürich. Finsler gehörte 1868/69 dem Verfassungsrat und 1873–1896 dem Zürcher Kantonsrat an. Er publizierte diverse wissenschaftliche Arbeiten, u.a. 1854 die *«Kirchliche Statistik der reformierten Schweiz»*. 1860 Dr. theol. h.c. der Universität Basel.
Lit.: HLS; GEORG und RUDOLF FINSLER, *Diethelm Georg Finsler, der letzte Antistes der zürcherischen Kirche;* SAMUEL ZURLINDEN, *Der letzte Antistes;* P[AUL] E[PPLER], *Aus vergangenen Tagen* (Bericht über die Feier der 25-jährigen Dienstjubiläen von Antistes Georg Finsler und Pfarrer Ludwig Pestalozzi am 11. Oktober 1896); EMANUEL DEJUNG und WILLY WUHRMANN, *Zürcher Pfarrerbuch 1519–1952*, S. 271.

1871–1909 (†)
LUDWIG HEINRICH PESTALOZZI
* 21.11.1842 Zürich, † 28.9.1909 Zürich. Studium der Theologie, ordiniert 1865, 1866 Vikar in Andelfingen, 1867 Vikar am Grossmünster, 1871 Diakon und ab 1881 (zweiter) Pfarrer am Grossmünster. Während 40 Jahren Redaktor des von der Evangelischen Gesellschaft Zürich herausgegebenen «Evangelischen Wochenblattes», dem er den Stempel seiner originellen Persönlichkeit im streng bibeltreuen evangelisch-kirchlichen Sinn der Zürcher Positiven aufdrückte. Mitglied des Zentralkomitees der Evangelischen Gesellschaft, Präsident des Seminars Unterstrass. Verfasste mehrere theologische Schriften, u.a. *«Der christliche Glaube»*, 1878; *«Die christliche Lehre»*, in 3 Bänden, 1884–1902.
Lit.: HBLS V, S. 405, Nr. 22; EMANUEL DEJUNG und WILLY WUHRMANN, *Zürcher Pfarrerbuch 1519–1952*, S. 466; H[ANS] BACHOFNER, *Pfarrer L. Pestalozzi;* HELMUT MEYER und BERNHARD SCHNEIDER, *Mission und Diakonie. Die Geschichte der Evangelischen Gesellschaft des Kantons Zürich*, passim.

1899–1921 (†)
RUDOLF FINSLER
* 5.2.1861, † 1.11.1921 Zürich. Ordiniert 1884, im gleichen Jahr Verweser und 1885 Pfarrer in Hausen am Albis, 1897 Dekan, 1899 als Nachfolger seines Vaters Pfarrer am Grossmünster. Finsler beschreibt seinen Lebenslauf mit: «Von Hause nach Hausen und von Hausen nach Hause.» Mitarbeiter in der Redaktion des «Kirchenblattes für die reformierte Schweiz».

Lit.: HBLS III, S. 159, Nr. 19; EMANUEL DEJUNG und WILLY WUHRMANN, *Zürcher Pfarrerbuch 1519–1952*, S. 272; H[ERMANN] E[SCHER], *Pfarrer Rudolf Finsler †*.

1910–1913 (†)
VIKTOR JUZI

* 23.6.1872 Tablat (SG), † 9.3.1913 Zürich, von Flawil. Theologiestudium in Basel, Marburg und Berlin, ordiniert 1896, dann 1897 Pfarrer in Berg (TG), 1905 in Sirnach, 1910 am Grossmünster. Verfasser der Schrift *«Fester Grund: religiöse Betrachtungen über Denken und Glauben»*, Basel ohne Jahr [1908].
Lit.: EMANUEL DEJUNG und WILLY WUHRMANN, *Zürcher Pfarrerbuch 1519–1952*, S. 369; R[UDOLF] FINSLER, *Rede bei der Beerdigung des Herrn Pfarrer Viktor Juzi gehalten im Grossmünster am 12. März 1913*.

1913–1933
PAUL HÖGGER

* 18.5.1875 Märstetten (TG), † 19.8.1942 Aarau , von St. Gallen. Studium der Theologie in Basel u.a. beim religiös-sozial eingestellten Prof. Paul Wernle, ordiniert 1898, Vikar in Sissach, 1899 Pfarrer in Nussbaumen (TG), 1904 in Müllheim (TG), 1913 am Grossmünster. Högger war 1919 treibende Kraft bei der Anstellung von Rosa Gutknecht als Pfarrhelferin. Ab 1926 begleitete er als Mitglied der Gemeindehauskommission die Planung und den Bau des 1931 fertiggestellten Kirchgemeindehauses am Hirschengraben 50. Während mehrerer Jahre Unterricht an der Sozialen Frauenschule und Mitredaktor beim Zürcher «Kirchenboten». Rücktritt 1933 aus gesundheitlichen Gründen und Wegzug nach Oberrieden, 1935 nach Basel.
Lit.: EMANUEL DEJUNG und WILLY WUHRMANN, *Zürcher Pfarrerbuch 1519–1952*, S. 345; Nachruf von R[OSA] G[UTKNECHT], *Pfarrer Paul Högger*.

1919–1953
ROSA GUTKNECHT

* 18.5.1885 Ludwigshafen am Rhein, † 21.11.1959 Zürich, von Neftenbach. Wenige Tage nach der Geburt stirbt ihre Mutter, als Halbwaise wächst sie bei einer Tante in Berlin auf, dann in einer Pflegefamilie in Chur, 1892–1901 Schulbesuch in Thusis, Maienfeld und Chur, 1901–1905 Lehrerinnenseminar im Grossmünsterschulhaus in Zürich, 1905–1913 Lehrerin in Hausen am Albis und Zürich-Riesbach, 1913 Beginn des Theologiestudiums an der Universität Zürich, 1917 Staatsexamen, 1918 Ordination als erste Theologin zusammen mit Elise Pfister, Pfarrhelferin an der Neumünsterkirche, 1919 Hilfsstelle beim Blaukreuzverein und Aufbau der Zentralstelle für kirchliche Gemeindetätigkeit, 1919–1953 Anstellung als Pfarrhelferin am Zürcher Grossmünster, Einsatz bei der seelsorgerlichen Betreuung der Gemeinde, Jugendarbeit in Sonntagsschule, Konfirmandenunterricht, in der Mädchenvereinigung Sunneschy und Jugendgruppe Jung-Grossmünster, wiederholte Predigttätigkeit als Vikarin anlässlich von Vertretungen der erkrankten Pfarrer oder bei Pfarrvakanzen. 1933 Mitgründerin des Vereins «Landeskirchliche Arbeitshilfe», 1939 Mitgründerin, erste Präsidentin und Aktuarin des Schweizerischen Theologinnen-Verbandes. Rosa Gutknecht verfasste viele Artikel für Frauenzeitschriften und kirchliche Zeitungen.
Lit.: M[AX] GUYER, *Pfarrhelferin Frl. Rosa Gutknecht V.D.M. am 15. Juni 1944 25 Jahre im Dienst der Grossmünstergemeinde;* ROSA GUTKNECHTS eigener Rückblick auf ihr 25-jähriges Wirken, *«Herr ich bin zu gering aller Barmherzigkeit und Treue, die du an mir getan hast!»*; Würdigung und Nachruf anlässlich der Abdankung, gehalten von H[ANS] R[UDOLF] V[ON] GREBEL, *VDM Rosa Gutknecht, † 21. November 1959;* INES BUHOFER und IRENE GYSEL (Hg.), *Rosa Gutknecht, Pfarrhelferin am Grossmünster 1919–1953; Rosa Gutknecht* (= Neujahrsblatt der Gesellschaft zu Fraumünster auf das Jahr 2014, 8. Stück), Zürich 2013; INES BUHOFER, *Rosa Gutknecht – einer Theologin auf der Spur;* IRENE GYSEL, *Rosa Gutknecht, ein bewegtes Leben*.

1922–1936
PAUL EPPLER

* 10.5.1865 Arlesheim, † 4.1.1941 Kilchberg. Gymnasium in Basel, Studium der Theologie in Basel und Marburg, ordiniert 1889, im gleichen Jahr Vikar in Neuhausen, 1890 als erster Diasporapfarrer in Appenzell, 1894 an der Minoritätsgemeinde in Heiden, verfasste die *«Geschichte der Basler Mission 1815–1899»*, daraufhin 1899–1903 Sekretär der Basler Missionsgesellschaft, 1903 Pfar-

rer in Stein (AR). 1910 übernahm er die Leitung des Evangelischen Seminars Unterstrass in Zürich, wo seine liberale theologische Stellung von vielen nicht verstanden wurde, was ihn zum Rücktritt veranlasste. 1922 Pfarrer am Grossmünster, resignierte 1936 und zog nach Kilchberg. 1927 war er Bearbeiter der Zürcher Schulbibel *«Aus unserer Bibel»*, erhielt 1928 einen Lehrauftrag an der Universität für Lehramtskandidaten, 1928 Dr. theol. h.c. der Universität Basel.
Lit.: EMANUEL DEJUNG und WILLY WUHRMANN, *Zürcher Pfarrerbuch 1519–1952,* S. 255; *Gemeindenachrichten* (mit Lebenslauf), in: Gemeinde-Blatt, XII. Jg., Nr. 3, 17. März 1922, S. 4; *Jahresbericht des Evangelischen Lehrerseminars Zürich,* S. 10–13; PAUL HÖGGER, *Zur Erinnerung an D Paul Eppler, Pfarrer am Grossmünster 1922–1936, mit nachfolgenden Personalien,* verfasst von PAUL EPPLER.

1933–1960
MAX FRICK
* 4.8.1891, † 5.1987, von Zürich. Aus einem tiefen Gefühl der Berufung 1910 Beginn des Theologiestudiums in Basel, dann in Berlin und Marburg, ordiniert in Basel 1915, nach Vikariaten in Tablat/St.Gallen und an der Zürcher Predigerkirche 1915 Pfarrer in Walzenhausen (AR), Feldprediger 1917, 1925 Pfarrer in Oberwinterthur, 1933 am Grossmünster, 1945–1960 Aktuar der Stephan à Porta-Stiftung. 1960 Rücktritt in den Ruhestand. 1955–1960 engagiertes Mitglied der Orgelbaukommission und später, noch über seine Pensionierung hinaus, der Baukommission, die den geplanten Neubau der Helferei begleitete. Autor von *«Die Bedeutung der Glaubenslehre für das Leben der Gemeinde Christi»* (1921), *«Reformierter Glaube: eine Darstellung der biblischen Lehre an Hand des Heidelberger Katechismus»* (1932) und *«Die renovierte Kirche Oberwinterthur»* (1933).
Lit.: EMANUEL DEJUNG und WILLY WUHRMANN, *Zürcher Pfarrerbuch 1519–1952,* S. 282; MAX FRICK, *Kurzer Lebenslauf;* Neue Zürcher Zeitung, 1987, Nr. 107, 11. Mai.

1937–1950
OSKAR FARNER
* 22.9.1884 Unterstammheim, † 16.7.1958 Zürich. Studium der Theologie in Basel, Marburg, Berlin und Zürich, ordiniert 1908, im gleichen Jahr Pfarrer in Stammheim, ab 1931 Pfarrer in Zollikon, 1937–1950 am Grossmünster, 1932 Kirchenrat und 1947–1955 Kirchenratspräsident, u.a. Chefredaktor des «Kirchenboten für den Kanton Zürich». 1930 Habilitation für Kirchengeschichte an der Theologischen Fakultät der Universität Zürich, Privatdozent, 1938–1954 Titularprofessor. Farner entfaltete neben seinen kirchlichen Ämtern eine äusserst fruchtbare wissenschaftliche Tätigkeit, die zum grössten Teil Huldrych Zwingli (*«Das Zwinglibild Luthers»* 1931, *«Huldrych Zwingli»* 1943–1960, 4 Bände) und der Zürcher Reformation gewidmet war. 1931 Dr. theol. h.c. der Universität Basel, 1954 Dr. phil. h.c. der Universität Zürich.
Lit.: HLS; EMANUEL DEJUNG und WILLY WUHRMANN, *Zürcher Pfarrerbuch 1519–1952,* S. 268; OSKAR FARNER, *Erinnerungen;* M[AX] F[RICK], *Rücktritt von Herrn Pfarrer Oskar Farner;* bl., *Prof. Dr. Oskar Farner †,* in: Kirchenbote, August 1958, Nr. 8, S. 82; PAUL VOGT, *Dank an Oskar Farner †;* H[ANS] R[UDOLF] V[ON] G[REBEL], *Pfarrer Dr. Oskar Farner †;* LEONHARD VON MURALT, *Oskar Farner.*

1951–1976
HANS RUDOLF VON GREBEL
* 5.1.1910, † 29.4.1982, von Zürich. Theologiestudium in Zürich, Berlin und Marburg, ordiniert 1935, Pfarrer in Obstalden-Filzbach (GL), 1945 in Weinfelden, 1951 am Grossmünster, 1963 Dekan Pfarrkapitel rechts der Limmat, Präsident des Zürcherisch-Aargauischen Stipendienvereins, 1977–1982 Präsident des Zwinglivereins.
Lit.: EMANUEL DEJUNG und WILLY WUHRMANN, *Zürcher Pfarrerbuch 1519–1952,* S. 303; *Dank und Abschied der Kirchenpflege Grossmünster,* in: Kirchenbote, September 1976; PETER VOGELSANGER, *Hans-Rudolf von Grebel gestorben.*

1960–1966
ROBERT KURTZ
* 8.4.1905 Zürich, † 7.1982 Zürich, von Basel. Theologiestudium in Zürich und Berlin, Lernvikariat im Industriequartier, ordiniert 1931, 1931–1937 Vikar und Pfarrer in Waldstatt (AR), 1937 Pfarrer in Arosa, 1944 in Männedorf, 1946 Heimat- und Chinainspektor der Basler Mission, 1956 Pfarrer in Ossingen, Dekan des Kapitels Andelfingen,

1960 Pfarrer am Grossmünster, 1960–1966 Aktuar der Stephan à Porta-Stiftung, 1962 Kirchenrat, 1964–1973 Kirchenratspräsident und Pfarrer für Ökumene und Mission. Lit.: EMANUEL DEJUNG und WILLY WUHRMANN, *Zürcher Pfarrerbuch 1519–1952*, S. 398; zum Rücktritt siehe Kirchenbote, Juli 1966, Nr. 7, S. 12; WERNER GYSEL, *Abschied von Pfarrer Robert Kurtz.*

1967–1979
HUGO SONDEREGGER

* 8.9.1913, † 19.7.2004 Hausen am Albis, von Heiden und Zürich. Theologiestudium in Zürich und an der Sorbonne in Paris, ordiniert 1939, Dr. theol. am Union Theological Seminary in New York, 1939 Verweser und Pfarrer in Knonau, ab 1941 Feldprediger, 1944 Pfarrer in Zollikon, 1958 in Emmenbrücke, 1967–1979 Pfarrer am Grossmünster, 1967–1979 Aktuar der Stephan à Porta-Stiftung.
Lit.: EMANUEL DEJUNG und WILLY WUHRMANN, *Zürcher Pfarrerbuch 1519–1952*, S. 534; W. A., HANS-RUDOLF RÜFENACHT und SAMUEL MARTHALER, *Abschied;* HUGO SONDEREGGER, *Ein Abschiedswort;* MARTIN EICH, *Pfarrer Dr. Hugo Sonderegger zum Gedenken.*

1977–1998
WERNER GYSEL

* 27.11.1933, von Zürich und Wilchingen. Literargymnasium in Zürich, Studium der Theologie in Zürich und Basel, ordiniert 1957, 1957–1961 Pfarrer in Emmenbrücke, 1961 in Oberrieden, 1977–1998 am Grossmünster. Lehrtätigkeit an Gymnasien und an der Volkshochschule, Mitglied der Kirchensynode, Mitinitiant der Zürcher Disputation 84, Präsident des Protestantisch-kirchlichen Hilfsvereins Zürich und, bis 2002, der Vereinigung der Protestantisch-kirchlichen Hilfsvereine der Schweiz. Autor des Buches *«Das Chorherrenstift am Grossmünster. Von den Anfängen im 9. Jahrhundert bis zur Reformation unter Huldrych Zwingli»*, Zürich 2010.
Lit.: WERNER GYSEL, *Zum Abschied. An die Grossmünstergemeinde;* GEORG WEBER, *Abschiedsgottesdienst: Pfr. Werner Gysel. Sonntag, 29. November 1998, 1. Advent, Grossmünster Zürich. Grusswort des Präsidenten der Kirchenpflege.*

1979–2002
HANS STICKELBERGER

* 20.1.1938 Luzern, † 19.8.2004 Uttwil, von Basel. Theologiestudium in Basel und Berlin, 1964 Pfarrer in Berg am Irchel, 1976 Dr. theol., seine Dissertation *«Ipsa assumptione creatur: Karl Barths Rückgriffe auf die klassische Christologie und die Frage nach der Selbständigkeit des Menschen»* erschien 1979; Spitalpfarramt, dann als kantonaler Hilfsprediger und Kirchenratsvikar «Wanderprediger» in verschiedenen Gemeinden tätig, in dieser Eigenschaft von Okober 1976 bis April 1977 Verweser am Grossmünster, 1979–2002 Pfarrer am Grossmünster, 1979–2003 Aktuar der Stephan à Porta-Stiftung, 1982–2004 Präsident des Zwinglivereins, 1983–1994 Vorstandspräsident des Evangelischen Lehrerseminars Unterstrass, Präsident der Herausgeberkommission der Zeitschrift «Reformatio».
Lit.: sm. *Vermittler zwischen Kirche und Theologie*, in: Neue Zürcher Zeitung, 7. Dezember 2002; ALFRED SCHINDLER, *Zum Gedenken, Hans Stickelberger, 20. Januar 1938–19. August 2004;* MATTHIAS SENN, *Alt-Grossmünsterpfarrer Stickelberger gestorben;* MATTHIAS SENN und CORNELIA VOGELSANGER, *Hans Stickelberger zum Gedenken.*

1999–2011
KÄTHI LA ROCHE-KAISER

* 3.2.1948 Zürich. Studium der Theologie an der Universität Zürich, ordiniert 1974, längerer Aufenthalt in Lateinamerika, wo sie sich mit der Befreiungstheologie befasst. Seelsorgerin in der Psychiatrischen Klinik Schlössli in Oetwil am See, berufsbegleitend Ausbildung in Freudscher Psychoanalyse, 1980–1990 Studentenpfarrerin der Universität und der ETH in Zürich, 1987 Gastdozentin an der theologischen Fakultät in Managua, Nicaragua. 1990–1994 Pfarrerin in Altstetten, 1994–1999 in Erlenbach, 1999 als erste Frau ins Pfarramt am Grossmünster gewählt. In ihre Amtszeit fallen u.a. die Protestaktionen Jugendlicher gegen den Irakkrieg 2003, in der Weihnachtszeit 2007 die friedliche Besetzung des Grossmünsters durch Sans-Papiers und die Mitwirkung im Projekt der Kirchenfenster von Sigmar Polke, zu denen sie die Schrift *«Kunstwerk Grossmünster. Ein theologischer Führer»* verfasste.
Lit.: [KÄTHI LA ROCHE-KAISER], *«Ich habe*

den lieben Gott nie am Telefon»; [KÄTHI LA ROCHE-KAISER], *«Es war eine intensive Zeit»*; MATTHIAS HERREN, *Der Sprung ins Leere*, in: Neue Zürcher Zeitung, 26. April 2011.

seit 2003
CHRISTOPH SIGRIST

* 14.2.1963 Zürich. Aufgewachsen in Zürich-Enge, Theologiestudium an den Universitäten Zürich, Tübingen und Berlin, ordiniert 1988. Seine erste Stelle war in Stein SG (1989–1995), wo er die Arbeit des Pfarrers in einer der kleinsten Berggemeinden des Kantons St. Gallen von Grund auf lernte. Daneben schrieb Christoph Sigrist seine Dissertation zum Thema *«Diakonie, Ethik und diakonische Basisgruppen in Kirchen»*. 1995–2002 Pfarrer an der Stadtkirche St. Laurenzen in St. Gallen, initiierte 1998 das Citykirchenprojekt «Offene Kirche St. Leonhard». 2002 zurück in Zürich trat Sigrist eine Stelle für die Gemeindediakonie bei den Gesamtkirchlichen Diensten der Zürcher Landeskirche an (2002–2008). Seit 2003 ist er Pfarrer am Grossmünster. Weiter ist Christoph Sigrist seit 1999 Lehrbeauftragter und Titularprofessor für Diakoniewissenschaft am Institut für Systematische Theologie der theologischen Fakultät der Universität Bern. Von 1990 bis 2014 war er Armeeseelsorger in der Schweizer Armee. Er ist zudem Mitglied oder Präsident in diversen diakonischen Stiftungen und in übergemeindlichen Gremien, seit 2003 Aktuar der Stephan à Porta-Stiftung. Autor der Romanbiografie *«Anna Reinhart und Ulrich Zwingli»* und des Mysterienspiels *«Die Akte Zwingli»* (2017).

seit 2011
MARTIN RÜSCH

* 16.8.1965 Winterthur. Martin Rüsch wuchs in Elgg auf, wo er die Primar- und Sekundarschule besuchte. Nach der Matura an der Kantonsschule in Winterthur studierte er zunächst während zweier Jahre an der Hochschule für Gestaltung in Zürich, entschied sich aber 1988 für das Theologiestudium, das er an den Universitäten Zürich und Berlin absolvierte und 1995 mit dem Staatsexamen in Zürich abschloss. Auf das Vikariatsjahr in Neunforn (TG) folgten fünf Jahre im Gemeindepfarramt in Oberwinterthur, danach wechselnde Tätigkeiten mit Weiterbildungskursen, Theologiekursen für Erwachsene und Stellvertretungen in verschiedenen Zürcher Gemeinden – u.a. auch am Fraumünster – und schliesslich 2006 die Übernahme des Pfarramtes in Fehraltorf. Seit 2011 Pfarrer am Grossmünster, seit 2013 Präsident des Zwinglivereins Zürich.

Mitglieder (†) = verstorben im Amt (alt) = übernommen aus dem Chorherrenstift

Erster Stillstand 1833

Der Stillstand setzte sich zusammen aus zwei Hälften mit je 7 bis 9 Mitgliedern, die bis 1870 abwechselnd für eine Amtsdauer von vier Jahren gewählt wurden.

1833–1844 (†)	Hans Rudolf Ulrich, alt Stiftsverwalter	(alt)
1833–1852 (†)	Johann Ludwig Meyer, Prof., Kirchenrat	(alt)
1833–1850 (†)	Pestalozzi, alt Oberrichter	(alt)
1833–1851	Salomon Hess, Prof., Kirchenrat	
1833–1845 (†)	Sigmund Spöndli, alt Regierungsrat	(alt)
1833–1835	Caspar Ulrich, Oberrichter	(alt)
1833–1851	Johann Ludwig Meyer, Dr. med., Spitalarzt	(alt)
1833–1846	Hess, alt Oberamtmann	
1833–1834	Hirzel, Klosterschreiber	(alt)
1833–1840	Hans Jakob Finsler, Dr. med., Arzt	(alt)
1833–1835	Morf, Hutmacher,	
1833–1841 (†)	Ludwig Hirzel, alt Ratsherr	
1833–1837	Waser, Messerschmid	
1833–1835	Zimmermann, Hauptmann	
1833–1846	Grob, Bankkassier	

Spätere Wahlen

1834–1868 (†)	von Wyss, alt Criminalrichter, alt Statthalter (Präsident)
1835–1841	Heinrich Keller, Kunsthändler, Geograf
1835–1863	Ulrich in der Neustadt, Landschreiber, Notar
1835–1844	Johann Ulrich Fäsi, Prof.
1838–1851	Ammann, Registrator, Kirchenpfleger
1839–1843	Johannes Schulthess, Oberlehrer
1840–1846	Hess, Kriminalrichter, Armenpfleger
1841–1852 (†)	Käser, Glaser auf Dorf
1841–1870 (†)	Otto Rudolf Werdmüller-Stockar, Kaufmann
1843–1848 (†)	Leonhard von Muralt, Kaufmann
1844–1892	Melchior Ulrich
1844–1855 (†)	Steiner-Hess
1845–1853	Heidegger, Schulverwalter
1846–1866	Leonhard Wirth, alt Posamenter
1846–1855	Häfelin zur Käshütte, Hauptmann
1849–1872	Wilhelm Ott-Escher, Kaufmann, Regierungsrat (Kirchengutsverwalter)
1850–1855	Johann Melchior Hauk, Bäcker an der Marktgasse
1851–1855 (†)	Friedrich Vogel-Schulthess, Sekretär (Kirchenschreiber)
1851–1861	Heinrich Freudweiler-Koller, alt Spanner (1855–1861 Aktuar)
1852–1859	Friedrich Salomon Ott-Usteri, Stadtrat, Regierungsrat
1853–1855 (†)	Emil Schulthess-Schulthess (Aktuar)
1853–1861	Pfenninger, Säckler
1853–1866	Johann Ulrich Fäsi
1855–1866	Cramer-Escher/Meyer, Kaufmann
1855–1880	Ernst Gessner-Hess (-Ernst), Kaufmann (Kirchengutsverwalter)
1855–1869 (†)	Friedrich Schulthess sen., Buchhändler und Verleger
1855–1877 (†)	Eduard Meyer-Rahn, Spitalamtskassier, Stadtrat (Kirchengutsverwalter)

1856–1863	Heinrich Grob, Kaufmann an der Marktgasse
1859–1881 (†)	Morf-Oschwald, Kaufmann
1860–1865 (†)	Bryner-Bartenfeld, Posamenter
1861–1865	Johannes Lavater-Hirzel, Apotheker
1863–1889 (†)	Heinrich Grob, Prof., Geschichtslehrer am Gymnasium
1863–1880 (†)	Anton Salomon Vögelin, Prof., Altphilologe, Bibliothekar

Ab dem 1. März 1864 wurde die Behörde des Stillstandes neu als Kirchenpflege bezeichnet.

1865–1884 (†)	von Orelli-Hess, Kaufmann
1866–1868	Manz, Drechsler
1866–1870	Wild-Nägeli
1866–1889	Hans Caspar Escher-Züblin, Fabrikbesitzer (Aktuar bis 1886)
1866–1873 (†)	Heinrich Appenzeller sen., Kunsthändler
1866–1878	Escher-Finsler (Kirchengutsverwalter)
1868–1872	Walter Müller-Cloetta
1868–1877	Gustav Trümpler-Pestalozzi
1870–1898	Carl H. Ulrich-Gysi (1893–1898 Präsident der Kirchgemeinde)
1870–1883 (†)	Johannes Syz-Landis, Unternehmer, Schweizer Konsul in den USA

Ab 1871 betrug die Amtsdauer neu drei Jahre.

1871–1899 (†)	Diethelm Georg Finsler, Antistes (1871–1899 Präsident)
1871–1909 (†)	Ludwig Heinrich Pestalozzi, Vikar/Diakon/(zweiter) Pfarrer
1871–1876 (†)	Johann Jakob Hess, alt Diakon
1872–1889	Matthias Bader, Kaufmann
1873–1887	Emil Schulthess-Lavater
1874–1877	Schläpfer-Tanner
1876–1888	Friedrich Schulthess-Meyer jun., Buchhändler und Verleger
1877–1914	Eduard Hess-Pestalozzi (-Götz) (1907–1911 Kirchengutsverwalter)
1877–1883	Kägi-Schnurrenberger
1878–1888	Friedrich Gysler, alt Notar (1878–1888 Kirchengutsverwalter)
1878–1894 (†)	Wilhelm Weiss
1880–1888	Carl von Muralt-Wegmann
1881–1894	Konrad Escher-Ott
1883–1909	Gustav Morf-Thomann, Kaufmann (1888–1907 Kirchengutsverwalter)
1884–1886	Morf-Kölliker
1885–1890 (†)	Grebel-von Orelli
1886–1910 (†)	Jakob Honegger, NOB-Beamter (Aktuar bis 1904)
1887–1892	Gustav Oschwald-Stierlin, Kaufmann Particular
1888–1928	Johann Jakob Bremi-Uhlmann, Kaufmann, Leiter der Herberge zur Heimat (Kirchengutsverwalter bis 1925)
1888–1895	Eduard Brunner-Pfister, VDM (?)
1888–1907 (†)	Hermann Eidenbenz, Kaufmann, Lager von Wolldecken und Manufakturwaren
1889–1923	Hermann Escher, Historiker, Bibliothekar, erster Direktor der Zentralbibliothek Zürich (1899–1911 Präsident)
1889–1892	John Syz (später nochmals 1906–1931; 1913–1919 Präsident)
1890–1907	Heinrich Appenzeller jun., Kunsthändler (Sohn von H. Appenzeller sen.)
1890–1895	Heizmann, Ingenieur
1892–1914	Richard Kisling, Kaufmann, Kunstsammler
1892–1919	Adolf Tobler, Physiker, Prof. ETH für Schwachstromtechnik
1892–1894	Jakob Keller, Lehrer
1894–1915 (†)	Gottlieb Brutschin, Marchand-Tailleur
1894–1898	Hans von Muralt, Bauingenieur, Stadtingenieur

1895–1925	Hans Spinner-Waser (1904–1919 Kirchenschreiber, Vizepräsident)
1895–1906 (†)	Fritz Bender, Schlosser
1895–1910	Gustav Klauser, Hutmacher
1898–1903	Friedrich Wehrli, Architekt
1898–1924 (†)	Reinhold Bosch-Schaufelberger, Kaufmann, Tuch- und Manufakturwaren (Almosenverwalter)
1899–1921	Rudolf Finsler, Pfarrer
1903–1942	Max Guyer-Kern, Baumeister (1919–1931 Präsident)
1906–1931	John Syz-Schindler (1913–1919 Präsident)
1907–1919	Friedrich Wilhelm Herder, Commis
1909–1913	Gustav Hess-von Schulthess Rechberg, Bezirksrichter (1911–1913 Präsident)
1909–1910	Otto Heinrich Irminger, Kaufmann
1910–1913	Gustav Kruck, Baumeister
1910–1912	H. Thomann-Graf
1910–1913 (†)	Viktor Juzi, Pfarrer
1912–1928	Ernst Gottfried Ganz-Wunderli, Buchhalter
1913–1916 (†)	Emil Jäger-Denzler, Offizier (Bataillons-Adjutant)
1913–1914	F. Burckhardt-Pfisterer, Kaufmann
1913–1922	Friedrich Mousson-Kündig, Maschineningenieur, Rämistrasse 28
1913–1921 (†)	Heinrich Feuerstein, Faktor und Prokurist der Buchdruckerei Berichthaus
1914–1933	Paul Högger, Pfarrer
1914–1919	Richard von Muralt, Architekt
1915–1943	Hermann Brutschin, Schneidermeister
1915–1918	Friedrich Klein-Gassmann
1917–1923	Paul Friedrich Hess, Commis (1920–1925 Kirchenschreiber)
1918–1936	Jean/Johann Jakob Spalinger, Blaukreuzagent, Reiseagent
1919–1937 (†)	Heinrich Höhn sen., Verwalter, Herberge zur Heimat (1931–1937 Präsident)
1920–1931	Georg Friedrich Steinmetz, Kaufmann
1922–1937	Paul Eppler, Pfarrer
1922–1943 (†)	Benedikt Banga, Milchhändler
1922–1942 (†)	Eduard Denzler, Arzt
1922–1963	Hans Müller, Postbeamter (1925–1962 Kirchengutsverwalter, bis 1963 Almosenverwalter, † 1968)
1923–1933	August Schaub, Bürochef
1923–1947 (†)	Emil Wehrli, Postbeamter, Mandatsträger (1925–1947 Kirchenschreiber)
1924–1926	Hans Bosch
1925–1939	Gottfried Seiter, Postbeamter
1926–1944 (†)	Hans Bruppacher, Goldschmied
1928–1934 (†)	Jakob Alder, Malermeister, Mitglied des Blauen Kreuzes
1928–1931 (†)	Eugen Dünnenberger, Apotheker
1931–1958 (†)	Ernst Buchter, Geschäftsführer Schuhhaus Gräb (1937–1946 Präsident)
1931–1961	Paul Jäger, Kaufmann (1942–1954 Vizepräsident)
1931–1934	Walter Locher, Kaufmann
1933–1950	Johann Laich, Commis

Ab 1934 betrug die Amtsdauer erneut vier Jahre.

1934–1960	Max Frick, Pfarrer
1934–1935	Hermann Weber-Albrecht, Teilhaber Möbelfabrik
1934–1970	Hermann Keller, Vorsteher des Diakonenhauses Trittligasse 8 (1951–1970 Schreiber)
1935–1939	Willi Sauser, Dipl.-Ingenieur

1936–1942 (†)	Dietrich Schindler-Stockar, aus der Neumünster-Pflege
1936–1954 (†)	Hendrik C. Vollers-Zuppinger, Malermeister, aus der Neumünster-Pflege
1937–1958	Oskar Farner, Pfarrer
1937–1946	Gustav Kern-von Schulthess Rechberg, Kaufmann
1939–1970	Walter Pfister-Hüppi, Kaufmann (1946–1970 Präsident)
1939–1940	S. Meili
1942–1950 (†)	Gerhard Frutiger, Bankbeamter (1947–1950 Aktuar/Schreiber)
1943–1952	Hans Schindler-Baumann, Direktionspräsident Maschinenfabrik Oerlikon
1943–1974	Adolf Gerber-Clavuot, Apotheker (1954–1974 Vizepräsident)
1943–1952	Walter Schindler, Dr. iur., Rechtsanwalt
1943–1952	Ernst Vohdin, Bäckermeister
1946–1951	Walther Theodor Zimmerli, lic. theol., Professor
1946–1975	Otto Reinhardt, Dr. med., Arzt
1948–1964	Otto Schaerer-Wiesmann, Malermeister (ab 1950 Mitglied der Gemeindehauskommission, ab 1954 der Baukommission, deren Präsident auch nach dem Rücktritt)
1950–1964	Louis E. Burri-Hotz, Bankbeamter
1952–1976	Hans Rudolf von Grebel, Pfarrer
1952–1969	Walter Ackermann, Blaukreuzagent/Fürsorger
1952–1972 (†)	Eugen Hug, dipl. Ing. agr. (1962–1972 Liegenschaftsverwalter)
1954–1970	Walter Schindler, Dr. iur., Rechtsanwalt
1954–1964	Wilhelm Stössel, Stationsvorstand
1958–1962	Richard Brun, Bildhauer
1959–1991	Heinrich Höhn-Buchter jun., Kaufmann, Rechnungsführer/Bürochef EWZ (1962–1991 Kirchengutsverwalter)
1960–1964	Robert Kurtz, Pfarrer
1961–1964	Fritz Maag, Diakon Herberge zur Heimat
1962–1978	Hans Huber, Bankprokurist (1963–1978 Almosen-, Spendgutverwalter)
1964–1967	Martha Fischer-Brunner
1964–1966	Helene Pestalozzi, Leiterin des Evangelischen Frauenheims «Regulahaus» an der Wolfbachstrasse
1964–1966	Rudolf Schnyder-von Waldkirch, Dr. phil., Kunsthistoriker
1964–1965	Klara Schniter-Zwicky
1964–1969	Ernst Kägi, Freizeitleiter Pro Juventute
1964–1986	Walter M. von Orelli, dipl. Masch.-Ing. (1974–1986 Vizepräsident und 1977–1986 Schreiber)
1965–1978	Hedwig Strehler, Dr. phil., Rektorin Mädchengymnasium
1966–1982	Olga Pfändler-Trümpy
1966–1971	Hansjörg Tobler, Hotelier
1967–1979	Hugo Sonderegger, Pfarrer
1969–1974	Hugo von der Crone, Dr. iur. (1970–1974 Präsident)
1970–1975	Elisabeth Nietlisbach, Arbeitslehrerin
1970	Madeleine Walder-Binder
1970–1974	Georges Hitz, Buchbindermeister
1970–1976	Felix Poggiolini, stud. phil. (1970–1976 Schreiber)
1973–1982	Johann Grundmann-Küpfer, Milchhändler (ab 1978 Almosen- und Fondsverwalter)
1973–1986	Ernst Erny-Schwerzmann, Elektro-Ingenieur EWZ (1973 Liegenschaftsverwalter, 1974–1986 Präsident)
1974–1982	Hulda Baumann-Zanker, Sekretärin
1974–2006	Hedwig Lienemann-Kern, Damenschneiderin (ab 1982 Almosen- und Spendgutverwalterin)
1974–1998	Elisabeth Spiess, Polizeiassistentin
1974–1978	Hans Ulrich Zoss, Hauswart Gymnasium Rämibühl

1977–1998	Werner Gysel, Pfarrer
1978–1984/85	Rolf Heusser, Notar
1979–2002	Hans Stickelberger, Dr. theol., Pfarrer
1979–1984	Daniel Gutscher, Dr. phil., Archäologe, Kunsthistoriker (1982–1984 Präsident Betriebsausschuss Helferei)
1982–1998	Ruth Jörg, Dr. phil., Germanistin (1986–1998 Vizepräsidentin)
1982–1990	Regula Naef, Germanistin (1986–1990 Aktuarin/Schreiberin)
1982–1985	Hanspeter Rebsamen, Architekturhistoriker, Leiter des «Inventars der neueren Schweizer Architektur, 1850–1920» (INSA)
1985–1989	Paul Elsener, Kaufmann (1986–1989 Liegenschaftsverwalter)
1985–1995	Hanno Helbling, Dr. phil., Germanist, Redaktor NZZ (1985–1995 Präsident Betriebsausschuss Helferei)
1985–1994	Matthias Senn, Dr. phil., Historiker (1986–1994 Präsident)
1987–1994	Hans Löw, Kaufmann
1989–1992	Jürg Hanser, Archäologe (1989–1992 Liegenschaftsverwalter)
1990–1994	Helen Elsener-Eschler (1991–1997 Kirchengutsverwalterin)
1990–1999	Katharina Hoby, Theologin
1990–1993	Martin Urner, (1990–1994 Aktuar/Schreiber)
1993–1999	Christoph Maurer, Textilingenieur (Liegenschaftsverwalter)
1994–2014	Prisca Senn, Kulturvermittlerin (Präsidentin Betriebsausschuss Helferei)
1994–2006	Susanna Hager-Iten, Krankenpflegerin Universitätsspital
1994–2014	Claude Lambert, Dr. iur., Rechtsanwalt (1994–1996 Aktuar/Schreiber, 2010–2014 Präsident)
1994–2005 (†)	Georg Weber, Kaufmann (1994–2005 Präsident, 2000–2004 Kirchengutsverwalter a.i.)
1997–2014	Regine Helbling Gerster, Kunsthistorikerin (1996 Schreiberin Stv., 1998–2014 Schreiberin/Aktuarin)
1997–2000	Christian Kessler (1997–2000 Kirchengutsverwalter)
2000–2018	Ludmilla Thomann (ab 2006 Almosen- und Spendgutverwalterin, Ressorts Diakonie und Ökumene, Freiwilligenarbeit)
2000–2014	Peter Bauer, Architekt (Liegenschaftsverwalter)
2002–2008	Elisabeth Dürr-Guyer
2004–2018	Rudolf Merz (2004–2018 Kirchengutsverwalter)
2005–2009	Peter Wiesendanger, Dr. sc. techn., Elektrotechniker ETH (2005–2009 Präsident und Personelles)
2006–2008	Moia Grossmann, Psychotonik-Therapeutin (Vorsitzende Musikkommission)
2006–2014	Mireille Schnyder, Germanistin, Prof. Universität Zürich
2008–2014	Anne Koller-Bally
2008–2014	Karin Eidenbenz, Hebamme
2009–2014	Stefan Andreas Minder, Rechtsanwalt (2010–1014 Vizepräsident)
2010–2018	Philipp Glatt (2014–2018 Aktuar und Schreiber)
2011–2018	Sascha Weisshaupt, Kommunikationswissenschaftler (Ressort Kommunikation, IT)
2013–2018	Emanuel Hofacker, Dr. iur., General Counsel Cembra MoneyBank (Vizepräsident, Liegenschaftsverwalter)
2014–2018	Sabina Ngo Van, Psychomotorik-Therapeutin (Ressort Religionspädagogik, Familie und Jugend)
2014–2018	Michael Bitar, Master in Business Engineering, HSG (Ressort Personelles)
2014–2018	Michael Eidenbenz, Organist, Abteilungsleiter ZHdK (2014–2018 Präsident)
2014–2018	Ulrich Gerster, Kunsthistoriker (Präsident Betriebskommission Helferei)

Präsidenten der Kirchgemeinde

1877–1885 (†)	alt Stadtrat Landolt
1885–1893	Herr Dr. G. Mousson
1893–1898	Herr Carl H. Ulrich-Gysi († 1900)
1899	Dr. Hermann Escher

Präsidenten der Kirchenpflege

1871–1899 (†)	Antistes Finsler
1899–1911	Dr. Hermann Escher
1911–1913	Bezirksrichter G. Hess-von Schulthess Rechberg
1913–1919	John Syz
1919–1931	Max Guyer
1931–1937 (†)	Heinrich Höhn
1937–1946	Ernst Buchter
1946–1970	Walter Pfister
1970–1974	Hugo von der Crone
1974–1986	Ernst Erny
1986–1994	Matthias Senn
1994–2005 (†)	Georg Weber
2005–2009	Peter Wiesendanger
2010–2014	Claude Lambert
2014–2018	Michael Eidenbenz

Biografien der Präsidenten

1871–1899 (†)
DIETHELM GEORG FINSLER
Pfarrer, der letzte Antistes
(1871–1899 Präsident)

* 24.12.1819 Zürich, † 1.4.1899 Zürich. Finsler studierte an der Universität Zürich Theologie und Philosophie. Nach weiteren Studien bei Karl Immanuel Nitzsch in Bonn und der Ordination 1842 war Finsler 1844 Vikar in Zürich-Neumünster. 1850 wurde er Pfarrer in Berg am Irchel, 1867 in Wipkingen, 1871 am Grossmünster in Zürich. Ab 1856 Mitglied des Zürcher Kirchenrates, setzte er sich für die Erhebung des Karfreitags zum kirchlichen Feiertag ein. Ab 1860 war Finsler Mitherausgeber des «Kirchenblatts für die reformierte Schweiz» und stand somit theologisch zwischen den Orthodoxen und den Reformern. 1866–1896 war er (letzter) Antistes der Zürcher Kirche. Finsler widmete sich der Schaffung eines auf presbyterial-synodaler und demokratischer Grundlage fussenden Kirchengesetzes und veranlasste die Gründung der evangelischen Kirchenkonferenz der Schweiz. Er leitete die Schweizerische kirchliche Gesellschaft, war Präsident des Zwinglivereins und der Gelehrten Gesellschaft und Mitglied des Protestantisch-kirchlichen Hilfsvereins des Kantons Zürich. Finsler gehörte 1868–1869 dem Verfassungsrat und 1873–1896 dem Zürcher Kantonsrat an. Er publizierte diverse wissenschaftliche Arbeiten, u.a. 1854 die *«Kirchliche Statistik der reformierten Schweiz»*. 1860 Dr. theol. h.c. der Universität Basel.

Lit.: HLS; GEORG und RUDOLF FINSLER, *Diethelm Georg Finsler, der letzte Antistes der zürcherischen Kirche;* SAMUEL ZURLINDEN, *Der letzte Antistes;* P[AUL] E[PPLER], Aus vergangenen Tagen (Bericht über die Feier der 25-jährigen Dienstjubiläen von Antistes Georg Finsler und Pfarrer Ludwig Pestalozzi am 11. Oktober 1896); EMANUEL DEJUNG und WILLY WUHRMANN, *Zürcher Pfarrerbuch 1519–1952,* S. 271.

1889–1923
HERMANN ESCHER
Historiker, Bibliothekar
(1899–1911 Präsident)

* 27.8.1857 Breitenwang (Tirol), † 3.4.1938 Zürich. 1876–1881 Studium der Geschichte, Kunstgeschichte und klassischen Philologie in Zürich und Strassburg, 1882 Dr. phil. der Universität Zürich. Ab 1881 Mitarbeiter der Stadtbibliothek Zürich, 1887 Erster Bibliothekar. Escher führte den alphabetischen Schlagwortkatalog ein und gründete den Zentralkatalog der Zürcher Bibliotheken. Er engagierte sich für den Zusammenschluss der Kantons- und Stadtbibliothek zur Zentralbibliothek Zürich und war 1916 bis zu seiner Pensionierung 1932 deren erster Direktor. 1897 Gründungsmitglied der Vereinigung Schweizer Bibliothekare (seit 1992 Verband der Bibliotheken und der Bibliothekarinnen/Bibliothekare der Schweiz). Nach Studienreisen in die USA und nach Grossbritannien beteiligte sich Escher 1920 an der Gründung der Schweizerischen Volksbibliothek (heute: Bibliomedia Schweiz). Ehrenmitglied verschiedener europäischer Bibliotheksvereinigungen, 1932 Dr. theol. h.c. der Universität Zürich. Escher zeichnete sich durch profundes Wissen, Organisationsgabe, Mut zur Innovation, Verhandlungsgeschick und Durchsetzungsvermögen aus. Er war der angesehenste Schweizer Bibliothekar seiner Zeit. In seine Zeit als Präsident der Kirchenpflege fiel die Pfarrwahl von Viktor Juzi; während der Innenrenovation des Grossmünsters 1913/14 war er Präsident der Baukommission.
Lit.: HLS; M[AX] F[RICK], *Dr, Hermann Escher †*; FELIX BURCKHARDT, *Hermann Escher 1857–1938.*

1909–1913
GUSTAV HESS-VON SCHULTHESS RECHBERG
Bezirksrichter (1911–1913 Präsident)

* 1871, † 1945. Bezirksrichter, Präsident der Hülfsgesellschaft in Zürich, 1922–1942 Mitglied der Stipendienkommission der Stadt Zürich. Ende April 1913 Rücktritt aus der Kirchenpflege infolge Umzugs an die Zinnengasse 1 in der Fraumünstergemeinde, wo er sofort zum Kirchenpflegepräsidenten gewählt wurde. In seine kurze Amtszeit fiel, nach dem überraschenden Tod von Pfarrer Juzi im März 1913, die Einleitung des Wahlverfahrens von dessen Nachfolger.
Lit.: GUSTAV HESS-RAHN, *Gustav Hess von Schulthess Rechberg 1871–1945: Präsident der Hülfsgesellschaft in Zürich.*

1889–1892 und 1906–1931
JOHN SYZ-SCHINDLER
Kaufmann (1913–1919 Präsident)

* 23.3.1859 New York, † 27.3.1939 Zürich, von Zürich. Sohn des Kirchenpflegers Johannes Syz. Schulen in Zürich und Lausanne, ab 1876 kaufmännische Lehre bei Cramer-Frey & Co. in Zürich, anschliessend berufliche Tätigkeit in Paris, London und den USA. Ab 1890 Teilhaber, ab 1900 Inhaber und Leiter der Weberei Dietikon (ab 1901 Weberei Syz & Co.). Tätigkeit in zürcherischen, schweizerischen und internationalen Verbänden, u.a. 1897–1911 Präsident des Schweizerischen Spinner-, Zwirner- und Webervereins, Mitgründer und 1906–1931 Präsident des Verbands der Arbeitgeber der Textilindustrie, Mitgründer und 1920–1924 Präsident des Internationalen Verbands der Baumwollindustriellen, 1917–1933 Präsident der Zürcher Handelskammer, 1924–1934 Präsident des Schweizerischen Handels- und Industrievereins und der Schweizerischen Handelskammer. Mitglied der Freisinnigen Partei. 1909–1917 Zürcher Kantonsrat, 1917–1919 Nationalrat. Syz war Delegierter des Bundesrates an internationalen Arbeiterschutzkonferenzen und 1917 Chef einer Delegation in die USA, die bei Präsident Woodrow Wilson die Wirtschaftsinteressen der Schweiz vertrat. Zusammen mit dem Kirchenpfleger Dietrich Schindler-Stockar und anderen war er 1903 Mitgründer des Initiativkomitees zur Realisierung der Klinik Hohenegg als «Anstalt für Gemüts- und Nervenkranke» in Meilen. Unter seinem Präsidium wurden die Wahl von Pfarrer Paul Högger und die Anstellung von Pfarrhelferin Rosa Gutknecht vollzogen.
Lit.: HBLS VI S. 621, Nr. 5; HLS.

1903–1942
MAX GUYER-KERN
Baumeister (1919–1931 Präsident)

* 18.9.1862 Schirmensee, † 28.12.1957 Zürich. Kindheit und Jugendzeit in Schirmensee, Zürich und Graz, wo sein Vater als Französischlehrer am Gymnasium wirkte, und dann wieder in Zürich. Ausbildung an der Zürcher Industrieschule und 1880–1884 Architekturstudium am Polytechnikum (ETH). 1886 Eintritt ins Baugeschäft von Guyers Onkel in Zürich, das er im Jahr 1889 übernimmt. Zahlreiche Geschäftshäuser und Villen in Zürich entstammen seiner Tätigkeit, die ihm den Übernamen «Herrenbaumeister» eintrug. Als Vorstandsmitglied der Sektion Uto des Schweizer Alpen-Clubs (SAC) plante und leitete er den Bau mehrerer SAC-Clubhütten. Auf Weihnachten 1898 Einzug der Familie in das Haus zum Sitkust an der Trittligasse 2. Im Laufe der Jahre bekleidet Max Guyer zahlreiche Ämter, u.a.: Vorstandsmitglied und Präsident des Baumeisterverbandes Zürich, im Vorstand des Freisinnigen Kreisvereins 1, in der Kreisschulpflege 1, Kommandant der Kompanie 1 der Feuerwehr, Säckelmeister und lange Jahre Zunftmeister der Zunft zur Schneidern, kantonaler Geschworener, Vorstandsmitglied der freiwilligen Einwohnerarmenpflege, Mitglied des Stiftungsrates und des Ausschusses der Kranken- und Diakonissenanstalt Neumünster von den ersten Anfängen und Landkäufen auf dem Zollikerberg an bis zur Vollendung des Neubaus des Spitals. Guyer war langjähriges Mitglied der Freimaurerloge Modestia cum Libertate. In seine Amtszeit fiel die Wahl von Pfarrer Paul Eppler, und er begleitete den gemeinsam mit der Predigergemeinde geplanten Bau des Kirchgemeindehauses Hirschengraben 50.
Lit.: *Nekrolog* in der Schweizerischen Bauzeitung, Bd. 76 (1958), Heft 4, S. 55 f.

1919–1937 (†)
HEINRICH HÖHN
Verwalter (1931–1937 Präsident)

* 23.10.1886 Horgen, † 5.10.1937 Zürich. Primar- und Sekundarschule in Horgen, Konditorenlehre bei Konditor Gugolz am Neumarkt, Saisonstellen auf Rigi Kaltbad und in Nizza, 1908–1913 Blaukreuzhaus in Basel, 1913 Heirat und Übersiedlung nach Wädenswil, 1914–1937 Verwalter der Herberge zur Heimat an der Geigergasse, Gründer der Zürcher Blaukreuz-Fürsorgestelle. Unter seinem Präsidium vollzogen sich die Wahlen der Pfarrer Max Frick und Oskar Farner.
Lit.: *Ansprache* mit Lebenslauf gehalten von alt Pfarrer PAUL EPPLER bei der Abdankung, in: Kirchenbote, November 1937, Nr. 11, nach S. 92.

1931–1958 (†)
ERNST BUCHTER-NEUWEILER
Kaufmann (1937–1946 Präsident)

* 3.2.1882 Thayngen, † 27.11.1958 Zürich. Inhaber und Geschäftsführer des 1882 gegründeten, seit 1910 an der Oberdorfstrasse 27 domizilierten Schuhhauses Gräb. In seine Amtszeit als Kirchenpflegepräsident fällt die Einweihung des Bullinger-Denkmals von Otto Charles Bänninger am Nordturm des Grossmünsters.
Lit.: H[ANS] R[UDOLF] V[ON] G[REBEL], *Kirchenpfleger Ernst Buchter †*, Nachruf in: Kirchenbote für den Kanton Zürich, Januar 1959, Nr. 1, S. 8.

1942–1970
WALTER PFISTER
Kaufmann (1946–1970 Präsident)

* 14.6.1902 Zürich, † 1.1986 Zürich. Freie Evangelische Schule Zürich, Evangelische Lehranstalt Schiers, kaufmännische Lehre in Schaffhausen, Zürich und Neuenburg, Auslandaufenthalt in London, 1926 Eintritt in die Familienfirma Pfister-Wirz AG, Strumpfwaren, 1936–1953 Präsident des Christlichen Vereins Junger Männer (CVJM), 1969–1985 Präsident des Stiftungsrates der Stiftung zum Glockenhaus. In Pfisters Amtszeit als Kirchenpflegepräsident fielen die gewichtigen Geschäfte des umstrittenen Neubaus der Orgel 1956–1960, das 1964 abgelehnte Neubauprojekt des Gemeindezentrums an der Kirchgasse und die nachfolgende Planung des Umbaus der Helferei. Unter seinem Präsidium wurden die drei Pfarrer Hans Rudolf von Grebel, Robert Kurtz und Hugo Sonderegger gewählt und, als Nachfolger von Viktor Schlatter, der Or-

ganist Hans Vollenweider berufen. Noch bis Ende 1983 betreute Walter Pfister in Absprache mit der Kirchenpflege und dem Sigristen die Koordination der Kirchenvermietungen.
Lit.: Würdigung bei Walter Pfisters Rücktritt als Präsident auf der Gemeindeseite, in: Kirchenbote, Mai 1970, S. 10 f.; *Abschied von Walter Pfister*, Nachruf in: Kirchenbote, Nr. 3A, 1. März 1986; *Lebenslauf* anlässlich der Trauerfeier am 20. Januar 1986.

1969–1974
HUGO VON DER CRONE
Rechtsanwalt (1970–1974 Präsident)

* 4.1.1929 Stadel, † 29.7.2008 Zürich, von Basel, Russikon und ab 1956 von Zürich. 1947–1954 Studium der Jurisprudenz an der Universität Zürich, 1955 Dr. iur., 1956 Zürcher Anwaltspatent. 1957–1976 bei der Fides Treuhand AG, zuletzt als Leiter der Rechtsabteilung und Mitglied der Geschäftsleitung. Ab 1976 Leiter der Rechtsabteilung in der Schweizerischen Kreditanstalt, 1977–1990 deren Generaldirektor. 1990–1994 vollamtlicher Vizepräsident der Credit Suisse Holding AG. 1997–1999 Mitglied des Verwaltungsrates der Credit Suisse Group. Zahlreiche Verwaltungsratsmandate, u.a. 1973–2001 Präsident des Verwaltungsrates der Fortuna-Versicherungsgesellschaft (später Generali). 1970–1974 Präsident der Kirchenpflege des Grossmünsters und 1984–1999 Vizepräsident der Kongresshaus-AG in Zürich. Verfasser der Kirchgemeindeordnung vom 30. April 1970. In seine Amtszeit als Kirchenpflegepräsident fiel die Ausführung des Umbaus der Helferei 1971–1974 nach Plänen des Architekten Manuel Pauli.
Lit.: HLS; *Zum Rücktritt von Dr. von der Crone*, Würdigung durch Kirchenpflege und Pfarramt Grossmünster, in: Kirchenbote, Juni 1974, S. 12.

1973–1986
ERNST ERNY
Elektroingenieur HTL
(1974–1986 Präsident)

* 20.8.1938 Oerlikon, † 21.4.2020 Zürich. 1954–1958 Berufslehre als Feinmechaniker. Studium der Elektrotechnik am Technikum Winterthur. Lichtingenieur bei der Firma Sauber+Gysin AG in Zürich. 1968–1976 Aussendienstmitarbeiter in technischer Beratung und Verkauf bei der Elektrotechnik-Firma Leuenberger AG in Oberglatt. 1976 Wechsel ins EWZ der Stadt Zürich als Bauleiter öffentlicher Anlagen und Leiter der Abteilung Materialverwaltung. 1993–1995 Präsident der Technischen Vereinigung der Stadt Zürich (TVStZ). Nach seiner Wahl in die Kirchenpflege 1973 übernahm Erny das Amt der Liegenschaftenverwaltung, 1974 das Präsidium der Kirchgemeinde. In seine Amtszeit fielen die Renovation des Pfarrhauses am Zwingliplatz, die Pfarrwahlen von Werner Gysel und Hans Stickelberger sowie die Wahl des Organisten Rudolf Scheidegger.

1985–1994
MATTHIAS SENN
Historiker (1986–1994 Präsident)

* 2.12.1944 Zürich. Schulen und Matura in Bern, Studium der Geschichte, Germanistik und Kunstgeschichte an der Universität Zürich. 1972 promovierte er mit einer Studie zu *«Johann Jakob Wick (1522–1588) und seine Sammlung von Nachrichten zur Zeitgeschichte»*. 1973/74 Volontariate im Kunstmuseum Bern und im Victoria and Albert Museum, London. 1975–1983 Mitarbeit an der historisch-kritischen Edition des Briefwechsels von Heinrich Bullinger. 1983–2010 wissenschaftlicher Kurator und Leiter des Fachbereichs Geschichte am Schweizerischen Nationalmuseum in Zürich, verantwortlich insbesondere für die Waffensammlung, und Chefredaktor der «Zeitschrift für Schweizerische Archäologie und Kunstgeschichte». 2004–2010 Präsident des Zwinglivereins Zürich. Seit 2011 Präsident der Herausgeberkommission der Quartierzeitung «Altstadt Kurier».

1994–2004 (†)
GEORG WEBER
Kaufmann (1994–2004 Präsident)

* 13.1.1943, † 3.12.2004 Zürich. Sohn von Emil Weber, Pfarrer in Rüschlikon und Henggart. Drogistenlehre, Handelsmatur in Zü-

rich, Handelsschule in Hastings, England, kaufmännische Laufbahn in der Firma Dow Chemical Europe in Horgen, 1968/69 Aussendienststelle in Frankfurt a.M., bis 1979 Verkaufsleiter Schweiz und Israel, leitender Produktemanager in verschiedenen Departementen von Dow Chemical. Als Kirchenpfleger übernahm Georg Weber neben dem Amt des Präsidenten interimsmässig auch die Liegenschafts- und Kirchengutsverwaltung. Die Pfarrwahlen von Käthi La Roche und Christoph Sigrist fanden in seiner Amtszeit statt.
Lit.: PRISCA SENN, *Nachruf,* in: Altstadt Kurier, Januar 2005.

2005–2009
PETER WIESENDANGER
Elektrotechniker ETH, Wirtschaftswissenschaftler, Psychologe (2005–2009 Präsident)

* 9.8.1942 Luzern. Dr. sc. techn., lic. oec et phil., Studium der Elektrotechnik, Wirtschaftswissenschaften und Psychologie an der ETH und Universität Zürich, während des Studiums 1969/70 Mitglied des gemässigt-konservativen Studentenrings, 1969 Wahl in den Kleinen Studenten-Rat (KStR) der Universität Zürich. Forscher und Referent auf dem Gebiet der Hochspannungstechnik. Seit 1977 in leitenden Funktionen der Wirtschaft (SBG, Schindler, Elektrowatt, Zehnder Group AG usw.) tätig. 2006 Verantwortlicher für das China-Geschäft der Zehnder Group AG. Während seiner Amtszeit wurde der Organist Andreas Jost gewählt.
Lit.: RONNIE GROB, *Ring-Kampf um die Revolution;* VALENTIN LANDMANN, HARRO VON SENGER, PETER WIESENDANGER, *Die anderen 68er.*

1994–2014
CLAUDE LAMBERT
Rechtsanwalt (2010–2014 Präsident)

* 16.5.1964 Zürich. Studium der Jurisprudenz an der Universität Zürich, 1989 lic. iur., 1992 Dr. iur., 1994 Anwaltspatent, 1997 Postgraduate-Studium und Master of Laws (LL.M.) an der Harvard Law School, 1998 Associate bei Simpson Thacher & Bartlett in New York, 2002 Partner der Zürcher Anwaltskanzlei Homburger, 2011 Verwaltungsrat und 2016 Verwaltungsratspräsident der PKZ-Gruppe. 1994–1996 Aktuar/Schreiber der Kirchenpflege.

2014–2018
MICHAEL EIDENBENZ
Organist (2014–2018 Präsident)

* 9.10.1962 Glarus. Orgelstudium bei Bernhard Billeter, 1991–2007 Organist der Kirchgemeinde Zürich-Unterstrass, 1993–2007 Musikjournalist bei diversen Medien, u.a. 1995–2007 beim «Tages-Anzeiger», 2007 Leiter des Departements Musik an der Zürcher Hochschule der Künste (ZHdK). Mitglied des Stiftungsrates Schweizer Jugendmusikwettbewerb, Vorstandsmitglied und künstlerischer Leiter der Musikwoche Braunwald.Unter seinem Präsidium bewerkstelligte die Kirchenpflege den Übergang der Grossmünsterkirchgemeinde in die 32 Stadtgemeinden umfassende fusionierte Kirchgemeinde Zürich.

3. PERSONAL

Gemeindehelferinnen, Sozial- und Gemeindedienst, Sozialdiakoninnen

1953–1979	Elisabeth Alther-Wespi
1980–1984	Susi Lüssi
1985–1988	Claudia Bretscher
1988–1997	Marlies Meier
1997–2003	Elisabeth Gasser
2003–2004	Erika Elsener
2004–2014	Verena Helg
2014–2015	Regula Murbach

Sekretariat

1993–1997	Herr Toggweiler
1997–2015	Margret Bauer

Sozial- und Gemeindedienst + Sekretariat

2014–2016	Sabine Egli
2016–2018	Yves Bär
2016–2017	Lidia Bänziger

Projektergänzungsstelle (30 Prozent)

2016–2020	Monika Frieden

Vorsinger

1840–1845	Johannes Knechtli
1845–1873	Heinrich Bächi (blind)
1873–1876	Lehrer Biedermann von Riesbach

Vizevorsinger

1850	Meili (blind)

Harmoniumspieler

bis 1860 (†)	Herr Schleich
1860–1871 (†)	Herr Schleich, Bruder des obigen
1871–1876	Herr Kündig (blind)

Organisten

Grossmünster-Orgel

1876–1887 (†)	Gustav Weber
1888–1925 (†)	Paul Hindermann
1926–1970	Viktor Schlatter
1970–1987	Hans Vollenweider
1987–2007	Rudolf Scheidegger
seit 2007	Andreas Jost

Orgel in der Kapelle

bis 1916 (†)	Rudolf Surber (blind)
1916–1927 (†)	Marguerite Bosch

Sigristen

1843–1861 (†)	Johannes Keller
1861–1880 (†)	Gottfried Breitinger
1880–1884 (†)	Georg Weber
1884–1896 (†)	Georg Peter

1896–1920	Johann Jakob Lampert
1920–1937	Robert Esslinger
1937–1964	Karl Reiser-Zbinden
1964–1982	Fritz Maag
1982–1992	Sven Wettstein
seit 1992	Franco Gargiulo

Vizesigristen (Teilzeit)

1866	Caspar Scheller
1874–1880	Georg Weber
	Jakob Zollinger
bis 1893	August Peter
1893	Paul Peter
1896–1947	Wilhelm Peter
1947	Hermann Keller
1961–1963 (†)	Hans Sonderegger
1964–1976	Karl Reiser
1976–1983	Hermann Probst
1983–1992	Bruno Bachmann
1992–1994	Hugentobler
1994	Ralf Müller/Kaspar Näf
2000–2008	Lidia Knobloch
2011–2014	René Beereuter
2012–2017	Thomas Gamma
seit 2014	Michael Frauenfelder

Helferei

Zentrumsleitung

1974–1981	Hans-Rudolf Rüfenacht
1981–1983	Maria Kägi
1983/84	Peter Sägesser
1984–1989	Monika Wolgensinger
1989–1995	Irene Gysel zus. mit
1989–1999	Ines Buhofer
1999–2008	Cornelia Vogelsanger
2009–2014	Andrea König
ab 2015	Martin Wigger

Sekretariat

1976–1984	Claire Walser
1984–1988	Margrit Lienemann
1988/89	Judith Furrer
1990	Ursula Diener/ Frau Güttinger
1991	Ana Karina Correnti
1992–1996	Lisbeth Studer

Betriebsleitung und Sekretariat

1996–2008	Regula Rohrbach
1999–2009	Christina Campolongo
1999–2001	Lisa Heller (Teilzeit)
2009–2010	Rita Pflugshaupt
2009–2012	Franziska Weber
2010–2014	Bettina Fierz Salzmann
2013–2014	Anja Hartmann
2014–2015	Kathrin Sinniger
2014–2016	Maria Todella
seit 2015	Bettina Fierz Salzmann
seit 2017	Valérie Jetzler

Hauswarte

1975–1979	Arthur Schwarz
1979–1987	Hans Kappenthuler
1987–1997	Ernst Frei
1997–2010	Aldo Malacrida
2011–2014	René Beereuter
seit 2014	Michael Wirz
seit 2014	Andreas Glauser

Hauswarte Stv.

1977	Peter (Till) Meier
1997–2000	Nadia Ghidoli
2002–2010	René Beereuter

4. QUELLEN UND LITERATUR

Protokollbücher

Protokolle der Kirchgemeindeversammlungen
Archiv-Nummern IV. B. 1.1 bis 1.15

IV. B. 1.1
Protokoll über die Beschlüsse der Kirchgemeinde Grossmünster vom 26. April 1849 bis 25. Januar 1914

IV. B. 1.2
Protokoll Kirchgemeindeversammlung vom 29. März 1914 bis 6. November 1939

IV. B. 1.3
Protokoll Kirchgemeindeversammlung vom 19. Mai 1940 bis 10. Mai 1962

IV. B. 1.4
Protokoll Kirchgemeindeversammlung vom 29. Oktober 1962 bis 30. April 1970

IV. B. 1.5
Protokoll Kirchgemeindeversammlung vom 5. November 1970 bis 2. Mai 1974

IV. B. 1.6
Protokoll Kirchgemeindeversammlung vom 24. Oktober 1974 bis 9. Mai 1978

IV. B. 1.7
Protokoll Kirchgemeindeversammlung vom 24. Oktober 1978 bis 11. Mai 1982

IV. B. 1.8
Protokoll Kirchgemeindeversammlung vom 26. Oktober 1982 bis 13. Mai 1986

IV. B. 1.9
Protokoll Kirchgemeindeversammlung vom 21. Oktober 1986 bis 5. April 1990

IV. B. 1.10
Protokoll Kirchgemeindeversammlung vom 25. Oktober 1990 bis 21. April 1994

IV. B. 1.11
Protokoll Kirchgemeindeversammlung vom 30. Oktober 1994 bis 24. April 1998

IV. B. 1.12
Protokoll Kirchgemeindeversammlung vom 20. Oktober 1998 bis 18. April 2002

IV. B. 1.13
Protokoll Kirchgemeindeversammlung vom 24. Oktober 2002 bis 27. April 2006

IV. B. 1.14
Protokoll Kirchgemeindeversammlung vom 26. Oktober 2006 bis 22. April 2010

IV. B. 1.15
Protokoll Kirchgemeindeversammlung vom 28. Oktober 2010 bis 10. April 2014

Protokolle der Stillstands- und Kirchenpflegesitzungen
Archiv-Nummern IV. B. 2.3 bis 2.25

IV. B. 2.3
Protokoll des Stillstandes zum Grossmünster in Zürich vom 2. Mai 1833 bis 29. Oktober 1840, nebst Protokoll der Gemeindeversammlungen Grossmünster daselbs vom 2. Mai 1833 bis 9. April 1840

IV. B. 2.4
Protokoll des Stillstandes zum Grossmünster in Zürich vom 22. April 1841 bis 13. April 1849 nebst Protokoll der Gemeindeversammlungen zum Grossmünster vom 10. Mai 1841 bis [8. April 1847]

IV. B. 2.5
Protokoll des Stillstandes Grossmünster in Zürich vom 16. April 1849 bis 20. November 1878

IV. B. 2.6
Protokoll Kirchenpflege vom 8. Oktober 1879 bis 20. Januar 1908

IV. B. 2.7
Protokoll Kirchenpflege vom 22. Januar 1908 bis 28. November 1921

IV. B. 2.8
Protokoll Kirchenpflege vom 5. Dezember 1921 bis 24. April 1928

IV. B. 2.9
Protokoll Kirchenpflege vom 22. Mai 1928 bis 31. Dezember 1933

IV. B. 2.10
Protokoll Kirchenpflege vom 7. Januar 1934 bis 18. Dezember 1938

IV. B. 2.11
Protokoll Kirchenpflege vom 10. Januar 1939 bis 7. Juni 1949

IV. B. 2.12
Protokoll Kirchenpflege vom 10. Juli 1949 bis 6. Mai 1962

bis hier handschriftlich
ab hier Schreibmaschinenskripts

IV. B. 2.13
Protokoll Kirchenpflege vom 29. Mai 1962 bis 10. Dezember 1968

IV. B. 2.14
Protokoll Kirchenpflege vom 12. Januar 1969 bis 17. April 1970

IV. B. 2.15
Protokoll Kirchenpflege vom 23. Juni 1970 bis 3. April 1974

IV. B. 2.16
Protokoll Kirchenpflege vom 7. Mai 1974 bis 19. April 1978

IV. B. 2.17
Protokoll Kirchenpflege vom 24. Mai 1978 bis 27. April 1982

IV. B. 2.18
Protokoll Kirchenpflege vom 8. Juni 1982 bis 23. April 1986

IV. B. 2.19
Protokoll Kirchenpflege vom 5. Juni 1986 bis 5. April 1990

IV. B. 2.20
Protokoll Kirchenpflege vom 9. Mai 1990 bis 24 März 1994

IV. B. 2.21
Protokoll Kirchenpflege vom 10. Mai 1994 bis 26. März 1998

IV. B. 2.22
Protokoll Kirchenpflege vom 26. Mai 1998 bis 12. März 2002 sowie Pfarrwahlkommission vom 24. Oktober 1998 bis 14. April 1999

IV. B. 2.23
Protokoll Kirchenpflege vom 14. Mai 2002 bis 11. April 2006 sowie Pfarrwahlkommission vom 21. Mai 2002 bis 21. Oktober 2002

IV. B. 2.24
Protokoll Kirchenpflege vom 30. Mai 2006 bis 8. April 2010

IV. B. 2.25
Protokoll Kirchenpflege vom 11. Mai 2010 bis 4. März 2014 sowie Pfarrwahlkommission vom 17. Juli 2010 bis 5. Oktober 2010

Protokoll Kirchenpflege vom 13. Mai 2014 bis 19. Juni 2018 (als PDF vorhanden)

Gemeinde-Blatt, Kirchenbote, reformiert.

Gemeinde-Blatt
Gemeinde-Blatt für die Glieder und Freunde der Grossmünstergemeinde
1. Jg. Januar 1911 – 18. Jg. Juni 1928
Erschien bis 1921 sechsmal jährlich, ab 1922 zehnmal jährlich und ab Januar 1925 zehnmal jährlich unter dem Titel: «Gemeinde-Blatt für die Kirchgemeinden Grossmünster, St. Peter, Predigern und Oberstrass – Ausgabe für die Grossmünstergemeinde».

Kirchenbote
Kirchenbote für den Kanton Zürich, Ausgabe für die Grossmünstergemeinde; auf der letzten Seite jeweils unter der Rubrik: «Aus der Grossmünstergemeinde»
Erschien ab August 1928, monatlich, ab 1995 jeweils unter der Rubrik: «Kirchenbote lokal».

reformiert.
reformiert. Die evangelisch-reformierte Zeitung/Kichenbote für den Kanton Zürich
Erschien ab 30. Mai 2008 14-täglich, mit jeweils monatlicher Beilage der Kirchgemeinde.

REGINE ABEGG, CHRISTINE BARRAUD WIENER, KARL GRUNDER, CORNELIA STÄHELI, *Die Kunstdenkmäler des Kantons Zürich, Neue Ausgabe Bd. III. II., Die Stadt Zürich III. II., Altstadt rechts der Limmat – Profanbauten,* Bern 2007

H[ANS] BACHOFNER, *Pfarrer L. Pestalozzi,* in: Kirchenbote, Dezember 1942, Nr. 12, S. 104

EMIL BOLLER, *Alkoholfreier Abendmahlwein,* in: Kirchenbote, April 1929, S. 28 f.

J[AKOB] B[REMI], *Totenschau,* in: Kirchenbote, November 1931, Nr. 11, S. 92

INES BUHOFER und IRENE GYSEL (Hg.), *Rosa Gutknecht, Pfarrhelferin am Grossmünster 1919–1953. Eine Dokumentation* (= Helferei Heft 5), Zürich 1995

INES BUHOFER, *Rosa Gutknecht – einer Theologin auf der Spur,* in: Neue Wege, Bd.108 (2014), Heft 2, S. 40–42

FELIX BURCKHARDT, *Hermann Escher 1857–1938* (= Neujahrsblatt hg. von der Zentralbibliothek Zürich auf das Jahr 1939, Nr. 7), Zürich 1939

EMIDIO CAMPI, RALPH KUNZ, CHRISTIAN MOSER (Hg.), *Alexander Schweizer (1808–1888) und seine Zeit,* Zürich 2008

EMANUEL DEJUNG und WILLY WUHRMANN, *Zürcher Pfarrerbuch 1519–1952,* Zürich 1953

PHILIPP DREYER, *Ausgelassene Stimmung in heiligen Gemäuern,* in: Reformierte Presse, Nr. 11, 14. März 2003, S. 11

MARTIN EICH, *Pfarrer Dr. Hugo Sonderegger zum Gedenken,* in: Kirchgemeinde Zollikon, Nr. 16, 20.8.2004

P[AUL] E[PPLER], *Unser Gemeindehaus,* in: Kirchenbote, September 1929, S. 72

P[AUL] E[PPLER], *Aus vergangenen Tagen,* in: Kirchenbote, September 1933, Nr. 9, S. 76

PAUL EPPLER, *Ein Wort zum Abschied,* in: Kirchenbote, Oktober 1936, Nr. 10, S. 92

H[ERMANN] E[SCHER], *Pfarrer Rudolf Finsler †,* in: Gemeinde-Blatt, XI. Jg., Nr. 6, Zürich, 15. Dezember 1921, S. 1–3

OSKAR FARNER, HANS HOFFMANN, ERNST WINIZKI, *Die grosse Wende in Zürich: Otto Münchs Zwingli-Türe am Grossmünster,* Zürich 1941

OSKAR FARNER, *Erinnerungen,* Zürich 1954

PHILIPPE FAVRE, *Die Entwicklung der Polizeistunde in der Stadt Zürich 1946–1971. Eine Fallstudie zu den Hintergründen der Debatte* (= Lizenziatsarbeit der Universität Zürich), Zürich 2010

R[UDOLF] FINSLER, *Rede bei der Beerdigung des Herrn Pfarrer Viktor Juzi gehalten im Grossmünster am 12. März 1913,* in: Gemeinde-Blatt, III. Jg., Nr. 2, Zürich, 19. März 1913, S. 5–8

GEORG und RUDOLF FINSLER, *Diethelm Georg Finsler, der letzte Antistes der zürcherischen Kirche* (= Neujahrsblätter der Zürcherischen Hülfsgesellschaft 1916 und 1917)

MELCHIOR FISCHLI, *Geplante Altstadt – Zürich, 1920–1960* (= 176. Neujahrsblatt der Antiquarischen Gesellschaft in Zürich), Zürich 2012

MAX FRICK, *Kurzer Lebenslauf,* in: Kirchenbote, November 1933, Nr. 11, S. 91 f.

MAX FRICK, *Auf Wiedersehen!,* in: Kirchenbote, November 1936, Nr. 11, S. 100

M[AX] F[RICK], *Dr. Hermann Escher †,* in: Kirchenbote, Mai 1938, Nr. 5, S. 48

M[AX] F[RICK], *Besprechungsabend,* in: Kirchenbote, Mai 1938, Nr. 5, S. 48

M[AX] F[RICK], *Erste Ernte,* in: Kirchenbote, Juli 1938, Nr. 7, S. 68

M[AX] F[RICK], *Zum Gedenken an zwei entschlafene Gemeindeglieder,* Nachruf in: Kirchenbote, Februar 1943, Nr. 2, S. 16

M[AX] F[RICK], *Rücktritt von Herrn Pfarrer Oskar Farner,* in: Kirchenbote, 36. Jg., Juni 1950, Nr. 6, S. 56

M[AX] F[RICK], *Ein ehemaliger Sonntagsschullehrer unserer Gemeinde als Missionsarzt in Südafrika,* in: Kirchenbote, 36. Jg., August 1950, Nr. 8, S. 72

M[AX] F[RICK], *Zwei treue Sonntagsschulhelferinnen,* in: Kirchenbote, 43. Jg., Januar 1957, Nr. 1, S. 8

HEINRICH FRIES, *Im Zürcher Oberdorf. Geschichten und Denkwürdigkeiten von seinen Gassen und Häusern, vom Leben und Wirken der Bewohner,* Zürich 2001

ULRICH GERSTER, *Die Kirchenfenster des Grossmünsters Zürich: Augusto Giacometti – Sigmar Polke* (= Schweizerische Kunstführer GSK, Serie 92, Nr. 915), Bern 2012

ANGELINA GREEFF, *Von Nöten und guten Diensten. Hundert Jahre Kirchlicher Sozialdienst Zürich,* Zürich 2018

RONNIE GROB, *Ring-Kampf um die Revolution,* in: Schweizer Monat, Schwerpunkt «Achtundsechzig», Ausgabe 1056 – Mai 2018

JEAN-DANIEL GROSS, *Ächtung und Rehabilitation des Historismus in Zürich. Der Wandel in der Rezeption historischer Architektur in der Stadt Zürich von 1960 bis 1980 und seine Bedeutung aus Sicht der Denkmalpflege,* in: Zeitschrift für schweizerische Archäologie und Kunstgeschichte, Band 65, 2008, S. 240 f.

JOSEF GRÜNENFELDER, ERNST WINIZKI, *Die Bibeltür am Grossmünster in Zürich von Otto Münch,* Zürich 1979

KARL GRUNDER, *Die Kunstdenkmäler des Kantons Zürich, Neue Ausgabe Bd. IV, Die Stadt Zürich IV, Die Schanzen und die barocken Vorstädte,* Bern 2005

R[OSA] G[UTKNECHT] *Fastnacht,* in: Gemeinde-Blatt, XII. Jg., Nr. 2, 20. Februar 1922, S. 2

R[OSA] G[UTKNECHT], *Fastnacht in unserer Gemeinde,* in: Gemeinde-Blatt, XV. Jg., Nr. 2, 21. Februar 1925, S. 4

R[OSA] G[UTKNECHT], *Fastnacht,* in Gemeinde-Blatt, XVIII. Jg., Nr. 2, Februar 1928, S. 6

R[OSA] G[UTKNECHT], *Aus unserer Mädchenvereinigung,* in: Kirchenbote, Dezember 1930, S. 96

R[OSA] G[UTKNECHT], *Allerlei Einladungen,* in: Kirchenbote, Oktober 1940, Nr. 10, S. 84

R[OSA] G[UTKNECHT], *Pfarrer Paul Högger,* Nachruf mit Bild in: Kirchenbote, September 1942, Nr. 9, S. 76

R[OSA] G[UTKNECHT], *«Herr ich bin zu gering aller Barmherzigkeit und Treue, die du an mir getan hast!»,* in: Kirchenbote, Juli 1944, Nr. 7, S. 64

R[OSA] G[UTKNECHT], *Ein Abschied,* Nachruf auf Emil Wehrli, in: Kirchenbote, Dezember 1947, Nr. 12, S. 96

DANIEL GUTSCHER, *Das Grossmünster in Zürich. Eine baugeschichtliche Monographie,* Bern 1983

M[AX] G[UYER], *Margrit Bosch zum Gedächtnis,* in: Gemeinde-Blatt, XVII. Jahrgang, Nr. 10, Zürich, Dezember 1927, S. 4

M[AX] G[UYER], *Ein Wort aus der Gemeinde zum Abschied von Herrn Pfarrer Paul Högger,* in: Kirchenbote, Oktober 1933, Nr. 10, S. 84

M[AX] GUYER, *Pfarrhelferin Frl. Rosa Gutknecht V.D.M. am 15. Juni 1944 25 Jahre im Dienst der Grossmünstergemeinde,* in: Kirchenbote, Juni 1944, Nr. 6, SA. 56

IRENE GYSEL, *Die Helferei, eine lebendige Oase,* in: HelfereiZeit. Erinnerungen und Zeitzeugnisse, hg. von Matthias Senn und Andrea König, Zürich 2014, S. 12 f.

IRENE GYSEL, *Rosa Gutknecht, ein bewegtes Leben,* in: Neue Wege, Bd. 108 (2014), Heft 2, S. 43 f.

W[ERNER] G[YSEL], *Abschied von Kantor Jakob Kobelt,* in: Kirchenbote, Juni 1981, S. 12

WERNER GYSEL, *Abschied von Pfarrer Robert Kurtz,* in: Kirchenbote, Nr. 9A, 1. September 1982

WERNER GYSEL, *Ein Labyrinth auf dem Zwingliplatz,* in: Kirchenbote, Nr. 20, 25. Oktober 1991

WERNER GYSEL, *Zum Abschied. An die Grossmünstergemeinde,* in: Kirchenbote, Nr. 23, 4. Dezember 1998

ANDREAS HAUSER, *Ferdinand Stadler: Ein Beitrag zur Geschichte des Historismus in der Schweiz,* Zürich 1976

Historisch-Biographisches Lexikon der Schweiz (zitiert: HBLS), 7 Bände und Supplement-Band, Neuenburg 1921–1934

Historisches Lexikon der Schweiz (zitiert: HLS), 13 Bände, Basel, 2002–2014. Digitalisierte Version im Internet abrufbar

REGINE HELBLING und CLAUDE LAMBERT, *Die Helferei, Heimstatt des Jugendtreffs,* in: HelfereiZeit. Erinnerungen und Zeitzeugnisse, Zürich 2014, S. 17

Helferei und Dritte Welt-Laden. Eine Stellungnahme seitens der Kirchenpflege, in: Kirchenbote, Nr. 6 B, 16. Juni 1985

Helferei und Grossmünsterkapelle. Bericht über den Umbau und die Restaurierung der Gebäude an der Kirchgasse 11/13 zu Zürich in den Jahren 1971 bis 1974, verfasst zuhanden der Kirchgemeinde Grossmünster, Zürich 1977

HelfereiEnsemble Kirchgemeinde Grossmünster – 25 Jahre gemeinsames Musizieren, Zürich 2008

HelfereiZeit. Erinnerungen und Zeitzeugnisse, hg. von Matthias Senn und Andrea König, Zürich 2014

GUSTAV HESS-RAHN, *Gustav Hess von Schulthess Rechberg 1871–1945: Präsident der Hülfsgesellschaft in Zürich* (= 146. Neujahrsblatt der Hülfsgesellschaft in Zürich), Zürich 1946

P[AUL] H[ÖGGER], *Nachruf für P. Hindermann,* in: Gemeinde-Blatt, XV. Jahrgang, Nr. 7, 19. September 1925, S. 4

P[AUL] H[ÖGGER], *Nachruf Bertha von Orelli,* in: Kirchenbote, Januar 1930, S. 8

P[AUL] H[ÖGGER], *Dr. Eugen Dünneberger †,* Nachruf in: Kirchenbote, März 1931, Nr. 3, S. 24

PAUL HÖGGER, *Eine Erklärung und ein Abschiedswort,* in: Kirchenbote, Juli 1933, Nr. 7, S. 56, und August 1933, Nr. 8, S. 64

PAUL HÖGGER, *Zur Erinnerung an D Paul Eppler, Pfarrer am Grossmünster 1922–36,* mit nachfolgenden Personalien, verfasst von PAUL EPPLER, in: Kirchenbote, Februar 1941, Nr. 2, S. 16

SANDRA HOHENDAHL-TESCH, *Und dann der Wink in Richtung Kirche,* in: reformiert., Nr. 1/Januar 2020, S. 2

Jahresbericht des Evangelischen Lehrerseminars Zürich: 45. Bericht – 1920/21, Zürich 1921

PETER JOOS, *Weiterbauen am Original,* in: HelfereiZeit. Erinnerungen und Zeitzeugnisse, hg. von Matthias Senn und Andrea König, Zürich 2014, S. 28–30

Jung-Grossmünster, in: Kirchenbote, Januar 1935, Nr. 1, S. 8

VIKTOR JUZI, *Fester Grund: religiöse Betrachtungen über Denken und Glauben,* Basel ohne Jahr [1908]

Kantorei St. Peter Zürich, 150 Jahre Jubiläumsschrift 1869–2019, Zürich 2019

GOTTFRIED KELLER, *Der grüne Heinrich, Erster Band,* in: Gottfried Keller, Sämtliche Werke und ausgewählte Briefe, hg. Von Clemens Heselhaus, 1. Bd., München 1958

R[OBERT] K[URTZ], *Abschied von Frau Pfarrer Mary Farner-Wieser,* in: Kirchenbote, November 1963, Nr. 11, S. 12

THOMAS K. KUHN (hg.), *Paul Wernle und Eduard Thurneysen. Briefwechsel 1909–1934,* Göttingen/Bristol 2016

VALENTIN LANDMANN, HARRO VON SENGER, PETER WIESENDANGER, *Die anderen 68er,* Basel 2018

[KÄTHI LA ROCHE-KAISER], *«Ich habe den lieben Gott nie am Telefon»,* Interview in: Tages-Anzeiger, 20. April 2011

[KÄTHI LA ROCHE-KAISER], *«Es war eine intensive Zeit»,* Interview mit Elmar Melliger in: Altstadt Kurier, 14. April 2011, S. 1

BENEDIKT LODERER, *Die Baugeschichte des Kunsthaus Zürich 1910–2020,* Zürich 2020

SARAH LÜSSI, *Die Zigarreusen. Ein Stück Zürcher Prostitutionsgeschichte,* in: Wertes Fräulein, was kosten Sie. Prostitution in Zürich 1875–1925, hg. von Philipp Sarasin, Regula Bochsler und Patrick Kury im Auftrag des Schweizerischen Landesmuseums, Baden 2004, S. 65–71

URS MEIER, *Trauer als Event,* in: Medienheft, 7. September 2000

URS MEIER, *Kirche am Boulevard. Die Trauershow für Andy Hug im Zürcher Grossmünster,* in: Reformierte Presse, Nr. 36, 8. September 2000, S. 7–9

HELMUT MEYER und BERNHARD SCHNEIDER, *Mission und Diakonie – Die Geschichte der Evangelischen Gesellschaft des Kantons Zürich* (= 175. Neujahrsblatt der Antiquarischen Gesellschaft in Zürich), Zürich 2011

RUDOLF MEYER, *ZweiOrgelnTag. Orgeln im Grossmünster Zürich (IV/P67) und in der Grubenmannkirche Hombrechtikon (III/P/35) nach Dispositionen von Viktor Schlatter. Eine gemeinsame Veranstaltung von Metzler Orgelbau AG, Dietikon, und Orgelbau Kuhn AG, Männedorf, am 10. November 2007,* [Winterthur] 2007, S. 6–10, 12–17 (als PDF im Internet abrufbar unter peter-fasler.magix.net>zh_geroldswil_kath_htm_files)

ARNOLD NÜSCHELER und GEORG FINSLER, *Festschrift zur Erinnerung an die Glockenweihe im Grossmünster in Zürich, Sonntag den 18. August 1889,* Zürich 1889

F[RIEDRICH] O[TTO] P[ESTALOZZI], *Frau Pfarrer Julie Pestalozzi-Wolfensberger. Gestorben den 4. April 1922,* Nachruf in: Gemeinde-Blatt, XII. Jg., Nr. 4, 15. April 1922, S. 3 f.

O[SKAR] PFISTER, *Gründung eines kirchlichen Volksheimes (Zwinglihauses) in Zürich 1,* in: Gemeinde-Blatt, IX. Jg., Nr. 4, 20. September 1919, S. 2

[O]SKAR [P]FISTER, *Gemeindehaus,* in: Gemeinde-Blatt, XVI. Jg., Nr. 2, 27. Februar 1926, S. 4

W[ALTER] PF[ISTER], *Aus dem Jahresbericht unseres Kirchenpflegepräsidenten,* in: Kirchenbote, April 1956, Nr. 4, S. 40

W[ALTER] P[FISTER], *Viktor Schlatter, Nachruf,* in: Kirchenbote, Dezember 1973

HANSPETER REBSAMEN, CORNELIA BAUER et.al., *Zürich. Architektur und Städtebau 1850–1920* (= Inventar der neueren Schweizer Architektur 1850–1920 (INSA), Bd. 10), Zürich 2001

PETER RINDERKNECHT, *Lob Gott getrost mit Singen,* in: Kirchenbote, April 1965/4 B, S. 3 f.

Rosa Gutknecht, mit Beiträgen von Regula Zweifel, Irene Gysel, Andrea Spörri-Altherr und Alexia Zeller, sowie Silvesterpredigt 1922 und Abschiedsbrief an die Grossmünstergemeinde 1953 von Rosa Gutknecht (= Neujahrsblatt der Gesellschaft zu Fraumünster auf das Jahr 2014, Achtes Stück), Zürich 2013

MARTIN RÜSCH, *Den Glockenklang sehen,* in: Beilage der Kirchgemeinde Grossmünster zur Zeitung «reformiert.», Juli/August 2013

MARTIN RÜSCH, *Brot und Wein,* in: Beilage der Kirchgemeinde Grossmünster zur Zeitung «reformiert.», Juni 2014

J. SCH., *Aus unserm Gemeindeleben,* in: Gemeinde-Blatt, XI. Jg., Nr. 2, 15. April 1921, S. 4

EVA-MARIA SCHEIWILLER-LORBER, *«... gemäss den Regeln und Gesetzen der Ästhetik und der christlichen Kunst ...». Johann Jakob Röttinger: Ein Glasmalerpionier im Dienste des Historismus,* Bern 2014

ALFRED SCHINDLER, *Zum Gedenken, Hans Stickelberger, 20. Januar 1938–19. August 2004,* in: Zwingliana, Bd. 32, 2005, S. 130–132

KONRAD SCHMID, *Die Theologische Fakultät der Universität Zürich. Ihre Geschichte von 1833 bis 2015* (= 179. Neujahrsblatt der Gelehrten Gesellschaft in Zürich auf das Jahr 2016), Zürich 2015

STEFAN G. SCHMID, *Die Zürcher Kantonsregierung seit 1803,* Zürich 2003

WILLY SCHUH und HANS EHINGER, Artikel *Heim, Werner,* in: Schweizer Musiker-Lexikon, Zürich 1964, S. 161 f.

WILLY SCHUH und HANS EHINGER, Artikel *Seidmann, Bernhard,* in: Schweizer Musiker-Lexikon, Zürich 1964, S. 345

MATTHIAS SENN, *Alt-Grossmünsterpfarrer Stickelberger gestorben*, in: Neue Zürcher Zeitung, 24. August 2004, Nr. 196, S. 49

MATTHIAS SENN und CORNELIA VOGELSANGER, *Hans Stickelberger zum Gedenken,* in: Altstadt Kurier, 21. Jg., Nr. 9. September 2004

Sigmar Polke. Fenster – Windows. Grossmünster Zürich, Zürich/New York 2010

Sgg [= HUGO SONDEREGGER], *25 Jahre Dienst an der Gemeinde,* in: Kirchenbote, Juni 1978, S. 12

Skizzenbücher – Briefe – Erinnerungen. Zum 100. Geburtstag der Künstlerin Ruth von Fischer, Le Locle 2011

HUGO SONDEREGGER, *Ein Abschiedswort,* in: Kirchenbote, Oktober 1979, S. 12

WERNER STUTZ, Artikel *Breitinger, Johann Jakob,* in: Isabelle Rucki und Dorothee Huber (Hrsg.), Architektenlexikon der Schweiz – 19./20. Jahrhundert, Basel 1998, S. 89

BEAT STUTZER und LUTZ WINDHÖFEL, *Augusto Giacometti. Leben und Werk,* Chur 1991

HEIDI TACIER-EUGSTER, *Das Museum Rietberg Zürich und Elsy Leuzinger: Vom Sehen und Wissen,* Basel 2019

PETER VOGELSANGER, *Hans-Rudolf von Grebel gestorben,* in: Zwingliana, Bd. XV, Heft 8, 1982, Nr. 2, S. 605 f.

PAUL VOGT, *Dank an Oskar Farner †,* in: Kirchenbote, 44. Jg., September 1958, Nr. 9, S. 90

SILVIA VOLKART-BAUMANN, *Richard Kisling (1862–1917): ein Sammler und Kunstvermittler der Moderne,* Diss., Zürich 2005

GIAN-WILLI VONESCH, *Der Architekt Gustav Albert Wegmann (1812–1858). Ein Beitrag zur Zürcher Architekturgeschichte,* Zürich 1980/81

GIAN-WILLI VONESCH, Artikel *Wegmann, Gustav Albert,* in: HLS

VALENTINE VON FELLENBERG, *Grenzüberschreitungen und Akademiefiasko: Hans Jakob Oeri und das Schweizer Kunstschaffen im 19. Jahrhundert* (= ARS ET SCIENTIA Schriften zur Kunstwissenschaft Bd. 8), Berlin/Boston 2017

H[ANS] R[UDOLF] V[ON] G[REBEL], *Pfarrer Dr. Oskar Farner †,* in: Kirchenbote, 44. Jg., September 1958, Nr. 9, S. 100

H[ANS] R[UDOLF] V[ON] G[REBEL], *Kirchenpfleger Ernst Buchter †,* Nachruf in: Kirchenbote, 45. Jg., Januar 1959, Nr. 1, S. 8

H[ANS] R[UDOLF] V[ON] GREBEL, *VDM Rosa Gutknecht, † 21. November 1959,* in: Kirchenbote, 46. Jg., Januar 1960, Nr. 1, S. 9 f.

HANS RUDOLF VON GREBEL, *Nachruf Isabel Syz,* in: Kirchenbote, 46. Jg., August 1960, Nr. 8, S. 12

H[ANS] R[UDOLF] V[ON] G[REBEL], *Die Grossmünsterglocken,* in: Kirchenbote, 48. Jg., April 1962, Nr. 4, S. 12

LEONHARD VON MURALT, *Oskar Farner,* in: Zwingliana, Bd. X, Heft 10, 1958, Nr. 2, S. 585–591

W. A., HANS-RUDOLF RÜFENACHT und SAMUEL MARTHALER, *Abschied von Hugo Sonderegger,* in: Kirchenbote, 16. September 1979, S. 11

GEORG WEBER, *Abschiedsgottesdienst: Pfr. Werner Gysel. Sonntag, 29. November 1998, 1. Advent, Grossmünster Zürich. Grusswort des Präsidenten der Kirchenpflege,* in: Kirchenbote, Nr. 1, 4. Januar 1999

HEINRICH WEBER, *Zürichs Musikleben 1812–1850* (= 63. Neujahrsblatt der Allgemeinen Musikgesellschaft Zürich), Zürich 1875

ELISABETH WESPI, *Aus der Arbeit der Gemeindehelferin,* in: Kirchenbote, 44. Jg., Nr. 7, Juli 1958

MATTHIAS WIEMANN, *Zauderer mit Charme. Hans Schindler und die Zwänge einer Zürcher Industriellenfamilie,* Baden 2020

OTTO ZÖCKLER, *Lange, Johann Peter,* in: Allgemeine Deutsche Biographie, Bd. 51 (1906), S. 558–573

Zum Rücktritt von Dr. von der Crone, Würdigung durch Kirchenpflege und Pfarramt Grossmünster in: Kirchenbote, Juni 1974, S. 12

SAMUEL ZURLINDEN, *Der letzte Antistes,* in: Hundert Jahre Bilder aus der Geschichte der Stadt Zürich in der Zeit von 1814 bis 1914, Bd. II, Zürich 1915, S. 168–181

J. P. und HANS JAKOB ZWICKY VON GAUEN, *Familie Syz von Knonau und Zürich, 1461–2000,* Zürich 2001

25 Jahre Evangelische Singgemeinde. Rückblick und Ausblick, zusammengestellt und redigiert von Marianne Lüthi und Rosemarie Locher, Februar 1987

50 Jahre Christlicher Verein Junger Männer, Zürich 1. Jubiläumsbericht 1887–1937, Zürich 1937

*

BILDNACHWEIS

Archiv der Kirchgemeinde Grossmünster
S. 28, 29, 81, 150, 151, 196, 250, 302–305, 309, 310/11 314, 315, 360–378
Autor, Matthias Senn
S. 79, 80, 82, 174/5, 317
Baugeschichtliches Archiv der Stadt Zürich
S. 30–33, 157, 197, 226, 234–248
Vincenzo Baviera, Beggingen
S. 83
Bildfluss, Christof Hirtler, Altdorf
S. 231, 232
Urs Bosshard, Zürich
S. 77, 120/1, 198/9, 228/9
Alphons Bucher, Uhwiesen
S. 308
Jacqueline Burckhardt, Zürich
S. 233
Comet Zürich
S. 249
Verena Eggimann, Zürich
S. 338
Helfereitheater, Zürich
S. 307
Kantonales Hochbauamt, Zürich
S. 156
Käthi Lienemann, Zürich
S. 312
Manuel Pauli, Zürich
S. 316
Tula Roy, Zürich
S. 326/7
Samuel Schalch, Zürich
S. 379
Judith Schlosser, Gockhausen
S. 75
Schweizerisches Institut für Kunstwissenschaft, Zürich
S. 230
Schweizerisches Nationalmuseum, Zürich
S. 153, 155
Schweizerisches Sozialarchiv, Zürich
S. 74
Christian Schwitter, Zürich
S. 380
Prisca Senn, Zürich
S. 4, 152, 154, 227, 313, 382/3
Zentralbibliothek Zürich
S. 76, 78
zur Verfügung gestellt
S. 306, 339

*

DANK

Das Erscheinen des Buches, wie es nun vorliegt, ist das Resultat eines längeren Entwicklungsprozesses, an dem mehrere Personen in kreativer Zusammenarbeit teilhatten und denen mein herzlicher Dank gilt.

Pfarrer Christoph Sigrist ergriff die Initiative zur Erarbeitung des historischen Rückblicks, beauftragte mich im Namen der Kirchenpflege Grossmünster vertrauensvoll mit dem Verfassen des Textes, begleitete dessen Entstehen mit anhaltendem Wohlwollen und bemühte sich um die Beschaffung der finanziellen Mittel.

Meiner Frau, Prisca Senn, danke ich für ihre unentwegte Anteilnahme am Fortschreiten der Arbeit; sie gewährte mir den dafür notwendigen Freiraum und ermutigte mich, das Resultat in gediegener Buchform erscheinen zu lassen. Als kritisches oeil d'extérieur beteiligte sie sich koordinierend und mit wertvollen Hinweisen zur Gestaltung massgeblich an der Herstellung der Publikation.

Mit Hingabe hat Rebecca Morganti-Pfaffhauser, unterstützt vom Team des Ateliers Mirabella-Morganti, insbesondere von Meret Mächler, das grafische Konzept ausgearbeitet; dabei ist es ihr auf feinfühlige Art gelungen, dem umfangreichen Text- und Bildmaterial eine stimmige, übersichtliche Struktur zu geben.

Dem aufmerksamen und sorgfältigen Lektorat von Danielle Lerch Süess verdankt der Text schliesslich seinen letzten sprachlichen Schliff.

Die Leiterin des Theologischen Verlags Zürich, Lisa Briner, erklärte sich spontan bereit, das Projekt in das Verlagsprogramm aufzunehmen, und liess uns bei dessen Realisierung auf grosszügige Weise freie Hand. Dafür sei auch ihr bestens gedankt.

Die Kirchenpflege der ehemaligen Kirchgemeinde Grossmünster befürwortete das Vorhaben von Anfang an und bewilligte die Finanzierung der Erarbeitung des Textes und der grafischen Gestaltung des Bandes. Zudem gewährte sie mir den freien Zugang zum Archiv der Kirchgemeinde und ermöglichte damit den ungehinderten Einblick in dessen Bestände, die Protokollbücher und weitere Dokumente, auf deren Auswertung die Arbeit hauptsächlich beruht.

*

I M P R E S S U M

Publiziert mit freundlicher Unterstützung der Evangelisch-reformierten Kirchgemeinde Zürich, der Kulturförderung der Stadt Zürich und der Ernst Göhner Stiftung, Zug.

Der Theologische Verlag Zürich wird vom Bundesamt für Kultur mit einem Strukturbeitrag für die Jahre 2021–2024 unterstützt.

BIBLIOGRAFISCHE INFORMATIONEN DER DEUTSCHEN NATIONALBIBLIOTHEK
Die Deutsche Nationalbibliothek verzeichnet diese Publikation in der Deutschen Nationalbibliografie; detaillierte bibliografische Daten sind im Internet über http://dnb.dnb.de abrufbar.

KONZEPT & GESTALTUNG
Mirabella-Morganti, Zürich
RebeccaMorganti-Pfaffhauser,
Daniela Mirabella, Meret Mächler

ŒIL D'EXTÉRIEUR
Prisca Senn, Zürich

LEKTORAT
Danielle Lerch Süess, Aeugstertal

DRUCK
von Ah Druck AG, Sarnen

LITHOGRAFIE
Rolf Halter, von Ah Druck AG

BINDUNG
Buchbinderei Burkhardt, Mönchaltorf

www.tvz-verlag.ch

ISBN 978-3-290-18362-2 (Print)
ISBN 978-3-290-18363-9 (E-Book: PDF)

Matthias Senn, Dr. phil., Historiker. Jahrgang 1944, 1975–1983 Mitarbeit an der am Institut für schweizerische Reformationsgeschichte der Universität Zürich erarbeiteten Edition des Briefwechsels von Heinrich Bullinger. Ab 1983 wissenschaftlicher Kurator und Leiter des Fachbereichs Geschichte am Schweizerischen Nationalmuseum in Zürich. Von 1985 bis 1994 Mitglied, ab 1986 Präsident der Kirchenpflege der Grossmünsterkirchgemeinde.

Die Geschichte der Kirchgemeinde zum Grossmünster Zürich umfasst einen Zeitabschnitt von 185 Jahren. Er beginnt mit der endgültigen Aufhebung des Chorherrenstifts im Mai 1833 und der Wahl des ersten Stillstands der damals neu gebildeten Gemeinde und endet im Dezember 2018 mit deren Auflösung als autonome Körperschaft infolge der Zusammenlegung der stadtzürcherischen Kirchgemeinden zur einen grossen reformierten Kirchgemeinde Zürich. Mosaikartig entsteht im historischen Rückblick anhand ausgewählter Themen das facettenreiche Bild eines lebendigen Gemeindelebens, dessen Veränderungen durch die Jahrzehnte im Kontext des sozialen und kulturellen Umfelds beleuchtet werden.